PLAIDOYERS

DE

CH. LACHAUD

PLAIDOYERS

DE

CH. LACHAUD

2093-85. — CORBEIL. Typ. et stér. CRÉTÉ.

PLAIDOYERS

DE

CH. LACHAUD

RECUEILLIS

PAR FÉLIX SANGNIER

Avec un portrait par F. Desmoulin

> Il n'est pas de profession plus noble que celle
> de l'avocat, mais il n'en est pas de plus difficile,
> elle exige à la fois le caractère et le talent.
> Un avocat devrait réunir les qualités les plus
> diverses ; il lui faut en même temps le bon sens,
> l'imagination et le cœur ; homme de parole et
> homme d'action, il doit être courageux, bon et
> désintéressé.
> Qui oserait espérer être un véritable avocat ?
>
> Ch. Lachaud.

TOME PREMIER

PARIS

G. CHARPENTIER ET Cie, ÉDITEURS

13, RUE DE GRENELLE, 13

1885

PRÉFACE

A Madame Thérèse Sangnier.

J'avais réuni plusieurs plaidoiries de Mᵉ Lachaud, souvenir du temps où il m'avait permis de travailler auprès de lui ; quelques amis les ont vues, ils m'ont conseillé de les publier. Cédant à leur conseil, je les mets sous la protection de sa fille bien-aimée et je les confie à tous ceux qui ont admiré la grande éloquence du maître et aimé son cœur si noble et si généreux. Le nombre en est grand, si j'en crois la sincérité de tous les témoignages qu'il a reçus.

Les triomphes, qui ont été ceux de Mᵉ Lachaud, les acclamations nombreuses et spontanées qui ont salué si souvent, dans l'enceinte de la justice, la parole éloquente et passionnée de celui qui était un maître dans l'art de bien dire et d'émouvoir les cœurs, on peut les redire ; mais ce qu'on ne reproduira jamais, c'est le souffle, presque divin, qui animait ses plaidoiries ; ce sont ces élans de cœur, qui impressionnaient tant l'auditoire ; ce sont ces gestes passionnés qui accentuaient la pensée et aussi cette voix, pleine d'harmonie, tantôt énergique et puissante, tantôt douce et caressante, qui toujours vous captivait, cette charmeuse enfin qu'on ne saurait oublier quand on l'a entendue.

Pour ceux qui ont assisté aux grands drames judiciaires de notre époque, ces plaidoiries ne seront qu'une pâle reproduction de cette éloquence si dramatique, qui allait au cœur de tous ; le souvenir qu'ils en ont gardé les aidera à les faire revivre.

Les autres n'auront-ils pas quelque plaisir à surprendre les secrets de cette stratégie habile, qui permettait au grand orateur de présenter avec un art si parfait les arguments utiles à la défense et en la place qui convenait le mieux pour leur donner toute leur valeur ; n'auront-ils pas là, aussi, l'occasion d'admirer cette logique puissante, fille du bons sens, qui savait résoudre les difficultés les plus grandes avec le seul raisonnement?

Lachaud a plaidé pendant plus de quarante années ; et tout jeune, à l'âge où dans notre génération affaiblie on n'est encore qu'un enfant, il était déjà un homme célèbre. Il a plaidé en Algérie, en Belgique, en Égypte. Les ministres de la Reine d'Angleterre ont voulu lui confier la défense des intérêts de leur pays dans le grand procès fait à l'Amérique au sujet de l'*Alabama* et jugé par un tribunal international. Le patriotisme de l'un des ministres les a seul empêchés de donner suite à leur projet. Un intérêt anglais, disait-il, doit être défendu par un Anglais, et la cause fut confiée à un des grands avocats de l'Angleterre. Mᵉ Lachaud a plaidé pendant ce long temps sans défaillance ; sa réputation et sa gloire ont toujours été en grandissant.

Il est ainsi devenu le premier parmi les premiers, si bien que Mᵉ Oscar Falateuf, bâtonnier de l'ordre des avocats de Paris et un des jeunes que le maître aimait pour son esprit et pour son talent, a pu s'écrier dans son discours d'ouverture de la conférence des stagiaires au lendemain de la mort de Lachaud :

« Et le jour où il a disparu, si la Providence lui a
« permis de percevoir encore les choses de la terre,
« Lachaud a pu, en mesurant la place qu'il avait occupée
« parmi les hommes de sa génération, se dire non sans
« un légitime orgueil : Je laisse un vide !

« En est-il beaucoup qui pourront en dire autant ! »

Lachaud en effet était devenu une puissance ; il était, si l'on peut parler ainsi, l'incarnation de la défense et de la protection des accusés, mais de la défense en ce qu'elle a d'honnête et de juste. Cette honnêteté était une de ses forces.

Soumis à la loi générale qui veut que pour avoir une grande action sur les autres, l'homme doit lui-même croire fortement à quelque chose, à l'amour, à la politique, à la patrie, qu'il doit enfin avoir une passion au cœur, Lachaud avait lui aussi une passion, il aimait sa profession. Il aimait la lutte à l'audience pour y défendre l'accusé innocent dont il fallait faire triompher l'innocence et pour y protéger le coupable contre les sévérités de la justice et les ardeurs de l'opinion publique. Aussi dans son client il ne voyait qu'un homme malheureux qu'il fallait protéger contre tous, souvent contre lui-même, et, s'inquiétant peu qu'il fût puissant, riche ou pauvre, il s'identifiait à lui et l'aimait.

La nature, quelquefois généreuse pour ses enfants,

avait été prodigue envers lui ; elle lui avait donné en
surabondance les qualités du bon sens, de l'imagination et du cœur. Le concours de ces trois qualités maîtresses a fait de lui le grand avocat que nous avons
tous aimé et lui a acquis dans le barreau la grande
place qu'il y tenait.

Les affaires criminelles font ordinairement horreur
aux âmes délicates. Le sang dont elles sont pleines, les
gens de condition inférieure et sans aveu qui le plus
souvent commettent les crimes, inspiraient du dégoût
et une répulsion bien naturelle ; le public désertait les
salles d'audience où elles se jugeaient, on les regardait
comme des affaires banales et vulgaires.

Qui, plus que Lachaud, a su relever ces sortes d'affaires dans l'estime publique ? L'honneur des hommes
y est souvent mis en jeu : cela est pour le moins aussi
intéressant que le péril auquel leur fortune peut être
exposée.

Entre les mains de Lachaud, une affaire criminelle
n'était plus une affaire vulgaire et banale, elle changeait
de physionomie. On n'y voyait pas seulement un crime,
un criminel et l'horreur qu'ils pouvaient inspirer, on
reconnaissait dans ce criminel un être humain comme
les autres, mu et agité par des passions humaines.
Chaque affaire devenait alors un roman, un drame en
action dont le grand avocat était le metteur en scène.
Les médecins disséquent les corps, Lachaud dissé-
quait les âmes et les cœurs et, passé maître en cette
science, il en rendait l'étude intéressante et attachante
pour tout le monde. Son imagination ardente, aidée
par son grand cœur et par son indulgence voulue, faisait

souvent jaillir de la conscience de ses clients de nobles et bons sentiments qu'ils y tenaient profondément et inconsciemment cachés; beaucoup de ceux qui l'entendaient reconnaissaient en l'écoutant des émotions intimes et secrètes qu'ils avaient éprouvées, tant il est vrai que Lachaud parlait le cœur. Après avoir ainsi secoué les hommes dans le plus profond de leur être et leur avoir donné des émotions inattendues, il en devenait le maître. Quoi de plus naturel?

Ce n'est pas seulement devant la cour d'assises qu'il savait ainsi transfigurer les affaires qu'il plaidait; devant les chambres correctionnelles il savait aussi, avec un grand art et une grâce séduisante, faire d'une cause tout à fait insignifiante une petite idylle, une petite historiette qui charmait le juge et en faisait un vaincu.

Les succès de Lachaud ont été très grands et très nombreux; ils n'ont eu aucune influence sur sa nature charmante. Ceux qui l'ont connu n'ont pas oublié sa verve gauloise, son esprit athénien et sa bonhomie pleine de cette modestie qui le rendait si naturel et si aimable.

La vie passée au milieu de toutes les misères de ce monde, la confidence reçue de beaucoup de turpitudes, l'expérience du cœur humain acquise au prix de la perte de beaucoup d'illusions, au lieu de lui inspirer du mépris et du dégoût pour l'espèce humaine, l'avaient rendu doux et compatissant aux malheurs des autres; son esprit juste et droit reconnaissait le mal où il était; mais sa nature généreuse et son cœur lui faisaient comprendre les souffrances morales des autres et le rendaient indulgent,

Il s'intéressait à ses clients et ne les abandonnait jamais. Après leur avoir sauvé l'honneur, il restait leur conseil, leur appui ,et souvent il les aidait dans les difficultés de la vie; les plus pauvres étaient ceux qu'il aimait le mieux, parce qu'ils étaient les plus faibles et les plus malheureux.

On pourrait citer de lui mille traits charmants que lui avaient inspirés sa générosité si connue et son grand cœur si bien apprécié par tous ceux qui l'ont approché; combien de fois n'a-t-il pas été de lui-même au secours d'infortunes imméritées! que de fois n'a-t-il pas cédé aux sollicitations d'amis malheureux avec une bonne grâce qui devait à leurs yeux doubler le mérite de son sacrifice! Il faisait le bien sans ostentation et avec simplicité.

Ces nobles et généreuses qualités, jointes à son grand talent de parole, avaient fait de lui une célébrité sympathique, aimée de tous et vraiment populaire.

Lachaud était un orateur inimitable, car il était lui-même et ne parlait jamais que sous l'inspiration du moment et sous le souffle de la passion qui l'animait.

En quels termes parler d'un orateur aussi puissant, aussi mobile, aussi insaisissable? et surtout, comment mieux dire en parlant de lui que l'a fait *Gambetta*, un grand tribun qui l'a aussi bien compris parce qu'il participait de sa nature? Comment le mieux peindre que d'autres encore, comme Mᵉ Oscar de Vallée, l'ancien brillant avocat général, qui a si souvent été son adversaire? que Mᵉ Oscar Falateuf qui l'a particulièrement aimé et admiré et qui sait exprimer avec éloquence ce qu'il sent?

Mon admiration et mon affection ne peuvent pas être surpassées, je crains cependant, au moment de tracer le portrait de Lachaud, que ma plume ne me trahisse, et j'aime mieux, pour le montrer à ceux qui n'ont pu le connaître, répéter ce qu'on a dit si souvent de lui, qu'il a été un grand avocat, un grand cœur et le plus honnête des hommes.

FÉLIX SANGNIER.

Plusieurs des plaidoiries les plus importantes de Mᵉ Lachaud ne se trouvent pas dans ce recueil.

Il ne faut pas s'en étonner. Le grand maître improvisait toutes ses plaidoiries à l'audience, et plusieurs de celles qui ont été admirées parmi les plus belles n'ont pas été recueillies ou ne l'ont été qu'incomplètement.

Malgré toutes nos recherches, nous n'avons pu retrouver les plaidoiries de Mᵉ Lachaud dans les affaires :

1° Du lieutenant de *Mercy*, accusé d'avoir tué en duel le sous-lieutenant Rogier ;

2° De madame *Pavy*, poursuivie pour bigamie ;

3° De mademoiselle *Chereau* qui, dans le jardin des Tuileries, avait volé un enfant à sa nourrice ;

4° De madame la *baronne de Tilly*, traduite devant la cour d'assises pour avoir jeté du vitriol à la tête de la maîtresse de son mari.

Et dans beaucoup d'autres affaires aussi importantes, qui ont vivement excité l'émotion publique et qui ont été pour Lachaud l'occasion d'un grand et légitime succès.

Mai 1841.

TRIBUNAL CORRECTIONNEL DE TULLE

AFFAIRE LAFARGE

PLAIDOIRIE DE Mᶜ LACHAUD

Pour Mᵐᵉ LAFARGE

ACCUSÉE D'UN VOL DE DIAMANTS.

1

AFFAIRE LAFARGE

PLAIDOIRIE DE Mᵉ LACHAUD

Pour Mᵐᵉ LAFARGE

ACCUSÉE DE VOL

Dans les premiers jours du mois de janvier 1840 madame Lafarge était arrêtée dans son château du Glandier, situé dans la Corrèze, où son mari, maître de forges, venait de mourir.

Sa belle-mère l'accusait d'avoir empoisonné son mari. Quelques jours après son arrestation, une nouvelle accusation était portée contre elle. Une de ses amies d'enfance, mademoiselle de Nicolaï, mariée depuis peu de temps avec M. de Léautaud, révélait à la justice la disparition déjà ancienne de ses diamants, et la dénonçait comme l'auteur du vol.

Ces deux accusations, dirigées contre une femme du monde, jeune et élégante, troublèrent profondément la société. La surprise qu'elles causèrent et le manque de preuves certaines donnèrent à cette affaire une importance exceptionnelle. Tout le monde s'y intéressa : le paysan dans les campagnes, l'ouvrier dans les villes, les bourgeois, les magistrats et même la Cour. Les révélations de l'instruction et celles de l'accusée augmentèrent la conviction du crime chez les uns, la certitude de son innocence chez les autres ; la passion s'en mêla et chacun prit parti pour ou contre madame Lafarge. La presse, dont l'importance avait beaucoup grandi depuis les premières années du règne de Louis-Philippe, s'occupa beaucoup de cette affaire, qui devint si célèbre ; les journaux se firent les échos de ceux qui soutenaient son innocence ou affirmaient sa culpabilité, et chacun d'eux défendit son opinion avec une ardeur et une âpreté qui allaient quelquefois jusqu'à la violence.

La famille de madame Lafarge avait confié sa défense à l'illustre M⁰ Paillet, alors bâtonnier des avocats du barreau de Paris. Retenu à Paris par ses nombreuses occupations, M⁰ Paillet avait demandé à M⁰ Bac, du barreau de Limoges, de vouloir bien pendant son absence surveiller et préparer cette grave affaire. Madame Lafarge accepta ces défenseurs, mais elle exigea qu'un troisième avocat, M⁰ Lachaud, qu'elle avait entendu plaider à Tulle et auquel elle avait prédit un avenir de gloire, leur fût adjoint pour s'occuper de ses intérêts et l'aider de ses conseils (1).

M⁰ Lachaud avait alors vingt-deux ans, il faisait partie du barreau de Tulle, où il avait fait de très brillants débuts. Jeune, ardent, plein d'imagination et convaincu de l'innocence de cette femme charmante, il se donna tout entier et de tout son cœur à sa défense et il arriva cette chose singulière, que bien qu'il n'ait pas plaidé dans l'affaire d'empoisonnement qui était l'affaire capitale, le monde oublia que des trois défenseurs M⁰ Paillet seul avait plaidé et lui attribua cette défense, dont il eut tout le bénéfice. L'opinion publique, ne séparant plus son nom de celui de madame Lafarge, le rendit aussi célèbre que la cause à laquelle il s'était dévoué. La légende est faite depuis longtemps : M⁰ Lachaud seul a défendu madame Lafarge.

(1) Lettre de madame Lafarge à M⁰ Lachaud pour lui demander de la défendre :

- « Vous avez un admirable talent, Monsieur. Je ne vous ai entendu qu'une fois, et vous m'avez fait pleurer. Alors pourtant « j'étais gaie et rieuse ; aujourd'hui je suis triste et je pleure. « Rendez-moi le sourire en faisant éclater mon innocence aux « yeux de tous.

                              « MARIE CAPPELLE. »

En nous occupant ici de cette accusée célèbre nous n'avons pas l'intention de refaire ses procès, d'en exposer les côtés dramatiques et de démontrer son innocence; c'est là une œuvre que les documents en notre possession rendraient intéressante et que nous tenterons peut-être un jour. Nous voulons seulement prendre dans les différents procès de madame Lafarge les points qui intéressent particulièrement son avocat et défenseur Mᵉ Lachaud. Aussi nous laisserons de côté l'accusation d'empoisonnement et les débats du procès criminel pour ne nous occuper que de l'accusation du vol des diamants et des nombreux procès correctionnels, les seuls dans lesquels Mᵉ Lachaud ait plaidé pour défendre celle qu'il croyait et qu'il a toujours crue innocente.

Madame Lafarge était la fille de M. Cappelle, colonel d'artillerie, ancien officier de la vieille garde impériale. Elle avait été élevée à la maison royale de Saint-Denis, et lorsque jeune fille elle devint orpheline, elle fut recueillie par ses tantes madame Garat, femme du directeur général de la Banque de France, et par madame de Martens, qui avait épousé le baron de Martens, diplomate prussien.

Sa tante, madame Garat, après l'avoir gardée quelques années auprès d'elle, la maria avec M. Lafarge, veuf et maître de forges dans la Corrèze. Il y avait à peine un an que le mariage avait été célébré quand elle fut accusée d'avoir empoisonné son mari.

Marie Cappelle, devenue madame Lafarge, avait alors vingt-quatre ans. Sans être jolie, elle avait une physionomie agréable, des cheveux d'un beau noir et le teint blanc mat. Le front était large et intelligent; de grands yeux noirs, pleins de flamme, illuminaient sa figure et donnaient à sa physionomie une expression toute particulière de finesse et d'esprit; aimable et spirituelle, elle avait ce charme qui, plus que la beauté, séduit tout ce qui l'approche. Aussi que de dévouements n'a-t-elle pas excités ! et combien ils lui furent fidèles même après sa condamnation !

Sa femme de chambre, la dévouée Clémentine, voulut l'accompagner en prison et elle y resta auprès d'elle pendant plus d'une année pour la soigner et la consoler. Mademoiselle Emma Pontier, jeune fille de dix-sept ans, la cousine de M. Lafarge, le mari empoisonné, convaincue de l'innocence de celle qu'elle affectionnait, voulut, elle aussi,

accompagner madame Lafarge dans sa prison; elle lui tint
compagnie pendant plusieurs mois, et sa famille fut obligée
d'employer la contrainte pour la forcer à quitter la prison.
A ces dévouements combien d'autres ! Le plus jeune de ses
défenseurs, Me Lachaud, n'a-t-il pas été de tous ses amis le
plus dévoué et le plus fidèle, et l'on peut dire fidèle même
jusque après la mort (1)?

Les deux accusations portées contre Marie Cappelle, celle
de l'empoisonnement et celle du vol des diamants, furent
jugées chacune par une juridiction différente : l'empoisonnement par la cour d'assises de Tulle ; le vol des diamants
par le tribunal correctionnel.

Me Paillet défendit madame Lafarge devant la cour d'assises. Condamnée aux travaux forcés à perpétuité, sa cliente
n'en fut pas moins poursuivie devant les tribunaux correctionnels. Fidèle au malheur, il devait encore la défendre
devant cette nouvelle juridiction, mais l'affaire ne fut jamais en état d'être jugée contradictoirement, et il n'eut pas
l'occasion de lui prêter une seconde fois le secours de son
éloquence.

Me Bac et surtout Me Lachaud ont défendu madame Lafarge devant le tribunal correctionnel ; ils ne plaidèrent, il est
vrai, que sur des questions de procédure ; mais elles étaient

---

(1) Me Lachaud après la mort de madame Lafarge veilla toujours sur sa tombe, et il donna souvent les sommes nécessaires
à son entretien.

Lettre du curé d'Ornolad' Ossat les Bains à Me Lachaud.

Le 9 novembre 1879.

« Très honoré Monsieur,
« Je regrette beaucoup que des circonstances indépendantes
« de ma volonté ne m'aient pas permis de répondre plus tôt à la si
« gracieuse lettre que vous m'avez fait l'honneur de m'écrire.
« Ce sera avec plaisir et reconnaissance, Monsieur, que je rece-
« vrai les... francs que vous voulez bien mettre à ma disposition
« pour restaurer le tombeau de madame Lafarge, à la mémoire
« de laquelle je conserve un profond et impérissable souvenir.
« Je crois vous être agréable, Monsieur, en vous disant que le
« tombeau de madame Lafarge est, depuis le commencement de
« l'été, journellement visité par de très nombreux baigneurs.
« Daignez agréer, etc.
« Bonnel, curé. »

très importantes pour la protection des intérêts de la malheureuse accusée.

L'accusation, portée par M. de Léautaud au nom de sa femme contre madame Lafarge quelques jours seulement après son arrestation pour le crime d'empoisonnement, était nette et très simple : les diamants de sa femme, disait-il, avaient disparu de chez elle depuis plus d'un an ; madame Lafarge devait les avoir volés avant son mariage, et il était sûr qu'une perquisition les ferait retrouver chez elle.

Interrogée par le juge d'instruction, madame Lafarge reconnut qu'elle avait les diamants et elle désigna le meuble dans lequel on pourrait les trouver. Mais elle refusa d'expliquer pour quelle raison ils étaient en sa possession, affirmant qu'il y avait là un secret que son honneur lui défendait de révéler.

Pressée par sa famille et par ses amis, qui craignaient que son silence ne fût interprété contre elle, elle consentit, après avoir confié son secret à ses deux défenseurs Me Bac et Me Lachaud, à les envoyer l'un après l'autre avec une lettre auprès de madame de Léautaud pour lui demander de reconnaître son innocence et de révéler elle-même toute la vérité (1).

---

(1) Lettre d'introduction de Me Bac :

« Ma chère Marie, veuillez donner quelques minutes à Me Bac.
« Elles sont nécessaires pour l'explication d'une affaire qui vous
« intéresse autant que moi.

« Sachant combien vous désirez qu'un homme noble et con-
« sciencieux, plein de discrétion et de cœur soit seul entre nous, je
« puis vous assurer que Me Bac a toute ma confiance et que j'ai
« mis en lui mon conseil et mon espoir.

« Adieu, ma chère Marie, j'ai foi en votre amitié comme j'ai foi
« en mon innocence. »

Lettre écrite par madame Lafarge à madame de Léautaud, pour lui demander de dire la vérité sur le vol des diamants. Cette lettre a été écrite sans préparation et d'abondance (ex abrupto) sur les vives instances de sa famille et de ses amis, qui la pressaient de ne pas se perdre en tenant la vérité secrète.

« Marie,
« Que Dieu ne vous rende pas le mal que vous m'avez fait !
« hélas ! je vous sais bonne, mais vous êtes faible. Vous vous
« êtes dit que, condamnée pour un crime atroce, je pouvais aussi

Madame de Léautaud fit le même accueil à Mᵉ Lachaud
qu'à Mᵉ Bac, elle refusa de reconnaître comme vrais les

« subir une accusation infâme. Je me suis tue : j'ai remis à votre
« honneur le soin de mon honneur! Vous n'avez pas parlé.

« Le jour de la justice est arrivé. Marie! au nom de votre con-
« science, de votre passé, sauvez-moi! Sans doute il est mal de
« tendre la main à la reconnaissance, mais il est des positions
« qui ordonnent dans le cœur l'oubli, et je ne sais pour quel
« front est la rougeur.

« Voici les faits; vous ne sauriez les nier. Lorsque je vous
« connus, bientôt je vous aimai, et je devins bientôt la confi-
« dente d'une intrigue commencée à Saint-Philippe, continuée
« dans une correspondance qui passait par mes mains, achevée
« à Busagny en mon absence.

« Vous découvrîtes bientôt que ce bel Espagnol n'avait ni fa-
« mille ni fortune, vous lui défendîtes de vous aimer, après avoir
« été chercher son amour. Et pour en finir, vous avez recom-
« mencé un autre amour dans d'autres lettres, qui vous ont fait
« épouser M. de Léautaud.

« Je reçus plusieurs lettres de l'abandonné qui vous accusait
« et demandait vengeance.

« Bientôt vous le vîtes, et sous le prétexte de faire votre por-
« trait, vous avez trouvé le moyen de le calmer.

« Cependant cette position devenait intolérable; il fallait pour
« cela de l'argent. Alors quand je fus à Busagny, vous me con-
« fiâtes tout, et me trouvant un mari dans la personne de M. Del-
« vaux, vous fîtes tous vos efforts pour me convaincre de l'é-
« pouser. Il fut convenu que vous me confieriez vos diamants,
« afin que je vous *prête* dessus ou que j'essaye de les vendre
« pour payer les termes de la pension convenue.

« Le mariage ne s'arrangea pas, mais vous me laissâtes les
« diamants, et, comme je craignais qu'on ne les découvrît dans
« la visite que l'on fit, nous les avons démontés ensemble et
« cousus dans un sachet.

« Lors de mon mariage, je conservai ces malheureux diamants,
« et quand approcha le mois de janvier pour le paiement, je
« vous écrivis que j'avais confié à mon mari le dépôt que vous
« aviez déposé entre mes mains; que je n'avais pas d'argent à
« vous prêter, mais que vous parleriez à M. Lecointe; que nous
« vendrions les bijoux et les placerions sur la forge, à 10 p. 100,
« avantage pour vous.

« Tous mes chagrins m'ont empêché depuis de m'étonner de
« votre silence; puis, Marie, je croyais en vous : oh! faites que
« je retrouve mon amie !

« Conduisez-vous noblement : pour ma famille, pour mes amis

faits avancés par son ancienne amie et elle persista à l'accuser du vol des diamants.

« je puis me taire. Me sauver, c'est aussi vous sauver. Je suis
« obligée de confier ce que je vous dis à mon avocat. Tous ces
« faits seront connus; vous savez que j'ai les preuves dans les
« mains; les voici ces preuves :
       « Les lettres écrites par vous et par *lui* ;
       « Vos lettres à moi.
   « Le secret que vous demandez et qu'une fois je vous ai gardé,
« au risque de me brouiller avec ma tante Garat.
   « La lettre dans laquelle vous me dites qu'il chantait dans les
« chœurs de l'Opéra, qui fera comprendre que l'on peut payer un
« silence et qu'il est des positions où on spécule sur l'honneur
« d'une femme.
   « Ensuite les lettres qu'il m'écrivit après votre mariage : vous
« savez... la tristesse si bien commentée qui suivit votre ma-
« riage.
   « La précipitation et le secret que vous y avez mis, craignant
« opposition.
   « Votre triste état de santé, causé par le tourment et cessé aus-
« sitôt le silence acheté, et après mon départ de Busagny.
   « Voulez-vous d'autres preuves pour moi ? Le secret de ce dé-
« pôt confié à mon mari et dont je lui parle dans une de mes
« lettres, en lui disant de les vendre ; le soin que j'ai de les lui
« faire vendre chez Lecointe, que je sais votre bijoutier et chargé
« par votre mari de découvrir les diamants volés, mais dans le-
« quel vous me dites avoir toute confiance et vouloir prévenir
« avant la vente. J'ai la lettre écrite à mon mari et le timbre de
« la poste fait foi.
   « Mais pourquoi continuer, pourquoi ne pas parler seulement
« à votre cœur et à votre conscience ? Voudriez-vous avoir ma
« mort à vous reprocher ? Oh ! je ne survivrai pas à un doute ;
« je saurai mourir ; mais devant le prêtre, qui me déliera de mes
« péchés, devant mes amis, devant le Christ, je dirai que je meurs
« victime, que je suis innocente, que je veux la réhabilitation
« pour mon tombeau, pour ma mémoire, que je léguerai au
« cœur de tous mes amis. Quand je serai morte, Marie, on me
« plaindra, on me vengera, votre faiblesse sera un crime et un
« déshonneur.
   « Au lieu de cela, regardez votre fils, qui vous rend fière,
« votre Raoul que vous aimez tant; craignez que Dieu ne me
« venge sur eux... Venez m'aimer encore et me sauver !
   « Il n'y a qu'une chose à faire maintenant : il faut reconnaître
« par un billet signé de votre main, daté du mois de juin, que
« vous déclarez m'avoir confié vos diamants en dépôt avec auto-

Mise par cette accusation persistante dans la nécessité de se défendre, madame Lafarge fit au juge d'instruction les révélations qu'elle avait confiées à ses défenseurs. Elle dit que madame de Léautaud lui avait elle-même donné ses diamants pour qu'elle les vendît et en fît remettre le prix à un jeune homme pauvre et de condition humble dont elle craignait les indiscrétions.

Elle raconta qu'avant son mariage avec M. de Léautaud, mademoiselle de Nicolaï, son amie intime, avait eu une intrigue avec un jeune homme, M. Clavé ; qu'elle lui en avait fait la confidence ; que des lettres avaient été échangées et qu'elle-même, encore jeune fille, avait servi d'intermédiaire entre les deux jeunes gens. Devenue jeune femme, madame de Léautaud avait craint plus encore les suites de cette aventure et elle avait résolu d'acheter le silence de ce jeune homme qu'elle croyait avoir reconnu parmi les choristes de l'Opéra. N'ayant pas d'argent à sa disposition, madame de Léautaud lui avait donné ses diamants pour les vendre et en faire remettre l'argent au jeune homme. Pour expliquer à sa famille et à son mari la disparition de ses diamants madame de Léautaud avait simulé un vol et l'avait ensuite priée de l'aider à démonter les diamants. Madame Lafarge ajoutait que si les diamants étaient encore en sa possession, c'est qu'avant son mariage sa position de jeune fille lui en rendait la vente difficile, et que depuis son union avec M. Lafarge elle n'avait trouvé ni le moyen ni l'occasion de les échanger contre de l'argent ; elle avait des lettres qui prouveraient qu'elle disait la vérité.

Madame de Léautaud, tout en reconnaissant qu'elle avait adressé un billet à M. Clavé, par pur amusement, affirmait que toute cette révélation était une fable et que depuis ce moment elle n'avait plus entendu parler de ce jeune homme.

« risation de les vendre si je le jugeais convenable. Cela arrêtera
« l'affaire. Vous expliquerez ainsi que vous l'entendrez votre con-
« duite à votre mari, et toutes mes lettres vous seront renvoyées,
« et le plus profond secret garantira votre honneur et votre
« repos.

« Adieu ! Croyez-le bien, Marie, pour vous sauver j'ai été mar-
« tyre deux mois. Vous m'avez oubliée. Je pouvais vous donner
« ma vie, mais ma réputation, le cœur de mes amis, l'honneur
« de mes sœurs... jamais ! »

Sur la demande de madame de Léautaud, une perquisition fut faite au Glandier et les diamants y furent retrouvés dans le meuble que madame Lafarge avait indiqué. A la suite de cette découverte le parquet de Limoges, tout en instruisant l'affaire d'empoisonnement, fit faire une instruction particulière sur le vol des diamants ; cette instruction terminée, il traduisit madame Lafarge devant le tribunal de police correctionnelle pour la faire juger sur le vol des diamants avant de la faire comparaître devant la cour d'assises pour le crime d'empoisonnement.

M. de Léautaud se porta partie civile au nom de sa femme, et le tribunal correctionnel rendit un jugement par défaut, qui condamnait madame Lafarge à deux ans de prison. Mais ce jugement fut cassé, et à partir de ce moment M. de Léautaud et le parquet ne cessèrent de poursuivre avec ardeur et acharnement cette pauvre femme, accablée sous le poids de cette double accusation.

Après les débats de la cour d'assises et l'arrêt qui condamnait madame Lafarge aux travaux forcés à perpétuité, ses accusateurs ne furent pas désarmés, et ils reprirent immédiatement leurs poursuites correctionnelles pour obtenir contre elle une nouvelle condamnation pour vol.

Ces poursuites passionnées et sans cesse renouvelées contre une femme, condamnée à une peine perpétuelle, leur furent vivement reprochées ; elles contribuèrent à augmenter la sympathie que des cœurs dévoués et convaincus ne cessèrent de témoigner à celle qu'ils appelaient une victime, une martyre.

Les nombreux procès, faits à madame Lafarge devant les tribunaux de police correctionnelle pour le jugement du vol des diamants, durèrent quinze mois. Protestant de son innocence en toutes circonstances, avec une grande énergie, elle employa ce long temps à écrire ses mémoires, dans lesquels elle se justifie des honteuses accusations portées contre elle, et à écrire à ses amis des lettres dans lesquelles elle mettait tous les cris de son cœur souffrant et de sa conscience révoltée ; ces lettres pleines d'esprit et d'humour la rendirent plus intéressante encore (1).

_____

(1) Les lettres les plus intéressantes de madame Lafarge à ses amis ont été reproduites dans la partie de ses mémoires écrite

L'accusation et la défense, également ardentes, employè-
rent tous les moyens que la procédure leur offrait, l'une

sur ses notes par ses plus zélés défenseurs. Elles sont très nombreuses.

Pendant son séjour dans les prisons de Brives et de Tulle, elle
reçut plus de 6,000 lettres auxquelles elle répondit.

Voici deux de ces lettres, qui pourront donner une idée de l'intérêt passionné que madame Lafarge avait excité non seulement
en France, mais aussi dans les pays étrangers.

*Lettre adressée à madame Lafarge le 15..... dans sa prison
de Tulle par une dame allemande.*

« Madame,

« Obligée avant quelques mois de venir en France pour ma
« santé afin de prendre les eaux, je retourne maintenant avec ma
« fille à Berlin, mais nous aurions trop de regret de quitter la
« France sans faire votre connaissance et vous exprimer de vive
« voix notre vif intérêt et notre sincère affection, c'est ce qui
« nous a déterminées à faire un long détour dans l'espoir d'être
« assez heureuses pour vous visiter, s'il ne vous gêne pas, Ma-
« dame, de voir des cœurs sensibles, qui ont su vous compren-
« dre et vous apprécier!!!

« Veuillez vous rendre à nos vœux, nous indiquer l'heure à
« laquelle nous vous gênerons le moins et croire, Madame, que
« personne au monde ne peut vous être plus attachée que votre
« dévouée.

« E. DE RICHLER. »

*Extrait d'une lettre adressée par madame Lafarge à son avocat
Me Lachaud.*

24 juin 1840.

« Il m'est arrivé ce matin une chose assez singulière. On m'ap-
« porte une lettre; je crus à l'impossible en espérant qu'elle ve-
« nait de vous; je l'ouvre bien heureuse de ma pensée; elle n'é-
« tait pas de vous, et partagez l'étonnement, qui remplace ma
« déception, en lisant longuement exprimé ce que je vais vous dire
« en peu de mots !

« Un armateur, qui arrive des Indes, ne sachant que faire de sa
« fortune et de sa vie, lit les détails de ma malheureuse affaire,
« s'en préoccupe, s'en passionne, me dit que je réalise le rêve de
« toutes ses pensées et me demande en grâce de disposer de sa
« fortune en attendant que je veuille accepter son existence et
« son cœur !

« M. P. C. Son adresse à Rochefort avec les initiales seulement pour obtenir promptement un jugement définitif, l'autre pour le retarder le plus possible.

M. Clavé, le jeune homme avec lequel madame de Léautaud avait noué une intrigue, était le fils d'un maître de pension du quartier Saint-Honoré, sans fortune; il avait, depuis plusieurs années, quitté la France et successivement habité l'Algérie et le Mexique. Madame Lafarge avait les preuves que, pendant son séjour en Algérie, il avait reçu une caisse de la part de madame de Léautaud. Il fallait donc, de toute nécessité, dans l'intérêt de la défense de madame Lafarge, faire venir comme témoins soit M. Clavé, soit les personnes qui, habitant l'Algérie, avaient eu connaissance du fait.

Les délais, qui étaient accordés par le tribunal pour réunir les témoins nécessaires à la défense, étant toujours trop courts, madame Lafarge fut sans cesse obligée dans son intérêt de fuir un débat qui n'aurait pas eu lieu dans des conditions de juste égalité, et elle fit toujours défaut.

Le parquet de Limoges et M. de Léautaud, partie civile, firent comparaître madame Lafarge cinq fois devant le tribunal de police correctionnelle, pour faire juger le prétendu vol des diamants.

Madame Lafarge fut traduite pour la première fois en justice devant le tribunal de police correctionnelle de Brives, *le 9 juillet* 1840, deux mois avant sa comparution en cour d'assises pour le crime d'empoisonnement.

M. de Léautaud s'était porté partie civile et il était assisté de Me Coraly: madame Lafarge avait auprès d'elle ses deux défenseurs Me Bac et Me Lachaud. Ils demandèrent au tribunal un sursis et le renvoi des débats après le jugement de l'affaire criminelle; le tribunal rendit un jugement qui rejetait le sursis et ordonnait que les débats auraient lieu immédiatement.

Les défenseurs de la prévenue firent tout de suite appel

« de son nom et l'autorisation demandée de venir se nommer et
« mettre son trésor à mes pieds !
« Je ne doute pas que ce soit une mystification, quoique M. Se-
« zerale trouve la lettre parfaitement simple et ne doute pas de
« sa vérité. Je vais la brûler ou la cacher afin qu'elle ne tourne
« pas la tête du tyran (le directeur de la prison) qui y verrait
« un complot avec participation de je ne sais qui... etc., etc. »

de ce jugement, mais le tribunal, ne tenant pas compte de
cet appel, passa outre aux débats de l'affaire. Madame Lafarge
fit défaut.

Quatre audiences furent consacrées aux débats ; le tribunal
rendit un jugement *par défaut* et, la reconnaissant coupable,
il la condamna à deux ans de prison.

L'appel de ces jugements fut porté devant le tribunal
correctionnel de Tulle. Madame Lafarge y comparut une
seconde fois *le 13 août.* Le tribunal *cassa* le jugement qui la
condamnait à deux ans de prison et renvoya l'affaire au
20 novembre.

Avant la date, fixée pour les nouveaux débats, madame
Lafarge avait été jugée par la cour d'assises de Tulle et
condamnée aux travaux forcés à perpétuité.

Malgré cette condamnation à une peine perpétuelle, madame de Léautaud et le ministère public l'appelèrent une
troisième fois devant le tribunal de police correctionnelle *le*
29 avril 1841. Cette pauvre femme, traînée de tribunaux en
tribunaux, était malade, elle ne put venir à l'audience et
l'affaire fut remise au 3 mai.

Dans cette audience du 3 *mai,* quatrième comparution de
cette malheureuse femme, ses défenseurs contestèrent au
tribunal le droit de la juger ; ils nièrent sa compétence : à
la peine des travaux forcés était attachée une peine accessoire, la mort civile : madame Lafarge, étant morte civilement, ne pouvait plus être traduite devant un tribunal correctionnel.

Mᵉ Lachaud plaida l'exception ; le tribunal se déclara
compétent et, reconnaissant à la partie civile le droit de
reprendre les poursuites, il renvoya l'affaire au 5 août pour
être plaidée au fond.

Madame Lafarge se pourvut en cassation contre ce jugement ; le pourvoi ayant été rejeté, elle fut pour la cinquième
fois appelée devant le tribunal correctionnel de **Tulle,** le
5 août 1841.

La lutte continuant, M. de Léautaud se fit assister pour
ces nouveaux débats de Mᵉ Coraly et de M. *Odilon Barrot,*
venu tout exprès de Paris pour lui prêter le concours de
son éloquence.

Mᵉ Lachaud plaida pour obtenir du tribunal un sursis afin
de faire venir les témoins utiles à la défense. Le tribunal

ayant refusé le sursis et l'affaire devant être jugée immédiatement, madame Lafarge *fit défaut;* les débats eurent lieu hors de sa présence. M⁰ Coraly et M⁰ Odilon Barrot plaidèrent chacun pendant trois heures contre un adversaire absent, qui ne pouvait se défendre, et le tribunal rendit un *jugement par défaut* qui reconnaissait Marie Cappelle coupable, mais ne la condamnait à aucune peine, parce que cette peine se serait confondue avec celle des travaux forcés déjà prononcée contre elle par la cour d'assises.

Mise par le tribunal dans l'impossibilité de faire une opposition utile à ce jugement, madame Lafarge voulut adresser une protestation aux magistrats; elle ne put la signifier, aucun huissier n'ayant voulu lui prêter son ministère; ils étaient tous retenus par la crainte de se mettre en opposition avec le tribunal et avec le parquet.

Le pourvoi, adressé à la cour de cassation, fut rejeté, et quelque temps après, madame Lafarge fut transférée à la maison centrale de Montpellier. L'affaire n'eut pas d'autre suite.

Il était nécessaire de donner ces détails de procédure et d'indiquer cette succession de jugements pour montrer avec quelle ardeur et avec quel acharnement les accusateurs de madame Lafarge l'ont attaquée sans jamais lui laisser un moment de repos et de tranquillité (1).

Cette lutte, ces épreuves toujours nouvelles ont été supportées par madame Lafarge avec un courage et une force vraiment extraordinaires; elle n'a jamais eu une défaillance; une conscience qui n'aurait pas été pure et forte de son innocence aurait-elle pu soutenir un pareil combat avec une semblable énergie (2)?

(1) Il faut aussi remarquer qu'aucun des jugements qui ont été rendus sur le fait même du vol des diamants, n'a été contradictoire; on peut donc dire qu'il n'a pas été prouvé que madame Lafarge ait commis ce vol.

(2) Transférée dans la maison centrale de Montpellier à la fin de l'année 1842 madame Lafarge y vécut toujours triste et malade jusqu'en 1852, époque à laquelle elle écrivit au Prince Napoléon, Président de la République, pour lui demander non pas sa grâce, mais justice. Le Prince lui rendit la liberté; elle n'en jouit pas longtemps et mourut quelques mois après sa sortie de prison.

« La lettre écrite au Prince Président est très belle et M. Auguste « Vitu, en la publiant, il y a quelques mois, disait avec raison

Des plaidoiries que Me Lachaud a prononcées dans tous ces débats, nous ne donnerons que la plus importante, la réplique qu'il a faite, pour combattre la compétence du tribunal correctionnel, à l'audience du 3 mai 1841 après la condamnation de madame Lafarge par la cour d'assises. Elle est une des premières plaidoiries importantes que, tout jeune homme, il a prononcées à ses débuts.

« que la preuve de l'innocence de madame Lafarge existait dans
« les sentiments, si élevés et si profondément émus, qu'elle y
« exprime. »

LETTRE DE MADAME LAFARGE

Au Prince Louis-Napoléon Bonaparte, Président de la République Française.

« Monseigneur,

« J'ai désespéré douze ans de la justice des hommes, mais
« aujourd'hui que le cœur de la France bat dans le cœur d'un
« Napoléon II, aujourd'hui que la douleur des faibles peut espé-
« rer et prier debout, je viens vous demander, Monseigneur, un
« peu de soleil pour ma vie, une protection auguste pour mon
« malheur.

« Monseigneur, je suis innocente!... Vous êtes le représentant
« de la justice divine sur la terre. A ce titre, daignez vous faire
« juge entre la calomnie et moi, daignez peser des larmes que
« Dieu seul a comptées. La vérité répond à l'appel des rois. Elle
« saura faire parler les faits en ma faveur, et parce que j'aurai
« crié vers vous dans ma détresse, Prince, comme tous ceux qui
« souffrent en France, je serai consolée et je serai sauvée. La foi
« a servi de force à mes heures captives, la reconnaissance sera
« la vertu de mes jours de soleil.

« Ce n'est pas la liberté du bonheur que j'implore!... C'est le
« pouvoir d'incarner ma conscience dans chacun des actes de
« ma vie, c'est le moyen, Monseigneur, de gagner Votre Altesse
« à la cause de mon innocence; c'est celui d'intéresser Dieu au
« triomphe de mon droit.

« Prince, si mon père vivait, il ne trouverait qu'un nom assez
« grand pour changer un acte de clémence en un acte de jus-
« tice. Vous portez ce nom, Monseigneur ; j'élève ma prière
« jusqu'à vous. Grâce pour la mémoire et l'honneur de mon
« père, grâce, Prince, et justice pour deux.

« J'ai l'honneur d'être, avec le plus profond respect, Monsei-
« gneur,

« Votre très humble et très désolée servante.

« MARIE CAPPELLE. »

8 mai 1852.

RÉPLIQUE DE M⁰ LACHAUD

Messieurs, je n'essayerai pas de suivre mon contradicteur dans cette voie de plaisanteries plus ou moins malignes que vous avez entendues. Je ne me plaindrai pas non plus, et je ne veux pas répondre à ces sarcasmes, qui ont accompagné presque toutes ses paroles. Je me souviens que, près de moi, est assise une femme dont la vie est pleine de douleurs; il y aurait presque de la cruauté à jouer ainsi à côté de son infortune, et M⁰ Coraly a eu un triste courage que je ne lui envie pas; j'aime mieux imiter M. le Procureur du Roi, rendre à la discussion de cette audience toute sa solennité et ne pas cacher les preuves puissantes, que nous invoquons, sous un déguisement spirituel et étranger à cette enceinte.

J'ai à cœur de ne laisser aucune des paroles du ministère public sans réponse, et je ne dois pas accepter les reproches qu'il m'a adressés; vous avez dit, Monsieur le Procureur du Roi, que mes paroles contre le ministère public étaient une insurrection à la loi; vous m'avez mal compris, sans doute, il faut que je m'explique.

La loi, je la respecte, et je me soumets toujours devant ses décisions. Marie Cappelle a été condamnée.

C'est un arrêt que je déplore, et contre lequel je ne puis me révolter; mais près de cet arrêt, qui est défendu, qui appartient à la loi, se trouvent placés les magistrats accusateurs, qui eux ne sont pas inviolables comme la loi; leurs actes rentrent dans le droit de la défense, et ce n'est pas s'insurger que de leur

2

demander un compte sévère des devoirs qu'ils avaient à remplir.

Le ministère public, ce gardien vigilant des intérêts de tous, a une mission bien grave, bien difficile et qu'il faut lui rappeler souvent; le ministère public, pour Marie Cappelle, devait sinon la protéger, au moins éloigner d'elle ces préventions déplorables, qui obscurcissaient les faits de la cause et plaçaient dans tous les esprits une passion injuste; mais si le ministère public a partagé cette passion commune, s'il l'a excitée par les moyens que la loi lui a donnés et a entraîné ainsi la condamnation de Marie Cappelle, ne devra-t-on pas lui dire à la face du monde les plaintes de la défense? Croyez-le bien, c'est une immense responsabilité qui pèse sur le ministère public, et notre droit, à nous, sera de protester toujours contre les exceptions fatales qui nous ont perdus.

Encore un reproche que nous ne pouvons accepter : on se plaint que les efforts de la défense de Marie Cappelle cherchent à faire sortir le débat de votre tribunal; on lui fait un crime d'en appeler toujours au monde et de lui demander une absolution.

Eh quoi! Messieurs, oubliez-vous donc la position de Marie Cappelle? Le monde, l'opinion publique, mais n'est-ce pas tout pour elle aujourd'hui? Votre justice, elle ne doute pas de son équité, mais elle croit plus encore à la justice du monde.

Il faut lui pardonner, Messieurs, car si la défense de Marie Cappelle ne peut plus la dire innocente du crime pour lequel elle a été jugée, sa conscience à elle a le droit de crier son innocence et de demander aux hommes une réparation. Et ne sont-ce pas les sympathies publiques seules, qui peuvent rendre à Marie Cappelle ce qu'elle a perdu? vous, Messieurs, vous ne pouvez lui donner une espérance; vous êtes impuissants à lui rendre sa liberté et son honneur. Le monde au contraire peut, par une éclatante réhabilitation, l'arracher aux tortures qu'elle souffre si courageusement. Ne savez-vous pas que si ses forces ne sont pas épuisées encore, que si elle a survécu à son agonie, c'est que de toutes parts il lui est arrivé croyance et dévouement? c'est qu'enfin le monde lui a dit de vivre jusqu'au jour où elle terrassera ses accusateurs? Ne blâmez donc plus cette femme, si elle se tourne si souvent vers les seuls appuis qui lui restent, pour leur demander encore secours contre l'ignoble calomnie dont on veut la souiller.

J'arrive, Messieurs, à la question qui vous est soumise; je vais suivre le ministère public, examiner avec lui la pensée intime de la loi, et je crois, Messieurs, qu'il sera facile de briser les principes éphémères qu'il a essayé de dresser.

Il faut, dans l'interprétation d'une pensée législative, élever la loi à sa véritable grandeur; il est dangereux de suivre servilement une expression matérielle, qu n'est que l'image faible du modèle qu'elle a voulu montrer, le texte de la loi. Je le méprise quand la pensée est évidente, et jamais je ne voudrais comprendre qu'on puisse effacer la dignité, la moralité de nos codes sans une expression plus ou moins exacte, plus ou moins réfléchie; ainsi je ne m'arrêterai pas à une lecture minutieuse, et ce sera à l'ensemble des articles que je demanderai de me révéler la volonté sage et miséricordieuse des législateurs.

M. le Procureur du Roi et moi nous sommes d'accord sur un principe fondamental de la législation pénale; je le constate, il ne comprendrait pas, lui non plus, les poursuites inutiles, et il flétrirait, comme portant atteinte à la sainteté de la justice, ces persécutions inhumaines qui rendraient la loi brutale.

Ce principe posé, le ministère public nous fait encore une concession, il reconnaît que les poursuites correctionnelles, qui vont commencer, ne peuvent entraîner de peine et que le tribunal devra s'arrêter s'il croit Marie Cappelle coupable.

Mais s'il en est ainsi, la rigueur du principe, reconnu par le ministère public, ne flétrit-elle pas la poursuite nouvelle? une action correctionnelle n'a-t-elle pas pour résultat nécessaire une application de peine, si l'accusée est coupable? la peine n'est-elle pas l'accessoire inséparable de la prévention, et ne faut-il pas dire alors avec le ministère public que la prévention étant inutile, elle est nécessairement illégale et inhumaine?

Le ministère public n'admet pourtant pas cette conclusion; il ne pense pas que la déclaration de peine soit une conséquence nécessaire de l'existence de la prévention; il dit que la société a besoin de la prévention pour s'édifier sur la moralité des actes qui se commettent; que l'application d'une peine n'est pas le seul but du ministère public et que chaque jour il arrive, dans la pratique des affaires, qu'on instruise sur des délits, même sur de simples accidents, avec la certitude presque entière qu'il n'y aura pas de peine à prononcer. Cette objection du ministère public n'est vraiment pas sérieuse; en effet, l'instruction relative aux accidents qui peuvent arriver a pour but la répression d'un délit possible et par conséquent l'application d'une peine.

L'instruction alors, en marchant vers la vérité, peut rencontrer un coupable qu'elle n'a pas prévu et contre lequel il faut sévir.

Mais ici, si un délit a été commis, Marie Cappelle seule s'en est rendue coupable; des poursuites nouvelles ne conduiraient dès lors à aucune autre culpabilité, et, rigoureusement, il faut conclure que cette poursuite est inutile.

Le ministère public veut-il dire qu'il est utile à la société de ne rien ignorer des fautes de ses membres? et moi, je réponds au ministère public que déjà il est assez de douloureux scandales, qu'on ne peut éviter, sans chercher encore à faire éclater une vaine turpitude; la morale publique se corrompt à ce contact impur d'impures actions, et il ne faut pas toujours livrer au monde d'igno-

bles souillures, et exciter les imaginations malades par
le déplorable récit d'aventures scandaleuses. Mais s'il
était vrai, d'ailleurs, que ce fût un intérêt pour la
société de pénétrer ainsi dans les ténébreux mystères du
crime, pourquoi le ministère public n'évoquerait-il pas
les sombres souvenirs du passé? serait-ce plus dérai-
sonnable? et alors qu'on vient fouiller une tombe, qu'importe qu'elle soit scellée d'hier ou de plusieurs siècles !

Les articles du Code d'instruction criminelle, qui
nous avaient servi à appuyer les doctrines que nous
plaidons ont été singulièrement restreints par le minis-
,tère public ; et il faut bien le reconnaître, il s'est plus
attaché à diviser les principes de la législation qu'à
formuler une vérité résumant la pensée tout entière de
la loi. Nous ne suivrons pas le ministère public dans
cette lutte de mots ; nous dirons seulement que l'enchaî-
nement des articles 365 et 379 ne permet pas de
formuler une doctrine qui ne réunisse ces deux dispositions dans une même et commune pensée, qu'il n'y a de
raison dans la loi qu'autant que l'un de ses articles se
rattache à l'autre.

Le ministère public a cherché aussi à enlever à notre
principe la sanction de la Cour suprême ; les arrêts que
nous avions invoqués n'avaient, disait-il, que cassé les
arrêts de cour d'assises et non annulé les procédures
qui les avaient précédés. Mais il ne faut pas, pour apprécier la doctrine de la cour de cassation, s'en référer
seulement aux résultats immédiats de cette décision, il
faut pénétrer dans les considérations qui ont déterminé
les magistrats, et nous trouverons dans les arrêts que
j'ai invoqués cette vérité reproduite toujours : que le
condamné, qui subit une peine, expie les fautes moindres
de son passé.

On nous a opposé aussi quelques-uns des auteurs que
nous avions cités ; mais le ministère public a établi une
confusion qu'il n'est pas possible d'admettre. Les auteurs, dont il a parlé, disent seulement que de ce qu'un

individu est condamné à une peine plus sévère, la loi n'a
n'a pas voulu lui donner carte blanche pour toutes les
fautes qu'il eût voulu commettre; mais il est clair que
dans leur pensée ces auteurs n'ont jamais visé que des
fautes postérieures à la condamnation principale, et ceci
est de toute raison, car la loi a bien pu, sans danger
grave, oublier le passé, mais elle ne pouvait pas engager l'avenir.

On s'est rejeté, en désespoir de cause, sur une singulière distinction. M. le Procureur du Roi admet bien qu'il
y aurait quelque incertitude sur la question de savoir
s'il serait aujourd'hui permis de commencer les poursuites correctionnelles contre Marie Cappelle; mais ces
poursuites sont antérieures à sa condamnation; le tribunal est déjà saisi de l'action correctionnelle non seulement dans l'intérêt de la vindicte publique, mais encore
dans l'intérêt de la famille de Léautaud; or, il ne peut,
sans un déni de justice, refuser d'approfondir un fait
qui lui a été légalement déféré.

Nous examinerons plus tard la position de madame de
Léautaud. Dans l'instance actuelle, pour le moment,
nous devons répondre à la distinction qu'on veut faire en
faveur de l'accusation, de l'antériorité des poursuites
correctionnelles aux poursuites criminelles; il nous
reste un dernier article à citer, qui s'applique aussi bien
aux poursuites continuées et aux poursuites commencées et qui, vis-à-vis du ministère public, tranche définitivement la question, c'est l'article 2 du Code d'instruction criminelle, qui porte : l'action publique s'éteint
par la mort du coupable.

Or, qu'est-ce donc, vis-à-vis de la loi, que madame Lafarge ? C'est une femme morte, qui a cessé d'être légalement; à qui l'on a retranché la capacité d'un être
civil et qui, nécessairement, est comprise dans l'application de cet article 2. Remarquez. en effet, que le
terme de la loi est générique et doit aussi bien s'appliquer aux morts civils qu'aux morts naturels. Chaque

fois que le législateur a voulu créer des dispositions particulières à chacun de ces états, il a eu soin de les distinguer.

On nous objecte que la mort civile n'est qu'une fiction, qui offre de nombreuses restrictions, et que la loi, tout en déclarant qu'un être n'existe plus civilement, lui a cependant conservé certains droits. A cela il suffit de répondre que la capacité d'un individu tient au droit naturel et au droit civil, qu'en lui laissant la vie naturelle, on a dû, nécessairement, lui laisser aussi les droits nécessaires à son existence matérielle.

Or, peut-on soutenir que des poursuites correctionnelles puissent atteindre un individu placé dans cette condition, et l'homme, qui n'a gardé de ses droits que ceux que ses besoins physiques lui ont rendus indispensables, n'est-il pas mort à la société? n'est-il pas mort à la loi? Et osera-t-on dire encore que la fiction légale n'est pas une image fidèle des incapacités résultant de la mort naturelle?

Le système du ministère public ne peut donc pas se soutenir en présence d'éléments si simples, si vrais, si concluants.

Remercions M. le Procureur du Roi, dont la parole est toujours si franche et si consciencieuse, de l'aveu qu'il nous a fait. Vous l'avez entendu, Messieurs ; ce magistrat vous a dit que de nombreuses espèces semblables à la nôtre se présentaient chaque jour, et qu'on dédaignait de poursuivre des accusés déjà condamnés. Eh bien ! je le demande, n'avais-je donc pas raison de m'élever avec force contre l'arbitraire qui nous poursuivait dans cette circonstance? Avais-je donc été trop loin, en qualifiant de préventions les rigueurs du ministère public, et ne nous est-il pas permis, ne nous est-il pas ordonné de flétrir des poursuites, qui font une exception barbare à l'humanité de la loi et des accusateurs eux-mêmes?

Mais, nous répond le ministère public, pourquoi vous

plaindre de ces nouveaux actes qui doivent servir à
votre réparation morale; vous, Marie Cappelle, vous
parlez toujours de votre innocence; vous êtes impa-
tiente, dites-vous, de rendre à madame de Léautaud l'infâme calomnie dont elle vous a couverte, et voilà que
le prétoire vient de vous être ouvert; nous vous arra-
chons de votre prison éternelle pour vaincre le mensonge, qui vous a flétrie; ne nous reprochez donc pas
notre sévérité, remerciez plutôt le ministère public, qui
vous convie à un débat solennel, à ce débat d'où vous
devez sortir pure et martyre; prenez-y garde, Marie
Cappelle; si vous reculez encore, si vous invoquez quelques misérables exceptions, le monde, que vous appelez
si souvent à votre aide, pensera que vous avez bien pu
porter, dans le silence, le plus lâche et le plus ignoble
des mensonges, mais que vous n'avez pas osé le soutenir au grand jour; il dira que vous avez crié déshonneur contre une jeune femme innocente et vertueuse,
et vous deviendrez la plus vile et la plus misérable de
toutes les criminelles.

Là est toute la question pour nous, Messieurs, et s'il
était vrai que Marie Cappelle ne pût faire briller son
innocence qu'au moyen d'illégalités qu'on lui présente,
je n'aurais pas la force de résister aux ardents désirs de
madame Lafarge, et je crois que j'accepterais pour elle
le tribunal d'exception qu'on lui offre; mais heureusement la vérité peut luire de tout son éclat sans qu'il
faille sacrifier l'humanité et la loi; et, puisque le jour
de la réparation doit venir, il vaut mieux attendre patiemment encore que de courber la tête sous le joug que
le ministère public tient sur nous. Nous ne voulons pas
que Marie Cappelle soit ainsi placée hors la loi, et il n'y
aura jamais assez d'énergie dans notre âme pour protester contre ces oublis où tombe si fréquemment le ministère public.

Quoi! on est venu presser ainsi une malheureuse captive; on lui a dit qu'il fallait choisir entre son innocence

et là légalité. On l'a menacée de la flétrissure du monde, si elle ne se soumettait pas à la dureté de nouvelles rigueurs, et on a espéré que la pauvre esclave s'inclinerait et accepterait la torture ! Non, ce ne sera point ; Marie Cappelle peut prouver son innocence sans obéir aux caprices de l'accusation, et la raison publique fera prompte justice de cette nouvelle tactique.

C'est pour madame de Léautaud qu'on veut un débat; il est bien reconnu maintenant que c'est dans son intérêt unique que les précédents judiciaires sont violés. Eh bien ! j'y consens, si madame de Léautaud n'a pas d'autres voies possibles pour se venger des accusations de Marie Cappelle ; si madame Lafarge trouve à son tour, dans les débats dont on la menace, toute garantie vis-à-vis de madame de Léautaud, sa seule adversaire aujourd'hui, nous passerons sur l'illégalité.

Mais d'où vient cette anxiété du ministère public pour madame de Léautaud ? a-t-il donc la garde de son honneur? et, plus vigilant, plus empressé qu'elle-même, veut-il lui rendre sa pure auréole de jeune femme ? Et pourquoi vous apitoyer sur madame de Léautaud? Pourquoi ce tendre intérêt, qui vous rend si éloquent, si persuasif? Souvenez-vous donc que la cause que vous défendez si ardemment, vous, Monsieur le Procureur du Roi, madame de Léautaud avait presque oublié que c'était la sienne, celle de son honneur, de sa pureté. On dit que madame de Léautaud se désespère, et voilà six mois qu'elle se tait, et il a fallu que le ministère public l'appelât lui-même à ce débat; elle ne l'a pas provoqué; madame de Léautaud, innocente, eût-elle fait si bon marché de la tache ignominieuse qu'on lui imprimait au front ?

Et quel est, dans le débat actuel, le rôle qu'elle a accepté? Je l'ai dit et je le répète, elle n'est pas intervenue directement, elle est cachée derrière le ministère public, elle n'a pas osé se montrer en face de son adversaire et elle n'est ici que le représentant des frais que l'État peut avoir à supporter.

On ne peut nous dire que madame de Léautaud devait souffrir et attendre. N'avait-elle pas, n'a-t-elle pas encore une action civile contre Marie Cappelle ? La discussion eût bien été complète, mais là aussi il eût fallu se trouver la partie directement opposée à Marie Cappelle, et il est plus facile, plus commode, moins dangereux de se retrancher toujours derrière l'accusateur public.

Mais on répète : Qu'importe à Marie Cappelle? que lui fait la pusillanimité de madame de Léautaud ? Si elle est innocente, Marie Cappelle, elle accablera son ennemie aussi bien devant les juges correctionnels que devant les juges civils.

Qu'on ne s'y trompe pas : en changeant de juridiction, la défense devient tout autre ; toute-puissante devant les tribunaux civils, elle ne peut être que douteuse devant les tribunaux correctionnels.

Et pourquoi ?

C'est que la défense de Marie Cappelle tient essentiellement à madame de Léautaud ; c'est qu'il nous faut absolument une discussion contradictoire avec elle pour anéantir les turpitudes qu'elle nous prête ; devant un tribunal civil l'action est directement poursuivie par madame de Léautaud, elle est là notre partie obligée, toute discussion est possible alors : interrogatoire, confrontation, enquête sur sa vie, rien ne peut nous être refusé. Devant un tribunal correctionnel, au contraire, le seul adversaire que nous connaissions est le ministère public ; madame de Léautaud n'est liée à l'instance que pour un intérêt pécuniaire ; elle ne nous attaque pas, et sa situation aux débats devient toute différente.

Les explications que nous lui demandons, elle a le droit de nous les refuser ; les témoins, que nous produirons contre elle, pourraient ne pas être entendus, et il est cependant évident que la seule question du procès est la question de morale et qu'il n'y a de défense possible qu'avec les éléments, qui constitueront le déshonneur de madame de Léautaud.

Me comprend-on enfin ? Si quelqu'un recule, ce n'est pas nous. Deux juridictions se présentent : l'une, où il n'y a pas de restriction possible, est un combat face à face ; l'autre, où il est facile d'éluder le combat, où la vérité doit être nécessairement restreinte ; et madame de Léautaud va choisir celle qui exige le moins de courage et qui doit laisser planer le plus d'obscurité ! Qu'est donc devenue cette innocence qu'on voulait livrer à l'admiration publique ?

Nous résistons à l'illégalité ; nous ne voulons pas reconnaître la compétence du tribunal ; nous ne voulons pas, nous, qu'il y ait des mystères qui restent encore à pénétrer. Ce n'est pas devant les magistrats que nous reculons : les juges correctionnels sont aussi les juges civils ; mais dans la différence de leurs fonctions se trouve une marche différente des deux procédures, et, pour en finir, nous demandons et nous voulons la juridiction, qui égalisera le plus le combat et qui n'abritera pas madame de Léautaud pour ne frapper que madame Lafarge.

J'ai hâte de finir, Messieurs, mais je veux pourtant répondre quelques mots à l'avocat de la partie civile. Nous portons de la passion dans ce débat, dit-on. Eh bien ! oui, je ne m'en défends pas ! j'ai une passion profonde pour le malheur que j'estime ; oui, j'ai trouvé dans ma raison et dans mon cœur l'innocence de Marie Cappelle, et plus son infortune est grande, plus mon dévouement sera entier, absolu. J'ai vu que la puissance d'une grande famille voulait briser, par son influence, la femme qui l'avait accusée, et je me suis senti assez courageux pour lutter, malgré ma faiblesse, contre toute cette puissance, et mon âme a bondi, émue par la noble passion de la justice, qui nous fera vaincre, soyez-en sûrs.

Je ne veux pas entrer dans le débat des faits de la cause, mais quelques mots encore.

Nous n'avons pas calomnié M. de Léautaud ; il est, lui, le dénonciateur officieux de madame Lafarge ; il est venu porter son accusation au premier jour de l'arrestation de Marie Cappelle ; sa justification est impossible et le monde saura juger sans appel cette cruelle action.

Je prends acte, Mᵉ Coraly, de vos paroles au sujet des lettres d'Alger ; c'est une concession immense que vous avez faite à la défense de Marie Cappelle, et vainement vous viendriez nous dire que vous établirez l'impossibilité des faits qu'elles renferment ; vous ne pourrez mettre en doute leur vérité, et il faudra alors porter une accusation de faux contre des hommes honorables : je vous défie de le faire.

Vous avez de nouvelles preuves, famille de Léautaud, eh bien ! vienne le jour des débats et nous saurons ce qu'elles valent ; songez surtout à ne plus continuer ce système d'ignobles accusations dont vous souillez toute la vie de Marie Cappelle ; rappelez-vous qu'il faudra bien nous dire où vous avez puisé toutes ces infamies, si vous ne voulez pas être flétrie par la plus basse calomnie : prenez garde que votre habileté ne nous justifie et ne vous déshonore.

Je ne veux pas discuter ; mais, en forme d'exemple, dirai-je au monde ce qu'il doit croire de vos paroles ? N'avez-vous pas rapporté avec grand éclat que les soupçons, que vous aviez eus sur Marie Cappelle, tenaient au vol d'un billet de banque de 500 francs ? qu'on vous aurait dit à la police qu'elle l'avait soustrait à madame Garat, sa tante ? Savez-vous la vérité ? La tante de Marie Cappelle n'a jamais été volée ; la propriétaire du billet de banque volé n'est pas sa parente ; et au moment où le vol fut commis, Marie Cappelle n'habitait pas Paris.

Ainsi, au jour de la discussion, toutes vos misérables insultes s'évanouiront ; il n'en restera que le mépris pour vous, la pitié pour elle ! Imprudents ! vous insultez aux jours passés de cette femme, et que pensera le monde qui, en lisant vos longues accusations, se dira que cette femme, que vous disiez si coupable, si dégradée, vous l'appeliez dans l'intérieur de vos familles, vous lui disiez les tendres sentiments du cœur..... Mensonges, voyez-vous, mensonges que toutes ces paroles de calomnie. Pour votre honneur à vous-mêmes, rétractez-les.

Messieurs, je vous demande une dernière fois de vous déclarer incompétents ; pour Marie Cappelle comme pour madame de Léautaud, ce tribunal ne suffit pas.

———

Après cette brillante plaidoirie de Mᵉ Lachaud, Mᵉ Coraly, l'avocat de madame de Léautaud, bien qu'il n'en eût pas le droit, obtint de M. le Président la faveur de répondre au défenseur de Marie Cappelle. Il ne sut pas être maître de sa parole et il termina cette sorte de réplique par une apostrophe violente qui donna lieu à un incident des plus émouvants.

Le voici d'après la *Gazette des tribunaux* :

Mᵉ Coraly, après avoir de nouveau accusé Marie Cappelle du vol des diamants avec une énergie toujours croissante, termine son accusation par ces mots :

« Moi je ne fais pas de vaines menaces, Marie Cappelle, je
« vous réduirai à vos dernières extrémités. Je prouverai,
« entendez-vous, je prouverai qu'au titre d'empoisonneuse
« vous joignez celui de voleuse. »

Pendant ces dernières paroles Marie Cappelle semble en proie à la plus vive irritation ; ses yeux s'animent, ses traits se contractent.

Enfin aux derniers mots de Mᵉ Coraly, elle se lève et étendant la main :

« Monsieur le Président, s'écrie-t-elle d'une voix altérée...
« Monsieur le Président... Monsieur Coraly... cela n'est pas
« vrai... » (*Mouvement prolongé.*)

Mᵉ CORALY. — Oui, celui de voleuse et de calomniatrice... c'est mon droit ; j'en userai (*nouveau mouvement*).

Marie Cappelle arrête fixement son regard sur Me Coraly :
« Non... ce n'est pas vrai, » dit-elle.

Me Lachaud engage madame Lafarge à se calmer.

M. le Président agitant sa sonnette. — Les débats sont
fermés.

Me LACHAUD *avec feu.* — Je veux être entendu : la loi dit
que le prévenu doit avoir la parole le dernier ; je prendrai
des conclusions si on refuse de m'entendre.

M. LE PRÉSIDENT. — Parlez, Me Lachaud.

Me LACHAUD. — Je ne suis plus calme ; les apostrophes
irritantes de Me Coraly m'entraînent à une violence que je
déplore. Honneur à vous, Me Coraly! vous venez dé montrer
un grand courage et une noble générosité!... C'est une voleuse et une calomniatrice, dites-vous ; qui vous l'a dit? et
moi je proclame que s'il y a une voleuse et une calomniatrice
dans cette affaire, c'est madame de Léautaud ; c'est elle qui
a volé son mari, après l'avoir trompé ; c'est elle qui a calomnié l'amie qu'elle s'était choisie!... Mais je m'arrête, le
moment viendra où nous vous rendrons avec le monde les
injures que vous nous envoyez.

M. LE PRÉSIDENT. — Les débats sont fermés.

Me LACHAUD. — Monsieur le Président, nous sera-t-il permis, si le tribunal se déclare compétent, de faire citer des
témoins sur la moralité de madame de Léautaud? car toute
la cause est là...

Me CORALY. — Restez donc dans les convenances et la
légalité.

Me LACHAUD. — Vous en êtes sortis les premiers.

M. LE PRÉSIDENT. — Huissiers, imposez silence à tout le
monde, il va en être délibéré dans la chambre du conseil.

(*Vive émotion dans la salle d'audience.*)

COUR D'ASSISES DE LA SEINE

AFFAIRE CARPENTIER

PLAIDOYERS DE Mᵉ LACHAUD

Pour CARPENTIER et pour GUÉRIN

ACCUSÉS DE VOLS COMMIS, AVEC LES CIRCONSTANCES AGGRAVANTES DE
NUIT ET D'EFFRACTION, A LA COMPAGNIE DU CHEMIN DE FER DU NORD

Parties civiles :

MM. DE ROTSCHILD, HOTTINGER, LE MARQUIS DE DALON, administrateurs de la compagnie du chemin de fer du Nord.

Avocat : Mᵉ CHAIX D'EST-ANGE.

AFFAIRE CARPENTIER

Président : M. le conseiller Roussigné.

Avocat général : M. Barbier.

Accusés : Carpentier, Guérin, Grellet, Parot.

Cette affaire eut un très grand retentissement; elle préoccupa longtemps l'opinion publique. L'importance du vol : *5 ou 6 millions*, le nom des défenseurs des accusés, éveillèrent l'attention de tous, et au jour des débats la salle d'audience des Assises de Paris fut remplie par une grande foule curieuse de connaître les détails de l'affaire et d'entendre les avocats illustres qui devaient prendre la parole.

Me Desmaret devait défendre Grellet ; *Me Elie Dufaure* défendait Parot, il s'était fait assister de Me Jules Favre, et *Me Lachaud* était le défenseur de Carpentier et de Guérin.

M. de Rothschild s'était porté partie civile et *Me Chaix d'Est-Ange* s'était chargé de défendre ses intérêts.

Dans les derniers jours du mois d'août 1857, le bruit se répandit tout à coup dans Paris qu'un vol considérable avait été commis au préjudice de la Compagnie du chemin de fer du Nord. Les sommes soustraites s'élevaient, disait-on, à *6 ou 7 millions*. Ce vol n'était malheureusement que trop vrai.

Carpentier, caissier principal de la Compagnie du Nord, n'était pas venu à son bureau depuis deux jours; Grellet le sous-caissier, sous le prétexte d'aller à la recherche de son chef, avait également disparu. Les administrateurs de la Compagnie du chemin de fer du Nord, avertis de cette absence, firent tout aussitôt faire des recherches, et malgré la grande confiance qu'ils avaient en Carpentier et en Grellet, ils firent vérifier leurs livres de caisse.

Dans cette première vérification on constata que ces livres étaient en règle. Mais ils n'avaient que l'apparence de la régularité. Les renseignements pris n'ayant donné aucun résultat, on avertit la police. Elle fit aussitôt faire des recherches pour retrouver et arrêter Carpentier, le caissier principal et Grellet, le sous-caissier. On sut bientôt qu'ils étaient partis tous les deux pour l'Amérique.

En faisant ses recherches la police apprit qu'un nommé Parot, ami des deux fugitifs, et un nommé Guérin, ancien employé de la même Compagnie, s'étaient également enfuis; le premier en Angleterre et de là en Amérique, le second en Belgique, aussitôt qu'ils avaient appris la découverte du déficit existant dans les caisses de la Compagnie du chemin de fer du Nord.

Carpentier, caissier principal de la Compagnie du Nord, appartenait à une très honorable famille; il avait vingt-six ans. C'était un jeune homme blond, mince, aux traits fins et délicats; sa mise était simple et élégante. Carpentier était entré dans les bureaux de la Compagnie du chemin de fer du Nord à l'âge de seize ans, en 1847. Son avancement avait été rapide; il était sous-caissier depuis quelques années, lorsque en 1856 à l'âge de vingt-cinq ans on le nomma caissier principal avec 7,000 fr. d'appointements à la place de M. Robert, qui venait de mourir.

Grellet, ami intime de Carpentier, était comme lui entré très jeune dans les bureaux de la Compagnie; il était chargé du service des dépôts et retraits des titres; il fut nommé sous-caissier à la place de Carpentier quand celui-ci devint caissier principal.

Parot, après avoir étudié la médecine à Limoges, vint à Paris, où il retrouva son compatriote Grellet. Une grande intimité s'établit bientôt entre Parot, Grellet et Carpentier. Parot fit à peu près tous les métiers; il était tout à la fois spéculateur à la Bourse et marchand de chevaux.

Guérin était un gros homme, commun, dont la physionomie bon enfant n'annonçait aucune intelligence; il avait cinquante-neuf ans ; ses cheveux et sa barbe étaient tout gris.

Il avait été employé de la Compagnie, à la consigne des bagages ; puis, plus tard, il avait été nommé gardien de nuit dans les bureaux de la Compagnie, spécialement chargé de veiller sur un bahut en bois placé dans le bureau du caissier principal. Ce bahut renfermait 30,000 actions du chemin de fer du Nord, appartenant à M. de Rothschild.

Guérin quitta l'administration de son plein gré en octobre 1855 en donnant pour raison qu'il venait de faire un héritage.

Les enquêtes, faites pour l'instruction de cette affaire, firent découvrir que Carpentier, Grellet et Guérin jouaient à la Bourse depuis longtemps par l'entremise de Parot ; qu'ils avaient d'abord beaucoup gagné, puis beaucoup perdu et que pour se couvrir de leurs pertes, qui s'élevaient à des sommes considérables, environ 6 ou 7 *millions*, ils avaient puisé dans les caisses de la Compagnie.

On constata que les accusés, pour s'emparer des titres, dont ils se servaient pour jouer à la Bourse, avaient commis des faux et des effractions. Ils avaient pris ces titres dans les armoires en fer où se trouvaient enfermés les titres déposés par des tiers et dont ils avaient une des clefs en leur possession. On constata aussi des traces d'effraction sur le bahut dans lequel étaient déposées les 30,000 actions de M. de Rothschild et dont il manquait un peu plus de 5,000.

On releva sur les livres de fausses mentions destinées à cacher les détournements.

L'enquête apprit que Guérin avait joué de son côté, pour son compte personnel, et qu'il avait fait pour 43 *millions* d'opérations de Bourse.

Guérin, réfugié d'abord en Belgique, puis à Londres, fut le premier arrêté, dans cette ville, en septembre 1856 ; il avoua une partie de la vérité en ce qui le concernait : ses révélations permirent au juge d'instruction d'agir plus sûrement contre ses complices Grellet, Carpentier et Parot.

Ceux-ci s'étaient réfugiés en Amérique ; des agents français furent envoyés à leur recherche. Grellet et Parot furent arrêtés par la police américaine peu de jours après leur débarquement en septembre 1856. Carpentier avait pris un faux nom ; il ne fut découvert qu'en octobre 1856 dans une ferme où il se cachait et dans laquelle il travaillait comme valet de charrue. A son arrivée à New-York on lui vola 5,000 francs ; sur ses réclamations, la police intervint, l'argent fut retrouvé et il lui fut rendu.

Les trois accusés, réfugiés en Amérique, furent ainsi arrêtés par la police américaine. Mais avant de les ramener en France pour les faire juger, le gouvernement français dut obtenir un arrêté d'extradition. Il demanda au gouvernement américain l'extradition de ces trois hommes, accusés de vols commis avec les circonstances aggravantes d'effraction et de faux.

Tout le monde sait que l'Amérique, plus que tout autre pays, fait toujours beaucoup de difficultés pour accorder l'extradition et qu'elle ne l'accorde qu'à la dernière extrémité.

Dans ce procès, la justice américaine et les avocats des accusés ont employé toutes les ressources de la procédure pour repousser l'extradition et pour retarder la décision des juges.

L'affaire fut portée devant le juge Bett. Commencée le 9 février, elle ne s'est terminée que dans les premiers jours de juillet.

Rien n'est plus curieux que de lire dans les journaux de l'époque les comptes rendus de cette affaire, envoyés d'Amérique par leurs correspondants. On y voit comment les avocats américains procédaient devant la justice de leur pays et quelles excentricités ils commettaient avec un sang-froid tout légendaire.

L'affaire fut remise plusieurs fois ; une première fois parce que les avocats des accusés ne sont pas venus à l'audience ; une seconde fois parce que le *writ d'habeas corpus* n'était pas en règle ; une troisième fois on soutient que les traités d'extradition, conclus entre la France et l'Amérique, sont annulés par la révolution faite en France en 1848 ; plus tard on prétend que le juge Bett n'est pas compétent pour juger les questions d'extradition.

Enfin on affirme que les pièces annexées à l'affidavit de M. de Montholon, alors consul français à New-York, n'étaient pas annexées à cette pièce, parce qu'elles n'y étaient pas en réalité attachées par de la cire, de la ficelle ou des dains à cacheter.

Dans la séance du 24 février on conteste à M. de Montholon sa qualité de consul français sous le prétexte que la signature de Napoléon III, apposée sous la commission impériale, n'est pas personnellement connue des juges et des avocats américains.

Enfin dans l'audience du 26 février M. de Montholon remet au juge une lettre personnelle au lieu d'une pièce qu'il avait annoncée et promis de donner. L'avocat Bustord s'empare de la lettre et déclare qu'il ne la rendra pas parce qu'elle a trait à l'affaire et qu'il est possible qu'elle serve à la défense des accusés.

Il refuse d'obéir au juge, qui veut reprendre cette lettre et la rendre à M. de Montholon. La séance a été levée sur le refus persistant de l'avocat et renvoyée au lendemain. Le lendemain à l'audience, le juge, pour forcer l'avocat à remettre cette pièce, indûment détenue, est obligé de déclarer que si la pièce n'est pas immédiatement rendue, l'affaire sera jugée hors de la présence des avocats et des prisonniers.

C'est à la suite de toutes ces discussions oiseuses et interminables que Carpentier, qui était sorti de prison depuis quelque temps, mais toujours placé sous la surveillance d'un agent de police, déclarant qu'il était fatigué de tous ces débats, se reconnut coupable et se livra lui-même à la justice française. Il s'embarqua le 2 mai pour la France et arriva au Havre le 14 du même mois. Avant de quitter l'Amérique il avait écrit une lettre touchante à Mᶜ Lachaud pour le prier de le défendre (1).

Pendant que ces débats avaient lieu, Parot avait réussi à

---

(1) Extrait de la lettre que Carpentier écrivit de New-York à Mᶜ Lachaud au moment où il se livra à la justice française :

« Il n'est pas vrai que j'étais pâle et tremblant; il n'est pas
« vrai qu'on m'ait arraché la déclaration de ma culpabilité ;
« cette déclaration a été libre et spontanée de ma part. C'est un
« appel que je fais à la justice de mon pays. Je vais au-devant
« de mes juges parce que j'ai tout à y gagner. Quand on lira mon
« mémoire, on sera convaincu que je n'avais aucune raison de
« pâlir et de trembler. Oui, sans doute, je suis coupable, mais
« non de ce dont on m'accuse, car les vols pratiqués dans la
« caisse des titres l'ont été sans effraction et sans fausses clefs;
« et surtout je déclare bien haut qu'il n'y a pas de faux dans toute
« l'affaire et que par conséquent il n'y avait pas lieu d'ordonner
« l'extradition. C'est donc *volontairement* que je me livre à la
« justice française. »

se sauver de prison, mais repris et désespéré, il fit comme Carpentier et il se remit lui-même entre les mains des agents de la police française, envoyés en Amérique pour rechercher et arrêter les accusés.

Grellet seul soutint les débats jusqu'à ce qu'ils fussent terminés et qu'un arrêt d'extradition fût rendu contre lui.

Les quatre accusés, Grellet, Carpentier, Guérin et Parot, rentrés en France, furent traduits devant la Cour d'assises de Paris :

Grellet, Carpentier et Guérin sous l'inculpation de sous-tractions frauduleuses faites la nuit, dans une maison habitée, à l'aide d'effraction et de faux ;

Parot sous l'inculpation de complicité desdites soustractions.

En conséquence sont accusés, savoir :

1° *Carpentier* et *Grellet :*

D'avoir, depuis moins de dix ans à partir du premier acte d'instruction, soustrait frauduleusement, à diverses reprises conjointement, dans une maison habitée où ils travaillaient habituellement, des actions du chemin de fer du Nord au préjudice du baron de Rothschild ; et *Parot*, de s'être, à la même époque, rendu complice de ladite soustraction frauduleuse, en recélant tout ou partie des objets volés, sachant qu'ils provenaient de vol ;

2° *Guérin :*

D'avoir, en 1854 et 1855, soustrait frauduleusement à diverses reprises, la nuit, à l'aide d'effraction dans une maison habitée, où il travaillait habituellement, des actions du chemin de fer du Nord, au préjudice du baron de Rothschild ;

3° *Grellet :*

D'avoir, en 1853, soustrait frauduleusement, dans une maison habitée où il travaillait habituellement, des actions du chemin de fer du Nord au préjudice du marquis de Lantilhac ;

Carpentier et *Parot :*

De s'être, à la même époque, rendus complices de ladite soustraction frauduleuse, en recélant tout ou partie des objets volés, sachant qu'ils provenaient de vol ;

4° *Grellet :*

D'avoir, en 1856, soustrait frauduleusement, dans une

maison habitée où il travaillait habituellement, des actions du chemin de fer du Nord au préjudice de divers propriétaires;

Carpentier et *Parot* :

De s'être, à la même époque, rendus complices de ladite soustraction frauduleuse, en recélant tout ou partie des objets volés, sachant qu'ils provenaient de vol;

5° *Carpentier* et *Grellet* :

D'avoir, en 1856, détourné ou dissipé au préjudice de la Compagnie du Nord, dont ils étaient commis, des obligations de ladite Compagnie, qui ne leur avaient été remises qu'à titre de mandat ou dépôt, à la charge de les rendre ou représenter;

Et *Parot* :

De s'être, à la même époque, rendu complice dudit détournement en recélant tout ou partie des objets détournés, sachant qu'ils provenaient de détournement;

6° *Carpentier :*

D'avoir, depuis moins de dix années, à compter des premiers actes d'instruction, détourné ou dissipé au préjudice de la Compagnie du Nord, dont il était commis, des sommes d'argent, qui ne lui avaient été remises qu'à titre de dépôt ou de mandat, à charge de les représenter ou d'en faire un emploi déterminé;

Grellet et *Parot :*

De s'être, à la même époque, rendus complices desdits détournements, en recélant tout ou partie des objets détournés, sachant qu'ils provenaient de détournement;

7° *Carpentier* et *Grellet* :

D'avoir, en 1856, commis le crime de faux en écriture de commerce ou de banque, en fabriquant ou faisant fabriquer sur les livres de caisse de la Compagnie du Nord : 1° à la date du 3 janvier 1856, une mention constatant faussement le versement à la Banque de France d'une somme de 500,000 francs; 2° à la date du 4 février 1856, une mention constatant faussement le versement à la Banque de France d'une somme de 100,000 francs; 3° à la date du 3 avril 1856, une mention constatant faussement le versement à la Banque de France, d'une somme de 200,000 francs; 4° à la date du 31 mars 1856, d'une somme de 200,000 francs; 5° à la date du 1er juillet 1856, une mention constatant faussement le retrait de la Banque de France d'une somme de 800,000 fr. au lieu de 1 *million*, qui en a été réellement retiré ; 6° à la date du 31 juillet 1856, une mention constatant faussement le retrait d'une somme de 800,000 francs ; 7° à la date du 1ᵉʳ août 1856, le versement aux agents comptables de la Compagnie, d'une somme de 309,032^{fr},89, au lieu de 42,489^{fr},37, réellement versée aux agents comptables ; 8° à la date du 1ᵉʳ août 1856, la mention constatant faussement le versement à la Banque de France, d'une somme de 800,000 francs ; 9° à la date du 6 août 1856, une mention constatant faussement le versement à la Banque de France d'une somme de 100,000 francs :

Toutes lesdites mentions étant de nature à préjudicier à autrui ;

8° *Parot :*

D'avoir, en 1856, étant commerçant failli, commis le crime de banqueroute frauduleuse en détournant ou dissimulant tout ou partie de son actif :

Crimes prévus par les articles 59, 62, 147, 148, 164, 284, 386, 402, 408 du Code pénal, et 591 du Code de commerce.

Le procureur général,

VAISSE.

Les débats de cette grave affaire durèrent pendant plusieurs audiences, et après l'éloquent et énergique réquisitoire de M. l'avocat général Barbier, Mᵉ Lachaud prit la parole une première fois pour défendre Carpentier et une seconde fois pour défendre Guérin.

PLAIDOIRIE DE M⁰ LACHAUD

Pour CARPENTIER

Messieurs de la Cour,
Messieurs les Jurés,

Notre époque, si féconde en grandes choses, est atteinte d'un mal fatal qui entraîne les meilleurs à la ruine, au déshonneur. Les hommes qui sont ici avaient de bons instincts et ils seraient restés purs sans le fatal entraînement de l'agiotage, qui effraye les hommes raisonnables. Songeons donc, Messieurs, au milieu dans lequel ces malheureux étaient jetés ; ne pensons pas seulement à guérir la société, mais pensons à juger les accusés ; quand vous aurez tenu compte et de ce mal épidémique, dont nous souffrons, et des entraînements de la jeunesse, vous prononcerez votre verdict.

Je me présente d'abord pour celui des accusés, qui est assis le premier sur ces bancs. C'est Carpentier. Il a vingt-six ans. Sa nature? son caractère? Il faut tout connaître, tout savoir. Eh bien! je crois qu'après l'avoir vu, l'avoir entendu, vous l'avez déjà jugé. C'est une nature bonne, douce, facile, bienveillante, sympathique à tous et aimée de tous. Lorsque cette terrible accusation s'est dressée contre lui, il a trouvé encore des âmes compatissantes, qui se sont souvenues de ce qu'il avait été. Élevé par sa famille dans les traditions de la plus rigoureuse probité, comment se fait-il qu'il ait pu oublier ces enseignements, ces traditions? C'est ce qu'il faut examiner. Faisons donc cet examen, faisons-le sans passion, et alors nous serons instruits.

Carpentier avait quatorze ans quand il est entré au chemin de fer du Nord ; il trouva dans cette administration des protecteurs, aussi bienveillants que puissants, et dont le souvenir n'est pas aujourd'hui une des douleurs les moins poignantes de son âme. Son avancement fut rapide, car son intelligence était incontestable. Il devint sous-caissier à l'âge où l'on est à peine un simple employé.

A côté de lui était M. Robert, que vous avez appelé le type des caissiers de l'ancienne souche ; M. Robert avait en lui une confiance absolue, illimitée, fatale ; et quand M. Robert vint à quitter son poste, c'est à Carpentier qu'on donna la responsabilité effroyable de cette grande administration. Est-ce que je m'en plains ? Non, certes. Je comprends que c'était presque une gloire que d'être, à vingt-cinq ans, désigné pour remplir ces hautes fonctions ; qu'il me soit permis, cependant, de regretter que Carpentier ait été appelé, si jeune, à occuper un poste si plein de périls.

Il était parvenu à cette haute position sans aucune pensée mauvaise ; lorsque la fatalité a voulu qu'on songeât, dans la société qu'il fréquentait, à spéculer sur les opérations de Bourse, il subit cet entraînement, qui est ma défense.

Près de lui était Grellet ; à Dieu ne plaise que je me fasse accusateur ! ce n'est ni dans mon cœur, ni dans mes habitudes. Sommes-nous donc dans cette enceinte pour nous combattre ? Est-ce que notre premier devoir, à nous autres défenseurs, n'est pas d'observer les ménagements que commande la communauté d'intérêt et de malheur ?

Grellet était donc là....., sa pensée, je l'admets, était honnête à l'origine. On commence à faire des opérations d'abord avec de l'argent loyalement acquis, puis avec des fonds que des amis ont prêtés ; on va à la Bourse ! oui, on y va, comme tant d'honnêtes gens, dans ces derniers temps, y sont allés ; s'il faut considérer comme criminelles toutes ces loyales natures qui, à un jour donné, ont voulu tenter la fortune, ah! qu'il y a donc de criminels autour de nous!

Grellet ne comprenait pas que c'est nécessairement la ruine, qui attend ceux qui vont à la Bourse; ils jouèrent et ils eurent le malheur de gagner d'abord. Vous voyez d'ici tous les entraînements; quand on a gagné, on se laisse doucement aller à l'espérance qu'on gagnera toujours, et on joue encore; ils ont continué à jouer et ils ont perdu, perdu des sommes folles, tout perdu jusqu'à l'espérance, excepté cependant le désir de recouvrer toutes les sommes dissipées.

Or, voyez-vous ces malheureux jeunes gens ayant chez les agents de change des différences de 100,000, de 200,000 francs? ils sont éperdus devant ce gouffre, qui s'entr'ouvre devant eux! Ces différences sont des dettes, qu'on est convenu d'appeler des dettes d'honneur, précisément parce que la loi ne reconnaît pas ces sortes d'opérations. Que faire alors? Vous avez recueilli dans ces débats les paroles, qui peignaient les angoisses qui torturaient ces hommes. C'est là, dans ce premier revers de fortune, suivi de tant d'autres, qu'est le point de départ de cette lamentable affaire.

Auprès de ces hommes, dans leur bureau, était ce meuble, dont ils avaient la clef et qui ne contenait pas moins de 40 *millions;* la tentation était épouvantable; il ne fallait pas y succomber; oh! sans doute; aussi je ne plaide pas l'innocence. Aurait-il sous sa main tous les milliards du monde, l'homme a reçu de Dieu assez de puissance et de vertu pour ne pas se laisser entraîner au mal. Mais enfin prenons humainement les choses. Ils ont perdu et ils ont voulu, permettez-moi l'expression, se rattraper; ils ne voulaient pas voler; ils ne songeaient qu'à combler un premier déficit.

Ce coffre, qui est là devant nous, est peu redoutable en apparence, il faut le reconnaître. Il n'en contenait pas moins 40 *millions de titres,* qui dormaient là, frag-

ment d'une fortune colossale et fort respectable, celle-
là, car elle ne vient pas de l'agiotage; 40 *millions*,
auxquels il n'était jamais touché, sur lesquels on ne
prenait jamais d'informations, tant la confiance de
leur propriétaire était grande; ces millions étaient donc
là, il n'y avait qu'à se baisser pour les prendre; on se
baissa, on porta la main dans ce meuble, persuadé qu'il
ne s'agissait que d'un déplacement momentané; on
pensait pouvoir les remettre bientôt; on l'espérait du
moins. Il fallait de l'argent pour parer aux difficultés
actuelles, mais l'honneur devait être sauf (c'était leur
illusion), et la fortune des Rothschild ne devait pas être
atteinte.

Voilà ce qu'on s'est dit. A-t-on compris qu'en agis-
sant ainsi on faisait une mauvaise action? Oui. — A-t-on
cru être de misérables voleurs? Non. — N'oubliez pas
ce qu'ils font de ces actions, qui ne sont encore que dé-
placées. Vont-ils les vendre, les jeter dans la circula-
tion? Non. — On va à la Banque de France et on y
dépose ces titres; on devait, en les retirant, reprendre
les mêmes numéros; on va au Sous-Comptoir d'escompte, pensant toujours reprendre le gage, qu'on a
déposé momentanément en garantie d'un prêt.

Mais qu'arrive-t-il? des pertes énormes succèdent
aux premières pertes. Ah! commence alors un lamentable supplice pour ce pauvre jeune homme. Que voulez-vous, les passions le dominent; un miracle de la
fortune peut encore le sauver; il croit à ce miracle.

Je n'entrerai pas dans le détail de toutes les combinaisons imaginées par ces malheureux jeunes gens;
pendant deux ans ils n'ont pas vécu, il faut bien le
reconnaître; ils assistaient à l'agonie de leur honneur,
dont chaque minute sonnait le glas funèbre. Que sont,
je vous prie, auprès de ces tortures, celles qu'ils endu-
rent aujourd'hui sur ces bancs? être obligé de s'asseoir
au foyer de sa famille, obligé de montrer un visage
souriant, quand on a l'enfer au fond du cœur, c'est

un supplice intérieur dont Dieu seul était témoin.

Voilà ce qu'ils ont fait ; voilà comment ils ont été entraînés. Maintenant lequel de celui-ci ou de celui-là a pris telle part plutôt que telle autre dans tous ces faits ? que m'importe ? est-ce que Carpentier a cherché à se sauver par la dissimulation, par l'hypocrisie ? N'est-ce pas lui, au contraire, qui a parlé le premier de tous ? Il a tout dit, en faisant cependant une distinction, qu'il importait de faire, puisque c'est avant tout un fait matériel : il a dit n'avoir pas pris les titres dans les coffres de la Compagnie, ajoutant qu'il n'ignorait pas qu'ils eussent été pris ; il ne jouait pas à la Bourse, cela est encore vrai ; mais il savait qu'on y jouait.

La vérité est que tous les deux avaient un intérêt commun et qu'ils se serraient l'un contre l'autre pour se lancer dans l'abîme. Ne craignez donc pas que je m'occupe de détails, qui n'ont plus rien à faire ici ; la défense, heureusement, n'en est pas réduite à épiloguer sur ces distinctions, sur ces misères. Oh ! non, là n'est pas ma défense ; je la place tout entière dans l'entraînement, dans la passion ; elle est aussi dans ce point d'arrêt qu'il me reste à vous signaler.

Pourquoi Carpentier a-t-il cessé de jouer ? Est-ce que les administrateurs de la Compagnie du chemin de fer du Nord avaient fait quelques découvertes, qui puissent éveiller leurs soupçons ? Non. — Dieu me garde d'en faire un reproche à ces Messieurs, ils ont exercé leur surveillance dans la mesure du possible ; incapables d'improbité, ils ne la soupçonnaient pas chez les autres ; en vérité je trouverais étrange qu'on vînt, au nom des accusés, attaquer ceux qu'ils ont dépouillés. Ce ne serait, il faut bien le dire, ni loyal ni honnête ; ce serait d'ailleurs un étrange moyen d'implorer votre humanité, votre indulgence : eh ! quoi ! ne serait-ce pas fournir à une parole, bien puissante et bien redoutable, l'occasion de montrer une sévérité, qui n'est pas dans son cœur ; car, bien qu'il soit l'avocat de M. de Rothschild,

notre adversaire n'en est pas moins l'orateur, qui sait
avant tout protéger et défendre (1); ainsi donc pas une
critique, pas un reproche ne sortira de ma bouche
contre MM. les administrateurs du chemin de fer du
Nord.

Mais il reste toujours cette question : Comment Carpentier s'est-il arrêté sur cette pente, qui pouvait l'entraîner si loin encore? Aucuns soupçons ne s'étaient
élevés contre lui; il avait pris 6 *millions*, il pouvait en
prendre 10 et il eût pu impunément augmenter le chiffre
du préjudice : il s'est arrêté. Pourquoi?

A cela il y a deux raisons, laissez-moi vous les dire;
elles vous montreront ce qu'est ce pauvre jeune homme,
auquel je m'intéresse, vous le comprenez. Il s'est arrêté
volontairement, spontanément. Sa situation était brillante; à vingt-six ans il était caissier en chef d'une très
grande Compagnie, situation vraiment magnifique; il
appartenait à une famille d'une honnêteté irréprochable. Jeune et bien de sa personne, il est doux, il est
aimé; on a voulu le marier. Il y avait en province une
famille des plus honorables, qui était fière et heureuse
de s'allier à lui; une jeune fille riche, belle, allait lui
donner sa main, elle lui avait déjà donné son cœur. Les
publications étaient faites, l'heure du mariage allait
sonner. Que faire? fuir? Par son absence, il est vrai, il
avouait tout, il donnait l'éveil. Il aima mieux s'exposer
à ce danger que de tromper, que de trahir la confiance
de cette pauvre enfant, qui allait se donner à lui; il a
préféré venir ici; eh bien! que voulez-vous, cette conduite m'émeut. Celui qui agit ainsi peut être un grand
coupable, mais il n'est pas un misérable. Il pouvait continuer à faire des détournements, il pouvait persister à
jouer l'horrible jeu auquel il se livrait; il ne l'a pas
voulu, et il a bien fait, car aujourd'hui cet arrêt volontaire dans le mal est sa meilleure défense devant vous,

(1) M⁰ Chaix d'Est-Ange.

Messieurs les jurés. S'il eût agi autrement, il eût commis la plus ignoble des infamies en entraînant sa fiancée,
un ange d'innocence et de pureté, dans la voie du déshonneur où il était entré.

Voilà la raison pour laquelle il s'est arrêté ; voilà la
raison pour laquelle il a fui, sans rien dire, sans prévenir ses amis ; fui comme un fou, sans prendre la peine
de déguiser sa fuite, ayant un passeport à son nom. Il
venait de vendre, également en son nom, pour se ménager les moyens de fuir, un titre de rente dont je dirai
l'origine.

J'ai ici une lettre qu'avant de partir il écrit à Grellet ;
cette lettre, Grellet nous l'a traduite à sa façon ; cependant rien n'est plus sérieux, n'est plus touchant que
cette lettre :

« Je suis accablé sous le poids de mes dettes ; je vais
« me tuer ; tâche de te tirer d'affaire. »

Et notez bien, Messieurs les jurés, qu'il n'entendait
pas par ces mots le laisser en otage comme on l'insinue ;
il a voulu le prévenir au contraire ; au risque de voir
sa lettre interceptée.

Il se réfugia en Amérique ; oh ! il y a bien souffert,
croyez-le. Il s'est caché sous des vêtements d'ouvrier et
il travaillait, comme un manœuvre, dans une ferme américaine. Il existe dans ce pays des usages que je m'ap-
plaudis de ne pas voir s'établir dans le nôtre. Là-bas la
délation n'est pas une honte ; elle est dans les mœurs ;
on y met à prix la liberté d'un homme ; aussi lisait-on
sur les murs dans les places publiques : « Carpentier
est à prendre ; récompense honnête, 100 *mille francs.* »
Est-elle une terre hospitalière, celle où tout se vend, où
tout s'achète, où le coupable restera impuni, à moins que
la caisse de quelque grande Compagnie veuille bien
s'ouvrir pour payer son retour.

Il assista ensuite devant la justice de ce pays à ces
débats américains dont j'aime autant ne pas vous parler. Sans doute chaque pays, comme l'a dit M. l'avo-

cat général, a ses institutions ; chaque justice a ses
avocats, et nous avons là-bas des confrères, si du
moins on ne consulte que le titre qu'ils portent ; je n'ai
pas à les défendre ; j'aime mieux n'en pas parler. Leurs
habitudes sont tellement contraires aux nôtres !... Tandis qu'on nous a appris à marcher droit au but, on leur
enseigne, il paraît, une tout autre méthode ; ainsi on
leur apprend à nier qu'il fait jour en plein midi ; ainsi
on se demande à New-York si l'Empire Français existe.

Carpentier ne put supporter ce genre de défense. J'ai
ici, dans mon dossier, une lettre dans laquelle il pousse
des cris de douleur et d'indignation ; son esprit français, son bon sens se révoltaient à l'audition de toutes
ces choses ; il ne voulut pas accepter le bénéfice de ces
misérables subtilités ; il prit un grand parti, celui de
fuir ce pays et de se livrer à la justice française.

Je me demande pour quelle raison le ministère public
lui contesterait aujourd'hui le mérite de cette détermination ; car enfin l'extradition, à ce moment, n'était
pas ordonnée ; il y avait encore à surmonter de grandes
difficultés de procédure, et tout le monde peut se rappeler que les journaux américains déclaraient qu'une
foule de bons esprits soutenaient encore cette opinion :
qu'en droit l'extradition était impossible. Malgré ces
affirmations, il est revenu, il a tout avoué, tout dit,
tout expliqué.

Voilà sa conduite, et qu'on ne dise pas qu'il a pu conserver une partie de l'argent, qui ne se trouve pas dans
la caisse de la Compagnie ! Je sais bien qu'on a dit :
Que sont devenues ces sommes énormes ? comment les
a-t-on employées ? Oui, après la disparition de Carpentier, beaucoup de récits fantastiques ont été faits. On disait que les caissiers de la Compagnie du chemin de fer
du Nord menaient une existence opulente, magnifique,
fastueuse ; on parlait de leurs maîtresses, de leurs chevaux, des délicieuses villas qu'ils possédaient aux environs de Paris ; de ces dîners d'épicuriens qu'on payait

des prix tellement élevés, qu'ils paraîtraient incroyables, même aujourd'hui qu'ils sont si chers. Vous savez maintenant ce qu'il en est de ces bruits. Carpentier avait des habitudes régulières ou à peu près ; nous parlerons tout à l'heure de sa liaison avec Georgette.

Voici une lettre de l'homme, qui a le plus étudié cette affaire et qui y a apporté un jour plus grand que si elle lui eût été personnelle, une lettre de M. le marquis Dalon. Eh bien ! que dit-il? que les accusés n'affichaient aucun luxe, que leurs dépenses étaient insignifiantes. Carpentier vivait chez son père, il y était nourri, il y vivait comme vit un simple employé. Oui, cela est bien ; mais Georgette? Ah! parlons de cette faute..... pour la blâmer, et cependant, Messieurs, faut-il être impitoyable dans le blâme?

Carpentier avait vingt-trois ans! il rencontre sur son chemin une jeune femme charmante vraiment, et d'humeur facile ; tout naturellement les relations, que vous savez, s'établirent entre eux. Il eût mieux fait de résister. Oh ! sans doute, on dit : C'est possible ; je le crois. On dit aussi que c'est difficile, et beaucoup de personnes sont de ce dernier avis. Il a vécu avec cette dame et il lui a donné quelque argent. S'il ne lui eût rien donné, vous diriez que c'est là une ladrerie honteuse à côté d'un acte immoral.

Georgette, qui est très franche, comme vous avez pu le reconnaître, a dit que Carpentier ne dépensait pas plus de 3 ou 400 francs par mois. Cette liaison, c'est tout ce qu'il en faut retenir, est une affaire regrettable sans doute, mais qu'il ne faudrait pas juger avec une trop grande sévérité.

Cette jeune femme, lorsqu'on fit une perquisition chez elle, a été trouvée en possession d'un capital : tout de suite la pensée est venue que ce capital avait pu être donné par Carpentier. Sur ce soupçon Georgette a été arrêtée, elle a été retenue en prison pendant trois mois. Je fus son conseil, et je puis vous assurer qu'elle n'est sortie de prison qu'après avoir donné des explications satisfaisantes. Il lui a fallu dire à la justice d'où venait cet argent; c'était chose délicate. Elle en a dit assez pour éclairer le magistrat : que voulez-vous ? il y a des gens très honnêtes, très bien posés dans le monde et qui sont parfois trop galants!... Voulez-vous des noms et des adresses ? Georgette, soupçonnée, n'avait rien à cacher, si bien que M. le juge d'instruction, qui est non seulement un magistrat impartial, mais un homme du monde si parfait, écarta du débat Georgette et son argent.

Qu'a-t-on saisi sur Carpentier ? 100,000 francs. Est-ce le produit de la vente des actions détourneés ? nullement. Carpentier, vous le savez, pouvait emporter des sommes énormes ; il n'a rien pris, absolument rien pris dans la caisse de la Compagnie. Quand il partit, il n'était plus le caissier infidèle, qui veut s'enrichir, mais l'homme abattu, désespéré, qui allait chercher au loin l'exil et la peine. Voici d'où venait cet argent : à une certaine époque Carpentier, sur les premiers bénéfices, souscrivit à l'emprunt pour une somme de 78,000 francs en capital ; en juillet 1856 il revendit cette rente et la vente produisit 92,000 francs.

Arrivons à un autre ordre d'objections. Carpentier a avoué les détournements. Le ministère public ne se contente pas de ces aveux; il affirme que Carpentier a commis des faux. M. l'avocat général vous a dit qu'il ne comprenait pas les objections que la défense pourrait élever pour faire tomber ce chef d'accusation. L'objection, qu'il m'a prêtée, èst la seule dont je n'entends pas me servir. Sans doute on peut commettre deux crimes distincts pour arriver au même but. Ce n'est pas là la question, et M. l'avocat général s'en doute bien un peu.

Les faux consisteraient dans de fausses mentions; mais où se trouvent ces fausses mentions pour constituer un faux en écriture de commerce ? Se trouvent-elles sur un registre qui fasse titre vis-à-vis des tiers ?

Sont-elles sur le carnet de la Banque? Non, ce carnet n'a pas été altéré, et il n'y avait qu'à jeter les yeux sur lui pour découvrir la vérité. Cette mention se trouve sur un registre privé, intérieur, sur un livre de caisse. Or un livre de caisse n'emporte ni libération ni décharge; c'est un document auxiliaire, qui ne rentre pas dans les écritures que désignent la loi et la jurisprudence.

Nous avons répondu à l'accusation, et nous pouvons maintenant juger cet homme. Est-il indigne de toute espèce de commisération? Je ne saurais vous dire avec la loi et la raison qu'il est innocent des faits dont on l'accuse; mais je puis, en écoutant les inspirations de l'humanité, vous dire que tout coupable qu'il soit, il n'est pas indigne d'obtenir les circonstances atténuantes; et quelles que soient la sévérité des conclusions du ministère public et l'éloquence avec laquelle il vous a convié à la rigueur, vous me permettrez de ne pas partager son opinion.

Ce jeune homme était dans l'âge des passions; il est vrai que M. l'avocat général nous dit que les accusés n'ont jamais eu de jeunesse. Quoi, parce qu'ils ont joué à la Bourse, ils n'ont pas été jeunes! ne serait-il pas plus juste de reprocher, à ceux qui jouent à la Bourse étant vieux, d'être restés jeunes trop longtemps (*sourires*)? Ce n'est donc pas parce que ces malheureux jeunes gens ont joué à la Bourse et qu'ils ont perdu, qu'ils sont, par cela seul, indignes de votre pitié. Qu'on demande contre le fléau du jeu et de l'agiotage des remèdes héroïques, soit! mais que ces jeunes gens ne soient pas responsables pour tous!

N'est-il pas vrai qu'à notre époque la société est malade et qu'au point de vue financier nous assistons à un spectacle étrange, qui fait peur? On a vu surgir tout à coup des fortunes énormes, s'élevant à des chiffres incroyables; des fortunes, qui ont fait rêver les plus sages et qui ont fait dire de tel ou tel : Pourquoi lui et pas d'autres? Ces jeunes gens ont été enveloppés par

ces séductions, ces facilités auxquelles il est bien difficile de résister. Sur cent personnes en trouverez-vous
soixante, qui n'aient été à la Bourse tenter une spéculation petite ou grande? Reconnaissez donc qu'il y a là
des entrainements terribles.

Quand un homme, cédant à la colère, a, sous cette
influence, commis un crime, on dit de lui qu'il ne se
possédait pas ; on le condamne, mais on ne le condamne
pas comme celui qui froidement aurait commis le
même crime.

Est-ce que vous n'établirez pas une différence entre
le caissier, qui, se plaçant froidement devant ce bahut,
en enlèverait 6 *millions* et fuirait avec cette somme, et
le caissier, qui descendrait lentement la pente du jeu et
se trouverait entraîné de désastre en désastre par l'espoir de réparer une pareille faute?

Il y a dans l'air, je ne sais quelle fièvre qui agite les
esprits et qu'il faut constater, précisément pour en tenir compte au moment de juger celui que je défends.
Une épidémie règne ; ces hommes en ont été atteints.
Que cette société commence par se guérir elle-même
avant d'être aussi sévère ! Quoi ! en présence de tout ce
qui se passe sous nos yeux, vous ne me permettriez
pas une parole de pitié en faveur de ces hommes égarés?

Ces scandales sont tels que le théâtre, reflétant nos
mœurs, les a dénoncés en face de tous. Un poète (1), entre tous homme d'un talent élevé et digne, a fait jouer
une pièce dont le titre est la Bourse. Vous savez d'où
sont venus les premiers applaudissements. L'Empereur
a écrit au poète une lettre qui sera son titre d'honneur.

« Le mal est grand, disait le chef de l'État, il est
« d'un bon exemple que des hommes de talent s'appli-
« quent à signaler le mal et à le guérir. »

Vous n'imputerez donc pas à ces malheureux un
mal, qui est le mal de tous. En jouant ils n'ont pas été

_____

(1) *François Ponsard*, de l'Académie française.

plus coupables que les autres, ils ont été plus malheureux ; vous ne serez donc pas impitoyables. Alors
même que vous les frapperiez sans pitié, croyez-vous
que le lendemain de votre verdict, la Bourse fermera
la porte aux agioteurs ? Non, car à la Bourse on n'a de
considération que pour ceux qui réussissent ; là, en présence du succès, on s'inquiète peu de la justice.

Et puis, voyez donc quelle expiation subissent ces
jeunes hommes. L'avenir ! il n'existe plus pour eux. Ils
avaient cependant des intelligences cultivées ; ils ont
été élevés comme nous ; ils sont des hommes de notre
monde, et ils sont perdus à jamais ! La peine ! je n'en
parle pas, elle n'est rien. Ne sont-ils pas condamnés à
passer toute leur vie dans les larmes ? Pour tous ils seront un objet de honte.

Carpentier porte un nom d'une pureté dont il avait
le droit de s'enorgueillir, et que pensez-vous qu'il doive
souffrir en songeant à toute sa famille honorable, dont
les larmes viennent accroître sa douleur et sa honte ?

Croyez-moi, Messieurs les jurés, n'allez pas trop
loin. Il ne faut pas que ces hommes, frappés sans
merci, se dressent dans le désespoir de l'indignation ;
laissez la clémence descendre dans vos cœurs. Je ne
demande pas pour eux une prison douce, ils ne l'auront jamais ; mais je vous demande de leur épargner
l'infamie du châtiment, faites au contraire qu'ils aiment
le châtiment ; faites qu'au lieu de larmes de rage, ils
versent des larmes de repentir, en sorte que plus tard
ils puissent encore, par de bons exemples, faire, je ne
dis pas oublier, mais pardonner le fatal entraînement
d'un jour. Qu'en un mot votre justice soit celle d'hommes, qui se préoccupent des intérêts de la société aussi
bien que des intérêts des accusés.

Pendant cette plaidoirie, Carpentier n'a pas cessé de
verser des larmes ; cette émotion a été plus d'une fois partagée par l'auditoire (note du journal *le Droit*).

PLAIDOIRIE DE Mᵉ LACHAUD

Pour GUÉRIN

Messieurs de la Cour,

Hier, Messieurs les jurés, j'implorais votre justice miséricordieuse pour un pauvre jeune homme, aujourd'hui je m'adresse encore à elle pour un autre malheureux, qui est presque un vieillard.

Je défends Guérin; il a soixante ans. Il a pour lui cinquante-sept années de probité parfaite, ce n'est pas moi qui le dis, ce sont les faits de la cause, qui l'établissent. Telle était la confiance qu'il avait su inspirer à l'administration du chemin de fer du Nord, que celle-ci, ayant à choisir quelqu'un pour un poste périlleux, fit tomber son choix sur lui, Guérin. Les motifs de ce choix étaient que cet homme avait accompli sans bruit, sans ostentation, plusieurs actes de probité.

Entre plusieurs, en voici un qu'il faut retenir.

Un jour il trouve un portefeuille renfermant des valeurs importantes; il pouvait le garder, personne ne l'avait vu le prendre, personne ne pouvait le soupçonner; il eut la loyauté de déposer fidèlement cette précieuse épave.

Voilà ses titres, ses souvenirs d'honneur et de probité; vous n'aurez garde de les oublier quand vous le jugerez.

Guérin, assis sur ce banc, a été l'objet de l'attention de tous. Chacun a dit un mot à son endroit, mot qui, étant toujours le même, a pris cependant un sens bien différent dans l'esprit de ceux qui l'ont employé; soit qu'on le regarde, soit qu'on l'écoute, on est frappé du caractère placide et câlin de cette bonne figure, et tout le monde peut dire : C'est un bonhomme. Oui ; seulement l'accusation, qui suit la mode, travestit le mot et fait de Guérin un faux bonhomme. La défense est plus dans le vrai, quand elle vous dit qu'en parlant de cet homme, il faut prendre le mot dans sa vieille et juste acception ; Guérin était *un bonhomme.*

Mais non, nous dit-on, il est un esprit rusé, astucieux, et il s'en faut de peu qu'on en fasse le plus habile de la bande. Ah ! vous ne savez pas, ajoute-t-on, ce qu'il y a de mystère au fond de cette conscience. Pour moi, la physionomie de Guérin est bien vraie, bien simple, elle ne ment pas à son apparence. Cet homme n'était pas né pour être criminel ; pour s'en assurer, il ne faut que le regarder sans prévention ; des figures semblables à la sienne ne viennent pas, d'ordinaire, s'asseoir sur ces bancs !

Pendant toute sa vie il a été excellent, je dirai plus, il a été follement généreux ; il donnait toujours. Quand il a eu, entre les mains, l'argent des autres, il l'a jeté tout autour de lui avec une prodigalité dont s'étonnait à bon droit le ministère public ; car ceux qui font le mal le font ordinairement à leur profit exclusif et n'entendent partager avec personne. Guérin, tout au contraire, s'il apprenait qu'il y avait un malheureux parmi ses connaissances, n'attendait pas qu'on lui demandât un secours, il allait au-devant des besoins de cette connaissance malheureuse. Un pauvre ménage se trouvait dans la gêne, il accourt à son secours, et c'est même ce qui a permis à la Compagnie du chemin de fer du Nord de retrouver un capital considérable, placé dans cette famille par Guérin avec une grande générosité, que certains appelleraient téméraire ou folle.

Guérin a été malheureux dans sa vie. Avant d'être employé au chemin de fer du Nord, il avait été ébéniste ; son industrie n'avait pas réussi, et obligé de ven-

dre son fonds de commerce, il s'était trouvé complètement ruiné. Il est même si peu habile, Messieurs, qu'il
cherchait presque à dissimuler des faits que sa défense
retient. Son modeste traitement de 1200 francs était
grevé de retenues considérables, si bien que chaque
jour la gène augmentait dans le ménage ; il avait été
réduit à cette extrémité de mettre sa montre au mont-
de-piété et de faire des renouvellements successifs ; il
ne comprend pas, le maladroit, que là se rencontre la
première atténuation de sa faute.

Telle était la position de ce malheureux, quand, je
ne dirai pas sont tombés du ciel, mais sont sortis de
ce bahut tous ces millions ; ce flot d'or, qui arrivait à
ses pieds, le tentait. N'était-il pas troublé par tous les
désirs de la convoitise et par toutes les souffrances de
la misère ? Que voulez-vous ? il a, comme les autres,
payé son tribut à l'entraînement de l'époque ; lui aussi,
il a voulu spéculer, et il a spéculé plus que les autres ;
quand je vous dirai le chiffre fantastique de ses opérations de bourse, vous vous demanderez si vous n'êtes
pas le jouet d'un rêve.

Voilà l'homme ; il était dans la misère, il a voulu
tenter la fortune ; il a fait des opérations ; il a gagné
d'abord, perdu ensuite. Vous savez le reste. Arrêté, il a
tout avoué ; puis, plus tard, tout rendu sans exception,
sans réserve.

Est-il vrai que Guérin a pris les valeurs, qui lui ont
permis de jouer à la Bourse ? Ici je me vois forcé de
contredire, dans une certaine mesure, une défense que
vous n'avez pas oubliée, qui vous a été présentée par
mon honorable confrère, avec cette éloquence, cette
grâce, cet élan sympathique qui lui appartient. Je le
contredirai avec la plus grande modération de parole,
car celui, au nom duquel je parle, n'en est pas moins
coupable, que ces titres aient été pris par lui ou que
ces titres lui aient été donnés. Je dois cependant insister sur ce point, parce qu'il convient, pour sainement

apprécier la part de chacun, de rétablir la vérité des faits. Il faut donc que je dise à cet homme (1), qui attend sa sentence, que ses aveux ne sont pas sincères en un point.

Quelle preuve avez-vous, me dit-on, que Grellet ait remis à Guérin les actions que celui-ci a engagées? Ce qui le prouve, c'est un peu la déclaration de Guérin. Lorsqu'il est interrogé, sa première parole est que Grellet lui a donné des actions. Pourquoi Grellet, plutôt que Carpentier? Pourquoi n'a-t-il pas dit que les deux caissiers lui en avaient remis ? il pouvait s'abriter derrière l'un aussi bien que derrière l'autre. Mais ne savez-vous pas que Grellet a fait des opérations distinctes de celles faites en commun? le choix des intermédiaires ne le prouve-t-il pas?

Mais quoi! objecte-t-on, il se serait mis à la merci d'un homme, qui était son inférieur, son serviteur? tout s'y opposait : il voulait d'ailleurs conserver, pour lui seul, le produit de ses détournements; il n'avait nul besoin de Guérin. Toutes ces objections, Messieurs, sont plus spécieuses que vraies. Êtes-vous bien sûrs qu'il n'ait pas eu besoin de prendre Guérin comme complice? la clairvoyance d'un homme dont la charge était d'exercer sa surveillance le jour et la nuit devait le gêner, l'inquiéter. Et puis, quand on se sent coupable, on a des terreurs quelquefois imaginaires, l'esprit n'est pas à l'aise ; on voit constamment des fantômes, qui troublent vos nuits, agitent vos jours. Grellet s'est cru obligé d'acheter, avec de l'argent, le silence du gardien de ce trésor.

Et puis, n'avait-il donc pas besoin de lui? ne fallait-il pas, pour opérer les dépôts, des intermédiaires nombreux? Vous avez entendu huit ou neuf témoins qui, le plus innocemment du monde, avaient servi d'intermé-

(1) En disant ces mots Lachaud se retourne vers les accusés et du doigt montre Grellet, assis à côté de Guérin.

diaires pour aller à la Banque ou au Comptoir d'escompte. Dès 1853, des détournements sont commis ; ce n'est qu'en 1854 que Guérin reçoit des actions, et à cette époque on avait usé déjà beaucoup d'intermédiaires.

Pour Grellet, il importait d'avoir un homme de plus à son service, et en même temps de se débarrasser d'un surveillant incommode. Le supérieur n'a pu s'abaisser, à ce point, devant son inférieur ; mauvaise raison. Le malheur, a-t-on dit, rend les hommes égaux ; le crime les rend encore plus égaux ; le grand seigneur et le prolétaire se trouvent alors rivés étroitement l'un à l'autre.

Ne savez-vous pas que Grellet, par ses dénégations elles-mêmes, a donné une preuve nouvelle qui confirme ma pensée : il s'est trop défendu contre cette accusation, comprenez-le bien ; non seulement il s'est défendu, mais il a fait à la justice deux révélations, qui toutes deux sont inexplicables. Invité à s'expliquer sur le compte de Guérin, il raconte deux scènes dont je vous demande la permission de vous entretenir.

Un jour, dit-il, Guérin serait venu à lui, en lui montrant ce bahut, où 30 à 40,000 actions étaient enfermées et étaient comme oubliées ; car depuis des années leur propriétaire n'avait eu la pensée de s'en servir ; il aurait dit à son supérieur : Savez-vous bien, Monsieur, qu'il y a là un fameux moyen de gagner de l'argent ? on n'aurait qu'à déposer ces titres à la Banque.......... et Grellet de répondre par un refus.

Quoi ! vous êtes sous-caissier et voilà un homme attaché à votre service, un homme qui vous croit honnête, qui vous doit du respect et qui vous en témoigne, qui, chaque jour, vous parle chapeau bas, et qui tout à coup, sans provocation, vous fait une proposition qui n'est autre chose qu'un vol, qu'une spoliation, et vous ne chassez pas cet homme ! vous ne le terrifiez pas de votre dédain ! non, c'est là une fable qu'il est impossi-

ble d'admettre. Si Guérin eût pris des valeurs, il ne se
serait pas découvert et il eût agi seul.

Quant à Grellet, il a intérêt à ne pas accepter la totalité des détournements. Et puis savez-vous où cette accusation contre Guérin s'est produite? Elle s'est produite en Amérique, dans un moment où Grellet avait de
bien mauvaises inspirations.

J'ai bien le droit de ne pas le croire, car à un moment donné il a voulu mentir; il a été jusqu'à outrager
la mémoire d'un honnête homme, en l'injuriant et en la
couvrant d'opprobre. Il s'est heureusement rétracté; il a
dit qu'il avait eu tort; il a compris qu'il valait encore
mieux avoir volé des millions que d'accuser la mémoire d'un homme, qui a vécu irréprochable.

On ne peut donc pas accepter, comme vrais, les récits
de Grellet; il a donné des actions à Guérin et je le prouverai. Il lui en a donné d'abord en petite quantité, cinq
ou six, puis quarante, cinquante, cent. N'est-ce pas la
vérité? Voyez les engagements faits à la Banque. Le
premier versement du 13 mai constate l'engagement de
cinq pauvres petites actions. Si Guérin eût volé lui-
même ces actions, en eût-il pris cinq seulement? Non;
ces cinq actions étaient un appât. Oh! ce n'est pas sans
motifs qu'elles lui furent données. Oh! si je disais que
Guérin n'a pas compris la signification de ce premier
présent, je mentirais à la raison, et qu'y gagnerai-je?
votre indignation et aussi le mépris de ceux qui
m'écoutent.

Voilà donc la vérité. Je n'ose pas dire à Grellet de se
rétracter, il ne le peut; il le voudrait qu'il ne le pourrait pas. On est souvent enchaîné par un sentiment de
dignité mal comprise.

Comment voulez-vous, d'ailleurs, qu'à cette heure suprême, il se reconnaisse, devant vous, coupable d'une
calomnie nouvelle? Il avait compromis deux personnes,
il comprit que c'était trop d'une, il choisit et il eut raison de choisir la mémoire de M. Robert pour écarter

d'elle tout soupçon injurieux, puisque, aussi bien, l'autre n'était pas innocent ; puisque Guérin avoue du moins avoir été son complice.

Il ne faut pas demander aux accusés de faire des actes d'héroïsme ; je vous supplie donc de retenir ces preuves. J'aime à combattre..... mais contre M. l'avocat général, malgre l'infériorité des talents et des positions ; mais combattre contre celui qui est à côté de moi, cela est dur, cela est pénible, et ce n'est qu'à la dernière extrémité qu'on se résigne à cette nécessité.

Dans ces débats je vais plus loin, j'accepte une autre hypothèse : soyons complet dans notre défense. Voulez-vous que ces actions n'aient pas été remises à Guérin ? voulez-vous qu'il les ait prises ? Oui, il les a prises et avec effraction, nous dit le ministère public.

Avec effraction? et pourquoi cela? Oh! j'examinerai l'effraction aussi complètement que vous le voudrez ; mais en ce moment je vous fais cette question : Guérin ne pouvait-il donc voler ces actions qu'à l'aide d'effraction? écoutez :

M. Robert était le plus honnête des caissiers. Oh! personne moins que moi n'a envie de le contester ; mais était-il bien vigilant? il n'y a qu'une voix pour dire qu'avec plus de vigilance tout ce grand scandale ne se fût pas produit. Examinez ce bahut que voici et qui renfermait 40 *millions ;* qui de nous, je vous le demande, voudrait y laisser 10 *mille* francs ?

Comment se fait-il que, quand on prenait de si minutieuses précautions pour protéger le dépôt des titres appartenant à des tiers, on n'en ait pris aucune pour protéger les actions appartenant à M. le baron de Rothschild? La chose cependant avait bien son importance. Oui, M. Robert était honnête, mais il était parfois d'une singulière insouciance. Pour ouvrir ce meuble il n'était pas nécessaire d'avoir trois clefs ; il suffisait d'être en possession de cette chétive clef, que vous apercevez ici ; il n'était pas non plus nécessaire d'être assisté par des administrateurs de la Compagnie. Et cette chétive clef, où était-elle? dans le portefeuille de M. Robert. Mais est-il bien sûr que M. Robert ne l'ait jamais oubliée? et puis ne savez-vous pas qu'il y avait dans son tiroir, à la disposition de tous, cent cinquante clefs doubles?

Je ne voudrais pas faire violence à la raison, car je me proclame bien haut l'esclave du bon sens, mais ne puis-je pas admettre qu'une ou deux fois cette clef aura été oubliée, que Guérin l'aura prise, aura ouvert le bahut et que, remettant le lendemain la clef à M. Robert, il lui aura dit : Voilà, Monsieur, une clef que vous avez perdue hier.

Quand, en Amérique, on a dit à Grellet : Pour ouvrir le bahut vous avez eu recours à l'effraction, il protesta, avec énergie, contre cette accusation ; et il avait raison, puisqu'il y allait pour lui de l'extradition ; il dit : S'il y a eu effraction, ce ne peut être que le fait de Guérin. La loi américaine, dans une affaire du genre de celle qui nous occupe, n'admet l'extradition d'un étranger, accusé de crime, qu'autant que le crime a été commis dans certaines conditions. Il fallait, pour l'obtenir, que le crime eût été commis à l'aide de fausses clefs et d'effractions.

MM. les administrateurs du chemin de fer du Nord ont alors été à la recherche des circonstances accessoires ; ils ont, qu'ils me passent l'expression, un peu corsé l'affaire, et ils ont si bien fait, que ces deux circonstances aggravantes sont devenues les deux béquilles judiciaires, qui leur ont permis de ramener tout le monde de New-York à Paris. (*Sourires prolongés.*)

Sans ce besoin qu'on avait de l'effraction, eût-on, je vous le demande, compté si minutieusement les trous et les clous? Non; mais on avait besoin de l'effraction; on s'en est servi, et aujourd'hui encore on s'en sert. C'est le droit de l'accusation, mais ce n'est pas le dernier mot de la justice.

Le commissaire de police a fait de ce meuble l'inspection la plus minutieuse, l'examinant par devant et par derrière ; et il a constaté des pesées. Je le crois bien, il n'était pas nécessaire d'avoir une loupe pour les voir. Ces pesées sont visibles au point de blesser les yeux de l'accusation, quand la défense lui dira, tout à l'heure, pour quelles raisons elles existent. Ce magistrat a constaté aussi qu'à côté du clou il existe un trou, qui a dû être précédemment occupé par le même clou ; or, qui a fait ces deux trous pour un seul clou ? on n'en sait rien.

Ce qu'on sait, c'est qu'un jour il est arrivé que M. Robert a vu que ce meuble ne fermait pas assez bien ; à cette occasion, un de vous, Messieurs les jurés, a fait une question qui eût été décisive, si elle eût été résolue ; vous demandiez si, pour placer les équerres, on avait enlevé le dessus du meuble. Le serrurier vous répondit que non, que la position était, il est vrai, difficile, mais qu'il était habitué à travailler dans les postures les plus incommodes. Soit, le dessus du meuble n'a pas été enlevé par l'ouvrier.

Mais êtes-vous bien sûr que M. Robert, qui était un peu menuisier, n'ait pas essayé d'assujettir ce meuble ? Il aimait, vous a-t-on dit, à raboter ; il avait un peu la manie de s'occuper des meubles ; eh bien ! voilà un meuble qu'il affectionnait, car on ne peut s'expliquer que par une affection un peu aveugle, cette confiance qu'il mettait en lui. Eh bien ! M. Robert aura lui-même cloué et décloué le dessus de ce meuble.

Ce n'est pas tout : ou M. Robert est le dernier des insensés, ou il est un malhonnête homme ; tout le monde dit qu'il était honnête, mais en même temps un peu imprudent, négligent même. Or les traces de pesées sont antérieures à la pose des équerres : que le bois eût un peu joué et que M. Robert ne se soit pas ému, on le comprend, bien que, cependant, il s'agisse de 40 *millions*; mais si M. Robert, soulevant le dessus de ce meuble,

a vu, et il n'a pas pu ne pas les voir, les traces de pesées... comment admettre alors qu'il se soit contenté
de faire placer des équerres sans demander des explications, sans compter les valeurs ?

Me BARBIER, AVOCAT GÉNÉRAL. — Permettez-nous une
observation, car pour ne pas prolonger ce débat, nous
désirons ne pas répliquer. Il a été établi que M. Robert
avait manifesté des inquiétudes et que les accusés,
Grellet et Carpentier, s'étaient réunis pour calmer ces
inquiétudes.

Me LACHAUD. — Oui, ils lui auraient dit qu'on était entré
chez lui, mais que c'était un voisin, qui s'était trompé
de porte (*Rire général*). Non, aucune explication ne pouvait être donnée et ne pouvait satisfaire M. Robert à la
vue des coups de ciseau, des traces de pesées ; il n'avait
alors qu'à vérifier le compte des valeurs enfermées
dans ce meuble, et s'il ne l'a pas fait, c'est qu'il savait pertinemment à quoi s'en tenir sur ces pesées.

Telle est la supposition que je vous apporte ; elle est
du moins raisonnable et paraît plus vraisemblable que
celle du ministère public. Mais je n'ai pas fini. Vous
êtes armé d'un procès-verbal ; sans doute, et surtout
quand il est bien fait, un procès-verbal peut être un grand
appui pour l'accusation, mais le défenseur peut lui aussi
y trouver des arguments utiles à la défense de l'accusé.

Le voleur, après avoir soulevé la tablette, n'a pas
remis les clous dans les trous originaires, très bien.
Mais alors, s'il y a eu quatre effractions, nous devrons,
d'après votre système, trouver quatre trous de clous ;
or, admettez-vous que le voleur ait en une seule fois
pris 1,400 actions ? C'est folie.

Dans cette hypothèse, pourquoi n'engage-t-il d'abord
que cinq actions ? Mais c'était un essai, direz-vous.
L'essai, remarquez-le, eût été aussi fructueux avec cent
actions ; et puisque vous me traquez dans tous mes re-
tranchements, je vous demanderai ce que seraient devenues ces 1,400 actions ? car enfin 1,400 actions

forment un gros volume de papier, qu'il n'est pas facile
de cacher. Non, tout cet échafaudage ne peut se soutenir.
Si Guérin avait voulu soulever cette tablette, il eût bien
compris qu'il suffirait de frapper en dessous, de donner
au meuble une certaine inclinaison et que le poids seul
du contenu de l'armoire eût pu suffire pour détacher la
tablette ; il n'eût pas eu la niaise et stupide idée, lui
ancien ébéniste, de prendre un ciseau.

J'ai fini sur ce point ; cependant il est une circonstance
accessoire dont il faut aussi parler. Serait-ce donc
pendant la nuit que Guérin aurait opéré cette soustraction ? Pourquoi la nuit ? pourquoi toujours supposer,
même contrairement au bon sens, une circonstance que
rien ne justifie ? Gardien de nuit, il était là la nuit et le
jour. Le matin, de cinq à neuf heures, n'a-t-il pas pu
se livrer plus sûrement et plus commodément à ce
travail ? La nuit, le moindre bruit s'entend ; la présence
d'une lumière est remarquée, tandis que le jour, au
milieu des mille bruits de la gare, tout peut se faire impunément sans attirer l'attention.

Voulez-vous, malgré toutes ces impossibilités, que ce
soit pendant la nuit ? je vous demanderai vos preuves ;
mais passons.

Ce que je reconnais, c'est que Guérin a su que ces
actions avaient été détournées, c'est qu'il en a profité,
c'est qu'il s'est associé à un acte coupable. Mais l'effraction, elle est impossible, et la circonstance de nuit, qui
ne fait qu'un avec celle de l'effraction, elle est, elle aussi,
inadmissible.

Vous ferez donc de la justice, mais vous ferez aussi
de la raison et vous ne sacrifierez pas ce malheureux,
sans discuter chacun des chefs d'accusation, portés
contre lui.

Ma tâche est finie, et cependant je ne puis terminer
cette défense sans rechercher avec vous ce que Guérin
a fait de l'argent, qu'il a eu entre les mains. Oui, voyons
à l'œuvre cet homme habile. Je vous assure que si j'ai-

mais à aller voir ce pauvre Guérin dans sa prison, c'est que, comprenez-le bien, il n'est pas fait comme les autres ; sa tenue calme et placide, sa bonne et honnête figure me rassuraient. On a déjà fait sur lui beaucoup de plaisanteries ; on me communiquait à l'instant un journal anglais, dans lequel on le représente comme un bon bourgeois, qui aime à faire sa partie de dominos et à lire *le Constitutionnel* (*Rires*). Eh bien ! oui, ce sont vraiment là les goûts, qui dépeignent bien ce pauvre homme, que je ne veux pas blesser ici ; aussi je ne vous dirai pas qu'il est stupide ; mais vous le faites audacieux ! regardez-le donc ! (*Hilarité*.) Il est naïf au-delà de toute expression.

Pour jouer à la Bourse, il ne faut, je suppose, ni une grande intelligence ni une grande habileté, il faut avoir de la chance ; pour son malheur il en a eu beaucoup dans ses premières opérations ; avec ces premiers bénéfices, il jette les fondements de maisons dont les croisées regardent la gare ; oui, la gare du chemin de fer du Nord ; il n'y met pas plus de dissimulation que cela. (*Sourires*.)

Guérin fait choix d'un notaire, il choisit un très honnête homme, mais il ne va pas le chercher loin ; ce sera Mᵉ Fournier, notaire à la Chapelle. Il prête à tous ; et vous voulez qu'agir, ainsi qu'il le fait, soit montrer de l'audace ! Non, c'est être naïf. Il dit, il est vrai, qu'il a recueilli une succession, une succession d'Amérique ! Non ; il ne vient plus d'oncles d'Amérique ; il n'y a plus que les accusés coupables qui en reviennent......(*Hilarité*.)

Voulez-vous savoir comment il vivait ? il avait un loyer de 280 francs ; sa famille, une des plus honnêtes et des plus modestes, n'a rien connu de ce luxe, n'a rien changé à ses habitudes ; les deux filles, lingères toutes les deux, continuaient à vivre de leur aiguille. Il avait, il est vrai, loué un cabinet de 50 francs par an, pour y recevoir les bordereaux que lui adressaient MM. les

agents de change ; tenez pour certain que s'il n'avait que
dix-sept ans, je plaiderais la question de discernement ;
mais il en a soixante et n'a pas pour cela beaucoup plus
de discernement. Où est donc son habileté? Où est donc
son audace ? Il n'a eu recours à des tiers qu'une ou deux
fois. Il a joué ! ah ! oui, et joué d'une manière effroyable ;
le nombre des opérations qu'il a faites, à en juger par
les bordereaux, qui ont été recueillis (et nous n'en avons
peut-être que la moitié), dépasse toutes les prévisions ;
il n'avait que quatre agents de change, il a fait 43 *mil-*
lions d'affaires constatées, ni plus ni moins. (*Sourires.*)

Oui, j'accepte ses sourires, ils pourront servir à ce
malheureux. Après avoir souri, on se sent pris par un
sentiment bien sérieux et bien triste ; on ne peut se
défendre d'un sentiment de compassion pour le pauvre
diable, qui n'avait pas une intelligence suffisante pour
se défendre.

Je vous le disais hier, oui, l'agiotage est un grand
mal ; qu'on ne s'y trompe pas cependant, je ne suis
pas de ceux qui veulent qu'on ferme la Bourse. Non,
je ne partage même pas ces bruyantes indignations
contre ces fortunes qu'on dit trop rapides, car les in-
dignés ne sont le plus souvent que des jaloux. (*Sen-*
sation.) Non ; je crois que le crédit public a besoin de
larges issues ; il faut aux affaires le mouvement de la
spéculation publique ; c'est elle qui engendre les
grandes choses ; qui a donné à la France l'esprit d'en-
treprises et cette grande prospérité dont jouit notre
pays. Il est de mode, depuis quelque temps, de prendre
à partie la spéculation, les spéculateurs, les financiers,
ceux-là qui risquent leurs fortunes. On les trouve trop
riches quand ils réussissent : on ne les trouverait pas
trop pauvres s'ils avaient échoué. Aussi quand j'entends certains discours, quand je lis certains articles
où l'on s'élève contre l'agiotage, je dis aux spéculateurs:
Mais ce n'est pas à vous qu'on s'adresse ; il y a une distinction importante à faire.

Je ne voudrais pas faire ici de la critique ; je n'en ai pas le droit ; je ne voudrais donner ici de conseils à personne, je suis pour cela trop jeune et trop infime ; mais je suis honnête homme et je trouve lamentable qu'un homme puisse être placé dans cette position de pouvoir, avec un loyer de 280 francs, faire pour 43 *millions* de francs d'opérations, c'est-à-dire risquer plus d'argent qu'il n'en eût fallu à Louis XVI pour sauver la monarchie française.

Qui ne voyait donc pas que ce malheureux par son extérieur, par sa mine, son écriture, n'était qu'un pauvre diable, qui n'avait jamais rien eu de commun avec les millions ? Mais non, tous les guichets s'ouvraient pour recevoir son or ; et puis, la scène jouée, la toile tombait, et cet homme était déshonoré.

Ce n'est pas contre les banquiers que je dis cela, mais contre ceux qui facilitent ces spéculations, et je crois qu'il y a lieu de poser ici une barrière, un garde-fou !

Je vous demande donc, Messieurs, des circonstances atténuantes en faveur de ce malheureux. Je vous dis qu'il y a un peu de la faute des autres..... Si on l'eût arrêté le premier jour, on lui aurait épargné, à lui, la honte de s'asseoir sur ce banc, et à la Compagnie du chemin de fer du Nord, un grand désastre.

Quand on aperçoit ces montagnes de bordereaux, qui se soldent par cinq ou six chiffres, on se croit non dans l'âge d'or, car l'âge d'or est l'âge où l'or ne régnait pas, mais je ne sais dans quelle fantastique Californie.

Guérin fit des aveux, mais il fit autre chose ; il souscrivit, lui Guérin, une lettre de change de 600,000 francs (pauvre malheureux !) valeur reçue comptant, payable à présentation ! La lettre de change fut présentée ; on lui fit sommation, et il fut répondu qu'on ne pouvait payer, faute de fonds.

Ceci n'est que grotesque. Ce qui vaut mieux, c'est

qu'il a tout donné ; il livra même 250,000 francs que
personne ne lui connaissait..... Il était bien décidé à
les livrer, mais il craignait de compromettre les tiers
dépositaires de ces fonds. M. le Marquis Dalon, qui,
lui, n'a jamais joué et qui a encore, dans les coffres
de la Compagnie, toutes les actions souscrites à l'origine
de la Société, fit venir Guérin ; il l'invita, en lui promettant miséricorde au nom de la justice, à tout restituer ;
c'est là aussi, Monsieur le Marquis, une lettre de change
de circonstances atténuantes ; si aujourd'hui je vous
rappelle...

M. LE MARQUIS DALON (souriant) : Je désire qu'il y soit
fait honneur.

M⁰ LACHAUD : Cette fois, Messieurs les jurés, il n'y
aura pas de protêt ; vous êtes en fonds..... Guérin
hésitait donc ; bientôt il me dit à moi : J'ai encore
50,000 francs en valeurs, mais ils sont entre les mains
d'un ami ; j'ai aussi 190,000 francs de marchandises à
Valparaiso et que personne ne saurait découvrir ; elles
sont sous le nom d'un tiers détenteur.... Ma position,
à moi avocat, était difficile ; eh bien, je le dis devant un
ancien bâtonnier (1), devant un membre du conseil de
l'ordre (2), ils me le pardonneront : j'ai, pendant cinq
minutes, accepté un mandat pour faire rentrer dans la
caisse de la Compagnie du chemin de fer du Nord
240,000 francs ; c'est ainsi que de ce grand naufrage
quelques débris furent sauvés.

J'ai reçu le 17 novembre 1856, c'est-à-dire peu de
jours après l'arrestation de Guérin, une lettre de l'un
des administrateurs de la Compagnie du chemin de fer
du Nord ; il me disait :

« Monsieur,

« J'ai l'honneur de vous accuser réception des

(1) M⁰ Desmaret.
(2) M⁰ Chaix d'Est-Ange.

« 100,000 obligations de la Ville de Paris, au capital de
« 400 francs chacune entièrement libérées.

« Vous nous adressez également un pouvoir, qui nous
« met en mesure de poursuivre la revendication des
« marchandises qui se trouvent à Valparaiso.

« Je vous remercie, Monsieur, des bons conseils que
« vous avez donnés à Guérin. »

Si je lis, Messieurs, cette dernière ligne, c'est pour
vous dire que ces remerciements, qui ne pouvaient
s'adresser directement à l'homme qui a volé, lui reviennent cependant, puisque je n'ai été que la main,
qui a conduit les valeurs de la cachette de Guérin dans
la caisse de la Compagnie.

Cet homme est coupable, vous lui accorderez cependant des circonstances atténuantes, parce que vous
lui tiendrez compte du malheur de sa situation et des
mauvais exemples qu'il a reçus, et de tout ce que la
tentation avait pour lui d'irrésistible. Que voulez-vous ?
Quand on est aussi riche que M. de Rothschild, on est
tenu à être prudent, ou si on ne l'est pas, il faut que
l'homme qui n'a qu'un pain noir à manger se trouve
éloigné des établissements où la table est opulente ;
et ce n'est pas seulement à l'estomac, mais au cerveau
que monte l'ivresse.

Cet homme a une femme, qui est le modèle des
honnêtes femmes, des plus pieuses mères de famille ; il
a deux filles, ouvrières toutes les deux. On a dû vendre
les meubles de ce pauvre ménage ; c'était un spectacle
affreux ; je n'eus qu'à signaler cette infortune, et la
Compagnie du chemin de fer du Nord donna 500 francs,
pour que ces pauvres femmes rachetassent le lit sur
lequel elles couchaient.

Ah ! je vous en remercie. Une des filles de Guérin
est mariée à un homme courageux, qui vient aujourd'hui
en aide à toute cette famille infortunée. Ayez pitié de
tous ces êtres, qui gémissent d'une faute qu'ils ont
ignorée. Ne soyez pas non plus sans miséricorde pour

ce malheureux; lui refuser votre clémence, à son âge,
ce serait, pour lui, la mort! oui, hier je vous disais :
Soyez indulgents pour celui qui est jeune ; aujourd'hui
je vous dis : Soyez indulgent pour celui qui est vieux!
Ah ! que voulez-vous, Dieu nous a créés tels que nous
sommes, et nous sommes fidèles à sa loi, quand nous
suivons nos instincts natifs. Ne soyez sévères que pour
ceux qui se dressent contre la société, qui soutiennent
contre elle une lutte impie. Oh ! alors, oui, soyez impitoyables, car il importe d'éloigner ceux qui sont nui-
sibles à tous.

Serait-ce le chiffre des sommes détournées, qui vous
pousserait à la rigueur, mais mon éloquent confrère,
Me Desmaret, vous le disait hier, la loi ne tarifie pas le
vol ; elle ne tient compte que de la volonté, que de
l'intention ; or, on peut avoir une intention plus criminelle en détournant une somme toute minime.

Songez donc que plus on reste dans ces prisons fétides
où Guérin va entrer, plus on s'y corrompt ; il faut
qu'avant de mourir, cet homme puisse aller s'asseoir
encore auprès de sa vieille et vénérable compagne ; il
faut qu'il puisse encore embrasser ses enfants ; il faut
qu'avant de mourir, il leur donne sa bénédiction. Vous
ne voudrez pas que cette bénédiction sorte d'un cachot ;
vous ne voudrez pas que cette dernière parole soit une
malédiction.

Les jurés et l'auditoire furent vivement impressionnés
par cette brillante improvisation ; l'émotion fut grande, et
aussitôt après que le président eût terminé son résumé et
envoyé les jurés dans leur salle de délibération, Me Lachaud
fut immédiatement entouré de tous les avocats, ses confrères, de MM. les administrateurs de la Compagnie du
chemin de fer du Nord et des jurés, qui n'étaient pas du
jugement. Tous le félicitaient, et les journaux de l'époque
disent qu'il ne put se soustraire à ces vives et chaleureuses
félicitations, qui durèrent tout le temps de la suspension
d'audience.

A la reprise de l'audience, le jury, après une délibération assez courte, malgré les cinquante-huit questions qu'il avait à résoudre, rend son verdict au milieu d'un grand silence.

Ce verdict acquitte Parot;

Reconnaît Carpentier et Guérin coupables, mais écartant, en ce qui les concerne, les circonstances aggravantes de faux, d'effraction et de nuit, il leur accorde *des circonstances atténuantes*.

Grellet est déclaré coupable sans circonstances atténuantes.

La cour prononce l'acquittement de Parot;

Condamne Carpentier et Guérin à 5 *ans d'emprisonnement*.

Grellet à 8 *ans de réclusion*.

Elle condamne en outre Carpentier, Grellet et Parot à la restitution de 4 452 actions du Nord et Guérin à la restitution de 1,400 actions.

COUR D'ASSISES DE SEINE-ET-OISE (VERSAILLES)

AFFAIRE THIÉBAULT

PLAIDOIRIE DE Mᵉ LACHAUD

Pour Mᵐᵉ THIÉBAULT et Amable YVORET

COUPS ET BLESSURES FAITS A L'AIDE D'ACIDE SULFURIQUE.

Mᵉ Nogent Saint-Laurens, avocat de Mˡˡᵉ Léonide Turc, *partie civile.*

AFFAIRE THIÉBAULT

Président : M. FILHON, conseiller à la Cour Impériale de Paris.

Ministère public : M. HAUSSMANN, Procureur Impérial
à Versailles.

Accusés : Mme THIÉBAULT, M. AMABLE YVORET.

Coups et blessures graves, causés par l'acide sulfurique
lancé sur la maîtresse de son mari par une femme, qui veut
se venger et se fait aider par son frère pour mieux assouvir
sa vengeance.

Telle est l'accusation, portée par le ministère public, contre madame Thiébault et Yvoret son frère.

Il est inutile de donner ici des explications préliminaires,
l'acte d'accusation et la plaidoirie de la défense exposent
tous les détails de cette dramatique affaire.

Madame Thiébault est une jeune femme de trente ans,
brune et de haute taille ; elle appartient à une famille aisée
de la bourgeoisie. Son mari, jeune homme bien élevé et instruit, est photographe ; son industrie est prospère ; la femme
et le mari vivaient ainsi dans le bonheur avec leur petite fille.

Mais M. Thiébault se prit d'amour pour Mlle Léonide
Turc, jeune fille jolie, intelligente et artiste. A partir de ce
moment la paix du ménage fut troublée.

Madame Thiébault voulut se venger ; un jour, à Enghien,
dans sa maison de campagne, elle surprit les deux amants

ensemble et elle jeta sur sa rivale un flacon d'acide sulfurique.

L'accusation prétend qu'elle exerça cette vengeance avec une violence, une brutalité véritablement atroce et d'autant plus condamnable qu'elle était préméditée, et que pour porter ses coups plus sûrement, elle se serait fait assister par son frère.

Les crimes qui ont pour mobile l'amour ont, dans tous les temps, excité l'intérêt et la curiosité des hommes. Ils veulent connaître tous les détails de ces sortes d'affaires; et s'ils aiment à saisir sur le vif les pensées, les émotions et les douleurs du cœur qui se venge, ils aiment aussi à surprendre chez la victime les secrets d'une passion capable d'exciter contre elle l'esprit de la haine et de la vengeance. La passion d'amour, comme le cœur de l'homme, n'a jamais pu être définie; ce sont choses mystérieuses, et il semble qu'on soulève un coin du voile qui les recouvre, en écoutant les révélations faites par des personnes que la passion seule a fait agir.

Ce n'est plus, ici, comme au théâtre; il n'y a pas de fiction, l'imagination de l'auteur n'y est pour rien; tout est vrai; les différentes scènes du drame sont vraies; les sentiments, éprouvés et réprimés par les différentes victimes de cette passion fatale, sont également vrais; l'émotion qu'on ressentira, en assistant à ce drame, sera légitime, et on aimera se la donner.

Aussi dans ces sortes d'affaires y a-t-il toujours une grande affluence dans la salle d'audience. Cette fois l'affluence fut plus grande que jamais, et bien que cette affaire, toute parisienne, fût jugée à Versailles, la Cour d'assises fut trop petite pour contenir toute la foule, désireuse d'assister à ces débats, qui promettaient d'être pathétiques.

Ceux qui, en grand nombre, n'avaient pu pénétrer dans l'intérieur, se tenaient au dehors, près des portes de la Cour d'assises.

Me Lachaud avait accepté de défendre madame Thiébault et son frère Yvoret. Me Nogent Saint-Laurens, depuis longtemps connu par son grand talent, se présentait au nom de mademoiselle Turc, qui s'était portée partie civile.

Cette affaire toute de passion fut, pour Me Lachaud, l'occasion nouvelle d'un grand triomphe oratoire, et il eut cette

bonne fortune d'émouvoir le public et de faire verser des
larmes aux jurés et à tous ses auditeurs, si bien que les
sanglots et les cris de la foule, disent les journaux du
temps, l'obligèrent à suspendre sa plaidoirie pendant quelques minutes.

Voici l'acte d'accusation :

Depuis un an environ, le sieur Thiébault, photographe,
demeurant à Paris, boulevard Bonne-Nouvelle, entretenait,
quoique marié, des relations avec la demoiselle Léonide
Turc, maîtresse de piano. Dans les commencements de leurs
relations, il avait exigé qu'elle ne donnât plus de leçons en
ville ; il l'avait installée à Belleville dans une succursale de
ses ateliers, où il l'employait à découper des épreuves pho-
tographiques. Avertie de la présence de cette étrangère, la
femme Thiébault était venue lui faire plusieurs scènes très
vives, et dans le courant de l'hiver dernier, un jour qu'elle
l'avait surprise avec son mari, elle l'avait battue et lui avait
arraché les cheveux. Effrayée des violences de la dame
Thiébault, mécontente des procédés de Thiébault, qui la
maltraitait, et qui, lorsqu'elle avait dû quitter Belleville,
avait retenu, sous prétexte d'argent prêté, sa montre, ses
bijoux, ses livres et sa musique, la demoiselle Turc avait
résolu de rompre une relation aussi pénible que blâmable ;
mais Thiébault l'avait poursuivie de ses obsessions et agi
de manière qu'au mois de juin dernier, elle était venue se
loger à Enghien, où lui-même possède une propriété. Il se
rendait souvent chez elle, il la recevait dans sa maison de
campagne en l'absence de sa femme. Celle-ci avait fini par
le savoir ; elle en était naturellement très irritée ; elle nour-
rissait la pensée de se faire justice à elle-même par les
moyens les plus odieux.

Un jour, en montrant à l'avoué de son mari un flacon
d'acide sulfurique, qu'elle tira de sa poche, elle lui déclara
qu'elle avait cherché à jeter cet acide au visage de la demoiselle Turc, qu'elle en avait été empêchée, mais qu'elle saurait la rejoindre.

Le 3 août dernier, Thiébault laissait à Paris sa femme
indisposée et s'était rendu à Enghien, où il avait invité la
demoiselle Turc à dîner dans un chalet dépendant de sa
propriété.

Vers huit heures du soir des cris perçants, partis de l'intérieur du chalet, font attrouper les passants, qui voient la demoiselle Turc paraître à la fenêtre du cabinet du premier étage et demander avec instance qu'on lui fournisse les moyens de se sauver.

Au même instant, un homme furieux sortit du rez-de-chaussée et, montrant le poing à la demoiselle Turc, lui cria : « Je te tiens, c'est aujourd'hui que tu vas y passer, il y a assez longtemps que je te guette. »

Cet homme, qui n'était autre que le sieur Yvoret, rentra dans la maison ; aussitôt on entendit un bruit de carreaux cassés et de portes enfoncées, puis un coup porté à une femme, qui se plaignait vivement en criant : « On me tue ! on m'assassine ! » Enfin les cris cessèrent, et la demoiselle Turc s'élança hors du chalet, le visage ensanglanté, les cheveux en désordre. Elle fut immédiatement conduite chez un pharmacien, où elle reçut les premiers secours ; et après avoir été traitée quelques jours dans la maison qu'elle habitait, elle fut transportée à Paris, dans la maison municipale de santé, rue du Faubourg-Saint-Denis, 200. Elle avait le cou et les mains égratignées ; sa tête était couverte de coups produits par un instrument contondant ; son côté gauche et son bras gauche, depuis la main jusqu'à l'épaule, étaient le siège de larges et profondes blessures, faites avec l'acide sulfurique ; sur la figure et notamment sur la joue gauche, existaient des brûlures semblables. Ces blessures mettaient en danger les jours de la demoiselle Turc, et le médecin, commis par la justice, qui l'a visitée tout aussitôt après l'événement, déclarait à cette époque qu'elle était gravement atteinte dans sa santé ; que la guérison, si elle avait lieu, n'arriverait pas avant deux mois ; que la cicatrice du bras constituerait, dans tous les cas, une infirmité durable, et qu'enfin ses facultés intellectuelles étaient pour longtemps affaiblies.

Lorsqu'elle fut en état d'être interrogée, la demoiselle Turc raconta qu'après avoir dîné chez le sieur Thiébault, celui-ci, obligé de s'absenter un instant, l'avait laissée seule dans sa chambre. Tout à coup la femme Thiébault était entrée et lui avait lancé un liquide caustique avec tant d'impétuosité, qu'une partie l'avait atteinte, et que le reste avait été projeté sur le plancher, sur les tentures et jusque sur le plafond de la chambre. Elle s'était empressée de fuir dans le cabinet voisin où elle s'était enfermée ; c'est à ce moment qu'elle s'était mise à la fenêtre pour demander du secours et qu'Yvoret lui avait adressé des menaces. Cependant la femme Thiébault, après avoir vainement tenté d'ouvrir le cabinet, appelait son frère. Celui-ci était accouru à cet appel, avait enfoncé la porte, en brisant les carreaux, avait saisi la demoiselle Turc par le cou, l'avait renversée à terre, la maintenant dans cette position et en disant à sa sœur : « Tape dessus. »

La femme Thiébault lui avait porté de violents coups à la tête, puis elle avait cherché à lui verser dans les yeux de l'acide sulfurique. La demoiselle Turc s'était garantie avec les mains, et c'est ainsi que le liquide, en se répandant sur le bras gauche, et jusque sur la poitrine, lui avait fait de si profondes blessures.

Elle était sur le point de perdre connaissance, lorsque le sieur Thiébault est arrivé, malgré les efforts de son beau-frère pour l'empêcher de mettre fin à cette scène ; sa présence, néanmoins, y avait mis fin, et la demoiselle Turc avait pu s'échapper.

Le récit n'était que trop confirmé par les blessures de la victime et par les déclarations de plusieurs témoins.

Malgré ces charges accablantes, les accusés n'ont pas fait des aveux complets.

La femme Thiébault prétend qu'elle était venue à Enghien, avec son frère, pour chercher son mari, afin d'aller ensemble à Deuil payer le montant d'une acquisition récente ; qu'à la vue d'une femme dans la chambre à coucher, elle avait été animée d'une colère subite ; qu'elle s'était emparée d'un flacon d'acide sulfurique, qui se trouvait parmi d'autres produits chimiques dans l'armoire de la salle à manger ; qu'après avoir une seule fois lancé le contenu de ce flacon à la tête de la demoiselle Turc, elle avait appelé son frère pour l'aider à ouvrir le cabinet où cette demoiselle s'était réfugiée ; qu'alors s'était établie une lutte à laquelle son frère n'avait pris aucune part. Yvoret reconnaît de son côté qu'il a entendu la demoiselle Turc demander du secours, qu'il lui a répondu : « Coquine ! si tu descends, c'est moi qui te recevrai » ; qu'il a ensuite brisé la porte-fenêtre du cabinet ; qu'il est entré dans cette pièce avec sa sœur ; qu'il est resté pendant qu'elle frappait la demoiselle Turc ; mais il affirme qu'il n'a pas vu jeter l'acide et que personnellement il n'a porté aucun coup ni commis aucune violence.

On ne peut admettre, d'abord, que la femme Thiébault ait donné rendez-vous à son mari pour aller, à une heure avancée, porter d'Enghien à Deuil de l'argent à un notaire. Si le sieur Thiébault l'avait attendue, il se serait bien gardé d'introduire sa maîtresse dans sa maison, et lui-même a déclaré qu'il n'avait invité à dîner la demoiselle Turc que parce qu'il avait laissé sa femme souffrante à Paris et qu'il la croyait dans l'impossibilité de venir à Enghien. L'arrivée imprévue de la femme Thiébault, le soin qu'elle avait eu de se faire accompagner de son frère, ne peuvent s'expliquer que par son désir de se venger.

En conséquence, Alexandrine Yvoret, femme Thiébault et Étienne Yvoret sont accusés :

1° La femme Thiébault d'avoir, le 30 août 1860 à Enghien-les-Bains, volontairement et avec préméditation, porté des coups et fait des blessures à la demoiselle Turc, desquels coups et blessures il est résulté pour la demoiselle Turc une maladie ou incapacité de travail de plus de 20 jours ;

2° Yvoret, de s'être, à la même époque et au même lieu, rendu complice du crime susmentionné en aidant, etc.

Crime prévu par les articles 59, 60, 309 et 310 du Code pénal.

La lecture de cet acte d'accusation terminée, le président de la Cour d'assises procéda à l'interrogatoire de madame Thiébault ; cette malheureuse femme répondit avec dignité, avec énergie, mais en laissant, malgré elle, déborder de son cœur tous ses sentiments de mère et de femme indignement outragée.

Après l'audition de tous les témoins, la parole fut donnée à Me Nogent Saint-Laurens, qui demanda, au nom de mademoiselle Léonide Turc, partie civile, une condamnation sévère contre madame Thiébault et une somme d'argent à titre de dommages et intérêts.

M. Haussmann, Procureur Impérial du tribunal de Versailles, soutint ensuite l'accusation au nom de la société.

Après ce réquisitoire énergique, Me Lachaud prit la parole pour défendre madame Thiébault et son frère M. Yvoret.

PLAIDOIRIE DE Me LACHAUD

Messieurs les Jurés,
Messieurs de la Cour,

Dans le ministère que je remplis, il y a des heures bien douloureuses, bien poignantes ; souvent nous avons auprès de nous des malheureux, qui ont été poussés au crime par les sentiments les plus abjects ; en cherchant à les défendre, nous ne pouvons nous défendre nous-mêmes de dégoût, nous sommes gênés par leur contact. Mais il est aussi pour nous des heures de grande satisfaction, des heures heureuses, qui nous payent largement des mauvaises ; et quand auprès de moi je trouve, comme aujourd'hui, une femme admirable, je dis de tous points admirable, alors je me sens bien fort, car c'est moi qui viens venger la morale outragée, c'est moi qui viens défendre la mère de famille, celle qui n'a pas les faiblesses de ces femmes pusillanimes, qui se laissent déshonorer et n'ont que des larmes pour venger leur malheur. La femme, que je défends, s'est révélée dans toute sa grandeur ; il n'est pas un de vous qui ne serait heureux de l'appeler sa fille.

Et cependant, on demande sa condamnation ! on fait des distinctions ; on vous apporte une sorte de thermo-mètre de la colère, en marquant le degré où elle doit s'arrêter. Elle a déchiré la peau de celle qui lui a dé-chiré le cœur ; elle doit être punie ! Elle a frappé ; qu'elle donne de l'argent, 30,000 francs, 40,000 francs ; beau-coup d'argent, et que la concubine reçoive de la femme légitime un encouragement annuel et viager : dérision !

Cela ne peut pas être, cela ne sera pas. Dieu ne permet pas de semblables choses, pas plus qu'il ne

6

permettra que la loi punisse ce frère pieux, qui n'a à se reprocher que son affection, son dévoûment inaltérables pour sa sœur.

Messieurs, recommençons ensemble le récit de ces tristes événements et suivons le calvaire de cette pauvre femme; pour bien comprendre ce qu'elle a fait, il faut bien connaître l'horreur du calice qu'on lui a fait épuiser.

Pauvre femme! elle a été si heureuse jusqu'à l'année passée! Jeune fille, les années, passées dans sa famille, n'ont été pour elle que des années de bonheur; jeune femme, elle a été la plus tendre, la plus laborieuse, la plus sage des épouses; elle est la mère la plus accomplie, la plus parfaite. Son frère est marié, il a quatre enfants; il est simple ouvrier chez sa sœur; c'est elle qui nourrit toute cette famille: elle est bonne pour tous et elle est plus que généreuse pour son frère. Ce frère, homme simple, n'a pas de volonté; il est attaché à sa sœur comme le chien à son maître. Que sa sœur parle, il ne délibère pas, il agit; et quand le mari sort pour se livrer à ses débauches, qu'il déserte la maison conjugale pendant des jours, pendant des nuits, c'est lui qui console sa sœur, qui la soutient et partage ses douleurs.

A côté de ces deux beaux portraits, il y en a deux autres; il me répugne de les tracer; cependant il faut le faire. Occupons-nous d'abord du mari. Je ne l'accuse pas celui-là, sa femme veut lui pardonner; je comprends cette magnanimité; il doit être le plus malheureux de tous, et s'il lui reste du cœur, quelles tortures ne doit-il pas endurer! Hier, il m'a fait du bien, il a eu une parole heureuse; le remords lui avait redonné du cœur, quand il s'est écrié devant vous : « Ce ne sont pas eux, « qui devraient être là, c'est elle et moi! »

Je ne le défends pas cet homme, je le laisse sous la protection de sa femme; mais prenez garde, en l'avilissant vous me protégez; plus vous le ferez petit et plus vous me grandirez. Mais je ne veux pas de cette protection, je laisse le mari à la femme : si elle veut le sauver, elle se grandit, elle devient sublime ! L'honneur du mari, c'est le piédestal de la femme ; gardons-nous de le renverser.

Après lui vient Mlle Léonide Turc. Quelle est cette femme? Je vais vous le dire sans colère, sans mépris. Est-ce qu'il est possible de voir en elle le foyer de l'une de ces passions de cœur irrésistibles, qui sont la perte de toutes les vertus et portent leur excuse en elles-mêmes? Oh! non. C'est une femme comme il y en a beaucoup, comme il y en a trop, qui fait métier de ses facilités de mœurs. Quelle est sa vie? Bien jeune encore, elle a quitté sa famille et est restée livrée à elle-même; elle a de l'instruction, du talent, de l'intelligence, elle est artiste; mais elle n'a pas voulu vivre de son art, et elle a vécu, je vais vous dire comment : comme celles qui quittent leur famille et ne travaillent pas ; elle a eu des amants, plus d'un amant avant de connaître M. Thiébault; j'en ai les preuves : des lettres écrites par elle-même ; j'ai également des lettres de ses poursuivants. Dans une de ces lettres, timbrées de la poste, un amant, qui n'était pas M. Thiébault, disait à Mlle Léonide : « Je « ne puis que t'envoyer deux mots ce soir, ma chère « Léonide, pour te dire que demain jeudi, il ne me sera « pas possible de sortir, ainsi que nous en étions con- « venus. Lundi je reste seul au bureau, deux employés « étant en congé ou malades. Je ne puis donc m'absen- « ter. Ce sera pour vendredi prochain à onze heures et « demie. Je t'attendrai au passage du Désir, du côté « opposé à la rue de la Fidélité. Je crois que je pourrai « disposer d'une heure ou deux.

« Qu'ajouterai-je aujourd'hui, sinon que mon amour « pour toi prend des proportions alarmantes. Je suis « malade et fou; aime-moi comme je t'aime, et nous « serons heureux vendredi. A bientôt... Je t'embrasse à « tort et à travers, partout. »

Je ne lirai pas la signature ; seulement cette lettre,

Messieurs les jurés, passera sous vos yeux. Elle porte
le timbre de la poste. En post-scriptum on lit : « La
« victime (est-ce encore une femme légitime ?) est en
« congé pour quinze jours. » Qu'est donc Mlle Léonide
Turc? Pas autre chose qu'une de ces femmes de boule-
vards, dont on se repent toujours d'avoir fait la connaissance.

Elle, ainsi connue, que m'importe de savoir si elle a
recherché M. Thiébault, ou si elle a été recherchée par
lui? ce qui me paraît certain et ce que je saurai établir,
c'est que depuis longtemps il cherchait à s'en débarrasser. Vous dites que Thiébault est un débauché, vous
pourriez vous tromper; les débauchés ne s'attachent
pas, ils vont d'amour en amour; lui, au contraire, il se
laissait rattacher à cette jeune femme avec une déplorable faiblesse. Vous allez voir comment elle le retenait.
Écoutez ces lettres : les unes sont écrites à Thiébault,
les autres à une sorte de confidente, et vous jugerez ce
qu'est cette femme, dont on veut faire une victime de
l'amour.

Quand vous vous rappellerez la déposition de M. Thiébault, avoué, vous verrez, dans une lettre que je vous
lirai, comment elle mentait à cet officier ministériel, et
combien ce galant homme a eu tort de s'intéresser à
elle.

Léonide Turc était entrée dans un pensionnat comme
sous-maîtresse, elle n'y est pas restée trois semaines ;
et tant mieux pour les élèves, qu'on lui avait confiées.
Car, là comme ailleurs, comme partout, elle donnait
des rendez-vous. Cette fois, c'est à Thiébault; voici ce
qu'elle lui écrit :

« J'ai dit que j'allais au bain ce matin, et je suis allée
« à la recherche d'un commissionnaire pour te faire
« remettre ce petit mot. Ne m'écris pas, j'ai appris par
« les Anglaises que Mme N. décachetait les lettres, et
« comme elle croit que j'ai été hier à Sarcelles, il ne
« faut pas qu'elle puisse penser que je n'ai pas dit la

« vérité. Je t'écrirai pour demain mardi, quatre heures,
« et je joindrai à ma lettre ton prospectus tout travaillé.
« Ne fais aucune démarche imprudente, car j'ai cru
« comprendre que ta femme était venue et avait été
« jusqu'à promettre de l'argent aux domestiques pour
« savoir les jours que je sors. Ils ont répondu qu'ils
« n'avaient pas de comptes à rendre aux personnes du
« dehors.

« Mais j'ai bien peur que Mme N. n'apprenne cela,
« elle qui est déjà mécontente de la démarche de la
« femme que tu as envoyée l'autre fois.

« Jeudi, à sept heures, je t'expliquerai cela bien lon-
« guement. J'ai promis de revenir du bain à huit heures
« pour le déjeuner; je me sauve.

« A jeudi sans faute. Mardi, à quatre heures, tu iras
« à la poste prendre ton prospectus et ma lettre.

« Au revoir, *mon petit ami*, sois-moi fidèle. »

Vous voyez, par cette lettre, que Thiébault ne courait
pas au-devant d'elle; que c'était elle qui, du fond de la
salle d'études, allait le réclamer, cherchait un prétexte
et disait un mensonge pour se rapprocher de lui.

Dans le cours des débats vous avez entendu parler
d'une scène à Belleville, qui était alors le domicile des
époux Thiébault, de l'arrestation de Léonide Turc dans
ce domicile par un sergent de ville. Vous vous rappelez
que le sergent de ville, outrepassant un peu son autorité, comme le lui a fait observer justement M. le Président, l'a conduite dans un poste où elle a passé la nuit.
Vous savez que, cette fois encore, Mme Thiébault, miséricordieuse, se rend chez le commissaire de police, sollicite en faveur de Léonide et obtient son élargissement.
Or la leçon, que Léonide venait de recevoir, était rude; si
elle ne veut plus voir Thiébault, c'est l'occasion ou jamais
de le lui dire, de lui déclarer qu'elle ne veut plus s'exposer à de telles avanies. Écoutons ce qu'elle lui écrit :

« Mon cher Eugène, je dois te l'avouer, mon pauvre
« cœur a été bien froissé à la vue du mépris réel que tu

« as manifesté dans l'envoi de mes affaires. Les robes
« de soie qui, il y a quelques jours encore, sur les ro-
« chers de la terrasse, secondaient ton art, ces pauvres
« robes, tu les as envoyées pêle-mêle avec des chaus-
« sures et autres objets.

« Aurais-tu voulu, mon Eugène, me montrer par là
« que tu me méprises? Aussi, mon amour, j'aime à
« croire que la présence de ta femme a été cause de ce
« désordre.

« Tu me dis d'avoir du courage, mon ami; mais toi
« seul peux m'en donner en me promettant de m'aimer,
« d'être toujours mon meilleur ami, le confident de
« toutes mes peines. Crois-tu, Eugène, qu'une femme
« qui s'est donnée corps et âme à un homme, qui a tout
« souffert pour lui, qui lui a tout sacrifié jusqu'à sa
« famille, près de laquelle il lui était toujours facile de
« tenter un rapprochement; crois-tu, mon ami, que
« cette femme, frappée même cruellement comme je
« viens de l'être, puisse tout à coup renoncer à t'aimer,
« à vivre pour un autre? Non, je te le répète, je ne serai
« jamais qu'à toi; je te le jure; le serment que je fais
« ici, dans cette chambre glaciale, abandonnée de tous,
« tu m'en demanderas compte un jour et tu verras alors
« si ta Léonide était digne de toi.

« Mais, par pitié, Eugène, aime-moi un peu; les
« peines, les humiliations, dont je viens d'être abreuvée,
« ne m'ont-elles pas acquis un peu d'amour, un peu de
« pitié? Moi, qui, il y a quelques jours, partageais les
« douceurs de ton intérieur, je me suis vue traînée par
« la justice dans un poste, rendez-vous des malfaiteurs,
« des femmes perdues. Oh! pauvre mère, si tu avais vu
« ton enfant couchée sur une planche, et acceptant des
« soldats quelques vêtements pour réchauffer ses mem-
« bres engourdis! Et puis ce trajet chez le commissaire
« de police, escortée par un soldat!.... Je m'arrête;
« ces tortures me brisent le cœur; je verse un torrent
« de larmes au souvenir de ces humiliations. Eh bien!

« le croiras-tu, mon Eugène? je les bénirais, si je pouvais
« penser qu'elles m'ont acquis un peu de ton amour.

« Comment vas-tu, aujourd'hui, mon ami? madame
« Méchet semble me dire que tu ne vas pas mal; tant
« mieux; je suis bien aise de penser que mon absence
« n'ait pas fait trop de vide dans ton cœur. Cependant,
« Eugène, tu n'auras plus ta petite compagne, assise
« dans ton salon, près de ton feu, tu seras seul avec tes
« pensées; tes yeux se porteront peut-être sur ce piano,
« qui résonnait, même il y a deux jours! Oh! instru-
« ment, qui as calmé bien des orages et essuyé bien des
« larmes, rappelle-moi bien souvent encore au souvenir
« de mon ami; fais entendre encore quelquefois ce *Tor-*
« *rent*, cette polka favorite, qui t'a réjoui bien souvent.

« Je te prie de me garder précieusement, jusqu'à
« nouvel ordre, tout ce qui reste à moi; tu comprends
« que je n'ai pas d'endroit pour les mettre; il faut donc
« attendre que je sois installée. Garde aussi, jusqu'à
« nouvel ordre, ma musique, elle ne doit être qu'entre
« tes mains.

« Mais ce que je veux que tu m'envoies par madame M**
« ce sont les portraits, ces souvenirs chéris; ils me por-
« teront bonheur; envoie-les-moi, je t'en prie.

« Je vais suivre ton conseil et aller aujourd'hui chez
« M. J.; réussirai-je? je l'ignore; je te l'écrirai demain.

« Écris-moi pour ce soir; madame M., en allant sou-
« per, remettra ta lettre ici.

« Ta première m'a fait bien plaisir, mais que signi-
« fie....? Je n'ose y penser! eh quoi! cette Léonide,
« qui, il y a deux jours encore, était dans tes bras, tu
« lui refuserais tes caresses? Oh! non, j'ai besoin de ton
« amour pour reprendre courage. Cet amour, je le sens,
« me rendra forte et courageuse et me donnera la force
« de prendre un parti.

« Je suis bien mal ici; il y fait tellement froid que j'ai
« attrapé un mal de gorge affreux. Enfin nous allons
« voir comment les choses vont tourner. »

Avez-vous remarqué, dans cette longue épître, toutes
les ressources de l'art employées pour tromper ce faible
Thiébault? La pauvre fille ! « elle a quitté sa famille,
dit-elle, pour l'homme à qui elle a donné son cœur! »
Mon Dieu! qu'elle a dû écrire souvent cette phrase aux
hommes !.... Et cet autre passage si attendrissant, si pa-
thétique, qui fait tableau : « Oh ! pauvre mère, si tu
« avais vu ton enfant, couchée sur une planche, entourée
« de soldats! »

Voilà la femme, voilà la perfide, l'habile comédienne,
évoquant sa mère, faisant parade des plus beaux sentiments de famille ; voilà comme elle se jouait de la situation honteuse dans laquelle elle s'était placée ; voilà
les résolutions qu'elle prenait, après que la femme généreuse venait de lui accorder un nouveau pardon et
la rendait à la liberté.

Et voyez avec quelle facilité elle passe ..... du grave
au doux, du plaisant au sévère..... A côté d'une tirade
sentimentale, elle parle de son bagage laissé chez Thiébault, de ses livres, de sa musique, de ses chiffons,
elle prétend qu'on les lui retient..... Mensonge odieux,
car à ce point de vue du moins, Thiébault ne peut pas
être soupçonné. Elle redemande à grands cris son bien ;
surtout, il y a une chose à laquelle elle tient beaucoup,
qu'elle réclame en termes pressants, ce sont ses portraits.

Ses portraits ! Ah ! Messieurs les jurés, je ne vous les
montrerai pas ! Vous avez été émus de compassion
quand on a vous a dépeint cette jeune fille aux mains
de la femme, qui se venge, brûlée, frappée, suppliciée,
perdue d'épouvante ! Si je vous la montrais, sur ses
portraits, quel sentiment succéderait dans vos esprits
à cette grande compassion? Non, je ne vous les montrerai pas ; l'ignominie en restera à la fille perdue et au
photographe, qui les a reproduits; voilà ce qu'elle demande comme souvenir le plus précieux. Avec de tels
sentiments, dira-t-on encore qu'elle était la victime de

Thiébault; qu'elle ne pouvait rompre les chaînes dont il l'avait chargée?

Écoutez encore. Elle allait parfois chez un honorable officier ministériel, M. Thiébault, avoué, témoin que vous avez entendu. Elle lui disait beaucoup de mal de M. Thiébault, le photographe. M. Thiébault, l'avoué, en croyait ce qu'il voulait, et comme la politesse veut qu'on ne rie pas des plaintes d'une jeune femme, M. Thiébault, l'avoué, la plaignait et entrait un peu dans ses exagérations pour la consoler. Eh bien ! voici le parti qu'elle sait tirer de cette pitié sollicitée : elle écrit à Thiébault le photographe, et voici en quels termes elle parle de M. Thiébault l'avoué. L'officier ministériel comprendra que je ne crois pas un mot de ce que dit cette lettre à son égard; mais enfin il faut la lire ; vous comprenez bien que je ne fais ici la guerre à personne, si ce n'est à Léonide Turc, et dans l'intérêt de ma cause, je dois vous la faire connaître tout entière. Voici la lettre :

« J'espère que tu ne te donnes même pas la peine de
« relever les affreuses calomnies, que M. T., avoué
« s'est plu à faire devant ta femme, afin qu'elles te fus-
« sent répétées. Tu as assez confiance en mon amour,
« pour savoir que je suis incapable de dire quoi que ce
« soit à ton désavantage, d'abord parce que je ne le
« penserais pas, puis parce que je ne voudrais pas don-
« ner, à un de tes semblables, la satisfaction de te sup-
« planter. »

La satisfaction de te supplanter ! Vous entendez. Voilà ce à quoi on s'expose quand on devient le confident d'une telle femme; je continue à lire :

« Chaque fois que j'ai vu M. Thiébault, avoué, il m'a
« dit des choses indignes que tu aurais dites de moi ; et
« lorsqu'il te voyait, il se plaisait à faire croire que je lui
« avais dit que je ne t'aimais pas; mensonge affreux !
« J'ai toujours eu, dans mes conversations avec lui, un
« certain air d'enthousiasme, d'entraînement toutes les

« fois que j'ai parlé de toi. Et du reste, n'ai-je pas dé-
« claré ouvertement, près du palais de justice, que de-
« puis dix mois, je t'avais appartenu et que je n'aimais
« que toi ?

    « A ce moment les doutes, qu'il avait déjà jetés dans
« ton cœur, te faisaient hésiter sur l'opinion que tu devais
« avoir de moi, sur l'assurance que tu devais fonder
« sur mon attachement. Je t'ai tendu la main comme à
« mon ami, mais à mon seul ami.

    « Ainsi, mon ami, n'attache aucune importance aux
« bruits, qui te sont parvenus ; tu sais que je t'aime et
« que je suis décidée à n'aimer que toi.

    « J'oubliais de te dire que M. Thiébault a prétendu
« que j'avais dit que tu me persécutais ; ceci est aussi
« infâme que le reste. »

    J'en ai bientôt fini avec la correspondance de Léonide
Turc. Elle avait rencontré une femme, qu'il est inutile
de nommer, dont elle s'était fait une sorte de confidente ;
voici ce qu'elle lui écrivait, et après avoir lu cette épître
vous aurez le nœud de toutes les ruses, de toutes les
intrigues de cette femme perverse, et aussi la preuve
qu'elle n'aimait pas plus M. Thiébault que les autres :

    « Madame,

    « Je n'aurais jamais pu croire qu'un homme, sur l'af-
« fection duquel j'ai compté, pût arriver à me mépriser
« et à me calomnier comme il le fait en ce moment.
« Vous, qui m'avez toujours assurée de la bienveillance
« de M. T., à mon égard, consolez-moi, je vous en prie,
« et répétez-moi encore qu'il est incapable de me nuire
« en quoi que ce soit. Vous ne sauriez croire, chère
« Madame, les paroles qu'on lui prête ; et on ne se con-
« tente pas de l'avilir à mes yeux, on joue le même rôle
« vis-à-vis de moi.

    « Il y a des gens, assez lâches, pour me dire que je ne
« l'aime pas, que je ne l'ai jamais aimé, que je le mé-
« prise. Affreuse calomnie ! Pouvez-vous en comprendre

« toute l'infamie! Vous connaissez mes sentiments à
« l'égard du seul ami, que j'ai depuis que j'ai quitté ma
« famille; je l'ai apprécié, admiré jusqu'à ce jour, et
« ce n'est pas la manière de voir de telle ou telle per-
« sonne, si haut placée qu'elle soit, qui changera mes
« sentiments.

« Ainsi je vous le répète, Madame, et vous le savez
« aussi bien que moi, mon amour pour M. T... est inal-
« térable: il a résisté, depuis dix mois, aux plus lâ-
« ches insinuations des jaloux; à plus forte raison triom-
« phera-t-il de la calomnie des lâches, qui n'ont pas
« assez d'esprit ni de franchise pour maintenir leur opi-
« nion en face des personnes qu'ils calomnient.

« J'irai vous voir incessamment, Madame, et puiser
« auprès de vous un peu de courage.

« LÉONIDE. »

Que de fourberies dans ce peu de lignes! Elle a admiré M. Thiébault. M. Thiébault admiré, qu'en dites-
vous, Messieurs? son amour pour lui est inaltérable.
Oh! qu'il doit être heureux et tranquille après une
telle assurance!

Que ressort-il de tout ce fatras, que je viens de lire?
une horrible confusion dans l'esprit, un mélange de
sentiments ou, pour être plus juste, d'idées disparates.

Ainsi elle dit aux uns, qu'elle est la plus malheureuse
des femmes, calomniée, insultée, battue par Thiébault,
et quand ces hommes répètent cela, elle dit qu'ils men-
tent; aux autres, que Thiébault, Thiébault seul, a tout
son cœur, toute son âme; qu'elle l'admire, que son
amour pour lui est inaltérable.

Eh bien! c'est cette femme, que vous connaissez
maintenant, qui a porté la désolation dans une famille
tranquille, heureuse, et dans quel moment? je vais vous
le dire.

La fille de madame Thiébault était malade, bien malade; la mère veillait à son chevet; ce devait être aussi

la place du père. Il n'y était pas ; il avait rencontré
Léonide Turc, et dès ce moment il oubliait ses devoirs
d'époux et de père ; il ne rentrait même pas la nuit dans
sa maison ; et la mère, en écoutant le râle pénible de sa
fille à l'agonie, écoutait aussi au dehors, épiant les bruits
de la rue, cherchant à distinguer celui qui lui annon-
cerait le retour de son mari ; le mari ne revenait pas.
C'était à mourir de douleur ; cette situation était intolérable. Elle fait suivre son mari et elle découvre l'intrigue ; suivons-la dans ses investigations. Elle sait où est
Léonide, elle peut la surprendre ; va-t-elle tomber sur
elle et l'anéantir? oh ! non, la pauvre femme ; il a fallu
que beaucoup d'orages grondassent dans son cœur,
pour y amasser la foudre d'Enghien ! avant la scène du
3 août, combien d'autres !

La première a eu lieu à Belleville, dans une maison
appartenant à M. et madame Thiébault, une succursale de leurs ateliers. Deux fois madame Thiébault
trouva Léonide dans son lit. Une première fois celle-ci
se cache dans un placard ; la seconde fois, madame
Thiébault est obligée de requérir un serrurier pour
entrer dans sa maison. Cette seconde fois madame Thiébault était irritée, elle voulait se venger ; son frère Amable Yvoret l'accompagnait ; il la maintient, il la calme,
il lui conseille d'éviter le scandale, de pardonner.
Léonide, dans cette circonstance, joue une comédie indigne ; elle se jette à genoux et jure tout ce qu'on veut,
par *les mânes de ses aïeux!* Un sergent de ville, qu'on
avait fait venir, pense qu'une leçon, donnée à la concubine, servira peut-être l'honnête femme et il conduit
Léonide au poste ; mais l'honnête femme va le lendemain chez le commissaire de police, plaide pour Léonide et lui fait rendre la liberté.

Moins de huit jours après ce nouveau pardon, une
troisième scène a lieu dans un hôtel meublé où était
logée Léonide, et avec quel argent? avec l'argent de la
femme légitime. Oui, afin que la misère ne vienne pas

en aide au vice, la femme légitime avait ouvert sa bourse à son indigne rivale. Prenez, lui avait-elle dit, prenez cet argent, malheureuse ; je ne vous jetterai pas dans la rue ; je ne vous livrerai pas à la prostitution, prenez ! Est-ce noble cela ? c'est sublime, c'est beau comme la vertu !

Eh bien, cette femme tant de fois pardonnée, aidée, secourue, encouragée, elle n'a pas été touchée de tant de générosité. Là, dans cet hôtel, où elle vit de la charité de sa femme, elle fait passer Thiébault pour son mari. Madame Thiébault apprend cette nouvelle indignité : plus de doute, cette femme a de nouveau manqué à sa parole ; madame Thiébault va lui reprocher son manque de foi. C'est ici que vous allez assister à une scène cynique.

Léonide feint le repentir, proteste de sa résolution bien arrêtée, cette fois, de ne plus revoir Thiébault, et quand madame Thiébault se retire et qu'elle a descendu la première marche de l'escalier, cette fille lui fait des gestes obscènes ! la maîtresse de l'hôtel, en voyant une fille arrivée à ce point de dégradation, est indignée, et lui fait des reproches ; celle-ci lui répond d'un ton cynique : « Sa femme ne peut pas lui plaire ; c'est moi qu'il lui faut, que voulez-vous que j'y fasse ? »

Messieurs, est-ce assez d'outrages ? pauvres hommes, que nous sommes tous, avons-nous le droit de dire que nous les aurions supportés ? jusqu'où porterons-nous la clémence ? quand donc éclatera la colère ? Le Seigneur a succombé sous sa croix et il a invoqué son Père pour qu'il lui vienne en aide. Celle-ci, elle est femme, et voilà trois fois qu'elle pardonne. Elle pardonnera encore ! allons à Fontenay-aux-Roses.

Là, le mari s'est donné pour le prétendu de la demoiselle ; pendant huit jours et huit nuits, il y reste. Madame Thiébault le sait ; ah ! cette fois, elle a un moment de colère ; une pensée horrible lui traverse l'esprit : cette femme, son éternel malheur, elle est belle,

elle a des attraits, elle en est glorieuse ; de par ses attraits, elle règne ; si elle pouvait les lui ravir ! Oui,
mort à cette beauté fatale ! Elle va partir, elle lutte
vainement. Si son mari revenait... mais le mari ne revient
pas ; la colère monte, monte encore ; alors dans un moment de folie, elle prend un flacon d'acide sulfurique ;
elle part, elle arrive le soir. Il pleuvait ; elle passa toute
la nuit sous un auvent, se cachant aux passants, l'honnête femme ! pour n'être pas prise pour une autre. Pendant ces longues heures la réflexion revient ; ce flacon,
elle ne s'en servira pas, elle le brise sur le pavé. Il est
quatre heures du matin. A cette heure elle rencontre
le témoin, que vous avez entendu, le propriétaire de la
maison de Fontenay, habitée par Léonide. « Je suis
la femme légitime, lui dit-elle, je ne vous demande
qu'une faveur, faites-moi voir mon mari. » Le témoin est
touché, elle entre dans la maison et ramène son mari.

Dans cette longue préface, qui nous mène à l'affaire
dont nous nous occupons, est-ce que vous ne voyez pas
toutes les raisons, qui doivent rassurer vos consciences ?
Est-ce que le malheur suprême n'a pas frappé cette
femme ? que peut-elle faire après tout ce qu'elle a fait ?

Et cependant, Léonide s'en va à Enghien et y prend
domicile. Le mari l'y suit, et tout aussitôt il parle d'y
acheter une propriété. La femme s'effraye ; c'est bien
lourd une maison de campagne pour des commerçants ;
mais ce n'est pas l'argent qu'elle veut avoir, c'est le
cœur de son mari, et le chalet est acheté au prix de
70,000 francs.

Avant le 3 août madame Thiébault n'est allée que
deux fois à son nouveau chalet. Lui, il y est toujours,
car Léonide demeure à Enghien ; les relations continuent
donc ; la femme s'en doute, et le moment de la catastro-
phe approche.

Nous arrivons ainsi à la scène du 3 août. Elle se
passait dans un de ces chalets parfaitement bien dis-
posés pour le plaisir et la débauche. On y accédait par

une petite porte de derrière ouvrant, on vous l'a dit, sur un chemin peu praticable. C'était par là que Léonide pouvait arriver sans être vue, et c'est ce qui explique, peut-être, que la porte soit restée ouverte. Lorsque madame Thiébault arrive, elle voit dans la salle à manger une table chargée de mets ; deux couverts étaient mis. Plus de doute, elle monte dans les chambres et aperçoit Léonide Turc dans sa chambre, sur le point de se coucher dans son lit.

A cette vue une révolution épouvantable se fait dans son esprit ; le tableau est déchirant, elle a lancé le vitriol. La coupable fuit éperdue, elle veut passer par une fenêtre ; la fenêtre est gardée par le frère, autre vengeur ; elle comprend qu'elle est perdue, qu'il faut mourir, car elle a tué la pitié.

Le frère, ce qu'il veut, ce n'est pas la mort de cette femme ; s'il garde les issues, c'est pour empêcher sa fuite ; ce qu'il veut, c'est qu'elle soit punie. Il croit qu'il peut la faire arrêter et il crie : « Je te tiens ! tu ne m'échapperas pas. » Il faut un grand scandale pour abattre cette terrible Léonide ; le scandale est fait, il en profite ; il croit, cette fois, que le malheur de sa sœur est près de sa fin.

Voilà la part des deux accusés dans cette terrible scène ; celle de Madame Thiébault serait atroce si elle n'était justifiée. Ne comprenez-vous pas toute la colère, toute l'amertume qui ont rempli le cœur de cette femme? Dieu nous a donné une mesure de patience, une mesure de force que nous ne pouvons dépasser, et du moment où il a mis en nous ces tempêtes, de quel droit verriez-vous un crime dans ces vertueuses indignations? Mais n'y a-t-il donc pas de saintes colères ? Si votre fille était là, sous vos yeux, là aussi son séducteur ! que feriez-vous? Moi, je le tuerais ; vous aussi ! si c'est mal, tant pis pour les séducteurs ! Quoi ! il y aura des misérables, qui se joueront des sentiments du cœur, et ce cœur restera toujours froid, et, à un moment donné, ce cœur ne s'embrasera pas pour darder sa flamme et dévorer les mécréants ? Dieu nous a donné une mesure de patience, mais il ne nous a pas créés parfaits ; malheur à celui qui fait déborder la mesure !

Si la vengeance a été mauvaise dans son germe ; si elle a eu pour mobile de basses passions, l'avarice, la cupidité, la convoitise, punissez-la ; il y va de l'honneur et du bonheur de l'humanité. Mais quand c'est l'amour ordonné par Dieu et par les hommes qui est outragé ; quand il s'agit du transport d'une femme honnête, qui veut sauver le père de son enfant ; quand cette femme surprend sa rivale, qui la déshonore et qui est là, entendez-vous, souillant la couche de la mère de famille, le moyen de se taire, de se calmer ?

Mais quand la femme légitime surprend cinq fois une impudique dans son lit, lorsque cinq fois elle lui pardonne, voulez-vous donc que, la sixième fois, elle se retire et laisse la place à l'impudique maîtresse ? Non, ce n'est pas la loi ; la loi ne nous demande que ce que nous avons de force ; elle serait inique de vouloir davantage.

Dans ce cabinet où un si grand désespoir jetait une si grande épouvante, que s'est-il passé ? Ni vous ni moi nous ne le savons ; ni Léonide non plus, je crois, car elle était anéantie par la terreur ; ni même peut-être madame Thiébault, car tant de désespoirs étaient amassés dans son cœur, qu'elle n'était plus une femme ; elle vous l'a dit, elle était une lionne. Elle n'avait pas d'armes, pas de poignard, non : des muscles et des ongles comme la lionne ; elle lui a arraché le visage, arraché les cheveux ; elle vous l'a dit, si son mari n'était intervenu, elle ne sait ce qui serait advenu de son ennemie et d'elle-même ; elle l'eût tuée peut-être, et, sa rivale morte, elle aussi serait morte, tuée par la colère.

Mais quelqu'un arrive : « Que fais-tu là, malheureuse ? » c'est la voix du mari qui se fait entendre derrière la porte. Elle ne sait pas s'il ne vient pas défendre sa maîtresse; mais quand elle voit qu'il se présente en pacificateur, alors sa colère tombe et elle laisse échapper sa victime.

Dans sa colère, madame Thiébault a frappé sans savoir où portaient ses coups; elle a jeté le liquide corrosif sur son ennemie sans se préoccuper des parties du corps qu'il atteindrait; elle n'a pas voulu le jeter dans les yeux plutôt que sur les bras ou la poitrine. Si elle avait voulu le jeter dans les yeux, croyez-vous donc, qu'avec l'assistance que, selon vous, son frère lui a donnée, elle n'eut pas réussi? pas une goutte de liquide n'a atteint les yeux ni le visage. Vous voyez bien que votre récit est invraisemblable. Le liquide a été lancé, et comme Léonide était sans corset, l'acide s'est répandu sur la poitrine où il a fait lave. Non, on ne s'est pas servi une seconde fois du flacon. Le premier jet avait été très fort et avait suffi à en épuiser le contenu.

Léonide a pu fuir, et la scène a pris fin.

Une mère de famille a été outragée, une femme légitime, dans un moment de sainte colère, a perdu tout son sang-froid, et dès ce moment, incapable de réflexion et de vengeance calculée, elle s'est laissé emporter par les mouvements de son âme révoltée jusqu'à la violence : voilà toute l'affaire.

Il faut qu'il reste un enseignement de ce procès; il restera que les lorettes et les femmes légères auront quelque chose à craindre des épouses; il restera que les maris, qui méprisent leurs devoirs, qui délaissent leurs femmes, tombent sous le mépris public, et se préparent des remords vengeurs. Vous êtes les juges, Messieurs les jurés : vous avez à vous demander si cette femme a pu faire volontairement ce que le désespoir lui a inspiré. Jamais un jury n'a condamné dans une pareille espèce. Pour condamner, il faut être convaincu que la volonté a été assez libre pour s'arrêter. Celle qui est devant vous a-t-elle agi méchamment?

7

a-t-elle pu contenir ses ressentiments, les maîtriser, leur commander? voilà la question. Si vous trouvez qu'elle n'a pas été assez malheureuse, assez outragée, condamnez-la ; mais, si vous vous dites qu'elle a épuisé toutes les souffrances, toutes les tortures, toutes les menaces, toutes les prières, qu'elle a vaillamment combattu pendant toute une année, alors vous l'excuserez.

Tenez, c'est une bonne chose de juger les accusés sur leur tenue, sur leurs paroles. Eh bien ! ne l'avez-vous pas entendue, elle? ne l'avez-vous pas vue sublime en racontant ses désespoirs, ses luttes ! ce n'était pas un jeu, chez elle, que ces magnifiques éclats de la voix et du cœur. Ne l'avez-vous pas entendue s'écrier : « L'opinion d'un expert, c'est la pensée d'un homme ; moi l'épouse et la mère, je vous dis la vérité! » Mais ne cherchons plus à reproduire ces nobles accents, ce serait les affaiblir, presque les faire oublier.

Vous allez nous acquitter, Messieurs, mais tout ne sera pas fini ; on nous menace encore, on nous réserve un procès correctionnel; et tout à l'heure, il nous faudra aussi discuter devant la Cour sur une question d'argent. Qu'il soit fait selon la volonté de Dieu !

Quand une femme est ainsi éprouvée, c'est que Dieu a des desseins sur elle. Elle n'a fait que du bien, et pourtant elle a été privée de son mari; depuis quatre mois elle est privée de sa fille; n'est-ce pas horrible? plus de mari, plus d'enfant! Quand cette enfant va voir sa mère dans sa prison, quelle agonie! « Viens, mère, ne restons pas ici, il fait froid, il fait sombre, viens, viens chez nous, viens donc. — Demain, ma fille! » et demain ne vient jamais. Pauvre enfant! on lui avait promis qu'elle aurait sa mère hier soir! Oh! Messieurs les jurés, nous avons trop tardé, parlez, parlez vite et votre voix sera bénie (1).

Aucune souffrance n'a été épargnée à cette malheu-

_____

(1) A ce moment le défenseur est interrompu par une explosion

reuse. Ce frère, qui est près d'elle, il a une femme, il a quatre enfants; il est aussi sur ce banc parce qu'il a trop aimé sa sœur, et elle, le voyant entraîné dans son malheur, elle s'écria : « Mais je suis donc maudite ! mais Dieu m'a donc abandonnée ! la pitié est pour une fille de joie, pour moi tous les malheurs ! »

Non ; pour cette femme, il est un terme au malheur immérité; ce terme est arrivé ; rendez-la, Messieurs, rendez-la à sa fille, rendez-la à ses amis. Elle avait des amis, elle en aura plus encore. Elle avait peur de la publicité; qu'elle se rassure, tous ceux qui l'auront vue, l'aimeront; tous ceux, qui liront ces débats, voudront l'aimer.

Pardonnez-moi de vous avoir retenus trop longtemps, Messieurs les jurés. Si j'ai insisté outre mesure, c'est que lorsque nous rencontrons dans notre carrière des natures comme celles-là, nous ne croyons jamais avoir assez fait pour les mettre en relief et les sauver; à vous de couronner mon œuvre, Messieurs les jurés; à vous de proclamer tout haut ce que tous ici nous disons tout bas.

A la fin de cette éloquente plaidoirie, des applaudissements nombreux se font entendre dans toutes les parties de la salle.

Lorsque le calme fut rétabli dans la salle d'audience, M. le Procureur impérial prit de nouveau la parole pour soutenir l'accusation et obtenir une condamnation qu'il trouvait juste et méritée.

Après une courte réplique de Me Lachaud, les débats furent clos, et le Président, après avoir résumé les moyens de l'accusation et ceux de la défense, posa au jury les questions auxquelles il devait répondre.

Le jury entre dans la salle de ses délibérations à trois

des sentiments, qui débordent de tous les cœurs; l'émotion se traduit sous toutes les formes; ce sont des cris, des sanglots, des gémissements, des larmes. Madame Thiébaut est affaissée sous le poids des souvenirs, qui viennent d'être évoqués; son frère la contemple, ému, inquiet, mais n'osant pas troubler cette grande douleur (*Gazette des Tribunaux*).

heures; un quart d'heure après il en sortait apportant un verdict négatif sur toutes les questions.

Madame Thiébault et son frère Yvoret étaient acquittés.

Aussitôt un tonnerre d'applaudissements éclate dans toute la salle et ne cesse que sur l'ordre impératif de M. le Président.

L'audience n'est pas finie.

Mademoiselle Léonide Turc s'était portée partie civile et réclamait des dommages et intérêts.

La discussion entre l'avoué de mademoiselle Léonide Turc et M° Lachaud fut de courte durée; et la Cour, vu l'état maladif dans lequel se trouvait Léonide Turc, condamna madame Thiébault et Amable Yvoret à payer à la demoiselle Léonide Turc une somme de 6,000 francs et à lui servir une pension de 1,200 francs pendant cinq années, à l'expiration desquelles l'état de santé de la demoiselle Turc serait examiné et la pension réduite, s'il y avait lieu.

Après l'acquittement de la femme Thiébault devant la cour d'assises pour l'affaire d'Enghien, le ministère public, ainsi que M° Lachaud l'avait fait pressentir dans sa plaidoirie, la poursuivit de nouveau devant la police correctionnelle pour les violences exercées par elle, à Belleville, sur la personne de mademoiselle Turc, antérieurement à la scène du 3 août à Enghien.

L'affaire vint devant le tribunal de police correctionnelle de Pontoise, le 19 décembre 1860.

Madame Thiébault s'est présentée à l'audience sans défenseur, et après quelques explications, le tribunal l'a condamnée à cinq francs d'amende.

Le ministère public a interjeté appel de cette décision; il trouvait la condamnation insignifiante et la regardait comme un nouvel acquittement.

L'affaire vint de nouveau à l'audience de la Cour de Paris le 26 janvier 1861, sur le rapport de M. le conseiller Legonidec et sous la présidence de M. de Gaujal.

M. l'avocat général Barbier soutint l'appel.

M° Lachaud fut cette fois encore le défenseur de madame Thiébault et obtint de la Cour, après une éloquente et courte plaidoirie, la confirmation pure et simple de la décision des premiers juges.

Cette fois madame Thiébault était pour toujours à l'abri des poursuites de la justice.

Janvier 1863.

TRIBUNAL CIVIL DE LA SEINE

AFFAIRE DE M. LE VICOMTE DE NOÉ
CONTRE M. DE VILLEMESSANT ET CONSORTS

PLAIDOYER DE Mᶜ LACHAUD
Pour M. de VILLEMESSANT

DÉMENTI DONNÉ PAR M. DE NOÉ A M. DE VILLEMESSANT DANS UNE AUDIENCE
DE COUR D'ASSISES (VERSAILLES)

AFFAIRE DE M. LE VICOMTE DE NOÉ

CONTRE M. DE VILLEMESSANT ET CONSORTS

Président de la 1re *chambre :* M. BENOIT-CHAMPY.

Avocat impérial : M. BENOIST.

Avocats : de M. de Villemessant : Me LACHAUD.
de M. le vicomte de Noé : Me JULES FAVRE.
de M. Kugelman : Me FRÉDÉRIC THOMAS.
de MM. Roucolle et autres : Me MAURICE JOLY.

Le 22 octobre 1862, un duel avait eu lieu, dans la forêt de Saint-Germain, entre M. Dillon, journaliste, qui écrivait dans le *Sport*, et M. le duc de Gramont-Caderousse, jeune gentilhomme fort riche et très ami de ce que, sous l'empire, on appelait la grande vie.

La cause du duel était la publication, dans le journal le *Sport*, de plusieurs articles violents dans lesquels M. de Gramont avait cru se reconnaître et auxquels il avait, lui-même, répondu avec une certaine vivacité dans un journal belge.

L'épée avait été l'arme choisie par les témoins des deux adversaires. M. de Gramont-Caderousse avait eu le malheur de tuer M. Dillon.

Traduit devant la Cour d'Assises de Versailles, sous l'inculpation d'homicide volontaire, commis avec préméditation, M. de Gramont fut défendu par Me Lachaud et il fut acquitté.

Pendant les débats de cette importante affaire, un incident très grave eut lieu, à l'audience du 18 novembre, entre M. le vicomte de Noé, colonel de hussards en retraite, un des témoins de M. Dillon, et M. de Villemessant, témoin à charge. Le démenti, échangé entre ces deux messieurs, est l'origine du procès qui nous occupe.

Quelques jours avant le duel, le *Figaro*, en l'annonçant, avait fait paraître dans ses colonnes l'article suivant :

« Une rencontre doit avoir lieu prochainement entre un membre du Jokey-Club, qui porte dans son blason la couronne de duc, et un écrivain attaché à une feuille de Paris. L'affaire prendrait sa source dans un article publié par le journaliste et auquel le duc aurait répondu très vertement dans une feuille étrangère. Bien que le gentilhomme ait cru d'abord devoir refuser satisfaction à son adversaire, comme « étant de roture », la rencontre a été décidée ; elle aura lieu au pistolet. »

Cet article avait eu une influence très grande sur le duel qui devait avoir lieu entre les deux jeunes gens. Les mots *comme étant de roture* avaient paru offensants pour M. Dillon ; ils avaient empêché tout rapprochement entre les adversaires et paraissaient avoir rendu le duel inévitable.

Il importait donc de savoir à qui incombait la responsabilité de cet article.

A l'audience de la Cour d'assises, M. de Villemessant, appelé, comme témoin à charge, fut interrogé par M. le Président Flandin, qui lui demanda de qui il tenait les détails donnés dans l'article paru le 18 octobre. M. de Villemessant refusa de nommer la personne qui les lui avait donnés, affirmant qu'il avait donné sa parole de ne pas la nommer ; la personne, disait-il, était à l'audience ; il appartenait à elle seule de le dégager de sa parole.

M. le vicomte de Noé se leva alors, et, tout en disant qu'il rendait sa parole à M. de Villemessant, il affirma qu'il n'avait, en aucune manière, participé à la rédaction de l'article, paru dans le *Figaro*.

M. de Villemessant persista à en attribuer toute la responsabilité à M. de Noé, et M. le Président prononça la clôture de l'incident.

Après cet incident M. de Villemessant, ne voulant pas rester sous le coup de ce démenti, fît faire une enquête dans l'imprimerie de son journal. Il tenait à prouver que M. de Noé avait, lui-même, corrigé l'épreuve de l'article et effacé le mot *plébéien* pour y substituer le mot *comme étant de roture*.

Le 23 novembre il adressa une lettre de justification à M. le Président des assises en lui envoyant l'enquête et son résultat. Puis il publia la lettre et l'enquête dans son journal.

M. de Noé, à la suite de cette publication, protesta de la façon la plus formelle contre les articulations qu'elle contenait et, les traitant de mensongères, il assigna M. de Villemessant et les signataires de l'enquête devant le tribunal civil pour s'entendre condamner, conjointement et solidairement, à payer à M. de Noé la somme de 100,000 francs, à titre de *dommages et intérêts*, à voir ordonner l'insertion du jugement à intervenir dans le *Figaro* et dans vingt-cinq autres journaux, s'entendre en outre condamner aux dépens.

M. Kugelman, imprimeur, assigna, de son côté, M. de Noé devant le tribunal civil, pour la réparation du préjudice qu'il lui a causé, en se permettant, à l'insu des parties intéressées, de revenir le soir, seul, à l'imprimerie du requérant et de changer le mot *plébéien* en celui de *étant de roture*.

Les deux affaires furent jointes et les débats commencèrent devant le tribunal civil de première instance de la Seine, sous la présidence de M. le Président Benoit-Champy, à l'audience de la première chambre, le 2 janvier 1863.

Mᵉ Jules Favre se présenta pour défendre M. de Noé; il prit le premier la parole,

Mᵉ Lachaud défendit M. de Villemessant; il répondit à Mᵉ Jules Favre.

Mᵉˢ Frédéric Thomas et Maurice Joly soutinrent les intérêts des autres personnes mises en cause.

M. l'Avocat impérial Benoist donna ses conclusions et Mᵉ Jules Favre prit de nouveau la parole.

Mᵉ Lachaud fit une courte et brillante réplique; puis M. le Président rendit à la huitaine suivante un jugement, qui déclarait M. le vicomte de Noé *mal fondé dans sa demande* et le *condamnait aux dépens*.

Le 3 février 1863, M. de Noé interjeta appel de ce jugement.

PLAIDOIRIE DE Mᵉ LACHAUD

Messieurs,

Comme mon éloquent adversaire, j'ai hâte que la lumière soit complètement faite sur le triste incident qui est soumis à votre jugement. Je ne doute pas de l'opinion publique, je la crois éclairée et parfaitement au courant de la vérité en cette affaire. Mais quand la justice aura dit son dernier mot, les prétextes manqueront pour continuer ces débats déplorables. Les attaques les plus vives, les plus ardentes contre le *Figaro* et contre M. de Villemessant ne peuvent pas parvenir à faire oublier le point du débat. La question qui vous est soumise est simple et je ramènerai toute la discussion à cette question. Je n'ai pas à plaider ici le procès moral que l'on veut faire à M. de Villemessant et au *Figaro ;* je l'ai plaidé souvent. L'attaque, que j'ai entendue à la dernière audience, n'était pas nouvelle. Aussi, messieurs, en dirai-je fort peu de chose.

Le *Figaro* est un journal, qui a les entraînements et les défauts du petit journal satirique, spirituel, mordant ; il blesse souvent les vanités, qui ne pardonnent jamais. Il va quelquefois trop loin ; je l'ai dit, et je l'en ai blâmé : car le *Figaro*, qui a de la franchise vis-à-vis des autres, permet volontiers qu'on en use vis-à-vis de lui. Mais il m'intéresse, parce que je lui reconnais deux qualités, qui sont rares : il est loyal ; il est courageux. Il est loyal, et depuis dix ans qu'il existe, il a porté le défi à tous ses ennemis, et ils sont nombreux, de le surprendre dans des tripotages misérables d'argent ; ils ont été impuissants à le faire.

Il est courageux, car il est plus débonnaire pour les

petits que pour les grands et j'avoue que j'ai été bien
surpris quand j'ai entendu mon honorable confrère,
déclarer à cette audience que le *Figaro* s'attaquait aux
faibles. Il se trompait, M° Jules Favre ; le *Figaro* s'est
attaqué aux forts, aux très forts, aux plus forts ; et cela
peut expliquer bien des hostilités et bien des critiques.

Mais ce n'est pas la cause, et ceci dit, je vais arriver à mon procès.

Vous connaissez tous les faits. Une rencontre déplorable a eu lieu entre M. le duc de Gramont-Caderousse
et M. Dillon. Le prétexte en était futile, les conséquences en ont été déplorables.

Ce duel était-il nécessaire? pouvait-il être évité ?
Permettez-moi de vous dire que M. Dillon voulait se
battre, et qu'il était impossible qu'il en fût autrement.
Ce n'est pas moi, qui parle, c'est M. de Noé qui le déclarait devant la Cour d'assises de Versailles.

M. de Gramont-Caderousse avait écrit une lettre
qui était une offense ; il consentait à la modifier, il s'en
était remis à l'ami de M. Dillon, à M. Chapus, le rédacteur principal du *Sport*. Il avait accepté toutes les mo-
difications que M. Chapus avait jugé utile de faire. La
lettre devait être imprimée ; M. Dillon n'a pas voulu
qu'elle le fût. Et lorsque la réponse de M. de Gramont
a paru dans un journal belge, M. Dillon a exigé des ré-
parations qu'un homme de cœur ne pouvait pas donner. C'est encore M. de Noé, qui parle. Il imposait à
son adversaire l'obligation de souffrir cette indignité :
qu'une lettre lui serait dictée, qu'il en accepterait les
termes et qu'on la ferait insérer dans tous les journaux
du monde, si cela paraissait nécessaire.

Enfin, appelé à s'expliquer sur la nécessité de ce
duel, M. de Noé caractérisait la situation par un mot très
énergique que chacun peut encore se rappeler : « *Le
duel était absolument nécessaire, M. Dillon voulait manger du Caderousse.*

Je dis tout-cela, messieurs, afin que la note du *Figaro*

ne paraisse pas avoir une importance plus grande qu'il
ne convient. On ne peut cependant pas dire que cette
note ne soit regrettable. J'ai été le premier à le regretter ; mais là n'est pas le procès.

Il faut rechercher, et c'est toute la cause, si M. de Noé
a inspiré cette note, s'il l'a connue avant sa publication,
s'il l'a corrigée. La note sera bonne ou mauvaise, ce
n'est pas le débat. Elle est regrettable, elle plaçait un
homme de cœur dans la nécessité d'un combat qu'on
ne pouvait peut-être plus éviter. Un gentilhomme, qui
refuserait une satisfaction à celui qui n'est pas noble,
pourrait à juste raison être taxé de lâcheté, et grâce à
Dieu, nous ne sommes pas dans un temps où de pareilles défaites peuvent être acceptées. Le duc de Gramont-Caderousse l'a dit éloquemment devant la Cour
d'assises de Versailles et tout le monde comprenait
comme lui que la dignité n'est pas dans le refus d'une
satisfaction qu'un galant homme peut vous donner.

Mais la question est bien à sa place ; il faut toujours
y revenir : M. de Noé a-t-il inspiré, a-t-il connu, a-t-il
corrigé la note ? Voilà la question que vous avez à juger et qui sera, je l'espère, résolue dans un moment avec
une évidence dont tout le talent de mon confrère ne
pourra pas diminuer l'éclat.

Je vous demande, messieurs, la permission de vous
rappeler cette petite note, elle a son importance parce
qu'il s'y trouve des indications qui viennent de M. de
Noé, et qui, au 17 octobre, ne pouvaient venir que de
M. de Noé :

« *Une rencontre doit avoir lieu prochainement entre*
« *un membre du Jockey-Club... elle aura lieu au pisto-*
« *let.* »

Après le duel, et dans l'instruction, M. de Villemessant fut interrogé par le juge instructeur et pressé très
vivement de dire quelle était l'origine de cette note. Il
refusa de s'expliquer ; il ne lui était pas possible de
parler, disait-il, il avait engagé sa parole d'honneur de

taire le nom de la personne qui la lui avait apportée ; mais le renseignement lui avait été donné, il le jurait ; il ne pouvait en dire davantage. — Les témoins, les accusés, M. de Noé lui-même, sont interpellés par le juge d'instruction ; ils ont à s'expliquer sur l'origine de cette note ; tous les accusés observent le même silence que M. de Villemessant ; il n'en est pas un qui puisse indiquer à la justice comment le *Figaro* a été saisi de cet article. — On arrive à l'audience et là se produit un incident que je demande la permission de raconter à mon tour. J'étais présent et M. de Noé ne pourra pas dire que j'altère involontairement la vérité. Les comptes rendus des journaux sont aussi bien faits que possible, mais quelque bien qu'on écrive, il y a des mots, des gestes qu'on ne reproduit pas.

Quand M. de Villemessant fut entendu devant la Cour, la première question qui lui fut adressée par l'honorable magistrat, qui présidait les débats, fut celle-ci : *Qui vous a donné les renseignements de l'article du 19 octobre ?* » Il n'y avait pas d'équivoque, il ne s'agissait pas du compte rendu du duel, qui a paru plus tard, et dont je parlerai :

« *Qui vous a donné les renseignements sur l'article qui* « *a paru le 19 octobre ?* »

La réponse de M. de Villemessant fut ce qu'elle avait été dans l'instruction : « *Le fait est vrai, il m'a été affirmé par un ami de M. Dillon; je ne puis nommer cet ami, j'ai donné ma parole d'honneur et je n'y manquerai pas.* »

M. le Président insiste, M. de Villemessant se maintient quelques instants dans la même réserve. Puis, pressé par le magistrat, il lui dit : « Au surplus, Monsieur, *celui qui est venu me faire cette révélation est à l'audience; lui seul peut me relever de ma parole; je le crois un galant homme, et j'attends la permission de parler.* »

Je n'ai pas à vous rendre, Messieurs, l'émotion de

cette audience; vous comprenez que cet incident sai-
sissait tous les auditeurs.

M. de Noé se lève et dit : « Je vous rends votre parole,
Monsieur de Villemessant...» Il avait compris, et pour la
première fois, il avait compris qu'il s'agissait de lui. « *Et
je vais vous déshabiller,* » ajouta-t-il ; c'est son expression. Et alors, au milieu d'une animation extrême, M. de
Noé, jouant l'indignation, — c'est mon opinion aujour-
d'hui, — a raconté les faits suivants :

« Je suis allé le 17 au *Figaro,* je vous ai entretenu du
duel, mais je vous ai défendu d'en parler ; je vous ai
laissé un journal, mais je vous ai défendu de vous en
servir ; je suis venu reprendre ce journal quelques instants après ; j'avais votre parole que vous vous tairiez,
et vous avez manqué à votre parole. Jamais, ajoutait
M. de Noé, je ne vous ai fait la confidence que M. de
Caderousse avait hésité à raison de son titre de duc ; ce
serait une infamie, et je suis, moi aussi, gentilhomme,
je ne pouvais pas vous dire des choses semblables. »

M. de Villemessant répondait : « Vous me l'avez dit,
vous n'êtes venu chez moi que pour me le dire ; je n'ai su
les détails que parce que vous me les avez apportés. J'ai
un témoin, M. de Bragelonne ; que l'on me donne une
demi-heure, je vais le chercher, ou plutôt qu'on l'envoie quérir ; il viendra et il dira la vérité à la justice. »

Ce débat n'était pas l'affaire, qui se jugeait ; on ne
pouvait faire à Versailles le procès de M. de Noé et de
M. de Villemessant. Monsieur le Président résuma cet
incident en deux mots : « L'un affirme, l'autre nie ; cet
article est très regrettable. » Et l'on passa à la continuation des débats.

Mais avant que l'incident ne fût complètement clos,
M. de Noé fit un appel à M. de Villemessant — je l'entends encore : « Oseriez-vous, Monsieur, jurer devant
le Christ que vous ne mentez pas ? » Et les journaux
n'ont pas dit par inadvertance, sans doute, c'est fort
regrettable, ce que répondit M. de Villemessant ; levant

la main, il s'écria : « Je jure devant le Christ, et le dé-
« menti, que vous me donnez, doit retomber sur vous. »

Il est impossible de vous dire l'impression causée
par tous ces faits.

Mon adversaire a eu raison : à ce moment, M. de Noé
paraissait triompher.

Ah ! je ne dissimule pas ce qui me paraît être la vérité.
Ce vieux militaire, placé sur le banc des accusés, intéressant parce qu'il était accusé, parlant de son nom, de ses
vieux services, criant avec énergie que M. de Villemessant était un menteur, que voulez-vous ! il devait faire
une vive impression. Et quand M. de Villemessant re-
gagna sa place, M. Jules Favre a raison, la salle ne lui
était pas sympathique et il dut éprouver, ce jour-là, le
désespoir le plus cuisant qu'un galant homme aura jamais à subir.

Il vint à Paris le soir. Nous verrons comment il paraît
qu'on va plus vite dans une voiture de place de Versailles qu'en chemin de fer. C'est là une des articulations
de l'adversaire, il faut bien dire quelque chose ; nous
verrons cela.

Il arriva donc le soir ; il courut à son imprimerie, et là,
bouleversé, pourquoi ne le dirait-il pas ? il racontait à
chacun sa douleur, et disait que c'était une infamie à cet
homme de lui donner, en face de l'univers tout entier
qui se trouvait à cette audience, un démenti sur un fait
qu'il savait bien être la vérité.

Pendant qu'il parlait ainsi, M. Roucolle, dont un
autre avocat vous dira la valeur et l'honorabilité, s'approche et dit à M. de Villemessant : « Mais, Monsieur, il
y a des détails que vous ne savez pas, qui démontrent
bien plus encore l'évidence de la vérité ; non seulement
il a lu l'épreuve, mais il y a fait une correction ; ce que
nous avons composé d'abord, c'était le mot *plébéien ;*
il est venu et m'a parlé ; je lui ai rendu le journal belge
dont nous n'avions que faire ; il est entré dans le petit
bureau où on corrige les épreuves, il a de sa main rem-

placé le mot *plébéien* par les mots *étant de roture*, et j'ai composé cet article avec un mot changé, ce mot n'ayant aucune espèce d'importance. »

Et tout aussitôt de tous les côtés de l'imprimerie, l'un disait : « Le fait est bien certain ; je ne savais pas « l'orthographe du mot *plébéien*, je l'ai demandé à « M. Kugelmann. » Et M. Kugelmann, l'imprimeur, de dire : « Je me rappelle cette circonstance. » Un autre disait : « Nous avions déjà tiré une première épreuve ; sur la seconde épreuve, nous avons fait la correction. »

M. de Villemessant bondissait. Ah! il avait bien raison. Il était dans un état de frénésie que tout galant homme doit comprendre. Si l'un de nous recevait, dans une audience comme la vôtre, Messieurs, un démenti plus cruel que tous les soufflets, et s'il passait pour un imposteur quand il a dit la vérité, comprenez-vous sa rage ? Elle est permise, et tous les hommes de cœur comprendront qu'on a le droit de l'avoir.

Le lendemain matin, M. de Villemessant s'adresse à M. de Bragelonne, et lui dit : « Je ne peux pas intervenir ; vous savez une partie de la vérité ; Roucolle sait une autre partie de la vérité ; Duclos, Catinaud, Kugelmann connaissent les détails ; interrogez-les, dressez un procès-verbal. »

Une enquête! dit l'adversaire.

Oh! quel dédain superbe. Voulez-vous que le mot d'*enquête* soit bien prétentieux ? Mais est-ce que les certificats signés par d'honnêtes gens ne valent pas autant que les déclarations faites sous la foi du serment, et mes contradicteurs pensent-ils qu'un homme, qui est honnête, ajoute à la vérité parce qu'il prend Dieu à témoin de ce qu'il dit ? Raillez tant qu'il vous plaira le mot d'*enquête*, vous vous attaquez dans ce procès à de trop petits détails, et vous fuyez avec trop d'empressement les gros arguments pour que ce long travail n'accuse pas les difficultés de votre cause.

Que ce soit une enquête, des certificats, des procès-verbaux ou des attestations, voici, Messieurs, un extrait de l'article qui a paru dans le numéro du 23 novembre.

Procès-verbal d'enquête :

Je passe la lettre à M. le président de la cour d'assises :

..... Chargé par M. de Villemessant de procéder à une enquête relativement à l'assertion émise par M. de Noé devant la Cour d'assises de Versailles, attestant qu'il était resté complètement étranger à la note insérée dans le *Figaro* du 19 octobre, voici l'ensemble des faits et des témoignages que je viens de recueillir et dont j'affirme sur l'honneur l'exactitude et la fidélité :

Le vendredi 18 octobre, à deux heures, au moment où s'achevait la mise en page du *Figaro*, un monsieur, que je reconnus pour être M. de Noé, se présenta à l'imprimerie Kugelmann et demanda à parler à M. de Villemessant en particulier ; il resta seul avec lui environ un quart d'heure.

A la suite de cet entretien, M. de Villemessant me remit un journal belge, dont un article était entouré par un trait d'encre, et me dicta un court entrefilet touchant une rencontre projetée entre deux personnes non désignées par leurs noms. Il me présenta à M. de Noé en me disant que ce dernier viendrait reprendre le journal, et qu'il m'autorisait à lui soumettre l'épreuve de l'entrefilet en question. Je ne revis pas M. de Noé. Le lendemain, en parcourant le *Figaro*, je fus surpris de trouver dans cet article ces mots : *comme étant de roture*, que je ne me souvenais pas d'avoir écrits. Je pensai que M. de Villemessant était retourné à l'imprimerie et avait fait ce changement.

Or, voici ce qui s'était passé.

M. de Noé, étant revenu à l'imprimerie après mon départ, avait repris le numéro belge et s'était fait communiquer l'épreuve de la note dictée par M. de Villemessant, ce qui ne lui fut pas refusé par le metteur en page Roucolle, parce que ce dernier avait vu quelques heures auparavant M. de Noé causer avec M. de Villemessant.

Cette épreuve portait l'épithète : *plébéien,* appliquée à l'un des adversaires.

8

Ce fait est attesté par le metteur en page ROUCOLLE, le compositeur CATINAUD, le correcteur DUCLOS et par M. KUGELMANN, propriétaire de l'imprimerie, auquel le compositeur demanda si l'*i* de *plébéien* prenait un tréma.

Ce fut M. de Noé qui corrigea de sa main le mot *plébéien* et le remplaça par la périphrase *étant de roture*, dans l'allure de laquelle se reconnaît d'ailleurs la langue technique de la noblesse plutôt que le style du journaliste.

La démarche faite par M. de Noé à l'imprimerie ne saurait être révoquée en doute, car le signalement, donné par le metteur en page et les compositeurs, concorde de tous points avec sa personne.

Les faits ci-dessus, qui démontrent irréfutablement la participation de M. de Noé dans la note insérée au *Figaro*, sont certifiés, chacun en ce qui le concerne, par les soussignés, qui demandent unanimement à être mis en présence de M. de Noé.

> A. DE BRAGELONNE,
> Secrétaire de la rédaction du *Figaro*, directeur
> du journal *le Voleur*.

En ce qui me concerne, j'affirme avoir communiqué à M. de Noé l'épreuve de la présente note sur laquelle M. de Noé a changé le mot de *plébéien*, écrit par M. de Bragelonne, par les mots *étant de roture*.

> ROUCOLLE, *metteur en page*.

En ce qui me concerne, pour avoir fait sur l'épreuve de la note le changement du mot *plébéien* en ceux-ci : *étant de roture*.

> A. G. DUCLOS.

En ce qui me concerne dans le rapport ci-dessus.

> CATINAUD.

En ce qui me concerne, pour avoir été consulté par mon compositeur sur l'orthographe du mot *plébéien* et pour l'authenticité de la signature de mes ouvriers :

> KUGELMANN, *propriétaire de l'imprimerie*.

Si tout ce qui est dit dans cette enquête est vrai ; si ces cinq hommes n'ont pas menti, je demande à tous quel est le rôle què M. le vicomte de Noé a joué dans cette affaire?

Ont-ils menti?

M. de Noé fait un procès, et par une tactique qu'il croit habile, il prend pour adversaires les témoins.

C'est un procédé nouveau qui peut faire fortune; le moyen de se débarrasser des témoins qui vous gênent, c'est d'en faire presque des accusés. Mais je n'insiste pas autrement sur ce point. Toutes les ruses de M. de Noé, je puis le lui promettre, se briseront contre l'expérience des magistrats qui nous font l'honneur de nous écouter.

Mentent-ils, ces hommes? et pour quel motif? Ce sont de pauvres diables!

Vous êtes bien fier, vous avez des idées bien aristocratiques pour admettre que des conditions très humbles conduisent nécessairement au mensonge.

Ce sont les serviteurs de M. de Villemessant?

Où donc avez-vous vu cela? M. Kugelmann, imprimeur, le serviteur de M. de Villemessant! M. Roucolle, employé de M. Kugelmann, M. Duclos, M. Catinaud, des hommes gagnant honorablement leur vie dans une imprimerie, qui ne sont payés ni plus ni moins, parce que M. de Villemessant y fait imprimer son journal, des hommes à notre discrétion? M. de Villemessant est donc une puissance! Il est donc bien fort, lui qui serait parvenu, en douze heures, à faire que cinq hommes se soient indignement parjurés?

A qui espère-t-on faire croire de semblables choses? Ah! Messieurs, si la justice avait toujours des témoignages aussi complets, elle ne se tromperait jamais. Mes cinq témoins sont des hommes indépendants qui ne rapportent pas le même fait, mais qui se soutiennent l'un l'autre, et qui, en se réunissant, forment une trame qu'il est impossible de briser. Trouve-t-on dans les procès beaucoup de dépositions qui se réunissent ainsi pour rassurer la conscience du juge?

Mais, dites-vous, il n'y a qu'un témoin : Roucolle?

Il me suffirait, s'il est honnête ; mais vous ne pouvez pas faire ces éliminations. Il y a cinq témoins, leurs déclarations ont une importance particulière et il suffit de les examiner un instant pour le comprendre.

Voyez, en effet, quel est le résumé de tous ces témoignages ?

Il est un fait certain : c'est que dans la première rédaction de l'article du *Figaro*, il y avait le mot *plébéien*, et il est un autre fait aussi certain : c'est que, quand l'article a paru, ce mot avait été remplacé par ceux-ci : *comme étant de roture*. — Eh bien ! il faut nous dire comment la substitution des deux mots s'est faite. Toute la question est là.

Or que disent les témoins Kugelmann, Duclos et Catinaud? Après le départ de M. de Villemessant de l'imprimerie, on a imprimé l'article, et on a mis le mot *plébéien*. M. de Villemessant n'est pas revenu le soir ; M. de Bragelonne n'est pas revenu plus que M. de Villemessant ; qui donc a fait la substitution? Elle ne s'est pas faite seule. Roucolle vous dit : « C'est moi ; » et il ajoute : Je l'ai faite, parce que M. de Noé est venu et a corrigé l'épreuve. »

Ne comprenez-vous pas que les déclarations de ces témoins qu'on veut isoler et réduire à une seule sont des déclarations qui se soutiennent et se prêtent mutuellement un appui évident?

Voilà la première épreuve : *plébéien*.

M. de Bragelonne et M. de Villemessant partent ; le mot est imprimé. Le tréma sera-t-il placé sur l'*i*, ou n'y sera-t-il pas mis? Je n'en sais rien, le compositeur n'en sait rien ; M. Kugelmann a donné l'orthographe ou plutôt l'accentuation du mot. Et quand il n'y a personne au journal, voilà que Roucolle corrige l'épreuve ; il n'a aucun intérêt à le faire ; il l'a fait cependant, et il n'a pu le faire que parce que des ordres lui ont été donnés. Il dit : « Ces ordres, je les ai reçus de

M. de Noé. — « Il y a cinq témoins ; ils seraient d'indignes menteurs, s'ils avaient dit une chose qui n'est pas la vérité évidente.

Aussi, Messieurs, quand il a fallu engager ce procès, les adversaires ont bien compris qu'ils avaient affaire à des hommes, qui méritaient la confiance de la justice. Contre eux tous qu'a-t-on pu dire ? Dire à un témoin qu'il ment, c'est une calomnie, pas autre chose ; il faudrait établir l'intérêt qu'il peut avoir à mentir. Je cherche. Il faudrait au moins trouver dans le passé de ces témoins, de ces hommes qui affirment, des actes, actes honteux, quelque chose qui permît de supposer qu'ils ne disent pas la vérité.

On s'est permis à cet égard des railleries, mais si douces, si charmantes, qu'elles n'étaient pas très cruelles. Je défends M. de Bragelonne ; on dira ce que M. Kugelmann et M. Roucolle sont, ce qu'ils ont été. — M. de Bragelonne, chacun sait qui il est ; mon honorable adversaire a presque fait des railleries sur son nom : de Bragelonne, c'est un nom bien noble !

On raille aussi M. de Villemessant sur son nom. Dans quelques jours ce ne sera plus possible ; aujourd'hui on peut encore se le permettre. Mais, qu'il me soit permis de le dire, ce n'est pas là un procédé très ingénieux. Un pauvre enfant, qui naît dans des conditions tristes, n'en mérite que plus d'intérêt ; il a droit, au moins, quant à son nom, à plus de ménagements.

Quant à M. de Bragelonne, son nom est bien à lui ; j'en ai des preuves. Voici un jugement du tribunal d'Auxerre qui établit qu'en 1835 il a été adopté par M. Balatier de Bragelonne. Et savez-vous quels étaient ses parrains, ses patrons, ceux qui venaient devant le notaire constater que M. de Bragelonne avait été élevé par M. Balatier de Bragelonne, son père adoptif ? Vous ne les récuserez pas, nous les aimons autant que nous les estimons, et ce double sentiment est partagé par le tribunal. Le premier témoin s'appelle Marie, avocat à la Cour impériale de Paris, notre illustre et si parfait confrère. Le second se nomme Pinard, un de nos anciens confrères, un des collègues de Messieurs les magistrats; il est conseiller à la Cour.

Laissons donc ces petites plaisanteries, qui amusent, qui détournent l'attention de l'affaire et en font perdre la véritable voie. M. de Bragelonne a son nom, et tous ceux, qui le connaissent, disent de lui qu'il est l'homme le plus honnête de la terre. Il n'est pas jeune, il est né en 1811; ce n'est pas un enfant, il comprend la portée de l'enquête qu'il va faire. Les autres témoins, on vous dira tout à l'heure ce qu'ils sont.

Eh bien! c'est à eux tous qu'on donne un démenti et qu'on vient dire qu'ils se sont parjurés!

Aussi, Messieurs, certain que sur ce terrain on n'obtiendrait aucun résultat, on a essayé de se servir d'un autre moyen.

On a fait interroger tous ces adversaires, sur faits et articles.

Vous avez compris, Messieurs, toute l'importance de cette affaire au point de vue de l'honneur. Le magistrat qui, parmi vous, occupe la première place, avec cette haute sagacité que nous admirons tous, a voulu voir lui-même et entendre ceux qui venaient faire leurs objections. Cet interrogatoire, je l'ai là dans mon dossier; je ne veux pas le relire; mais il faut avoir beaucoup de talent pour oser dire qu'il s'y trouve des contradictions. En entendant mon honorable adversaire parler des contradictions de l'interrogatoire, je me disais que, s'il les prouvait, ce serait le tour de force le plus grand que son esprit si merveilleux ait jamais essayé de faire : aussi il n'a rien prouvé.

Que disent tous les témoins? Ce qu'ils avaient tous affirmé. Il y a dans cet interrogatoire des détails d'une telle nature qu'évidemment ils démontrent qu'il contient la vérité : on ne peut pas s'entendre sur des faits qu'on ne peut pas deviner. — Ainsi M. de Villemessant

raconte que M. de Noé est venu le trouver et lui a dit que
le combat, de la part de M. de Gramont-Caderousse,
avait été un moment refusé parce qu'il trouvait que
M. Dillon n'était pas digne de lui. Il raconte quelque
chose, qui est tout à fait particulier. Il a dicté l'article
à M. de Bragelonne; avant de faire écrire le mot *plébéien*, il en est un autre qui était venu à son esprit, le
mot *entraineur;* il ne se rendait pas bien compte de sa
signification; car mon adversaire se trompe, M. de
Villemessant n'est pas un sportman; il n'a jamais fait
courir et il n'a pas une grande connaissance du langage
du Jockey-club. Le mot *entraineur*, dont la signification
pouvait avoir une portée trop grande, il l'a remplacé
par le mot *plébéien*. Il ajoute que, arrivé le soir de
Versailles à Paris, désolé, Roucolle lui a appris, ce soir-
là même, ces détails qui confirmaient la vérité de sa
déclaration; il dit encore que jusqu'à ce moment il les
avait ignorés, et que le lendemain il a prié M. de Bragelonne de faire l'enquête.

M. de Bragelonne confirme tous ces faits en ce qui
le concerne. Comme M. de Villemessant, il déclare qu'on
lui a dicté l'article et que le mot *plébéien* s'y trouvait.
Comme M. de Villemessant, il déclare qu'on lui avait
laissé le journal, qui devait être plus tard rendu à M. de
Noé; et le magistrat, qui l'interroge, lui adresse une
question d'office, à laquelle il ne pouvait pas s'attendre
et qui est le contrôle le plus certain de sa déclaration
et de celle de M. de Villemessant. On lui demande si,
avant de lui dicter le mot *plébéien*, M. de Villemessant
n'avait pas hésité un moment. Et alors un souvenir lui
revient à l'esprit : « C'est vrai, Monsieur le Président,
« M. de Villemessant m'avait dicté le mot *entraineur*, et
« ni lui, ni moi, ne comprenions la signification de ce
« mot; alors nous avons mis *plébéien*. »

Est-ce là une rencontre fortuite? S'ils s'étaient mis
d'accord, M. de Bragelonne n'aurait pas attendu la
question de M. le Président. Les souvenirs étaient les

mêmes, mais la concordance n'était pas nécessaire. Quand on est dans la vérité, on n'a pas besoin de s'entendre.

Qu'y a-t-il encore? Ah! il y a une petite chicane.

« En quittant l'imprimerie, quelle recommandation avez-vous faite pour le cas où M. de Noé se présenterait? — Aucune. »

Et l'adversaire de triompher. Pourquoi triomphe-t-il? M. de Noé devait donc revenir? S'il devait revenir, vous nous direz dans quel but et pour quel motif. Il n'y avait pas de recommandation parce qu'il n'y avait pas à en faire : on ne supposait pas que M. de Noé viendrait corriger une épreuve et changer la rédaction d'un article.

Ainsi ces deux premiers interrogatoires sont aussi complets que possible; ils sont dans une concordance parfaite et pourvus des détails réclamés d'office par le magistrat, qui interroge et qui contrôle la vérité.

On interroge Roucolle. Est-ce qu'il y a une hésitation dans sa réponse? Il raconte ce qu'il avait dit dans sa déclaration, ce qui est vrai : comment on avait commencé à imprimer, comment il est sorti avec l'épreuve, comment il a trouvé M. de Noé, à qui il a remis le journal. Quelqu'un a bien remis le journal à M. de Noé; il ne l'a pas pris tout seul, et il n'a jamais dit de qui il le tenait.

Puis, Messieurs, après avoir raconté les faits, M. Roucolle arrive à sa conversation avec M. de Villemessant, le soir même de son procès de Versailles.

Y a-t-il des contradictions? Y a-t-il entre Roucolle et M. de Villemessant, sur ce point si grave, la plus petite différence?

L'adversaire me paraissait triompher sur ce point. Il triomphait facilement. Lisons la réponse de M. de Villemessant, lisons la réponse de M. Roucolle, rapprochons les deux déclarations et voyons si leur concordance n'est pas l'évidence même.

Septième question (à M. de Villemessant). — « Quand avez-vous donné l'ordre de faire une enquête? »

Réponse. — « Le lendemain de l'arrêt rendu par la Cour d'assises de Versailles. Je suis arrivé très tard à l'imprimerie, le jour où l'arrêt a été rendu ; j'ai rendu compte à mon metteur en pages Roucolle..... »

Et puis à M. Roucolle sur ce point :

« Quand avez-vous été interrogé pour la première fois ? » -

Réponse. — « Le lendemain de l'arrêt de la cour d'assises de Versailles par M. de Bragelonne. »

Ainsi, aucune contradiction.

Je ne veux pas lire la totalité de cette déposition, elle est l'évidence même.

Les autres témoins, Duclos, Catinaud, Kugelmann, déposent dans le même sens ; aucune contradiction n'est possible, et si l'on devait juger sur l'interrogatoire, que les adversaires ont demandé, leur procès ne pourrait être soutenu.

C'est alors que d'autres difficultés se présentent et que mon adversaire examine cette affaire sous plusieurs points de vue et fait de nombreuses critiques.

La première est celle-ci : Roucolle n'aurait pas laissé toucher à l'épreuve ; une imprimerie est un lieu sacré et personne ne peut y mettre le regard ; sans cette condition on pourrait compromettre la rédaction d'un journal. Puis, mon illustre adversaire dit de très grandes et très belles choses qui n'ont qu'un tort : c'est de s'appliquer aux détails les plus insignifiants, les plus petits.

De quoi s'agit-il, en effet ? Est-ce de faire passer un article ? est-ce de publier une diffamation ? est-ce de chercher à déshonorer quelqu'un ? Si M. de Noé était venu dire à M. Roucolle : « Voici un article, insérez-le ; » je suis parfaitement convaincu que M. Roucolle ne l'aurait pas accepté. Mais il faut descendre de ces hauteurs, et voir la vérité dans les régions moyennes.

M. de Noé est venu une heure avant qu'on tire l'épreuve de l'article. Le journal *le Figaro* a des amis qui

viennent, qui causent ; on l'a vu parler à M. de Villemessant ; on a vu M. de Villemessant dicter ce fameux
article ; on a vu le journal remis par M. de Noé, et voilà
que M. de Noé, une connaissance, presque un ami de
M. de Villemessant, — vous verrez qu'il voulait être notre
collaborateur, j'ai même dans mon dossier des phrases
écrites par lui, très bien écrites de la main droite, ce
qui prouve qu'il n'y a pas à s'inquiéter à ce sujet, —
M. de Noé, dis-je, rencontre M. Roucolle, il voit la note,
la lit ; il y change un mot, au lieu de *plébéien*, il met
de roture.

Est-ce si criminel que cela ? Un mot peut faire pendre
un homme, mais si l'article est le même, si le fond n'a
pas changé ; le mot *de roture* ne dit pas plus que le
mot *plébéien ;* c'est un changement de rédaction, ce
n'est pas un changement d'idée.

Vous voulez que ce soit irrégulier. Je le veux bien, mais
enfin Roucolle l'a fait ; il faut bien que quelqu'un ait
opéré ce changement puisqu'il s'est fait après le départ
de MM. de Villemessant et de Bragelonne.

Ainsi, n'opposez pas les principes d'une manière si
absolue, cela est trop grand pour ces petits détails de
la cause. Un mot a été remplacé et la nouvelle a paru.

Voilà la première objection. Mais il en est une autre
qui me cause un plus grand étonnement.

Roucolle a remis le journal à M. de Noé, et l'adversaire de s'indigner en disant : *Sans autorisation !* Et peu
s'en faut que M. Roucolle ne soit assimilé à un voleur,
à un domestique, à un employé infidèle qui prend à son
maître et donne à un étranger.

Quelle est donc la portée de cet argument ? Le
journal belge a-t-il été rendu à M. de Noé, oui ou non ?
M. de Noé le reconnaît. M. de Noé est-il venu dans la
soirée, à trois heures, deux fois dans la même journée,
pour le chercher ? Oui, quelqu'un le lui a bien donné.
S'il l'a reçu de Roucolle, c'est que celui-ci croyait pouvoir le lui donner sans inconvénient. Il ne l'a reçu ni de

M. de Villemessant, ni de M. de Bragelonne ; il ne l'a pas
pris tout seul, il ne savait pas où il était ; Roucolle le
lui a donc donné, il a donc vu Roucolle. — De cet
argument seul, sans s'arrêter au talent avec lequel mon
confrère l'a présenté, il ne reste rien. Un mot disant
la même chose a été remplacé par un autre mot. Ce
n'est pas un grand crime. Un journal était là : M. de Noé
est venu le demander ; Roucolle le lui a donné, M. de
Noé l'a emporté.

Avez-vous à nous opposer des objections plus
graves ? Jusqu'à présent je ne suis pas sérieusement
arrêté.

Ah ! oui, il y a une objection sur laquelle on insiste avec beaucoup de soin : l'*épreuve !*

L'épreuve, vous savez qu'on ne la garde pas. Vous
ne seriez pas aussi fort, si on l'avait gardée. Où est
l'épreuve ? Allez donc demander aux journaux de Paris
où sont les épreuves dans lesquelles on change des
mots. Il faudrait créer des magasins nouveaux pour
conserver les deux ou trois épreuves de chaque numéro. Vous allez le comprendre en entendant la déclaration de l'imprimeur qui imprime le plus de journaux
à Paris.

La procédure des adversaires est presque aussi curieuse que leurs articulations.

Ils n'ont pas cru d'abord qu'on ne conservait pas ces
épreuves ; ils ont eu la pensée qu'on pourrait accabler
M. de Noé en présentant les mots qu'il a écrits. Sur
les épreuves on trouve des écritures qui ne ressemblent à l'écriture de personne. Nous savons comment
on corrige les épreuves ; il n'y a pas possibilité, même
pour les experts en écriture, de deviner quelque chose,
et cependant ils devinent beaucoup. Or, dans l'assi-
gnation, on disait : « Qu'il déclare dès à présent être
prêt à s'inscrire en faux contre la pièce contenant les
changements..... » C'était le 26 novembre.

Il ne faut pas longtemps pour savoir qu'on ne garde

pas les épreuves. On s'en est informé auprès de l'imprimeur; le surlendemain on l'a su, et, le 29, on a été
très fort; on nous a fait sommation, dans les vingt-
quatre heures, de produire cette fameuse épreuve; on
savait que nous ne l'avions pas. Peut-on l'avoir? Mon
honorable confrère, qui écrit non pas mieux qu'il
parle, mais aussi bien, a écrit dans 'les journaux, il
sait comment cela se passe. Il y à pour la composition
des épreuves imprimées, des épreuves premières, secondes, qu'on appelle les paquets, et la dernière, qu'on
appelle la morasse.

Est-ce que vous voulez qu'on conserve les premières
épreuves, les paquets ? Est-ce' que vous voulez qu'on
conserve les morasses?

Si on était obligé de conserver toutes les épreuves,
surtout celles des journaux qui s'impriment tous les
jours, on n'arriverait à rien de possible. Demandez
au *Moniteur* si, quand il tire avec cinq ou six supplé-
ments, il conserve ses épreuves ; ce serait trop demander. Si on avait intérêt à les conserver, on les conser-
verait. Ah ! si nous nous étions doutés du procès fait
aujourd'hui, et si nous avions pu prévoir qu'un jour
viendrait où M. de Noé aurait le courage de dire à
M. de Villemessant : « Vous êtes un menteur ! » nous
aurions fait mieux que de conserver l'épreuve, nous
n'aurions pas reçu la nouvelle ; mais au 17 octobre,
quand, l'article paru, nous n'avions aucune défiance
contre M. de Noé, c'était un *fait-Paris* qui avait passé
comme les autres; on ne lui avait pas fait l'honneur du
premier-Paris, et mon confrère a fait à ce sujet une
plaisanterie d'un goût douteux.

En venant devant vous, messieurs, j'ai voulu m'appuyer sur l'autorité d'un homme qui imprime la
Patrie, la *France*, le *Temps*, le *Moniteur de l'armée*, le
Moniteur de la flotte, le *Sport*, le *Crédit public*, le *Conseiller financier*, l'*Avenir commercial*, l'*Économiste français*. J'ai nommé M. Charles Schiller, un des premiers

imprimeurs de Paris, il atteste que les épreuves dites morasses ne se conservent pas. — (*M° Lachaud donne lecture
d'une lettre adressée par M. Schiller à M. Bourdin. Nous
n'avons pu retrouver cette lettre et en donner la copie.*)

Je n'avais pas besoin de cette lettre. Après avoir
tiré un journal on n'en conserve pas les épreuves. S'il
en est parmi vous, Messieurs, et la chose est possible,
qui aient fait imprimer des livres, je suis sûr qu'ils n'en
ont pas fait conserver les épreuves sans utilité, sans nécessité. Nous avons donc fait ce que l'on fait toujours.

Je vous fais remarquer, Messieurs, que nous n'avions
aucune espèce d'intérêt à conserver cette épreuve, qui
ne disait rien autre chose que ce que nous avions voulu
dire ; car nous avions voulu imprimer l'article avec le
mot *plébéien ;* nous l'aurions imprimé avec le mot
roture, s'il était venu à notre pensée au moment où
M. de Bragelonne en a écrit la rédaction. Nous accep-
tons la responsabilité de cet article, et le bruit, qui se
fait aujourd'hui, ne se fait pas à l'occasion de l'article
dont M. de Villemessant doit répondre, mais uniquement
à l'occasion du démenti donné par M. de Noé, lorsqu'il
dit : « Je ne vous ai pas donné ce récit, j'affirme que
je ne l'ai pas vu et que je ne l'ai pas corrigé. »

On ne pouvait donc pas conserver cette épreuve ; elle
rentrait dans les épreuves les plus insignifiantes, les plus
indifférentes ; l'imprimeur et beaucoup d'autres encore
vous diront : Cela ne se fait pas, cela n'est pas possible.

Il y a encore d'autres objections auxquelles il faut
répondre et j'arrive à un autre ordre d'idées.

Il en est une qui prouve toutes les difficultés de la
cause de mon adversaire. Mon confrère a beaucoup
trop d'habileté et d'expérience pour s'arrêter à ces
petits moyens s'il pouvait s'appuyer sur quelque argument plus fort.

Dans le procès-verbal, nous avons mis le vendredi
18 octobre, et l'adversaire de s'écrier : C'est le 17 qu'on
est venu ; vous trompez le public, vous avez mis le 18.

Oui, mais le journal paraît le dimanche, et le vendredi, 17, nous avons mis le jour. — Je passe, ce n'est pas sérieux.

Alors arrive une objection des plus délicates, une erreur que je n'ai pas vérifiée, qui est possible : « Vous avez altéré le texte de la déclaration de M. Roucolle ; — et dans les conclusions imprimées de l'adversaire, il y a de petits *fac-simile* — il y avait *petite note* et vous avez mis *présente note*. » L'adversaire a soin de mettre dans son imprimé des italiques qui n'étaient pas dans le journal. On dit : « Vous n'avez pas remplacé un mot par un autre sans avoir un but ; votre but était de faire croire au public que vous aviez l'épreuve, et que c'était en présence de l'épreuve que la déclaration avait été donnée par Roucolle.

Comment mon adversaire n'a-t-il pas compris que cette objection détruirait tout son système?

Roucolle est un honnête homme ou un fripon ; il dit la vérité ou il ment. S'il ment, c'est pour me faire plaisir ; s'il invente la visite de M. de Noé, s'il invente la correction faite par M. de Noé, s'il a l'infamie d'articuler des faits complètement faux, vous comprenez que dans l'écrit qu'il va signer il mettra tout ce que je voudrai ; la chose doit pouvoir se faire sans difficulté. Quand on a obtenu de Roucolle qu'il dise que M. de Noé est venu, quand il n'est pas venu ; qu'il lui a parlé, quand il ne lui a pas parlé ; qu'il a corrigé l'épreuve quand il ne l'a pas corrigée, il n'est pas difficile d'obtenir de Roucolle le mot *présente* au lieu de *petite*. Je n'ai pas besoin de lui faire faire un faux, il est un homme à ma discrétion.

Comment mon adversaire n'a-t-il pas compris que son objection tournait contre lui-même? Cette objection ne peut s'appuyer que sur la véracité de Roucolle, donc Roucolle n'a pas menti.

Laissons de côté ce moyen. Vous verrez les pièces, Messieurs ; il est possible qu'il y ait erreur d'impression.

Mais avons-nous affirmé que nous avions l'épreuve sous les yeux? Vous croyez qu'au moment où cette déclaration était faite, si nous avions eu l'épreuve, nous n'aurions pas dit : Nous avons l'épreuve! Nous n'aurions pas laissé l'opinion publique se tromper sur un fait que l'adversaire considère comme si capital. — Une erreur a peut-être été faite, vous vérifierez le fait, Messieurs; c'est une erreur qui n'a aucune importance, et l'observation de l'adversaire ne peut s'appuyer que sur l'honorabilité de Roucolle. Que ce dernier ait écrit *petite* ou *présente*, s'il a dit la vérité, il importera peu que je me sois trompé dans mon journal ; l'inexactitude des déclarations de M. de Noé n'en sera pas moins établie.

J'en aurais fini s'il n'y avait pas une autre objection sur laquelle l'adversaire a insisté avec énergie.

Votre journal, a-t-on dit, porte la date du 19 octobre ; le prétendu travail de M. de Noé aurait eu lieu le 17 ; vous, rédacteur en chef, vous avez dû lire votre journal le 18 au soir ; quand il a été mis sous presse, vous avez dû remarquer l'altération. Et mon confrère affirme que les rédacteurs en chef lisent depuis le commencement jusqu'à la fin ce qui s'imprime dans leur journal.

C'est un métier bien pénible, et je les plains vraiment beaucoup. On les fait plus scrupuleux qu'ils ne le sont en réalité. Mais qu'importe ? Si le journal portant la date du 19 a paru le 18 au matin, s'il était sous presse au moment où M. de Noé est venu à l'imprimerie, si M. de Villemessant ne l'a plus vu et si, alors qu'il a pu le lire, le journal était déjà distribué, que deviendra votre grand argument, cette vérification par M. de Villemessant, cette obligation du rédacteur en chef ?

On vous disait dans un style charmant : le *Figaro* est un journal qu'il faut lire soigneusement; un mot placé de telle ou de telle façon a une portée qu'il faut comprendre, et souvent il faut soulever le voile qui laisse deviner ce qu'il ne veut pas dire.

C'était charmant, je le répète ; mais je vais prouver

que, bien qu'il porte la date du 19, le numéro du *Figaro*
a paru le 18, qu'il a été imprimé le 17 au soir, alors
que M. de Villemessant était parti et que tout était dit.

Voici une déclaration du ministère de l'intérieur
constatant le dépôt du journal; elle ne sera pas récusée
par mon confrère.

Ministère de l'intérieur, 18 octobre 1862.

« En exécution de l'article 14 de la loi du 21 octobre, etc... »

J'ai déposé le 18, ce qui portait la date du 19, donc
je l'ai imprimé le 17 au soir. Donc, quand M. de Noé
est venu, M. de Villemessant avait tout vu, tout examiné,
il n'y avait plus à faire que le travail de l'imprimerie.

C'est d'ailleurs un fait notoire, le *Figaro* paraît toujours la veille de la date qu'il porte ; il faut donc qu'il
soit imprimé l'avant-veille.

Voilà ma réponse à ces grandes objections sur lesquelles l'adversaire a particulièrement insisté.

J'ai terminé la discussion de toutes les objections ; je
n'ai malheureusement pas terminé toute la discussion
de cette affaire. Je vous ai montré, Messieurs, la déclaration de cinq hommes qui viennent dire des choses
qu'on n'invente pas et qui les disent spontanément. Je
vous ai montré la concordance de tous les faits. Il faut
admettre que nous sommes dans le pays le plus abominable du monde, si on peut supposer que cinq hommes,
sans intérêt, vont mentir et se jeter non seulement dans
le déshonneur, mais encore s'exposer aux poursuites
qu'on peut diriger contre eux. Pour détruire leur déclaration, il faudrait des faits, des arguments que l'adversaire
n'a pas. J'ai suivi son argumentation de point en point
en la dépouillant du prestige de sa parole, et je pense
avoir suffisamment répondu à toutes les objections.

Mais veut-on que je me place sur un autre terrain ;
veut-on que je raisonne sans m'appuyer sur les attestations, sans m'appuyer sur les certificats ? Je le veux

aussi, je n'ai pas besoin de l'appui qu'ils me donnent.
Veut-on que je démontre à l'aide des faits, avoués par
M. de Noé lui-même, l'évidence de la vérité affirmée par
M. de Villemessant? La démonstration est facile à faire.

Il y a un fait certain : M. de Noé est venu le 17 trouver
M. de Villemessant à l'imprimerie du *Figaro*. Qu'y
est-il venu faire? Il faut bien qu'il nous le dise. Il est
venu lui parler du duel de M. de Gramont-Caderousse
et de M. Dillon; il l'avoue. Pourquoi lui a-t-il parlé de
ce duel? Pour que M. de Villemessant n'en dise rien ?
Voilà la logique de M. de Noé. Il veut qu'on se taise et
il va parler au *Figaro*. Il a bien trop d'expérience pour
savoir que c'est tout le contraire.

Il veut vous faire croire qu'il venait chercher un ami
dans l'éventualité d'un duel qu'il espérait arranger.
Est-ce sérieux ? « Je suis *allé au Figaro* pour lui dé-
« fendre de parler d'un duel dont il n'avait pas entendu
« parler avant ma visite, d'un duel qui probablement
« n'aurait pas lieu, que j'espérais arranger. » Mais, Monsieur, attendez donc que le duel ait eu lieu pour faire
le récit que vous entendez faire, et, s'il est utile à vos
intérêts d'éviter une publication dans le *Figaro*, n'allez
pas au journal. Mais vous y allez pour qu'on parle et
non pour qu'on ne parle pas.

M. de Noé est armé du journal belge, cause du duel.
Pourquoi apportez-vous ce journal au *Figaro* ? pour le
le lui faire lire. Qu'a-t-il besoin de le lire, si vous désirez
qu'on ne parle pas du duel?

Dans le système de M. de Villemessant, tout s'explique. Vous lui avez remis le journal afin qu'il parlât
et dît la cause du duel. En effet, d'après l'article du
19, l'affaire prendrait son origine dans une publication d'un journal à laquelle M. de Gramont-Caderousse aurait répondu très vertement dans une feuille
étrangère.

Vous venez à l'imprimerie ; M. de Villemessant sort;
vous le rencontrez dans la cour, vous lui parlez du

duel, il dit : « Je vais en parler, mais donnez-moi le
journal. » Vous lui laissez le journal. Vous désirez
qu'on ne s'occupe pas de cette affaire et vous venez en
parler! Pourquoi apporter le journal? Il n'était pas
nécessaire. Et pourquoi êtes-vous venu chercher le
journal après que l'article a été fait? Parce que M. de
Villemessant n'en avait plus besoin et qu'il y avait pris
ce qu'il lui était utile de prendre. Pourquoi vous déran-
gez-vous deux fois? Vous avez beaucoup de temps à
perdre? — C'est l'évidence ; je plaide qu'il fait jour, et
nous y voyons tous ici.

Dire à M. de Villemessant : « Voici un duel, mais je
vous défends d'en parler ; il n'aura pas lieu ; cependant
je prends mes précautions ; » c'est absurde. Pourquoi
êtes-vous venu chercher le journal? Vous l'avez pris
en venant voir l'article, car le journal ne vous était pas
nécessaire, vous pouviez le reprendre plus tard. Mais
l'article allait paraître, voyant l'article, vous avez
pris le journal.

Il est impossible à M. de Noé d'expliquer sa conduite.
Cela suffit pour démontrer qu'il est venu pour faire
rédiger un article ; qu'il a remis dans ce but au *Figaro*
le journal belge cause du duel, et que c'est après avoir
examiné la rédaction de l'article, qu'il a repris son
journal.

Quelque chose de plus étrange : où donc, le 17 octobre, va-t-il chercher M. de Villemessant? A son imprimerie. Quand on dit aux bureaux du *Figaro*, il n'y
a pas de bureaux du *Figaro* chez M. Kugelmann; il y a
seulement un cabinet où on corrige les épreuves du
Figaro, comme on y corrige les épreuves des autres
journaux. Les bureaux du *Figaro* sont boulevard Montmartre. Ce n'est pas au boulevard Montmartre qu'est
allé M. de Noé pour causer avec M. de Villemessant
de ce duel en perspective. Non, il va à l'imprimerie, au
moment où on compose le journal. Si vous ne vouliez
pas aller au journal, si c'était une conversation per-

sonnelle que vous désiriez avoir avec M. de Villemessant, vous pouviez aller à son domicile particulier, qui
n'est pas à l'imprimerie. Non, vous n'allez pas chez
lui, vous allez à l'imprimerie. Et vous êtes tellement
pressé que vous ne pouvez pas attendre au lendemain ;
il y a empressement. Il faut que dans le numéro du
18 paraisse l'article que vous allez donner. Vous arrivez à l'imprimerie au moment où se prépare le tirage
du journal ; et cela est si vrai que, le journal étant complètement composé et la place manquant pour cette
petite nouvelle, on en a retiré quelques lignes insignifiantes pour y mettre l'article apporté par M. de
Noé.

En présence de ces faits et des explications incompré-
hensibles qui peuvent être données par M. de Noé, est-
ce qu'il n'y a pas la démonstration la plus évidente que
M. de Noé est venu pour que l'article fût fait et imprimé ?

Il y a eu à Versailles un incident que personne ne
peut avoir oublié. Quelle était l'arme que M. de Noé
voulait avoir pour son partenaire ? C'était le pistolet.
Eh bien, l'article porte : « Le duel aura lieu au pistolet. »

Je vous reconnais, Monsieur de Noé, c'est vous seul qui
avez pu dicter cela. A ce moment, il n'y avait pas eu
entre les témoins les conversations qui eurent lieu le 21.

Il y a bien des choses que je ne peux pas dire. Il s'a-
gissait de savoir si le duel aurait lieu au pistolet ou à
l'épée. M. de Noé disait : « Je voulais le pistolet, parce
« que M. Dillon était de première force sur cette arme ;
« j'aimais mieux qu'il tuât M. de Caderousse que de le
« voir tué par celui-ci. » Il a voulu cela, M. de Noé ! Sur
le terrain il a même placé les épées d'une certaine façon et il a fait un signe à M. Dillon, ce qui n'est pas,
que je sache, dans les règles du duel ; mais passons,
c'est le procès de Versailles.

L'article dit qu'on se battra au pistolet. M. de Villemessant ne peut pas l'avoir deviné ; c'est la prétention de

M. de Noé. Voyez comme il est bien informé! Un duel est provoqué par un article d'un journal belge; ce duel aura lieu au pistolet, est-il dit à un moment où les témoins ne se sont pas encore réunis pour décider de quelles armes on se servira. Qui a pu parler de duel au pistolet? Celui qui a demandé le pistolet. — Ce dernier trait signale la présence de M. de Noé dans l'imprimerie du *Figaro*.

Ce sont là des preuves matérielles : cette visite au journal à l'imprimerie, les indications de l'article, le pistolet; tout cela est inexplicable si M. de Noé dit la vérité.

Il y a autre chose, il y a une preuve morale et il est impossible à M. de Noé d'y répondre.

Lorsque l'instruction a commencé à Versailles, lorsque M. de Villemessant a refusé d'indiquer la personne qui lui avait apporté les renseignements de l'article du 19 octobre, quelle a été l'attitude de M. de Noé! Rien! — Comment, vous vous êtes cru coupable d'indiscrétion, et vous vous êtes tû, et devant la justice et devant les témoins qui, comme vous, faisaient leur déposition! Il n'y avait qu'un cri d'indignation. Chacun se demandait : Qui donc a pu dire à M. de Villemessant de semblables choses, de qui les tient-il? Comment! M. de Noé n'a pas dit : Je suis la cause accidentelle de cet événement; je suis allé trouver M. de Villemessant, c'est un indiscret : j'ai parlé, il avait promis de ne rien dire et il a dit. — Pourquoi avez-vous gardé le silence sur la démarche que vous avez faite auprès de M. de Villemessant? Vous étiez l'occasion de l'article, il fallait le dire.

Est-ce que ce silence est compatible avec la sincérité? Est-ce que si M. de Noé n'a rien à se reprocher, il ne parlera pas? Est-ce que, mis en présence de la justice, il ne dira pas : M. de Villemessant a fait cela, c'est une surprise; il a trompé ma bonne foi; j'ai fait une démarche imprudente, mais je n'accepte pas la res-

ponsabilité d'une pensée qui ne vient pas de moi. —
Pourquoi s'est-il tû ? Qu'il donne une raison honorable
de ce silence! Il ne peut en donner aucune. — Si, devant la Cour d'assises de Versailles, M. de Villemessant
n'avait pas fait appel à celui auquel il avait donné sa
parole, M. de Noé n'aurait pas parlé. Il se serait tû
toujours et il aurait voulu laisser ignorer que le 17 octobre il s'était rendu auprès de M. de Villemessant.

On dit qu'il avait demandé le secret pour l'article du
23 octobre dont je parlerai. — Ce n'est pas sérieux, il
n'a jamais été question du compte rendu du duel, il n'a
été question que de l'article du 19.

Dans l'instruction M. de Villemessant a dit : « Je ne
reconnais pas la personne qui est venue me voir. » —
L'instruction a été signifiée à M. de Noé dans sa prison;
il a vu que c'était une question posée par la justice,
elle voulait savoir qui avait instruit M. de Villemessant.
Il n'a rien dit et il a laissé soupçonner les témoins
qui étaient venus avec lui, et il n'a pas pris cette initia-
tive d'un galant homme qui aurait dit à la justice :
Voilà comment les faits se sont passés. — Il aurait parlé
s'il l'avait pu, mais il n'avait pas organisé le système
qu'il suit aujourd'hui, système dont le tribunal sent toute
la portée.

Il y a beaucoup d'autres choses à dire.

Après le duel, cet homme que nous avions trahi, cet
homme vis-à-vis duquel nous avions manqué à tous
les engagements, il vient mystérieusement nous apporter le compte rendu de ce duel! Ah ! il est de bien bonne
composition. J'en appelle ici à tous; si M. de Noé est
venu chez M. de Villemessant après le duel, c'est que
M. de Villemessant ne l'avait pas trompé auparavant,
ou bien M. de Noé est un homme qui ne s'offense pas
et vis-à-vis duquel tous les procédés peuvent être permis.

Quelle est, en effet, la situation ? Vous êtes revenu
voir un journaliste qui vous a placé dans la situation

la plus déplorable, qui a abusé de la parole qu'il vous a donnée, qui a mis les armes aux mains de deux hommes, dont l'un est mort. Vous vous taisez, je le veux bien, mais vous n'aurez pour ce journaliste que du mépris. La conséquence de ce duel a été si terrible que les petits soucis de l'existence ordinaire cessent pour faire place à un souvenir éternel. Eh bien ! non, nous voilà plein de miséricorde pour des procédés si détestables. Il y a à Paris 50 journaux qui attendent le compte rendu. Les deux adversaires sont des gens bien posés dans la société, l'un d'eux est duc, leurs témoins portent de grands noms ; ce duel est le sujet de la conversation de tout Paris ; quel est donc le journal que vous allez choisir : le journal menteur, le journal déloyal, le journal qui, vis-à-vis de vous, a commis l'acte le plus indigne. Allons donc, Monsieur de Noé ! Permettez-moi de vous le dire, si vous avez de semblables facilités pour ceux qui vous trompent, on pourra supposer que votre parole, quand elle se donne, n'est pas souvent respectée. Car celui qui ne manque pas à sa parole, tient à ce qu'on n'oublie pas celle qui lui est donnée.

C'est dans ces conditions, alors que M. de Villemessant aurait manqué vis-à-vis de lui à tous ses engagements, que M. de Noé court au domicile personnel de M. de Villemessant. Vous croyez qu'il va se plaindre ? Il y a un témoin de l'entrevue, qui l'a écrite, et je vais vous dire les paroles qui y ont été échangées.

M. de Noé a fait ce jour-là ce qu'il avait fait le 17 octobre, il a dit : « Mon cher ami, je vais vous donner le compte rendu de cette affaire, mais il y a des détails personnels qu'il ne faudrait pas livrer, afin qu'on ne retrouve pas ma personnalité dans l'article que vous allez faire. »

Ah ! il est bien confiant, M. de Noé. Trompé une première fois, il s'expose à l'être une seconde ; et le voilà exposant tous les détails, dictant, racontant lui-même toutes les circonstances du combat. J'ai la copie écrite par un M. Chavette, qui était présent lorsque M. de Noé est arrivé. — On élague les détails qui pourraient faire reconnaître M. de Noé ; on inscrit ceux qui peuvent paraître avoir été donnés par des tiers. Et quand M. de Villemessant dit à M. de Noé : « On pourra se demander comment je suis si parfaitement informé », ils ont ensemble arrêté cet expédient que M. de Villemessant était allé sur les lieux et qu'il avait pris tous les renseignements.

Quand on voit M. de Noé en arriver à de pareilles confidences, ne trouve-t-on pas en lui l'auteur de la démarche du 17 octobre? Ai-je besoin de la déclaration de témoins honorables? N'est-ce pas le même homme faisant les mêmes choses, donnant les mêmes détails, demandant le même secret, continuant les mêmes relations?

Il avoue cette dernière entrevue. Pour quelle raison est-il revenu? Son explication est au moins aussi étrange que la première. Le 17 octobre, il est venu faire à M. de Villemessant des révélations pour que celui-ci ne s'en servît pas. Le 23, il est venu lui faire des révélations afin de ne pas indisposer le *Figaro!* Mais il ne savait rien, comment pouvait-il être mal disposé? Pour faire connaître exactement les détails de ce duel honorable, vous pouviez vous adresser ailleurs ; tous les journaux auraient accepté la primeur du récit. La vérité est que M. de Villemessant avait mis son journal à votre disposition, il avait eu pour vous une première complaisance ; vous saviez qu'il en aurait une seconde. C'est là plus qu'une preuve matérielle, c'est une preuve morale ; le bon sens le dit.

Écoutez maintenant, Messieurs, la lettre de M. Chavette, ce témoin de la seconde entrevue :

« Vous me demandez de rappeler mes souvenirs, dit- « il à M. de Villemessant, sur l'entrevue qui eut lieu « entre nous et le colonel vicomte de Noé.

« Le vendredi matin, 24 octobre, nous causions dans

« les bureaux du *Figaro*, quand entra M. de Noé, qui,
« après quelques mots échangés avec vous, sortit aus-
« sitôt. — Il vient, me dites-vous, nous donner tous les
« renseignements sur le duel, soyez notre secré-
« taire.

    « M. de Noé, qui était allé congédier un ami l'atten-
« dant en bas ou dans le voisinage, revint bientôt et
« nous nous installâmes dans votre chambre à cou-
« cher.

    « Avant les premiers mots, vous dit le vicomte, vous
« me donnez votre parole d'honneur que vous ne direz
« pas que ces renseignements vous ont été fournis par
« moi... »

Toujours le même homme! il veut bien donner, mais
il ne veut pas qu'on le sache. C'est une générosité d'un
nouveau genre.

    « Vous avez immédiatement donné la parole de-
« mandée.

    « Je vous la donne et soyez certain que je vous la
« tiendrai; car, il y a deux ans, je me suis battu en
« duel pour n'avoir pas voulu citer une personne qui
« m'avait donné des renseignements.

    « Comme M. de Noé vous disait :

    « Où indiquerez-vous alors avoir puisé ces renseigne-
« ments?

    « Vous avez répliqué :

    « Je dirai que je suis allé les chercher à Saint-Ger-
« main.

    « Ainsi rassuré, il commençait son récit au duel
même, quand vous l'avez arrêté par :

    « —Non, non, commencez par l'origine de la querelle.

    « Le vicomte remonta donc aux articles de M. Dillon,
« à la visite de M. de Caderousse au *Sport*, à la lettre
« du journal belge, et après quelques renseignements
« sur les premiers pourparlers, il cita alors *la note du
« Figaro.* »

Voyez-vous cet homme qui vient prendre le *Figaro*

pour son secrétaire et qui, quand il arrive à cette note du 19, si grave, qui tient tant de place aujourd'hui dans l'opinion, ne dit pas, avec douceur tout au moins, à M. de Villemessant : Vous m'avez trompé, vous avez été trop journaliste, vous avez été trop vite ! Non, dans la série des faits, il parle de cette note avec calme ; avec une tranquillité, qui contrastait avec l'attitude prise par lui aux débats.

« Il continua ainsi et termina le récit du duel que
« le *Figaro* a reproduit dans le numéro du 26 octo-
« bre.

« De son récit que je notais à mesure sous la dictée
« du colonel, nous retranchions tout ce qu'il nous dési-
« gnait comme pouvant trop indiquer aux autres té-
« moins que des renseignements nous avaient été four-
« nis par lui. »

Nous avons les notes de ce jeune Chavette, écrites sous la dictée de M. de Noé.

Vous allez voir, Messieurs, M. de Noé versant dans le cœur de M. de Villemessant des détails inconnus et qui ne doivent pas être connus. Il parle sans réserve. Il dit aujourd'hui qu'il est indignement trompé, et il demande à prouver qu'avant d'aller chez M. de Villemessant il avait fait paraître une grande colère. Ce n'était qu'une parade, la colère n'était pas sérieuse ; elle était bien dissipée alors qu'il montait l'escalier, car le témoin raconte le calme avec lequel il a parlé. Il fallait être bien calme, en effet, pour entrer dans tous les petits détails que le rédacteur de la lettre va nous donner.

« C'est par ce motif que nous n'avons pas fait men-
« tion de quelques mots échangés sur le terrain avec
« M. de Caderousse qui, avant de mettre l'épée à la
« main, lui demanda : — N'est-ce pas que la note du *Fi-*
« *garo* ne mettait pas en doute mon courage... ? »

M. Chavette est un sixième témoin ; comme les autres il a été gagné. M. de Villemessant est bien puissant, bien heureux, ou plutôt bien malheureux, s'il peut réunir des témoins parjures pour lui venir en aide dans une cause mauvaise.

« Ni de l'autorité de l'âge invoquée sur le terrain par « M. de Noé pour obtenir des autres témoins l'auto- « risation de croiser les fers, afin de les engager en « tierce... »

Il y a eu un petit signe de M. de Noé à M. Dillon. Ce petit signe devait avoir pour résultat de faire tuer M. de Caderousse.

M. de Noé l'a dit à la Cour d'assises : « J'ai été bien « étonné que M. de Caderousse n'ait pas été embroché « comme une mauviette (c'est son mot) par M. Dillon ; « j'avais si bien réglé les choses que c'était inévitable si « M. Dillon avait suivi mes conseils. » Ce procédé pa- raîtra peut-être dans une nouvelle édition du code du duel que publiera sans doute M. de Noé.

« Je dois ajouter que M. de Noé termina l'entrevue « en vous parlant de personnes chères que M. Dillon « laissait derrière lui. »

Est-ce encore une preuve morale, celle-là ? Que faut-ajouter ? Rien de plus. Des témoins, des faits, des preu-ves matérielles, des démarches inexplicables, et on nous fait un procès !

M. de Noé, devant la Cour d'assises, s'est défendu comme il l'a voulu ; il était accusé, et il n'est pas possible de lui demander compte de ses déclarations. Il est pro-tégé par la loi ; il peut dire contre les témoins et les témoignages tout ce qu'il veut ; il n'y a pas d'action pos-sible, c'est sa défense. Mais, à tout le moins, si la loi ne nous protège pas parce qu'elle protège l'accusé avant tout, il n'est pas possible qu'elle nous laisse perdus et déshonorés dans l'opinion publique. Si j'ai dit la vérité, j'ai usé d'un droit de défense ; à mon tour, je devais en appeler à l'opinion, et comme j'ai prouvé, Messieurs, que c'est bien la vérité que j'ai dite, je ne peux pas être inquiet des résultats de ce procès.

Cependant M. de Noé compte beaucoup réussir ; il

fait une combinaison très habile. Il espère faire reconnaître qu'il a dit la vérité et en même temps faire une bonne spéculation, il demande 100,000 francs de dommages-intérêts.

Je n'aime pas beaucoup l'argent dans les questions d'honneur : c'est trop ou ce n'est pas assez ; celui qui vendrait son honneur devrait en demander un prix plus grand encore, et M. de Noé sans doute, certainement, ne voudrait pas mêler à une affaire d'honneur une misérable question d'argent.

Cependant j'entendais mon honorable confrère s'indigner très fort contre le *Figaro* et dire, ce qui n'est pas tout à fait exact, que ce journal gagnait beaucoup d'argent.

Est-ce que M. de Noé voudrait partager cette fortune et s'enrichir des sommes que son illustre avocat déclare avoir une origine si triste ? Cela n'est pas possible.

Je le dis très simplement, cela a eu un désagrément et un inconvénient ; ce n'est un reproche pour personne ; mais M. de Noé ayant publié partout qu'il demandait 100,000 francs, de tous les points de la France il nous est arrivé des oppositions sur ces 100,000 francs hypothétiques. J'ai là ces oppositions, je ne veux pas les lire. C'est un M. Meck, chemisier, réclamant 500 francs pour commande de chemises ; c'est un changeur ; c'est une maîtresse d'hôtel du Croisic, qui dit que depuis 1853 M. de Noé a oublié de lui payer 240 et quelques francs, et qu'il serait bien juste qu'il gagnât son procès.

Voilà, quand on demande de l'argent, à quelles extrémités malheureuses on arrive, et comment ce procès, qui devait rester dans les régions élevées de l'honneur, devient un procès où s'agitent les questions les plus viles, les questions de gros sous. Vos créanciers espèrent que vous gagnerez votre procès, non parce qu'ils tiennent beaucoup à votre considération, à votre honneur, mais parce qu'ils espèrent que nous les paierons. Pourquoi n'avez-vous pas fait comprendre que ce n'est pas d'une indemnité pécuniaire, dont il est question, indemnité qu'une âme loyale ne saurait accepter en pareille circonstance ?

Il y a des conclusions subsidiaires, et si le tribunal remet l'affaire, certainement on en déposera encore de nouvelles, même au moment de l'audience.

Examinons les articulations :

N° 1. — « On demande à prouver que M. de Noé, le 17 octobre, n'a pu être à l'imprimerie du *Figaro à quatre heures*. Depuis 3 heures il peut être justifié de son alibi jusqu'à 4 heures et demie, heure à laquelle il a quitté Paris pour n'y revenir que le 21 octobre. »

Je ne vois pas l'utilité de cette preuve. Êtes-vous venu deux fois, oui ou non ? Voulez-vous être venu à 2 heures trois quarts ou à 3 heures moins cinq ou une demi heure après ? Soit ! mais vous êtes venu deux fois le 17 octobre. La première fois vous avez vu M. de Villemessant, la seconde fois vous ne l'avez pas vu ; la seconde fois vous avez repris le journal.

Cette articulation n'a aucune importance, le fait est avoué. Je passe et j'arrive au numéro suivant.

N° 2. — « Le 23 octobre au soir, dans une réunion intime, une personne présente proposa à M. de Noé de se rendre auprès de M. de Villemessant pour lui raconter les circonstances du duel ; que M. de Noé s'y refusa d'abord en laissant manifester l'indignation, que l'entrefilet, paru dans le *Figaro* du 19 octobre, contre toute raison et toutes vérités, excitait en lui ; qu'il fut ramené par les assistants à d'autres sentiments. »

Je ne vois pas ce que cette articulation peut avoir de pertinent. C'est de la psychologie à l'endroit de M. de Noé qui a fait beaucoup de tapage d'abord et s'est laissé ramener ensuite à de nouveaux sentiments, si bien que M. Chavette déclare qu'il est entré dans le bureau de M. de Villemessant plein de douceur et exempt de passion.

Vous vous êtes fort indigné contre M. de Villemessant ; il le fallait bien, et vous êtes allé à lui comme à un ami !

Votre démarche enlève toute espèce de portée à la colère feinte ou vraie dont les témoins pourraient déposer.

N 3. — « Que la veille du jour où il comparut devant la Cour d'assises, M. de Noé reçut dans sa prison la visite d'un journaliste qu'il n'avait jamais vu et qui lui annonça que M. de Villemessant avait prétendu *en chemin de fer que c'était lui, M. de Noé, qui avait apporté au* Figaro *l'entrefilet du 19 octobre.* »

Un journaliste, que M. de Noé ne connaît pas et qui va faire une semblable révélation ! M. de Villemessant a pu dire qu'il tenait ces renseignements d'une personne parfaitement informé, et comme personne ne pouvait être mieux informée que le témoin de M. Dillon, M. de Noé s'est peut-être reconnu ; mais enfin, voulez-vous que je tienne le fait pour certain, que M. de Villemessant ait pu dire que c'était M. de Noé ? Il l'affirme aujourd'hui et le démontre. Vous n'avez pas porté l'article au *Figaro*, mais vous avez donné les renseignements, vous avez corrigé l'épreuve, et, que vous ayez mis tous les mots ou que vous n'en ayez mis qu'un seul, c'est la même chose. Il faut toujours en revenir là : c'est la sincérité de l'un, ou la sincérité de l'autre qui est en cause. Quant à l'article lui-même, il n'est pas dans le débat. Nous avons tous dit ce que nous pensions. M. de Noé est-il sincère ou non ? L'articulation n° 3 n'ajouterait rien aux faits du procès. Je passe au n° 4.

N° 4. — « Que M. de Villemessant, le jour où l'arrêt fut rendu par la Cour d'assises de Versailles, a fui en hâte l'audience ; qu'il a pris une voiture boulevard de la Reine, et qu'il s'est fait conduire en une heure vingt minutes rue Grange-Batelière, 13, *à l'imprimerie Kugelmann.* »

Qu'est-ce que vous voulez prouver ? Qu'il a mis une heure vingt minutes pour aller de Versailles à Paris ? Mais il pouvait revenir en trente-cinq minutes ! — Qu'il soit sorti éperdu de la Cour d'assises ? Ah ! je vous le concède, et j'affirme qu'à sa place j'aurais éprouvé les mêmes émotions. Qu'il est allé à l'imprimerie et qu'à l'instant il a voulu savoir la vérité? C'est avoué. Immédiatement Roucolle lui a dit :

« Monsieur, c'est d'autant plus indigne que voilà ce qui s'est passé. » Roucolle le déclare après M. de Bragelonne, après M. de Villemessant, après les autres témoins.

Cela fait bien dans une articulation, cet homme qui se précipite, qui fuit : c'est une image seulement ; les chevaux de fiacre de Versailles, qui ne viennent à Paris qu'en une heure vingt minutes, ne remplaceront jamais la locomotive qui franchit la distance en trente-cinq minutes. Je passe:

N° 5. — « Qu'il est matériellement impossible à M. de Noé d'écrire à moitié debout et sans lunettes. »

C'est de toutes les articulations la plus charmante ; mais il y a quelque chose de plus curieux que cette articulation, c'est un certificat de médecin que l'adversaire a lu et que je vais lire en partie :

« Nous, soussigné, docteur en médecine, de la faculté de Paris... »

J'ai été fort étonné de ce certificat, j'avais entendu dire, car je n'ai rien vu, — nous ne voyons jamais rien nous autres, — j'avais entendu dire qu'il ne fallait pas que M. de Noé prît autant de précautions pour écrire un mot. A la Cour d'assises de Versailles, il y avait des amateurs d'autographes qui ont voulu avoir un souvenir de cette audience. Il y avait cinq accusés considérables ; on leur a demandé une signature sur deux ou trois papiers qu'on leur a passés. La table n'est pas très horizontale à la Cour d'assises de Versailles, il n'y a pas de barre. Hier encore, j'en faisais l'expérience et je remarquais ce détail pour le procès que nous plaidons aujourd'hui ; c'est le banc des avocats qui sert de barre aux accusés placés derrière eux. Cette barre a-t-elle 3 centimètres de large ? Je n'en sais rien. M. de Noé a envoyé un de ses autographes, et lui, qui écrit si difficilement, dit-on, il signe très bien en l'air. Voici le spécimen : *vicomte de Noé* (l'avocat montre un papier) ; cette signature est très bien faite, je ne crois pas que M. de Noé ait eu une table pour écrire ainsi.

Pour tout homme loyal, pour tout homme de bonne foi, est-ce que cette dernière misère n'est pas la preuve la plus certaine que l'adversaire est aux abois, qu'il ne sait que dire et répondre ?

Je ne m'arrêterai pas plus longtemps à ce certificat bizarre. Je ne parlerai pas de cette courbure originale du corps de M. de Noé, de ces lunettes qu'il met d'une certaine façon et qui se trouvent au fond d'une poche profonde dans laquelle sa main pénètre. Il s'agissait, dans le cas qui nous occupe, d'écrire seulement un mot ; M. de Noé était à moitié debout, appuyé sur une table. Je pouvais accepter votre certificat et dire que, quand on est incliné sur une table, c'est à peu près comme si on était assis, et que M. de Noé a pu prendre son bras droit de la main gauche et écrire.

Roucolle ne l'a pas dit ! — Comment voulez-vous que Roucolle sache que M. de Noé éprouve des difficultés pour écrire ?

Tenez, quand on écrit comme ceci (l'avocat montre un manuscrit), on peut certainement tracer quelques mots. En 1859, M. de Villemessant avait reçu de M. le vicomte de Noé cet écrit ayant pour titre : *Voyage sentimental d'un vieil officier au camp de Châlons*. Comme calligraphie, le manuscrit est parfait, mais je ne le lirai pas. Laissons cela.

Enfin, ce matin, Messieurs, on nous a communiqué une nouvelle articulation :

N° 6. — « Que, le 24 novembre, M. de Villemessant se rendant à Versailles, à l'époque des débats de l'affaire civile, a prétendu en chemin de fer être détenteur de la pièce corrigée par M. de Noé. »

C'est impossible, cela ne dirait rien. S'il l'avait dit, ce serait inexact ; mais il ne l'a pas dit.

Toutes ces articulations, tous ces arguments de l'adversaire ne détruisent pas les faits et les preuves que j'ai eu l'honneur d'apporter devant le tribunal.

Voilà toute l'affaire, Messieurs, et je n'ai pas à la résumer après la bienveillante attention que vous avez bien voulu me prêter.

Je crois pouvoir m'en remettre avec confiance à tout homme impartial, je ne recuserais même pas les ennemis de M. de Villemessant, à la condition qu'ils fussent d'honnêtes gens.

Mon adversaire en finissant voulait faire un parallèle entre M. de Noé et M. de Villemessant. — Je pourrais bien, à mon tour, me permettre ce parallèle, mais ce n'est pas le procès. M. de Noé a un grand nom, c'est vrai ; il a occupé un grade élevé que la bravoure, dit-on, lui a valu ; je le veux bien ; mais la naissance et le courage ne sont pas tout en ce monde. Je pourrais peut-être aussi me permettre, à l'exemple de mon adversaire, des recherches privées, et si je n'allais pas fouiller, comme il le dit, dans les casiers judiciaires, il ne me serait sans doute pas interdit de prendre autre part des renseignements qui auraient bien leur valeur. Mais à quoi bon toutes ces recherches ? Est-ce que l'affaire est dans les considérations ? Je comprends très bien que ces moyens sont bons à employer dans les causes désespérées, et quand il faut absolument se résigner à perdre son procès, on essaye, par avance, de se venger sur l'adversaire de l'arrêt de la justice. Mais quand un homme n'a rien à craindre, quand il a la certitude de son innocence, quand il sait que les hommes, qui vont le juger, sont des hommes d'honneur et de bien, qu'a-t-il besoin de faire étalage de sa vie ? et, armé de votre jugement, est-ce qu'il peut craindre les attaques, quelque vives et quelque habiles qu'elles puissent être ? Aussi ne suivrai-je pas M. de Noé sur ce terrain. Dans une brochure par lui publiée et répandue à un très grand nombre d'exemplaires, il en appelle à ses frères d'armes ! Eh bien, moi aussi je m'en rapporte à eux, et ils vous jugeront comme le tribunal lui-même vous jugera.

Je persiste dans mes conclusions.

JUGEMENT DU TRIBUNAL CIVIL DE LA SEINE

Audience du 23 janvier 1863.

« Le Tribunal,

« Joint les causes, attendu la connexité et statuant par un seul jugement :

« Attendu que de Villemessant a affirmé, le 23 novembre 1862, dans le journal dont il est le rédacteur en chef, qu'il n'aurait publié qu'à l'instigation et avec la coopération personnelle du vicomte de Noé, l'article paru le 19 octobre et relatif au duel dans lequel Dillon a, plus tard, succombé ; que de Noé soutient que, n'ayant pas pour but une divulgation immédiate, il n'aurait fait connaître à de Villemessant la querelle engagée qu'à titre confidentiel et serait resté absolument étranger à la publication ; qu'il demande la réparation du préjudice, qui serait résulté pour lui de la calomnie dont il se prétend victime, et à laquelle les autres parties en cause se seraient associées.

« Attendu que les relations, qui ont existé entre de Villemessant et de Noé à l'époque du duel, et les déductions nécessaires qui en ressortent, les attestations recueillies avant le procès et leur concordance avec les réponses faites aux interrogatoires, tout démontre que la dénégation du demandeur est contraire à la vérité.

« Attendu, en effet, que, de son aveu, il s'est rendu le 17 octobre à l'imprimerie où se préparait le numéro qui devait paraître avec la date du 19 octobre ; qu'il y a trouvé de Villemessant, lui a fait connaître le duel alors projeté, lui a donné en communication le journal étranger qui contenait la lettre du duc de Gramont-Caderousse, et n'a repris ce document qu'environ une demi-heure plus tard ;

« Attendu qu'il ne peut expliquer cette démarche faite par lui auprès d'un journaliste dont il connaissait les tendances, et qui devait ne pas hésiter à livrer à la curiosité de ses lecteurs une nouvelle qui était de nature à l'intéresser,

10

bien qu'en cela il compromit la vie de deux hommes; qu'il prétend, à la vérité, n'avoir voulu autre chose que ménager à la rétractation, qui était alors demandée, le concours du journal; mais que, d'une part, la réconciliation n'était même pas désirée par Dillon, et était subordonnée par lui à des conditions qui ne paraissaient pas devoir être acceptées par son adversaire; que, d'autre part, il eût été facile d'assurer à la lettre, qui eût mis fin au débat, une publicité au moins aussi grande que celle qui avait été donnée à l'injure; qu'on est donc amené à penser qu'en faisant à de Villemessant cette confidence, en laissant entre ses mains, pendant un temps suffisant, le document nécessaire à la rédaction de l'article, de Noé provoquait une publicité immédiate, soit qu'il ait obéi en cela aux instructions que Dillon lui aurait données, soit qu'il ait voulu, par un service rendu au journal, se créer un titre à une collaboration qu'il avait recherchée;

« Qu'il n'a pas méconnu l'influence fatale qu'a exercée l'article conçu en termes pleins d'excitation, qu'il indiquait au cours de l'instruction comme ayant été la cause déterminante du duel; que si la publication eût eu lieu contrairement à sa volonté, les sentiments, qu'il eût éprouvés après le combat, eussent été ceux d'une indignation légitime et d'une défiance profonde; que, loin de là, au lendemain du duel, il entre de nouveau en rapport avec de Villemessant, et, se confiant à sa parole, s'abstenant même de tout reproche, concerte avec lui les termes d'un second article, accepte et demande, par une préoccupation toute personnelle, le récit imaginaire d'un voyage, auquel le rédacteur était supposé devoir l'exactitude de ses renseignements; que, cependant, la relation d'un fait récent et de cette nature aurait été accueillie avec d'autant plus de faveur par tout autre journal, qu'attestant la loyauté de la lutte, elle ne pouvait qu'être utile à celui des combattants qui avait survécu; que de Noé n'avait donc nul besoin de recourir à de Villemessant, dont, à aucun point de vue, il n'avait à craindre une appréciation malveillante; qu'ainsi cette coopération nouvelle est l'indice le plus énergique du concours originairement prêté.

« Attendu que les allégations du demandeur sont, en outre, formellement démenties par les certificats recueillis par de Villemessant, après l'arrêt rendu par la Cour d'as-

sises de Seine-et-Oise; que de Bragelonne, secrétaire de la
rédaction du journal, affirme qu'il se trouvait à l'imprimerie
au moment de la visite du vicomte de Noé, auquel il fut
chargé, par de Villemessant, de soumettre l'épreuve de l'article et de rendre la feuille étrangère qu'il avait communi-
quée; que le metteur en pages Roucolle déclare qu'en l'absence des rédacteurs il remit l'épreuve à de Noé, qui
substitua au mot *plébéien* ceux-ci : *étant de roture;* que ces
attestations sont, en outre, confirmées dans une certaine
mesure par celles des ouvriers Duclos et Catineau et de
l'imprimeur Kugelmann.

« Attendu que les signataires de ces certificats étaient avertis
par la solennité des débats, qui venaient d'être clos, de la
gravité des circonstances; qu'ils n'ont pas hésité, cependant,
à adresser ce document au magistrat qui présidait les assises
et à permettre sa publication; que rien ne peut faire suspec-
ter leur véracité et que la raison se refuse d'admettre, en
dehors de tout intérêt personnel, un mensonge collectif et
public, non expliqué par une dépendance qui, pour la plus
part d'entre eux, n'était pas immédiate; que de Bragelonne,
Roucolle et Kugelmann, appelés dans l'instance et soumis à
l'interrogatoire, ont soutenu leurs premières déclarations
avec une persistance que les questions, qui leur étaient posées d'office, n'ont pu ébranler; que si ces attestations
auxquelles a été donnée par le journal une forme, qui ne
pouvait pas leur appartenir, ne constituent pas une preuve
juridique, leur spontanéité et leur concordance doivent être
considérées comme une présomption grave et un dernier
élément de conviction.

« Attendu que de Noé ne relève aucun fait, qui puisse in-
firmer la valeur de ceux qui militent contre lui; que, si l'é-
preuve qu'il aurait corrigée n'est pas représentée, cette disparition s'explique par les habitudes de l'industrie et
l'absence de tout intérêt contraire au moment de la publication; qu'il résulte de pièces écrites par lui que l'infirmité
dont il serait atteint n'a pu être un obstacle à la courte correction qu'il a fait subir à l'épreuve, quelle qu'ait été la position que son bras ait dû prendre; qu'on ne saurait attacher plus d'importance aux autres faits allégués, à savoir :
la précipitation avec laquelle de Villemessant a quitté Versailles après sa déposition, les hésitations que dénote un

certificat émané d'ouvriers, les différences insignifiantes qui existent entre le manuscrit et le texte qui a été publié, les propos qui auraient été tenus par de Villemessant ou des tiers, le ressentiment que de Noé aurait manifesté et qui a pu n'être que simulé.

« Attendu qu'il reste établi qu'après avoir, par une déplorable légèreté, appelé une publicité pleine de périls sur des faits que la prudence la plus vulgaire lui commandait de garder secrets, le vicomte de Noé a tenté, au moyen d'une affirmation controuvée, de rejeter sur de Villemessant une part de la responsabilité qu'il avait lui-même encourue ; que sa demande n'est donc pas fondée.

« Attendu, quant aux conclusions de Kugelmann, qu'il ne justifie d'aucun préjudice qui lui ait été causé par de Noé.

« Par ces motifs ;

« Sans s'arrêter à la preuve offerte ;

« Déclare le vicomte de Noé mal fondé dans sa demande, l'en déboute ;

« Déclare Kugelmann mal fondé dans ses conclusions, l'en déboute ;

« Condamne de Noé aux dépens envers toutes les parties. »

Mars 1863.

TRIBUNAL CORRECTIONNEL DE LA SEINE

(6ᵉ ᴄʜᴀᴍʙʀᴇ)

AFFAIRE GARCIA ET CALZADO

PLAIDOYER DE Mᶜ LACHAUD

Pour M. CALZADO

ᴀᴄᴄᴜꜱᴇ́ ᴅᴇ ᴄᴏᴍᴘʟɪᴄɪᴛᴇ́ ᴅ'ᴇꜱᴄʀᴏQᴜᴇʀɪᴇ (ᴠᴏʟ ᴇᴛ ᴛʀɪᴄʜᴇʀɪᴇ ᴀᴜ ᴊᴇᴜ)

Partie civile : M. ᴅᴇ Mɪʀᴀɴᴅᴀ.

Mᶜ Lᴀᴜʀɪᴇʀ et Mᵉ Cʀᴇ́ᴍɪᴇᴜx, *avocats.*

AFFAIRE GARCIA ET CALZADO

Président : M. ROUAULT DE FLEURY.

Ministère public : M. AUBÉPIN, substitut du Procureur Impérial

Prévenus : M. GARCIA, M. CALZADO.

La faute que la société excuse le moins, le délit pour lequel elle n'a pas de pardon, est assurément le vol ou la tricherie au jeu. Il y a, dans cet acte, une déloyauté honteuse, qui répugne d'instinct aussi bien aux personnes du peuple qu'aux gens bien élevés, qui font partie de ce qu'on appelle le monde. Quand pareille tricherie a lieu dans les tripots de bas étage, la justice fait son devoir et la société plaint les malheureuses victimes ; quand elle est commise dans un salon, la société indignée chasse le coupable avec mépris et demande contre lui une répression des plus sévères.

Le vol au jeu, commis dans les salons de madame Barucci par M. Garcia, auquel on donnait M. Calzado pour complice, devait exciter au plus haut point l'indignation et la curiosité de tous les mondes de Paris.

Cet événement s'était en effet passé dans ce monde qui, pour n'être pas le vrai, n'en est pas moins brillant et élégant ; dans ce monde, auquel Alexandre Dumas fils, philosophe et moraliste, a donné un certificat de vie, en créant deux chefs-d'œuvre : la *Dame aux Camélias* et le *Demi-Monde*.

Ce procès permettait aux curieux d'espérer que les portes du salon de madame Barucci, femme galante et très à la mode, seraient toutes grandes ouvertes et qu'on pourrait ainsi en surprendre les mœurs et les joyeusetés.

On savait que la partie de baccarat incriminée avait eu lieu pendant une fête donnée par cette dame, pour l'inauguration de son nouvel hôtel des Champs-Élysées ; on savait aussi que dans son salon se trouvaient ce soir-là réunies quelques jeunes femmes, que la mode avait mises en évidence et aussi plusieurs de ces jeunes gens, fils de famille, qui faisaient partie de ce qu'on appelait la jeunesse dorée, et à la tête desquels se trouvait alors le brillant et chevaleresque M. de Gramont-Caderousse.

L'instruction avait, en effet, révélé que les principaux témoins devaient être : M. Feuilhade de Chauvin, M. le vicomte de Poix ; M. le marquis de Vineux ; M. le marquis de Vivens ; M. le prince Demidoff ; M. le marquis de Gramont-Caderousse ; M. Angel de Vallejo de Miranda, gentilhomme de la maison de la reine d'Espagne.

Madame Barucci avait aussi invité M. Garcia et M. Calzado. La présence de ces deux messieurs devait ajouter quelque intérêt à la soirée, toute de plaisir, qui était promise aux habitués de la maison.

M. Garcia avait, comme joueur, une grande réputation ; il avait fait sauter la banque à Hombourg ou à Wiesbaden, et on répétait partout qu'en Allemagne il avait gagné 600,000 francs dans une même soirée et reperdu 800,000 francs le lendemain. Lui-même avait affirmé avoir gagné quatre millions, en une année, dans les maisons de jeu et les avoir à peu près reperdus.

Il était connu de M. Miranda, qui avait souvent joué et perdu contre lui des parties importantes, dont on parlait beaucoup dans ce monde facile et brillant.

M. Calzado, qui avait, lui aussi, quelque peu la réputation d'un joueur heureux, était directeur du théâtre Italien. Sa présence dans le salon de la femme à la mode, où le tout Paris élégant se donnait rendez-vous, était donc toute naturelle.

La soirée s'était passée gaiement entre ces jeunes gens,

tous du même monde. Après un souper joyeux, on fit, sur la demande de M. Garcia, une partie de baccarat tournant.

M. Garcia tenait les cartes; il avait déjà passé plusieurs fois en gagnant toujours; l'enjeu était enfin monté à l'énorme somme de 64,000 francs; M. de Miranda ayant fait banco perdit encore cette somme; il y avait ainsi sur la table 128,000 francs, lorsque la partie fut arrêtée par M. Feuilhade de Chauvin. On venait de découvrir que M. Garcia ne jouait pas loyalement et qu'aux cartes de la maison il avait ajouté des cartes préparées d'avance. On accusa ouvertement M. Garcia de tricher et de voler.

Sur l'aveu, qu'il fit, d'avoir apporté des cartes, on voulut le forcer à rendre l'argent qu'il venait d'escroquer ; mais comme il ne rendait qu'une partie de l'argent qu'il avait mal gagné, on fit la proposition de fouiller tous les invités. Tous les jeunes gens se soumirent volontiers à cet examen. M. Garcia jeta alors, à tort et à travers dans le salon, tous les billets qu'il avait sur lui, et on fut obligé de faire ce qu'on a appelé la chasse aux billets de banque.·

M. Calzado, pendant toute cette scène, s'était tenu à l'écart, ne parlant à personne; il refusa de se laisser fouiller. Dans les différentes parties, jouées pendant la soirée, il s'était fait l'associé de M. Garcia. Depuis la fatale découverte, il était soupçonné d'être le complice de Garcia ; ce refus changea les soupçons en certitude; la certitude devint plus grande encore quand on ramassa, à ses pieds, un paquet de billets de banque, que quelques convives affirmaient avoir vu tomber de son pantalon.

L'argent fut presque complètement retrouvé; on rendit à chacun ce qu'il avait apporté, et on laissa partir l'homme coupable et celui qu'on regardait comme son complice.

Le lendemain, la nouvelle de ce scandale se répandit dans tout Paris ; elle arriva jusqu'aux oreilles de la justice, qui sut faire son devoir.

C'est ainsi que M. Garcia et M. Calzado, après une enquête minutieusement faite, furent traduits devant le tribunal de police correctionnelle de la Seine.

Le jour de l'audience, les abords du tribunal correctionnel furent envahis par une foule énorme. Depuis la mémorable affaire Verger, assassin de l'archevêque de Paris, on n'avait

pas vu, disent les chroniques du temps, un pareil concours
et des désirs si ardents pour assister à un débat judiciaire.

On savait que M. de Miranda devait se porter partie civile et
qu'il avait chargé Me Crémieux et Me Laurier de la défense
de ses intérêts. Me Lachaud avait accepté la défense de
Calzado ; on disait que M. Garcia se présenterait à l'audience, ainsi qu'il l'avait promis, et serait défendu par
Me Léon Duval.

La présence de tous ces grands avocats à la barre du tribunal rendait l'affaire encore plus intéressante.

Aussi quand, à onze heures trente-cinq minutes, le tribunal entra dans la salle d'audience, il se fit un tel bruit dans
les couloirs et dans le vestibule, qui précède le tribunal, que
le Président ne put pas ouvrir l'audience. Tout le monde
voulait entrer dans le prétoire ; il était déjà à peu près
plein, et il se produisit alors une bousculade épouvantable.
Les gardes purent avec beaucoup de peine s'opposer au
flot des envahisseurs. Ce n'est qu'après trois quarts d'heure
de bruit et de tumulte que le silence se rétablit et que
M. le Président put ouvrir l'audience.

Cette affaire, commencée à onze heures du matin, ne
fut terminée, après une séance de nuit, que le lendemain
à deux heures et demie du matin et le public, désireux
d'assister à tous les débats, resta à l'audience, malgré l'heure
avancée, jusqu'au prononcé du jugement.

Aux débuts de l'audience, Me Philis, remplaçant Me Léon
Duval, retenu loin du palais par un deuil de famille, se
présenta au nom de M. Garcia absent, pour demander une
remise de l'affaire.

Le tribunal n'accorda pas la remise et passa outre aux
débats. M. Calzado se présentait donc seul devant la justice.

Me Laurier, avocat de M. de Miranda, qui se portait partie
civile, posa immédiatement des conclusions pour admettre
son intervention en cette qualité.

Me Lachaud, avocat de Calzado, s'opposant à l'admission
de ces conclusions, présenta quelques observations ; puis
le tribunal rendit un jugement, qui admettait l'intervention
de M. de Miranda et lui donnait acte de sa constitution de
partie civile.

Après la clôture de cet incident, M. le Président Rohault
de Fleury interrogea les témoins, qui étaient très nombreux.

Les dépositions les plus importantes et les plus intéressantes furent celles de MM. Angel de Miranda, Feuilhade de Chauvin, de Gramont-Câderousse, de madame Barucci.

Interrogé par M. le Président, Calzado expliqua qu'il connaissait peu M. Garcia, bien qu'il lui eût, une fois, prêté quelque argent à Hombourg. Il dit que M. Garcia l'avait fait inviter chez madame Barucci, mais qu'il ne s'était rendu à cette invitation que par curiosité, pour voir la nouvelle installation de cette dame.

Il reconnut qu'il avait mis 10,000 francs dans une partie de M. Garcia, mais il nia avoir été son associé. Il affirma avoir perdu dans cette soirée l'argent qu'il avait apporté et il assura que celui qu'on avait trouvé à ses pieds ne lui appartenait pas.

Après cet interrogatoire, M. l'Avocat Impérial Aubépin prit la parole pour développer ses réquisitions.

Mᵉ Laurier, avocat de M. de Miranda, soutint les conclusions qu'il avait prises. Il fit une plaidoirie fine et mordante, selon la nature de son esprit caustique.

La parole fut ensuite donnée à *Mᵉ Lachaud* pour présenter la défense de M. Calzado. Il s'exprima en ces termes :

PLAIDOIRIE DE Me LACHAUD

Messieurs,

Un très grand bruit se fait autour de cette affaire ; les passions s'agitent et les calomnies les plus intéressées se répètent de toutes parts.

A quelque point de vue qu'on l'examine, ce procès est plein d'enseignements et de tristes leçons. Le moraliste, qui voudrait l'étudier, y trouverait peut-être les plus curieuses révélations sur l'époque dans laquelle nous vivons. Mais je ne parle pas au nom de la société, je n'ai pas la mission d'apprendre à chacun le respect et la dignité qu'il se doit à lui-même, et puisque M. l'Avocat impérial n'a trouvé dans la nuit du 4 février que des délits à constater et des éloges à donner, je ne dois pas me montrer plus sévère que lui et j'ajouterai que je ne serai même pas aussi sévère que l'avocat de la partie civile. M. de Miranda a gémi, par l'organe de son défenseur, sur le danger du salon de madame Barucci, sur le danger de *semblables maisons*. C'est ainsi qu'il parle. — Messieurs, l'institution de la partie civile est une bonne chose ; et la partie civile a bien fait d'intervenir, puisqu'elle nous apporte le premier mot de morale, qui se soit fait entendre ici.

Mais venger la morale outragée, ce n'est pas plaider mon procès. Mon procès est de rechercher si Calzado est un escroc, si le ministère public le démontre et si l'on peut déclarer qu'il est coupable quand la preuve n'est pas faite.

Si je ne plaidais pas devant vous, Messieurs, si je ne vous connaissais pas, et si, sans compliments, chaque jour je ne proclamais pas, bien haut, quels hommes vous êtes, je serais effrayé.

N'a-t-on pas tout fait pour surprendre votre religion ? Est-ce que les calomnies, anciennes et nouvelles, ne se sont pas agitées de façon à tuer moralement Calzado avant l'ouverture de ces débats ? Il faut enfin que la lumière se fasse, il faut que tous les masques tombent, il faut que tout soit connu ; et quand la lumière aura été faite, quand tous les masques seront tombés, quand tout sera connu, les efforts, qui seront faits pour obscurcir la vérité devant vous, deviendront, je l'espère, impuissants.

Quel est-il cet homme ? Est-ce un chevalier d'industrie, vivant d'expédients abominables, errant sans patrie et sans famille, volant partout, et s'enrichissant des dépouilles de ses victimes ?

On l'a dit, et pourquoi s'en étonner ? la jalousie et l'intérêt expliquent tout ; plus heureux que d'autres, son travail a été récompensé par le succès. Il a acquis une fortune importante. Devenu directeur d'un théâtre tombé, il l'a relevé, et là, où on ne trouvait que des ruines, il a amené la gloire et la prospérité. Il y a des jaloux, qui ne peuvent vous pardonner votre bonheur ; il y a des cupides, qui ne seraient pas fâchés de prendre votre place, et qui seraient heureux si cette exploitation brillante, que vous avez créée, pouvait leur profiter. Tous les moyens leur sont bons. Je ne veux pas citer de noms ici, cela ne me serait cependant pas bien difficile ; mais je n'accuse que quand j'ai le droit d'accuser et je ne m'attaque pas aux absents, qui ne peuvent pas se défendre, soyez-en assurés.

Toutes ces calomnies, toutes ces infamies ne peuvent pas avoir d'autre origine.

Quelle est en effet la vie de Calzado ?

Il est né en 1805, à Valladolid ; il y est resté jusqu'en 1839 ; négociant estimé, il y a commencé sa fortune. Bon citoyen, il faisait partie de ces légions nationales

espagnoles, qui combattaient la guerre civile. J'ai là
des certificats, que je ne vous lis pas, mais que vous
verrez ; ils attestent toutes ces choses et démontrent son
courage et son amour pour le bien. En 1840, il est
allé à Cadix, qu'il n'a pas quittée jusqu'en 1849. Chose
étrange! cet homme si dangereux, ce chevalier d'industrie si audacieux d'après la prévention, est estimé
partout où il passe.

Il reste dix ans à Cadix, toujours occupé des mêmes
choses et sans que jamais aucune accusation puisse le
saisir, sans que jamais la calomnie essaye même d'élever
contre lui un de ces soupçons infâmes, qui sont comme
le germe fécond, d'où sort la déconsidération même
pour la plus honnête des existences.

De 1840 à 1849, il s'est occupé d'affaires de banque ;
il a établi des messageries entre Cadix et les villes voisines. Il a fait autre chose encore, il a entrepris un grand
commerce de tabac entre Cuba et les diverses villes de
l'Espagne, et c'est ainsi qu'il a fait fortune. Que nous
dites-vous là? s'écrie-t-on ; il n'a pas fait à Cuba un
grand commerce de tabac, il y a fait un commerce d'escroc. J'ai hâte d'arriver à une calomnie, qui se précise.
Elle lève la tête, et je veux enfin la broyer sous le pied
avec le mépris qu'elle mérite.

Oh! la jolie fable, en vérité ; et vraiment, pour mentir
ainsi, il faut avoir une imagination bien riche. Écoutez.
Il achète un navire, le plus grand des navires qu'il
peut rencontrer, et il le charge de cartes biseautées.
Oui, oui, tout cela est bel et bien biseauté, et le navire
fait voile doucement et arrive majestueusement jusqu'à
la Havane. Puis, vous connaissez la suite, Calzado
achète toutes les cartes de l'île de Cuba, oui, toutes,
sans exception. Il vend alors celles qu'il a apportées ; il
joue, et comme on ne joue qu'avec ses cartes, il gagne à
coup sûr, il gagne toujours !

Quelle charmante légende, n'est-ce pas, Messieurs !
comme elle doit vous paraître vraisemblable ! Et cepen-

dant, c'est M. de Miranda qui nous raconte cette fable, il l'a entendu dire..... mais il n'y a pas cru, il n'est pas assez naïf pour çela. Pour toute réponse, je veux vous lire une attestation de M. le capitaine général de l'île de Cuba, qui en sait autant, apparemment, que M. de Miranda.

Vous pensez bien, Messieurs, que des infamies comme celles, qu'on reproche à Calzado, ne sauraient passer inaperçues ; si elles s'étaient produites, l'administration locale en eût été avertie. L'administration, qui en a entendu parler, a dû faire une enquête ; n'a-t-on pas été jusqu'à dire que Calzado avait été expulsé de l'île de Cuba ? Or le gouverneur de Cuba, écrivant au consul général français à la Havane, s'exprime ainsi :

« Le chef supérieur de la police, à l'île de Cuba, me « dit, à la date du 18 du mois dernier, ce qui suit :

« Excellence,

« D'après tous les renseignements, recueillis par les « employés de ma dépendance sur M. R. Calzado, au- « jourd'hui domicilié à Paris, il ne résulte contre lui « aucune action en poursuite judiciaire, ni même de « procès administratif, pour des raisons contraires à la « probité, pendant tout le temps qu'il est resté à la Ha- « vane. Ce que j'ai l'honneur de porter à la connais- « sance de Votre Excellence et en réponse à votre com- « munication du 19 avril dernier. »

Que voulez-vous que j'ajoute ? L'administration supérieure ne sait rien de tout cela. Tous les limiers de la police de Cuba ont été mis à l'œuvre, et il se trouve que la probité de Calzado n'a jamais été soupçonnée. Eh bien ! maintenant, laissez-le se promener pavoisé, votre beau navire, avec ses cartes déloyales, je vous assure que je n'y prends plus garde.

Calzado est venu en France en 1855, et il a été nommé directeur du théâtre Italien. Qu'il me soit permis de m'étonner que M. l'Avocat impérial ne m'ait pas devancé

dans l'observation que je vais faire? Est-ce que vous
pensez que le ministre d'État donne le théâtre des Italiens à un homme aux antécédents suspects? que le
premier venu n'a qu'à se présenter pour que la porte lui
soit ouverte? S'il en était ainsi, j'en rougirais pour mon
pays ; car la protection du gouvernement pourrait alors
être acquise aux malhonnêtes gens. De deux choses
l'une : ou on a trompé l'administration supérieure, ou
elle n'a pris aucun renseignement. Je demande qu'on
me dise si l'administration a été trompée, et qu'on le
prouve ; car je ne peux pas supposer qu'on donne un
des premiers théâtres de France à un homme sans aveu,
à un homme taré, par cette seule raison qu'il aura dans
sa poche 500,000 à 600,000 francs, qu'il peut perdre sans
éprouver un grand dommage. Je n'admets pas qu'on
ignore d'où il vient, quels sont ses antécédents et sa
moralité!

Ah! s'il en était ainsi, je dirais tant pis pour le ministre
et tant pis pour nous. (*Mouvement.*) Mais cela n'est pas
possible, et pareil oubli de tous ses devoirs ne peut être
reproché à une administration sérieuse. En 1855 il a été
nommé directeur parce qu'on connaissait son honorabilité et sa solvabilité. N'aurais-je que ce fait, je pourrais
vous dire : Calzado n'est pas l'homme que vous avez dépeint. On a pu lui donner sans scrupule ce théâtre, qu'il a
fait magnifique, après l'avoir relevé, quand il était perdu.

Que de récits, grands dieux! sur son exploitation.
Que de calomnies nouvelles depuis son séjour à Paris !
J'en avais entendu quelques-unes avant cette audience ;
ici elles se sont augmentées. J'aurais du malheur dans
cette partie de ma cause, car j'ai des documents qu'il
faudra bien croire, si, pour Calzado, il est encore une
vérité qu'on suspecte ; vous vous souvenez de ce ridicule bruit, qui est arrivé jusque dans cette enceinte.
Oui, dit-on, M. Calzado a de bons artistes, il les paie
très cher ; mais qu'est-ce que cela peut lui faire ? Il y
gagne toujours, il les fait jouer, et l'*Ut dièze* de Tam-

berlick ne lui coûte rien ; il lui rapporte, au contraire.
Oui, oui, il y a un témoin, et des plus honorables, qui
vous a raconté cette fable..., je l'avais déjà entendue
et j'avoue qu'elle me semblait si singulièrement ridicule que je ne pouvais qu'en rire; mais la chose devient sérieuse, il n'est plus possible d'en douter. Oh!
puissance de la calomnie! il n'est pas d'absurdité que
tu ne rendes vraisemblable! Voilà ma réponse, une
lettre de Tamberlick.

« 5 mars 1863.

« Monsieur Calzado,

« La persistance d'un bruit d'après lequel vous m'au-
« riez gagné au jeu la plus grande partie des appoin-
« tements, que j'ai touchés sous votre direction, me
« force à vous adresser ces lignes, dans le but de dé-
« mentir cette fausse assertion.

« Et pour que l'on ne puisse attribuer cette démar-
« che à d'autres raisons qu'au désir de rendre hom-
« mage à la vérité, je m'engage à payer 50,000 francs
« à la personne, qui pourra prouver que j'ai joué avec
« vous soit à Paris, soit ailleurs.

« En vous autorisant à faire de cette lettre l'usage
« que vous jugerez convenable, j'ai l'honneur de vous
« saluer.

« E. TAMBERLICK. »

Elle est originale, la lettre, et elle a son cachet de
vérité, qui ne trompe pas. M. Calzado n'a jamais joué
avec Tamberlick, et Tamberlick s'engage à payer
50,000 francs à qui lui prouvera le contraire. Allons!
monsieur de Miranda, prouvez le contraire. Une belle
partie à gagner : 50,000 francs! un coup de baccarat!
(Rires.) Mais permettez-moi de dire que, jusqu'à ce que
vous donniez cette preuve, il ne faut plus en parler. Il
faut renvoyer cette calomnie à la suite du navire qui, en
France, ramène sans doute les cartes de l'île de Cuba.
(Nouveaux rires.)

Que vous dirai-je, Messieurs, au sujet de l'administration de Calzado, qui ne soit connu de tous les artistes. Cet homme qu'on fait si indigne, d'une cupidité
qui le porte aux escroqueries les plus sales, est pour
les artistes un directeur excellent, un bienfaiteur.

Voici une lettre, écrite par une grande artiste, madame Alboni. Elle sait, elle, qui n'a jamais eu de secours à demander à Calzado, car elle est très riche, que
d'autres, qui n'ont pas été dans cette situation, ont
toujours été écoutés par lui ; et en ce moment où il est
indignement accusé, où on l'écrase sous les soupçons
et les calomnies les plus affreuses, elle lui écrit ce petit
mot, inspiré par une âme généreuse et qui prouve que,
si madame Alboni a un immense talent, elle a aussi
un grand cœur.

« Monsieur Calzado,

« Sur le point de terminer l'engagement que j'avais
« contracté avec vous, permettez-moi, Monsieur, de
« vous dire que je me rappellerai avec plaisir les sept
« saisons que j'ai passées, sous votre direction, au théâ-
« tre Italien ; car vous avez toujours agi avec la plus
« parfaite honorabilité. Et chaque fois que je vous ai
« prié de vous intéresser à un artiste malheureux, vous
« vous êtes conduit en homme de cœur.

« Je suis heureuse de vous exprimer ces sentiments
« et de rendre justice à vos bons procédés.

« Agréez, monsieur Calzado, mes salutations distin-
« guées. »

« MARIETTA ALBONI-PEPOLI. »

Voilà l'homme ! Y a-t-il d'autres accusations qui se
précisent ? Oui, il y en a deux encore. Mais il y en a une
que j'ai de la peine à examiner, j'en conviens : c'est
celle qui lui reproche des tricheries commises au jeu
chez le duc Della Rocca. Mon Dieu ! je ne veux rien
dire à M. le duc de Gramont-Caderousse, qui puisse le

blesser; mais il faut bien que je remarque que sa mémoire a été deux fois en défaut aujourd'hui. Je ne mets
pas en question sa bonne foi, mais il me permettra de
lui dire que ses souvenirs ont été malheureux. Que lui
avez-vous entendu dire ce matin dans ses déclarations ?
Qu'en 1858, Calzado a été chassé de chez le duc Della
Rocca où il volait au jeu; il marquait les cartes, les 8 et
les 9, avec son ongle. Je demande comment il s'y prenait, et le duc répond : « Oh ! il le faisait à la vue, sous
les yeux de tous. » Monsieur le Président m'a demandé
alors, si j'avais une autre question à faire, si j'étais satisfait. « Très satisfait, ai-je répondu, je ne pouvais désirer une réponse meilleure. » Est-ce que vous pourrez jamais accepter qu'un homme, entouré de joueurs,
bizeaute les cartes sans plus de mystère ? Avouez que
cela n'a pas pour mérite la vraisemblance.

J'ai demandé à M. le duc de Gramont comment il se
faisait qu'il eût oublié ce fait dans sa déposition écrite;
je lui ai dit qu'il eût bien fait d'en parler; qu'il est regrettable de réserver pour l'audience un fait, une de
ces accusations inqualifiables, qui tuent un homme quand
il n'a plus le temps de se défendre. M. de Gramont répond : « Je n'en ai pas parlé parce que tout le monde le
savait. » Mais qui donc le savait ? A qui l'avait-il dit ? A
madame Barucci. Madame Barucci est appelée : « Oh!
non, non, vous ne m'avez pas dit cela ; vous m'avez dit
que la présence de M. Calzado mettait du froid dans la
société. » Et M. Feuilhade de Chauvin : « Non, vous ne
m'avez pas dit cela; vous m'avez dit que vous n'aviez
pas confiance en M. Calzado. » Et puis deux autres témoins sont indiqués ; l'un est venu déclarer qu'il n'assistait pas à cette soirée, mais qu'il avait entendu dire
certaines choses, surtout, Messieurs, surtout depuis que
ce malheureux procès occupe si vivement l'opinion
publique.

N'ai-je pas raison de dire que M. de Gramont-Caderousse n'était pas très heureux dans ses souvenirs,

puisque ce fait si notoire, dont il n'avait rien dit dans
sa déposition écrite, il ne pouvait le faire contrôler par
personne. Mais au moins M. le duc Della Rocca est à
Paris, il va parler ! Non. M. Della Rocca est à Vienne.
C'est bien loin lorsqu'il faut avoir, à l'instant même, un
renseignement précis. A la rigueur il y a le télégraphe,
mais heureusement nous avons mieux que cela. Hier,
hier encore M. le duc Della Rocca a envoyé, par son secrétaire, à Calzado, un témoignage d'amitié et de sympathie. Il est resté l'ami du malheureux qu'on accuse.
Or M. le duc Della Rocca, qui est un aussi bon gentilhomme que qui que ce soit, dont l'honneur vaut l'honneur des ducs les plus honorables du monde, M. Della
Rocca est son ami. Est-ce assez vous prouver que Calzado n'a pas volé chez lui et qu'il ne l'a jamais chassé
de son salon ?

Voici, Messieurs, une carte de M. Ferragut, secrétaire du duc Della Rocca, déposée au domicile de Calzado, hier, je le répète, et portant au dos cette phrase
en espagnol et dont voici la traduction :

« M. le duc Della Rocca charge aujourd'hui M. Fer-
« ragut de manifester sa sympathie à M. Calzado. S'il
« peut lui être utile à quelque chose, il lui prouvera
« qu'il est reconnaissant de la manière généreuse, dont
« M. Calzado a agi envers lui dans les circonstances
« difficiles où il s'est trouvé. »

Je n'ai pas à insister, j'ai entre les mains une preuve
providentielle, qui justifie M. Calzado, au nom du duc
.Della Rocca. Vous êtes convaincus que le gentilhomme
ne donne son estime et sa sympathie qu'à celui qui en
est digne. M. Calzado, dans les salons de M. le duc
Della Rocca, n'a jamais manqué à l'honneur. Vous le
dites avec moi. Je crois Calzado assez vengé du fait
Della Rocca, et il ne doit plus, dans le moment où je
parle, s'en inquiéter.

Enfin, il est une dernière accusation sur laquelle j'ai
quelque peine à m'expliquer. Ce n'est pas M. Mongenot

qui m'embarrasse,... le pauvre homme ! Ah ! mon Dieu !
il lui est bien difficile de savoir qui a pu tromper.
Certes, ce n'est pas lui; oh ! je l'affirme, il est un
brave homme, il suffit de le voir pour reconnaître cette
vérité. Si j'éprouve quelque embarras, ce n'est pas que
les faits, rapportés par M. Mongenot, me préoccupent,
non, c'est que dans cette affaire il s'est passé quelque
chose, qui me cause un regret profond, et que ce regret
s'adresse au ministère public. Il a des pièces que je ne
connais pas ; et il a gardé, pour lui, des documents que
j'avais le droit de connaître avant l'audience, et qu'on
ne m'a pas montrés.

Il s'est, en effet, passé un fait, que M. Tavernier nous
avait raconté, que je savais déjà et dont j'ai la
preuve par l'instruction. Le commissaire de police,
après que l'instruction a été terminée, a fait une enquête sur Calzado, et il a dressé des procès-verbaux.
Madame Tavernier lui a donné sa déclaration ; où sont
ces pièces, je le demande?

Comment! dans un pays comme le nôtre, quand
l'instruction est finie, et quand l'administration de la
justice, ou même la police, croit qu'il est utile d'ouvrir
de nouvelles enquêtes, ce qui est son droit, il sera permis, quand la prévention aura les mains pleines de
documents, de les laisser ignorer jusqu'à la dernière
heure à la défense, et de venir ensuite lui jeter à la face
des témoins dont elle ne sait pas même les noms et
qu'elle ne peut pas être préparée à combattre !

Le tribunal sait bien tout le respect que je professe
pour l'autorité quelle qu'elle soit ; je n'attaque jamais,
et il faut que le fait soit bien grave, qu'il soit la viola-
tion la plus manifeste du droit de la défense pour que
je le signale avec cette vivacité au tribunal et à l'opinion.

Le fait Mongenot, je l'ignorais ; mais en voyant ce qui
se faisait, je pouvais m'attendre à quelque révélation.
On s'était présenté chez plusieurs personnes, on leur

avait dit : « Je viens au nom de M. le Procureur impérial
vous demander si Calzado ne vous a pas volé. » Et sur
la réponse négative de ces personnes, l'inconnu répondait : « Vous êtes bien bon enfant. Il est prouvé qu'il tri-
chait toujours ; il sera condamné certainement. » J'ai
des pièces qui constatent ces conversations. Certes, le
Parquet n'agit pas ainsi, mais tout ceci est étrange, et
ce sont des procédés nouveaux.

Le lendemain, un commissaire de police, dont voici la
carte, se présentait au nom de la police, faisant une enquête, interrogeant tous ceux qui avaient connu Calzado. Eh bien ! il faut croire que ces démarches ont
été bien infructueuses puisqu'on n'a pu découvrir que
cet infortuné M. Mongenot. Et vraiment, la campagne
de la police est une campagne qui est toute à mon profit,
car si vous n'avez rien trouvé, c'est qu'il n'y a rien ;
si on s'est rendu partout, interrogeant les joueurs, qui
peuvent avoir perdu, et on est toujours mécontent
quand on a perdu, il faut que la probité de Calzado
n'ait pas été suspectée puisqu'elle n'a pas été accusée.
Enfin, on arrive à cet excellent Mongenot, qui n'accuse
pas, quoi qu'en dise M. l'Avocat impérial.

J'ai entendu les questions que M. le Président a faites à M. Mongenot, questions auxquelles le brave
homme n'a pas pu répondre, et je me demande encore,
très sérieusement, s'il peut y avoir dans sa déposition quelque chose, qui doive rester à la charge de
Calzado.

En effet, qu'a-t-il dit ? Depuis trente ans, il se réunit
avec des amis (il y aurait cinquante ans que cela ne
changerait pas la thèse). « M. Calzado, dit-il, est venu
dans notre réunion chez Véfour ».... (oui, ces soirées,
passées dans cette réunion, lui ont coûté 185,000 fr.
en quatre ou cinq mois ; c'est payer bien cher le plaisir
de se trouver avec M. Mongenot et ses honorables
amis) ; puis un jour, on s'est aperçu que les neuf des
cartes étaient marqués (on dit qu'au baccarat ce sont

les seules cartes importantes). Très bien. — Est-ce Calzado qui marquait ces huit et ces neuf? — Je n'en sais rien. — Vous avez cru que c'était Calzado? — Dame, Monsieur, nous avons bien pu avoir un soupçon. — Est-ce que vous l'avez exclu de votre réunion? — Non, Monsieur. »

Eh bien! messieurs. Est-ce que M. l'Avocat impérial répondrait de tous les autres invités de M. Mongenot? Pense-t-il qu'il ne soit jamais entré chez Véfour que Calzado, qui pût commettre de semblables actes? Ne peut-il pas y avoir des Grecs à Paris, s'il y en a en Espagne? Quand on veut trouver un homme coupable de toutes les iniquités, c'est chose facile; mais, quand on veut raisonner, c'est chose impossible. On a trouvé les huit et les neuf marqués dans un jeu de cartes neuves chez Véfour. Est-ce que c'est Calzado qui avait apporté ce jeu de cartes neuves? Qui peut et ose l'assurer? Si vous n'en savez rien, pourquoi l'accusez-vous, lui, plutôt qu'un autre? On a dissous la Société et on l'a reconstituée plus tard sans Calzado. Qu'est-ce que cela prouve? Tous les membres anciens faisaient-ils partie de la nouvelle Société depuis sa reconstitution? Le témoin a dit plusieurs. Ce qui ne prouverait pas qu'il n'y ait eu qu'une seule exclusion.

Mais Calzado s'est-il présenté, l'a-t-on repoussé? a-t-il su que cette Société avait été reconstituée? M. le Président avait précisé la question avec un soin extrême : « A-t-il su qu'il était exclu, que c'était un outrage qu'on lui faisait? — Dame! Monsieur, répond le témoin, je ne sais pas s'il a su que nous étions reconstitués. Mais, s'il ne l'a pas su, comment voulez-vous qu'il vienne? S'il ne se doute pas que la réunion est rétablie quinze jours ou un mois après sa dissolution, comment voulez-vous qu'il se présente?

Ils étaient trente ou quarante personnes qui faisaient partie de ce dîner; or, un jour, on s'est aperçu que les cartes n'étaient pas loyales; chacun a pu avoir des

soupçons, l'un sur l'autre ; et puis on se sépare. — Mais
on avait vu Calzado venir, on l'avait vu monter, descendre. Puisqu'il venait dîner tous les vendredis, on a
pu le voir et monter et descendre.

Messieurs, ah ! Messieurs, est-ce que vous ne trouvez
pas que la discussion doit avoir nécessairement un
terme et que l'inquisition, même la plus passionnée, doit
s'arrêter ? Jugez maintenant le passé de Calzado.

Je crois avoir répondu à toutes les préventions ; les
calomnies, qui sont insaisissables, je ne peux pas les
aborder ; mais celles qui se précisent, je les combats
et je les détruis. M. l'Avocat impérial vous a dit :
Calzado avait une mauvaise réputation, et il n'y a pas
d'effet sans cause. Mon Dieu ! quelle parole imprudente ! Le ministère public ne voit donc pas combien
il est facile de ruiner une réputation si la passion
ou l'intérêt l'exige. Tenez, Messieurs, prenez le magistrat le plus intègre du monde, le fonctionnaire le plus
irréprochable, attachez à leurs personnes un misérable
habile et persévérant, qui ait intérêt à les faire passer
pour des fripons et des coquins, il peut arriver qu'ils
soient perdus ou tout au moins déconsidérés ; les che-
mins de la calomnie, ne le savez-vous pas, sont tracés
de telle sorte que, quand on y est entraîné, on y marche
toujours d'un pas fatal ; et fussiez-vous, Messieurs,
l'honnêteté incarnée, fussiez-vous la vertu par excellence, si on avait un intérêt puissant à vous perdre
et si un homme habile voulait avoir raison de votre
situation et de l'estime qui vous entoure, il n'aurait
qu'à vous calomnier. Hélas ! cela est bien triste à dire,
mais cela a été dit, il y a bien longtemps : qu'il calomnie ! qu'il calomnie ! il en restera toujours quelque
chose.

Et quand, comme Calzado, on est un joueur, quand
on a ce grand défaut, eh bien ! que voulez-vous ? il sera
facile de dire : il joue beaucoup ; il gagne souvent, il a
gagné quelquefois de grandes parties. C'en est assez,

il est facile de supposer, de répéter qu'il est un misérable, et s'il a beaucoup voyagé, on peut aisément mentir sur ce qui se passe au loin : Il est très facile de déshonorer un homme en plaçant à la Havane, à Cadix ou ailleurs les plus indignes et les plus absurdes accusations.

Messieurs, il faut que je m'arrête dans cette préface. Tout ce que j'ai pu trouver, je l'ai discuté ; tout ce que l'on m'opposait, je l'ai attaqué ; il faut me rendre cette justice, que je combats la prévention courageusement. Je n'y vais pas avec détour. Que M. l'Avocat impérial soit convaincu que je répondrai à toutes ses accusations ; mais je combats avec des armes loyales ; mais j'aime à combattre au grand jour de l'instruction et non dans les ténèbres des rapports de police.

Messieurs, il faut maintenant parler d'un autre personnage, qui occupe la première place dans ce procès ; de Garcia, Garcia le phénomène le plus extraordinaire des joueurs, de Garcia la terreur de toutes les banques, qui a eu contre elles des succès inouïs et sans précédents, et dans ces banques cependant on ne peut pas voler, car dans les jeux d'Allemagne tout est loyal.

On y trouve tout de même la ruine, mais on n'y est jamais trompé, ni jamais trompeur. Garcia a fait ce que, avant lui, personne n'avait osé faire. On l'a vu gagner 600,000 francs en une journée et perdre 800,000 fr. le lendemain ; tout ceci, soyez-en sûrs, a de l'importance vis-à-vis de Calzado. Il a vu dans Garcia, joueur, un personnage considérable, car plus on a d'audace dans l'audace, plus on est important. Ici, vraiment, Messieurs, je m'étonne qu'on ne s'explique pas que Calzado puisse prêter quelque argent à Garcia sans supposer un concert frauduleux. Vous ne savez donc pas ce que c'est que la camaraderie du tapis-vert, si vous donnez ainsi aux choses les plus simples une si coupable signification ?

En 1860, Garcia va dans les maisons de jeu d'Allemagne, et il y est complètement mis à sec ; mais pas en

un jour : ruiné le matin, il était millionnaire le soir ;
puis il perdait le lendemain pour regagner ensuite des
sommes énormes. C'était une pluie d'or, qu'on n'avait jamais, avant lui, vu tomber avec une pareille abondance. Et
si ce triste procès n'était pas survenu, Garcia resterait
comme le joueur le plus intrépide qui eût jamais tenté
la fortune. M. Calzado, comme les autres, admirait
son audace, et lorsque Garcia lui emprunte 1,000 francs,
il ne les lui refuse pas. Quoi ! vous croyez que Calzado
pouvait lui refuser 1,000 francs ? (*M° Laurier fait un signe
affirmatif.*) Je demande à mon confrère la permission
de n'être pas de son avis. Il connaît peu le cœur du
joueur, s'il ne sait pas qu'on se soutient contre la
mauvaise fortune et qu'on conspire en commun contre la mauvaise chance. Les 1,000 francs prêtés ont
été rendus. Les deux joueurs ne se sont plus revus
jusqu'en 1862.

En 1862 Calzado a eu le bonheur ou le malheur de
gagner beaucoup d'argent à Hombourg. Garcia était
dans la déveine ; il faut me pardonner le mot, il est
technique. Calzado avait gagné 140,000 francs ; il prête
à Garcia quelques billets, puis Garcia revient à la charge.

Vous êtes heureux, dit-il ; il faut que vous m'aidiez ;
cette mauvaise veine, qui me poursuit, ne sera pas éternelle.

Je ne peux pas toujours vous donner de l'argent, dit
Calzado, qui continue à prêter quelques sommes, et puis
quand il est arrivé jusqu'au chiffre de 13,000 francs, il
a trouvé que c'était suffisant, même pour obliger le
plus ardent des joueurs. Et il n'a plus donné d'argent.
Ils se sont ainsi quittés et se sont retrouvés à Paris.
Quelque temps après, Garcia a rendu à Calzado
6,000 francs sur les 13,000 francs qu'on lui avait prêtés ;
7,000 francs sont encore dus.

Quels ont été, depuis cette époque, les rapports de ces
deux hommes ? Presque nuls. Vous en doutez ? Voilà
cependant des preuves, de ces preuves qui ne doivent

pas tromper lorsqu'il s'agit de joueurs. Vous savez que
Garcia, dans les premiers mois de cette année, a organisé de grandes parties. Si Calzado et Garcia sont deux
associés, ils seront souvent ensemble. Eh bien ! Garcia
a donné de magnifiques fêtes auxquelles M. de Miranda
se rendait. Il a reconnu, dans l'instruction, qu'il y a perdu
des sommes importantes. Calzado n'a jamais assisté à
ces fêtes.

Nous verrons tout à l'heure si cette association criminelle a pu naître chez madame Barucci ; mais très
assurément, si ces deux hommes veulent tromper au
jeu, il faut reconnaître qu'ils se rencontreront presque
toujours dans des réunions où l'on joue. Or, je dis à la
prévention qu'elle est dans l'impossibilité d'établir
qu'avant la partie, faite chez madame Barucci, une rencontre ait eu lieu entre Calzado et Garcia à une partie
importante. J'ajoute que M. de Miranda lui-même a
donné des fêtes. On ne devait pas y jouer. C'est entendu, on ne doit jamais jouer, et on joue toujours ; c'est
ainsi que, chez madame Barucci, on avait bien décidé
qu'on ne jouerait pas, et l'on y tenait des coups de
60,000 francs au baccarat. Est-ce que dans ces parties,
engagées aux soirées de M. de Miranda, Calzado s'y est
jamais trouvé ? Et ce n'est pas là une révélation ? Comment ! il faut que ces deux hommes marchent ensemble, vous les faites coauteurs, vous les unissez dans
cette voie désolante, qui doit les conduire au délit, et
vous ne les trouvez jamais ensemble ? Et si vous demandez à M. de Miranda, qui a perdu si souvent avec
Garcia, s'il a joué avec Calzado, il répond qu'il a
joué une seule fois au cercle, et que Calzado a perdu
2,000 francs.

Il faut, sur cette partie du débat, se résumer. Il y a eu
entre Garcia et Calzado des relations de joueurs en
Allemagne, l'un a prêté de l'argent à l'autre. A Paris
leurs relations ont été peu suivies. Je vous citerai un
détail, qui n'est rien en apparence, mais enfin un di-

recteur, qui a un complice, un ami, lui donne ses entrées dans son théâtre, et Calzado les donnait assez
facilement, chacun le sait. Eh bien ! jamais Garcia n'a
occupé une place aux Italiens sans la payer. Tout cela,
pour les personnes qui vivent dans le monde, a une
signification.

Enfin quand il y a de grandes fêtes, où l'on peut gagner ou perdre beaucoup d'argent, Calzado n'y va pas,
Garcia s'y rend tout seul. Il n'y a donc pas d'intimité
entre eux ; il n'y a donc aucun de ces rapports, qui
pourraient permettre de croire qu'ils ont comploté
l'acte indigne, qui leur est reproché.

Ceci dit, je pourrais arriver bien vite à ce qui s'est
passé chez madame Barucci. Et cependant, puisque
M. de Miranda veut qu'on parle de lui, il faut bien que
je dise un mot sur sa personne. Je ne comprends pas
pourquoi il est intervenu dans ces débats comme partie
civile, et je dois croire, après avoir entendu son défenseur, qu'il a voulu faire faire son apothéose ; car personne n'a attaqué son honneur et il n'avait pas besoin
de le défendre ; si cette raison n'explique pas son intervention, il intervient donc pour se faire rendre l'argent ;
et quoi qu'il en dise, je suis bien tenté de croire que la
question de susceptibilité est ici pour peu de chose et
que la question d'intérêt y est à peu près la question
principale.

Oh ! j'ai bien entendu M. de Miranda faire proclamer
par son défenseur que l'argent, que vous lui donneriez,
serait dépensé en bonnes œuvres. Cela se dit souvent
et n'engage à rien. Mon adversaire le sait, et l'inter-
ruption de M. le Président lui rappelait, s'il l'avait oublié, que ces déclarations sont parfaitement inutiles devant la justice.

Pour moi, je ne ferai pas à M. de Miranda l'injure de
douter de sa parole ; je crois à son intention ; mais un
joueur a de tels besoins,... de tels entraînements que
son argent, l'argent de ses charités est toujours exposé.

Enfin, j'y consens, c'est pour faire des charités qu'il est ici. Puis il n'est pas fâché de faire connaître ce qu'il prétend être. Nous avons en France notre noblesse, nos grands noms; nous les connaissons, mais nous avons de moins grandes connaissances sur la noblesse espagnole. M. de Miranda a trouvé une heureuse occasion pour nous apprendre que son père a été ministre; que sa mère est la gouvernante des enfants du duc de Montpensier. Je ne peux pas dire non, je n'en sais rien. Mais je forme un vœu sincère, c'est que les enfants du Prince, qui sont Princes français, malgré les malheurs de leur famille, reçoivent de leur gouvernante de sages enseignements, et qu'elle les préserve surtout de la passion du jeu, de ce fléau, dont mieux qu'une autre elle peut juger les terribles effets.

Que voulez-vous? un procès fait bien; celui-ci a donné au beau discours, que vous avez entendu, l'occasion de se produire; M. de Miranda lui devra, peut-être, son entrée au Jockey-Club; et il a si bien fait ses preuves qu'il compte, grâce à ce débat, éviter quelques boules noires.

(*M. de Miranda proteste par une dénégation énergique.*)

M⁰ LACHAUD. — Vous n'y aurez que des boules blanches; mais passons.

Voilà bien des raisons pour expliquer l'intervention de M. de Miranda comme partie civile : se consoler des sommes qu'il a perdues; obtenir de l'argent; faire parler de lui, laisser dire que s'il joue 60,000 francs, c'est qu'il a en réserve des sommes beaucoup plus importantes sans doute; ce qui n'est pas toujours vrai, mais ce qui se croit volontiers. Je ne m'étonne plus alors de voir ici M. de Miranda, et c'est assez parler de lui.

Ceci dit, le débat est plus libre. Nous connaissons Calzado, nous savons ses rapports avec Garcia, nous avons dit le secret de l'intervention de M. de Miranda; arrivons à la soirée de madame Barucci.

Calzado y était invité; j'ai l'invitation que madame Barucci lui avait adressée, invitation faite dans la formule
ordinaire. Il ne pouvait s'en étonner, madame Barucci
connaissait depuis longtemps le directeur des Italiens
où elle avait une loge, et M. Calzado s'était présenté
quelquefois chez elle. C'était une soirée dans laquelle
on devait jouer. Je ne crois pas qu'on voulût faire une
partie aussi considérable que celle qui a eu lieu, mais on
devait jouer. Garcia était invité, et on devait faire une
petite banque. Un témoin l'a dit très franchement; c'est
M. de Bremilly, que vous n'avez pas entendu ici, mais
qui a déposé devant le juge d'instruction. Il a dit ceci :

« J'ai été étonné de voir M. Calzado et M. de Miranda
« que je ne connaissais pas. Quant au sieur Garcia,
« j'avais entendu dire vaguement qu'il viendrait pour
« faire une banque. »

Ceci est très clair. Est-ce que vous croyez qu'on invite Garcia pour souper sans jouer? La conversation
eût été charmante, je n'en doute pas; il y avait dans
cette réunion des dames, douées d'un esprit très
agréable, j'en suis sûr.

Tous ces attraits n'auraient pas, je le crois, beaucoup touché Garcia : il aime le jeu, on l'invitait où l'on
devait jouer.

Nous voici arrivés au procès. Que doit prouver le
ministère public? Ceci : que Calzado a été l'un des auteurs de l'escroquerie qui a été commise, ou qu'il en a
profité sciemment. Il n'y a pas moyen de sortir de là.
Mes deux propositions sont incontestables, et M. l'Avocat impérial ne les contestera pas. Il faut donc suivre
l'un après l'autre tous les faits, afin d'arriver à cette
preuve que vous me devez et dont je ne vous ferai pas
grâce. Prouvez-moi donc que Calzado et Garcia se sont
entendus. Ce ne sont pas des soupçons que j'accepte-
rai, ce qu'il me faut, c'est une preuve certaine, certaine,
entendez-vous, de cette allégation. Voyons comment
les faits se passent.

Calzado arrive presque le premier. Il n'a pas vu Garcia, ce jour-là ; il a passé la soirée à son théâtre et il en est parti pour se rendre directement chez madame Barucci. Quant à Garcia, il a passé, lui, toute la soirée au cercle, jouant avec M. de Miranda, et lui gagnant, en compagnie de quelques autres personnes, beaucoup d'argent. C'est déjà quelque chose, car vous comprenez bien, que s'il y avait eu complot entre ces deux hommes pour tromper M. de Miranda, qui est un joueur, avant d'aller chez madame Barucci, Calzado serait allé rejoindre Garcia. Il est bien certain que Calzado ne serait pas arrivé le premier et Garcia l'un des derniers.

Les invités arrivent l'un après l'autre ; quelques-uns sont étonnés, dit-on, de voir Calzado dans le salon de madame Barucci. Il est possible que sa figure, que sa personne ne plaisent pas à tous ces messieurs. M. de Poix vous a dit très nettement : « Ce devait être une soirée passée entre les habitués de notre cercle, entre les hommes de notre monde, et lorsque j'ai vu Calzado et plus tard Garcia, cela ne m'a pas convenu. » Tout cela est bien possible, et je ne veux ni m'en étonner ni le contester. Je constate seulement que Calzado est venu l'un des premiers et Garcia l'un des derniers.

Quand Garcia est arrivé il a demandé à jouer ; ici se place un fait, qui pour moi, je l'avoue, ne peut prouver que l'innocence de Calzado. Garcia lui dit qu'il a apporté des cartes. Qui a entendu ce propos ? Personne. Et qui l'a déclaré ? Calzado. Messieurs, je vous le demande, réfléchissez bien sur ce point si important : si Calzado avait été de mauvaise foi, s'il avait pu croire qu'on le considérerait comme le complice d'un homme qui voulait faire une méchante action, est-ce qu'il aurait fait cette déclaration ? est-ce qu'il aurait dit : « Garcia m'a avoué qu'il avait apporté des cartes » ? est-ce qu'il aurait raconté dans quelles circonstances cette déclaration lui avait été faite ? Souvenez-vous, Messieurs, de la déposition de M. Feuilhade de Chauvin et vous serez édifiés.

En effet Calzado est avec Garcia, ils causent ensemble,
et je ne sais à quelle occasion Garcia lui dit : « J'ai apporté des cartes de mon cercle impérial. » Et voilà tout.
Calzado lui répond : « Cela ne se fait pas ; » et il n'en
est plus question entre eux.

Comment voulez-vous conclure de cet aveu que
Calzado s'était concerté avec Garcia pour apporter des
cartes déloyales et commettre une escroquerie? Qu'y
a-t-il d'étonnant à ce que Garcia seul ait eu cette singulière précaution? Il est un joueur, comme il n'y en a
pas un autre, qui craint qu'on n'ait pas de cartes et
qui, voulant jouer à tout prix, a la précaution d'en
apporter.

Calzado est, lui aussi, un joueur, mais il est un joueur
loyal. Je ne sais pas si je me trompe, Messieurs, mais
par cela seul que Calzado a raconté la conversation,
qu'il avait eue avec Garcia, il est, à mon sens, innocent;
coupable, il n'en aurait pas parlé à M. Feuilhade de
Chauvin, dont vous vous rappelez la loyale déposition.
Pour vous, Messieurs, qui voulez raisonner, qui voulez
tirer d'un fait ce qui s'y trouve, vous reconnaîtrez dans
la sincérité de Calzado la preuve de sa bonne foi.

Ce fait que le ministère public relève, je le relève
donc aussi et je supplie le tribunal de se le rappeler
alors qu'il délibérera, car l'empressement qu'il met à
raconter à M. Feuilhade de Chauvin ce que lui a dit
Garcia est une preuve de sincérité dont il doit lui être
tenu compte.

On commence à jouer. Garcia a proposé de faire un
trente et quarante, et tout va se disposer pour la partie.
On a joué, dans cette nuit, à trois jeux différents; il est
important de ne pas les confondre; car si on confond
tout, on ne pourra plus arriver à reconnaître la vérité.

Pour le trente et quarante on apporte une table de la
cuisine. Garcia dessine lui-même avec de la craie, qu'il
prend dans sa poche, les différentes cases nécessaires
à cette partie, et le jeu commence.

Il y eut dans cette banque, entre Calzado et Garcia, une association. Les trois banques, qui ont été faites au trente et quarante, ont été toutes trois faites en société. Le jeu était loyal, puisque ces messieurs ont perdu trois fois. Il faut bien croire que les cartes n'avaient pas été préparées, puisque ces trois banques leur coûtent 50,000 francs. C'était pour *allumer* Miranda, répète son avocat, qui aime ce mot avec passion. 50,000 francs! Mais c'est très cher; et il y a peu de joueurs, qui osent risquer autant d'argent pour *allumer* leurs futures victimes, puisque *allumer* vous plaît. Songez, en effet, que les escrocs pouvaient bien être attrapés à leur tour; 50,000 francs est une jolie somme, et pour une nuit de plaisir, le gagnant pouvait s'en contenter et les garder. Cette supposition n'est pas sérieuse.

Mais, dit-on, vous étiez associés et on ne l'a pas su. Comment! on ne l'a pas su! Mais plusieurs témoins le disent, au contraire, expressément. Je veux vous lire les dépositions de trois d'entre eux, et vous verrez si publiquement, sans mystère, Calzado ne s'est pas associé avec Garcia, ce qui d'ailleurs est dans les usages : ces sortes de banque se font à deux, presque toujours.

Je sais bien qu'il y a quelques témoins, qui ont dit qu'ils ne se doutaient pas de l'association; mais il suffira que d'autres l'aient connue pour que cette association n'ait pas été cachée. Écoutez madame Barucci :

« M. Garcia se plaça à la table pour faire une banque « avec M. Calzado. Ces messieurs disposèrent les car-« tes et une certaine somme, qui s'élevait à 20,000 francs... « Une première fois M. de Miranda fit sauter la banque « de ces messieurs. »

Un témoin que vous n'avez pas entendu, M. Demidoff, a été infiniment plus précis :

« J'ai été surpris, avant l'arrivée de M. de Miranda, « de voir le sieur Calzado jouer contre M. Garcia, bien

12

« qu'il fût associé dans la banque, et, plus tard, lors
« de la partie engagée contre M. de Miranda, de le voir
« ponter contre ce dernier. »

Et enfin, M. Tronchon :

« Je m'étais placé en face du sieur Garcia et j'avais
« commencé à jouer un louis, lorsque M. Garcia ma-
« nifesta le désir de voir prendre ma place par le sieur
« Calzado, qui, disait-il, devait faire les paiements. Le
« sieur Calzado se mit à jouer contre la banque, tenue
« par Garcia... Sans avoir entendu dire qu'il fût associé
« avec le sieur Calzado, je l'avais supposé en le voyant
« se placer devant lui au début de la partie. »

Et M. de Miranda vous disait à l'audience qu'il avait
vu M. Calzado remettre de l'argent à Garcia pour faire
la banque au trente et quarante, ce qui, assurément,
était la meilleure preuve qu'ils ne dissimulaient pas
leur association.

Que voulez-vous de plus précis et de plus clair ? Qui
donc a douté ? Où était le mystère ?

Tous ceux, qui ont eu intérêt à le connaître, l'ont
connu, et Calzado n'avait aucun intérêt à le dissimuler.

Mais se présente, tout aussitôt, la seconde objection.

Quoi ! vous avez donc joué contre la banque ? contre
vous-même ? — Mais sans doute, comme à la Bourse
on joue en même temps à la hausse et à la baisse. Ce
n'est pas plus difficile à comprendre que cela. On fait
des combinaisons par lesquelles on modère ses chances
de perte, et on garantit toujours une partie de son capital. Messieurs, vous n'êtes pas joueurs, mais vous êtes
des hommes de bon sens, vous comprenez bien ceci :
J'ai 10,000 francs engagés dans une banque, il ne me
convient pas de tout perdre ; je m'arrange de façon à
n'exposer, en définitive, que 3 ou 4,000 francs. Où est
donc la tricherie ? où est le mal dans ces combinaisons,
dans ces plans de stratégie de joueur ?

Calzado et Garcia pouvaient s'associer très raisonnablement, très légitimement, parce que cela ne faisait de tort à personne. Jouer contre la banque, c'était un moyen d'amortir les conséquences fâcheuses qu'une mauvaise taille pouvait avoir pour le banquier ; et il est impossible de dire qu'il y eût dans ce fait une charge contre Calzado.

Pour me résumer sur ce premier point, je vous prie de me dire quels peuvent être, dans la partie de trente et quarante, au point de vue de la prévention, les faits qu'on relève contre Calzado. Il n'y a rien. Tout a été perdu.

J'ai dit tout ce qu'il y avait à dire sur ce premier point ; je ne crois pas avoir besoin d'insister, et je passe à un autre ordre d'idées.

Je dois m'expliquer sur une partie d'écarté, qui paraît attirer l'attention de la prévention et qui me semble être étrangère aux faits mêmes du délit. M. de Miranda avait gagné au trente et quarante, Garcia lui propose une partie d'écarté ; il refuse, et la partie ne continue pas. Plusieurs témoins déclarent que Calzado et Garcia ont fait une partie d'écarté, mais qu'elle n'avait rien de sérieux.

J'avoue que je ne m'explique pas pourquoi les prévenus se seraient ainsi, devant tous, amusés à faire une partie ridicule. Dans quel but ? Était-ce pour éveiller l'attention ? Eh ! lorsque l'un des joueurs ne donnait pas de la couleur demandée, il forçait ainsi le spectateur à avoir des soupçons que des coupables se gardent bien de faire naître.

Voudrez-vous bien me dire pourquoi ces escrocs auraient agi ainsi ? Qu'avaient-ils à redouter en jouant un jeu sérieux en apparence ? S'ils sont d'accord, la partie finie, ils se partageront les enjeux ; il est évident que l'un n'aura rien gagné à l'autre. Si ce sont des complices, remarquez qu'ils vont exagérer l'apparence sérieuse afin de ne pas se laisser découvrir. Mais voilà

des personnes, qui veulent voler et qui, au lieu de jouer
gravement, sérieusement, comme on doit le faire quand
on engage son argent sur le tapis, vont jouer d'une manière tellement absurde que tout le monde le remar-
quera. Mon Dieu! Messieurs, à moins de supposer que
ces deux hommes étaient insensés, il faut reconnaître
qu'ils n'ont pas voulu tromper au moyen de cet écarté
et que la prévention ne peut rien y trouver qui lui soit
utile.

Ce qui est vrai, et tout l'explique, c'est que, M. de Miranda ne voulant pas jouer, Calzado ne se souciait pas
de faire une partie d'écarté contre Garcia. Le motif est
très naturel : Garcia n'avait pas d'argent ; il en devait à
Calzado ; il restait à Garcia à peine 4 ou 5,000 francs.
Il est clair que Calzado est un homme trop sérieux
pour jouer une grosse partie avec un joueur, qui a peu
d'argent, quand il en a, lui, davantage. Or, que s'est-il
passé? Ces deux messieurs se sont mis à la table de
jeu ; ils ont engagé la partie, espérant que M. de Miranda viendrait y prendre part. Cela n'a pas convenu à
M. de Miranda. Calzado a pu, alors, rejeter les cartes
sans y attacher aucune importance, ne voulant pas
jouer avec Garcia.

Mais enfin, Messieurs, ces faits peuvent-ils intéresser
la prévention? Nullement. Prouvez que j'ai trompé, que
je me suis associé à la tromperie, si Garcia l'a commise. Voilà la question, et nous n'y sommes pas encore,
car il n'y a eu de tromperie possible qu'au baccarat.
Dans tous les faits, qui précèdent cette partie de baccarat, quelque effort qu'on fasse, on sera dans l'impossibilité d'en indiquer une.

On est allé souper, on a soupé très longuement et
très bien ; Mᵉ Laurier nous l'apprend, et je le crois sans
peine, puisque l'avocat de M. de Miranda insiste si particulièrement sur cette partie de la soirée. Pendant le
souper, Calzado s'est levé de table, il est sorti ; il paraît
qu'il a demandé son paletot pour y prendre des cigares,

son mouchoir, je ne sais quel objet. Il veut fumer, c'est son habitude ; on lui indique le petit salon, il y fume. Il demande le cabinet et on lui montre celui qui est le plus près de la cuisine; il s'y rend. Là-dessus, l'avocat de la partie civile s'est écrié : « Mais pourquoi le cabinet des domestiques au lieu du cabinet de la maîtresse de la maison? » Et mon confrère est entré dans une série de détails et de promenades dans lesquelles je lui demande la permission de ne pas le suivre. (*On rit.*) Calzado s'est rendu dans le petit cabinet des domestiques... Qu'est-ce que vous pouvez en conclure? Qu'on ne lui a pas fait les honneurs de celui de la maîtresse de maison, et pas autre chose. Mais voilà l'adversaire qui a trouvé, et il a les honneurs de cette invention, qu'il est allé y préparer des cartes. Où a-t-il vu cela? En a-t-on trouvé en sa possession? l'a-t-on vu en décacheter ?

Il ne suffit pas de faire une semblable hypothèse; il faudrait faire plus, il faudrait la prouver, et vous ne prouvez rien, vous n'essayez même pas. Vous vous bornez à dire qu'il a été dans le cabinet des domestiques, et votre esprit se perd en commentaires pour trouver ce qu'il a pu y faire Vous me le demandez? Que voulez-vous que je vous réponde? Il a été au cabinet parce qu'il avait besoin d'aller au cabinet, voilà tout ! (*Nouveaux rires.*) Il a été à celui-là, parce qu'on ne lui en a pas indiqué un autre.

Ce matin, M. de Gramont-Caderousse a produit une allégation qui, évidemment, était une erreur, et qui pouvait avoir une sérieuse importance. M. de Poix s'est chargé, sur ce point, de rectifier l'erreur commise par M. de Caderousse. M. de Caderousse aurait dit que, pendant le souper, Calzado était sorti et que Garcia était sorti peu de temps après lui. Ce n'était pas la preuve qu'ils s'étaient entendus; mais enfin, cette sortie des deux prévenus pouvait avoir une certaine gravité.

Eh bien ! M. de Poix affirme que Garcia n'est pas sorti pendant le souper. « J'étais en face de lui, a-t-il

« dit ; j'ai vu sortir Calzado, je l'ai vu rentrer ; Garcia ne
« s'est pas absenté. » Devant cette affirmation, M. de Caderousse est beaucoup moins sûr ; il n'a plus qu'une
certitude morale de la sortie de Garcia. C'est fort insuf-
fisant. Nous avons appris que M. de Caderousse, placé
derrière une corbeille de fleurs, ne devait pas bien voir,
et M. de Poix, qui était en face, qui voyait bien, ne
peut pas se tromper.

La sortie de Calzado n'a donc aucune importance et
ne peut servir à la prévention. On se lève de table, on
fait cette troisième partie de trente et quarante sur laquelle je ne reviens pas et on arrive à la partie de baccarat.

Je suis, autant que je le peux, exact dans la discussion ; je n'ai pu vous faire grâce d'aucun détail, puisque
la prévention fait résulter la culpabilité de Calzado de
toutes ces petites circonstances. Je vous ai démontré
que, jusqu'ici, il n'y avait rien à sa charge. Voyons ce
qui s'est passé dans la partie de baccarat et ce qui résulte des dépositions. Si je ne vous montre pas, jusqu'à
l'évidence, que rien de certain ne s'élève à la charge de
Calzado, ce sera ma faute ; car je ne crois pas que jamais discussion ait été plus facile que celle-ci.

On se met à jouer au baccarat ; on fait plusieurs tours
sans Garcia. Calzado perd, remarquez bien ceci, une
somme d'environ 12 ou 13,000 francs, je ne sais pas
exactement le chiffre. Il lui restait, quand Garcia est
revenu, 1,500 francs. Qu'était devenu Garcia ? Qu'avait-
il été faire ? Nous le savons maintenant ; il était allé dans
un cabinet d'aisances, et là, certainement, il avait ouvert
des paquets de cartes. Les avait-il préparées ? Je n'en sais
rien. Je n'ai ni à l'accuser, ni à le défendre ; mais il avait
ouvert des paquets de cartes, et la preuve, c'est que madame Barucci en a trouvé les enveloppes dans la cuvette.
Ces cartes, jusqu'à ce moment, n'avaient pas été déca-
chetées ; elles n'ont pu servir au trente et quarante, puisqu'elles étaient encore cachetées en la possession de

Garcia au moment où la partie de baccarat commence.
Il faut préciser le moment où Calzado a pu savoir que
Garcia s'en était servi. Il n'a pu le savoir que si Garcia
le lui a dit, — chose que la prévention n'essaye même
pas de prouver, — ou bien s'il a pu le remarquer.

Ainsi, pour tout homme qui veut raisonner honnête-
ment et sans prévention, lorsque Garcia est rentré pour
prendre sa place à la table de jeu de baccarat, il faut
établir que Calzado devait savoir qu'il allait se servir
des cartes apportées. Et sur ce point capital, je demande des preuves. Il savait, me dit-on, qu'il avait des
paquets de cartes, il l'a vu s'absenter, et il a dû se
douter qu'il allait les décacheter et les préparer.

Il a dû *se douter!* Je me demande, en vérité, comment
je puis avoir à répondre à un semblable argument. Mais
lorsque Garcia, que je croyais un honnête homme (je n'a-
vais pas la preuve du contraire), m'a dit qu'il avait apporté
des cartes, et lorsque je lui ai fait observer qu'on ne faisait pas cela dans les bonnes maisons, j'ai dû penser qu'il
se tenait pour averti, et que, après m'avoir promis de
ne pas demander à s'en servir, il les laisserait dans sa
poche ; et vous voulez que je devine qu'il va escamoter
les cartes de la maison pour en substituer d'autres ? Il
faudrait être sorcier, se douter que l'on a près de soi
un prestidigitateur et un homme qui ne veut plus être
loyal. Est-il permis, raisonnablement, de dire que Calzado a dû deviner toutes ces choses ? Non ; en vérité,
c'est le bon sens qui répond.

Garcia prend sa place à la table de jeu. Où se met-il ?
Messieurs, il est un point, dans l'instruction, que j'ai le
regret de n'avoir pas vu établir d'une manière plus précise et qui est un point capital, c'est de connaître exactement la place que Calzado et celle que Garcia occupaient autour de cette table de jeu. Étaient-ils à côté
l'un de l'autre ? Pouvaient-ils facilement communiquer ?
Un témoin, un seul, M. le comte de Gernouville, a été
entendu sur ce point. Il a dit : « Je suis sûr que Calzado

« se trouvait à côté de mademoiselle Constance et il de-
« vait être séparé de M. Garcia par trois personnes.
« Ces deux messieurs occupaient à peu près les deux
« points extrêmes d'une table ovale ; ils n'étaient pas en
« face l'un de l'autre. »

Ainsi, il y avait une table ovale ; aux deux extrémités
se trouvaient les deux prévenus ; trois personnes les
séparaient ; ils pouvaient se voir, mais ils n'étaient pas
en face l'un de l'autre. Lorsqu'on a dit à Calzado qu'il
a dû voir Garcia ajouter des cartes aux jeux de la maison, on ne pense pas à ceci, que d'autres, mieux placés
que lui, n'ont rien vu. M. de Miranda était en face de
Garcia, il n'a rien vu ; mademoiselle Constance, qui
était plus rapprochée de lui que Calzado, n'a pas vu
plus que les autres ; ceux qui ont pu voir, ce sont les
voisins les plus près de Garcia, M. de Gramont-Caderousse ou les personnes qui, debout, se tenaient derrière lui ; mais, quant à Calzado, il était impossible qu'il
pût s'en apercevoir.

Veuillez faire attention à ceci, je vous en conjure.
C'est là, si je ne m'abuse, l'argument capital de ma cause ;
et des magistrats, tels que vous, qui veulent juger
(car vous ne subissez pas la pression du dehors), pèse-
ront ces raisons graves. Garcia a été au cabinet tout
seul. Calzado l'ignore ; Garcia prépare ses cartes sans
lui, et il revient, il ne lui parle pas. Calzado ne sait
rien. Garcia s'assied ; il n'est pas près de Calzado, et ce
dernier ne peut voir ce qu'il fait ; où donc est la preuve
indispensable que Calzado a connu, qu'il a vu ce qui
allait s'accomplir ? Elle n'est pas directe, je viens de le
prouver. Est-elle du moins indirecte ? C'est ce qu'il faut
examiner. Garcia a-t-il fait un signe ? a-t-il dit un mot ?
Non. L'escamotage qu'il a fait, — car prendre des cartes
et les remplacer par d'autres est un véritable escamotage, — Calzado ne l'a pas vu et il n'a pas pu le
voir. Personne ne l'a remarqué ; les cartes se sont
augmentées, c'est là tout ce que les voisins ont pu cons-

tater ; mais l'instant où elles se sont ainsi augmentées,
personne ne peut l'indiquer, le préciser.

Mais, dit-on, vous avez joué pour lui ! Il fallait bien
jouer pour lui ou ne pas jouer du tout. Si vous connaissez
le jeu de baccarat, vous n'ignorez pas que si un joueur
fait *banco*, tous les autres sont forcés de s'abstenir
puisqu'il couvre tout le jeu. Or M. de Miranda avait toujours fait *banco ;* il a tenu sans cesse tout le jeu de Garcia, qui avait les cartes, et depuis le premier coup
jusqu'au dernier de 64,000 francs il en a été ainsi.
Lorsqu'un joueur fait toujours *banco* il faut ou demander et obtenir de celui qui tient les cartes, d'entrer dans
sa partie, ou ne pas jouer. C'est ainsi que Calzado, on
ne prouve pas le contraire, est entré dans la partie de
Garcia. M. Demidoff, auquel Garcia l'avait offert,
aurait pu faire exactement la même chose, s'il n'avait
préféré refuser cette offre, ainsi que M. de Poix l'a déclaré ce matin. Le seul reproche, qu'on puisse faire
à Calzado, le seul fait qui pourrait prouver sa culpabilité sur ce point, c'est de s'être trouvé par hasard avec un homme qui gagnait, et de s'être intéressé
dans son jeu ; et cela, alors qu'il n'a pu jouer contre lui,
parce qu'il y avait un gros joueur, qui faisait toujours
banco et absorbait tout.

Interrogez les faits avec moi ; vous voyez que je n'entends pas *me payer* de phrases, que je suis pas à pas
tous les faits, qui se sont passés pendant cette nuit du
4 février. Je ne néglige rien. Je prouve que vous ne pouvez me demander compte de ce que Garcia a pu préparer
au cabinet ; je prouve que je n'ai eu avec lui, depuis son
retour dans le salon, aucune communication, et que si
je me suis intéressé dans son jeu, dans lequel j'ai
gagné environ 15,000 francs, c'est qu'il n'y avait
pas possibilité de jouer autrement. N'est-il pas évident, dès lors, que la prévention jusqu'à présent est
impuissante ?

Une réflexion s'empare de moi ; je vous demande la

permission de la produire. Ce qui, à mon sens, démontre
sans réplique que Calzado ne peut être coupable, c'est
la stupidité même de l'acte qu'on lui impute ; car enfin
Calzado et Garcia ne sont pas des insensés. Vous
dites qu'ils sont venus chez madame Barucci pour voler.
Ils ont dû, dans ce cas, préparer avant de venir tous
leurs moyens d'escroquerie. Eh bien ! non, ils n'ont rien
préparé ; ils pouvaient faire, chez eux, ce que Garcia
fait tout seul dans les cabinets ; ils ont mieux aimé
s'exposer. Voilà un homme, qui a 57 ans, une grande
situation ; c'est un escroc, un voleur, je le veux bien ;
mais enfin accordez-lui l'intelligence du vol et l'habileté de l'escroquerie. Garcia a la main plus habile, plus expérimentée, soit ; c'est lui qui prépare les
cartes, mais il les préparera hors de la maison de madame Barucci. Il n'arrivera pas avec des cartes qui sont
encore cachetées, qu'il ira ouvrir dans un cabinet dans
lequel il peut être vu. Agir ainsi, convenez-en, c'est de
la folie ! Ce n'est pas tout encore ; s'ils sont d'accord,
ces deux escrocs, l'un des deux au moins conservera sa
raison. Il examinera les cartes, il verra s'il est possible
de tromper avec quelque sécurité. Vous n'avez pas vu
les cartes ajoutées par Garcia ; je vous en supplie, re-
gardez-les. Est-ce que vous croyez qu'elles ressemblent
à celles de madame Barucci ? détrompez-vous, rien n'est
plus dissemblable. Les cartes de la maison de madame
Barucci sont des cartes unies, elles ont servi, elles sont
presque grises ; celles que Garcia avait apportées étaient
recouvertes d'une couche d'argent brillant ; les cartes
de madame Barucci avaient des figures simples ; les cartes de Garcia étaient à deux têtes ; et puis, les piques,
les trèfles, les carreaux, les cœurs, ce qu'on appelle le
dessin, tout cela était encore différent. Ce que je vous
dis est attesté par l'expert commis pour examiner ces
différentes cartes. L'expert est le fabricant même des cartes de madame Barucci, celui qui avait fourni au cercle
agricole les cartes qu'on avait rapportées le 4 février.

« On m'a chargé, dit-il, d'examiner 11 jeux de cinquante-deux cartes de ma fabrique et quatre jeux de la fabrique de Lunéville.

« Les cartes de Lunéville (apportées par Garcia) sont blanchies par derrière d'une couche de blanc d'argent.

« Les cartes de ma fabrique sont sans préparation de ce genre.

« L'habillage des figures n'est plus le même (manière de colorier).

« Les fers emporte-pièces des piques, des carreaux, cœurs et trèfles diffèrent également. »

C'est-à-dire que rien ne se ressemble ! N'est-ce pas plus que de l'audace ? C'est du délire. Est-ce qu'il était possible de ne pas être découvert ?

On avait déjà joué avec les cartes de la maison, et voilà que, tout à coup, il se glisse au milieu de ces cartes des cartes avec des images, des costumes différents, avec des dessins complètement distincts. Chacun va réclamer. Comment voulez-vous que deux hommes, qui s'entendent pour le vol, puissent commettre une pareille ânerie. C'est le mot. N'y aurait-il en faveur de Calzado que ce fait, cela suffirait ; car il est certain que chacun de vous reconnaîtra l'impossibilité d'une pareille entente. Oui, faites de ces deux hommes des escrocs, mais des escrocs ayant l'intelligence vulgaire. Ne leur faites pas faire ce travail insensé dans un salon comme celui de madame Barucci. Qu'ils soient trahis par une circonstance imprévue, je le veux bien ; mais au moins ne leur faites pas imprudemment étaler leur crime. Cet argument, je le répète, m'a frappé quand j'étudiai cette affaire ; je compris alors et je crois encore qu'il y a là, pour vos consciences, quelque chose qui peut les éclairer.

Mais pourquoi nous occuper de tous ces détails ? Pourquoi vous soumettre ces arguments dont je n'ai pas besoin ? Encore une fois, j'attends que M. l'Avocat impérial prouve la part que Calzado aurait prise à la préparation des cartes, la connaissance qu'il a eue du mélange des cartes apportées par Garcia, la connaissance qu'il avait de l'escamotage, qui a été fait par Garcia, faisant disparaître des cartes et les remplaçant par d'autres. La place qu'occupait Calzado, celle de Garcia, les autres faits qui se sont produits, établissent que Calzado était là quand Garcia était ailleurs, et que par conséquent ils ne peuvent être solidaires l'un de l'autre.

Eh bien ! ceci établi, que va-t-il se passer ? C'est ici que j'appelle votre attention. M. de Caderousse a des doutes. On arrive, on observe, et on s'aperçoit bien vite qu'il y a des cartes suspectes. M. de Gramont-Caderousse dit aussitôt à Garcia — avec des hommes comme ceux-là, il n'y a pas de ménagements à prendre — : « Vous êtes un voleur. » Garcia balbutie, hésite, et l'on a la preuve qu'il a ajouté un certain nombre de cartes. Tout le monde garde sa place. Et lorsque, tout à l'heure, M⁰ Laurier disait qu'il est probable que Garcia faisait passer de l'argent à Calzado chaque fois qu'il gagnait, il oubliait que le dernier coup était de 64,000 francs et qu'il est établi qu'au moment où la scène a commencé, où on a interrompu la partie, Garcia avait mis 128,000 francs dans sa poche. N'oubliez jamais cela, Messieurs, c'est là un point capital dans cette affaire. On découvre ce qu'on appelle le vol, on le constate, et Garcia met dans sa poche la totalité de la somme qu'il a devant lui. Ce fait est attesté par tous les témoins.

Alors commence une scène, que je ne veux pas décrire; elle dure trois heures et demie. Garcia avoue qu'il a apporté des cartes ; il dit que c'est un fétiche de joueur, une de ces marottes qui n'indiquent pas la mauvaise foi. On ne veut pas accepter ses explications; on lui déclare qu'il rendra l'argent ou qu'on enverra chercher le commissaire de police. Au moment de ces pourparlers, un de ces messieurs fouille dans la poche de Garcia, il y trouve des cartes. Il paraît qu'il y en avait de cachées dans son gilet, sous ses aisselles, partout enfin. Depuis la découverte de la fraude jusqu'à la

fin de la scène, Calzado et Garcia ont été loin l'un de
l'autre et Calzado n'a pas pu communiquer avec Garcia.
Quand on vient supposer que Garcia a pu passer de
l'argent à Calzado, il faudrait au moins dire qu'ils se
sont rapprochés, qu'une communication a été possible.
Vous connaissez l'instruction, et je la connais aussi;
il n'y a rien, je l'affirme, qui permette de faire cette
hypothèse. Ce qui est vrai et ce dont tous les témoins
déposent, c'est que tout le monde était indigné ; chacun
exprimait son indignation à sa manière. Ces jeunes
gens, très ardents, très généreux, très loyaux, s'empor-
taient dans des phrases vives. Je le comprends, c'est de
leur âge et de leur sang. Calzado est resté à l'écart.
Loin de se rapprocher de Garcia, qui, je le répète,
avait pris tout l'argent qui se trouvait sur la table, il
reste assis dans un fauteuil. C'est même un des reproches
qui lui sont faits par l'instruction. « Vous ne vous êtes pas
assez indigné, » lui a-t-on dit.

Que voulez-vous? c'est affaire de tempérament et de
caractère ; chacun s'emporte à sa façon, et ceux qui
crient le plus ne sont pas toujours ceux qui s'indi-
gnent davantage ; il y a beaucoup de gens qui ne disent rien, et qui sont plus malheureux, plus offensés
que d'autres. Oui, Calzado a été atterré de voir un compatriote, un homme avec lequel il avait eu des relations,
il y avait une heure à peine, qui avait été son associé
au trente et quarante, accusé et peut-être coupable d'une
aussi grande infamie.

Comprenez tout ce que cette situation avait de pénible,
comprenez aussi qu'elle explique l'attitude de Calzado.
Mais lorsque madame Barucci va le trouver et lui dit :
« Monsieur Calzado, vous le voyez, M. Garcia ne veut pas
rendre l'argent; intervenez, car enfin vous le connaissez,
il est votre ami. — Non, madame, ce n'est pas mon ami,
c'est mon compatriote, et c'est bien assez. » Il se lève et
s'adressant à Garcia, il lui déclare que, devant le fait
qui se produit, il doit rendre l'argent.

Dans cette dernière partie des faits, où est, je le demande encore, la preuve qui doit accabler Calzado? Il faut que le ministère public s'explique franchement. Entend-il trouver une preuve de culpabilité dans l'embarras de cet homme? Eh bien! non, il n'oserait pas le dire.

Mais il y a un autre reproche plus grave que celui-là, je le reconnais, et je veux l'aborder sans plus tarder. Calzado a refusé de rendre l'argent qu'il avait gagné en s'intéressant dans le jeu de Garcia. Je comprends bien l'objection qui nous est faite. Vous ne pouvez douter de la fraude de Garcia, dit-on ; vous lui donnez le conseil de rendre l'argent ; et le vôtre, comment pouvez-vous le conserver en sachant quelle est son origine? Car si vous ignoriez que Garcia est un escroc, lorsque vous pariez pour lui, le doute n'était plus possible après que la tricherie était dévoilée.

Cet argument, Messieurs, a pu vous impressionner ; aussi permettez-moi d'appeler votre attention sur ce point. Je m'explique l'attitude de Calzado. Il a compris que tout était annulé dans la partie de baccarat et que chacun rentrait dans l'argent qu'il avait. Ainsi, vous le savez, on a laissé à chacun des joueurs, à Garcia lui-même, la somme qu'il déclarait avoir apportée. Eh bien, Calzado était venu avec 40,000 francs ; il avait 15,000 francs environ, quand il a commencé le baccarat ; il avait perdu d'abord, il a regagné ensuite ; et il a cru, je le répète, pouvoir conserver une somme qui le laissait dans l'état même où il se trouvait avant le baccarat. A-t-il eu tort? a-t-il eu raison? Ce n'est pas la question. S'il avait caché son gain dans la partie de Garcia, oui, alors vous pourriez avoir un soupçon; mais il ne l'a jamais nié; chacun le fixe à peu près au même chiffre: 15 ou 16,000 francs. C'est la somme qu'il avait dans son portefeuille; c'est la somme qu'il reconnaissait avoir gagnée avec Garcia.

M. le Président interrompt M° Lachaud et rappelle M. de

Caderousse et M. de Poix pour leur demander si M. de Gramont et d'autres joueurs ont perdu pendant la taille de Garcia.

Il résulte de leurs déclarations que M. de Miranda avait toujours fait banco contre M. Garcia ; mais que Garcia avait proposé à ces messieurs de jouer contre lui en dehors et qu'il les avait gagnés.

M. le Président, après cette explication, rend la parole à Me Lachaud, qui continue ainsi :

Garcia n'a rendu d'abord que 40,000 francs, c'était une dérision ; il venait de mettre dans sa poche plus de 120,000 francs. Vous savez alors ce qui se passe ; il faut bien vous le rappeler, car vous devriez en tenir compte pour examiner le seul point, qui devient une charge contre Calzado.

Garcia se promène de place en place, laissant tomber partout des billets ; il en tombait de son gilet, de son pantalon, il en plaçait où il pouvait, sur les meubles, dans les rideaux, et il ne faisait pas un pas sans laisser une trace de son passage.

J'ai extrait des dépositions des témoins le texte même de leurs déclarations. Je pourrais vous le lire pour bien établir au milieu de quel désordre les billets apparaissaient, mais c'est inutile, et cela n'est pas nié par la prévention.

C'est ici que se place le fait incontestablement le plus grave contre Calzado. On a voulu le fouiller ; chacun se soumettait à cette mesure, il a compris qu'elle était dirigée contre lui. Il s'en est offensé et il a refusé. On dit qu'après qu'il eût montré son portefeuille, qui contenait 16,000 francs, il s'est échappé tout à coup de son pantalon un paquet renfermant 14,000 francs de billets de banque, qui sont venus tomber à ses pieds. J'ai retenu très exactement sur ce point la déclaration des témoins et je la rappelle en citant textuellement :

Madame Barucci : « J'ai vu tomber le paquet du bas « de son pantalon. »

M. Feuilhade de Chauvin : « On trouva le paquet à
« ses pieds. »

M. de Caderousse : « Calzado s'est déplacé, on a
« trouvé à ses pieds 14,000 francs. »

M. de Poix : » Je n'ai pas vu tomber les billets de
« banque, mais j'en ai vu entre les jambes de Calzado. »

M. de Vivers : « Je n'ai pas vu tomber les billets,
« j'étais placé devant Calzado, on les a trouvés derrière
« lui. »

Il résulte de tout ceci que, près de Calzado, on a
trouvé un paquet de billets. Je reconnais que l'impression des témoins est que ces billets sortent de ses vêtements. Mais cette impression peut-elle devenir une
certitude? qui pourrait l'assurer?

Je viens d'établir qu'il y avait des billets de banque
partout, que Garcia ne faisait pas un pas sans en laisser
tomber ; or, quelle que fût la vigilance des personnes qui
se trouvaient là, il n'était pas possible de tout ramasser
exactement.

Appréciez maintenant combien il est difficile d'affirmer
que les billets, tombés aux pieds de Calzado, sortent
nécessairement de son pantalon. Est-ce qu'il n'est pas
possible que ce paquet ait été ramené, à l'insu de tous,
près de Calzado? qui peut dire non? Les robes traînantes
de ces dames, qui circulent dans le salon, le pied de
l'un de ces messieurs, une cause inconnue a pu rapprocher ces billets. Sur un tapis, pendant la nuit, alors
que les ombres des meubles étendent autour d'eux une
certaine obscurité, comment ne pas admettre une cause
d'erreur si facile à commettre? Si quelqu'un les avait vus
sortir de sa poche, ces billets, je serais bien forcé de
croire, mais on les a aperçus aux pieds de Calzado, et
on a supposé, car on n'a pu le voir, qu'ils sortaient du
bas de son pantalon.

Vous ne pouvez acquérir aucune certitude par la
déposition des témoins, que je n'accuse certes pas de
mauvaise foi, mais qui se trouvaient dans les conditions

les moins favorables pour échapper à l'erreur et à la prévention, et si j'ajoute qu'il y a à l'existence de tous ces faits quelques impossibilités presque matérielles, il faudra bien admettre que c'est là une preuve peu rassurante.

On a beaucoup ri du coiffeur que nous avons appelé et qui est venu vous dire que, pour descendre le pantalon de Calzado, il avait fallu presser la tige de botte. On a eu tort de s'égayer aussi facilement ; car si le pantalon est trop étroit pour laisser un passage suffisant au paquet de billets de banque, il faudra bien qu'il s'arrête. Je vais réjouir encore l'adversaire ; j'ai fait demander au tailleur de Calzado la mesure de ses pantalons. J'ai le nombre des centimètres aux genoux et au bas du pantalon. Ces détails peuvent paraître plaisants ; cependant si un pantalon est très serré du bas, il sera presque impossible qu'il puisse y passer quelque chose d'un certain volume, et comme l'argument est très sérieux, voici la mesure exacte des pantalons de Calzado : 42 centimètres au genou ; 44 centimètres au bas de la jambe.

Il faut ajouter que Calzado porte des caleçons, qu'il a des bottes, et qu'un objet, s'il s'était glissé dans le pantalon, tomberait dans la botte et ne pourrait pas tomber par terre. Je ne veux pas dire que ce soit d'une impossibilité absolue ; il ne faut pas exagérer, je veux seulement vous démontrer la difficulté de tout cela et ajouter un motif de plus pour vous empêcher d'accepter l'opinion si incertaine que les témoins vous apportent.

Mais je me demande pourquoi Calzado aurait dissimulé ces 14,000 francs s'ils avaient été en sa possession ; 14 et 16 qu'il avait faisaient 30,000 francs. Cette somme n'avait rien d'excessif ; il avait apporté 40,000 francs. J'ai le reçu du caissier du théâtre, qui les lui avait donnés. Personne n'avait à compter avec lui. En admettant qu'il eût été fouillé, il n'avait rien à craindre. Si la somme avait été très forte, si on n'avait rien trouvé en la possession de Garcia, et si tout l'argent gagné était sur

lui, je comprendrais sa terreur, et je comprendrais
aussi qu'il eût employé tous les moyens pour en faire
disparaître une partie.

Mais Garcia avait l'argent gagné, il le jetait partout
dans le salon. Calzado, qui ne s'était pas rapproché de
lui, n'avait rien à redouter. Il avait joué dans le jeu de
Garcia, il y avait gagné; chacun l'avait vu; il ne le con-
testait pas; il devait donc avoir de l'argent.

Nul ne pouvait s'étonner de la somme qu'il possédait;
d'où pouvait donc lui venir une inquétude? et pour
quelle raison se serait-il débarrassé de 14,000 francs?
Plus vous y réfléchirez, Messieurs, et moins vous trouverez vraisemblable le fait dont on accuse Calzado.
Et si alors vous vous rappelez combien l'erreur a été
facile, vous n'hésiterez pas un seul instant à reconnaître
que le paquet de billets de banque ne venait pas de lui.

Il ne me reste plus à examiner qu'un dernier fait qui
a excité l'indignation très vive du ministère public et
de l'avocat de la partie civile, fait qui me paraît, je
l'avoue, avoir pris des proportions vraiment exagérées;
je veux parler de la visite, qui a été faite par Garcia à
Calzado au moment de son départ.

Garcia est venu, cela est vrai. Calzado ne l'attendait
pas et son arrivée lui a causé une pénible surprise. Garcia venait s'excuser de ne pouvoir rendre à Calzado, en
partant, l'argent qu'il lui devait. La conversation a eu
lieu en présence du secrétaire de ce dernier, qui en rap-
portera fidèlement tous les détails.

Que faire? vous demandez à Calzado de se précipiter
sur Garcia, de le mettre à la porte avec colère et avec
outrage! S'il l'avait fait, ne diriez-vous pas que c'est là
une comédie d'indignation? Garcia s'excuse, il dit qu'il
n'a pas voulu tromper, et comme il est d'usage, en Espagne, d'offrir toujours à celui qui se présente pendant
qu'on est à table de prendre part au repas, le secrétaire,
si ce n'est pas même Calzado, invite Garcia; celui-ci
prend un bouillon et se retire.

Je sais bien, avant de les avoir entendues, les grandes phrases qu'on peut faire sur ce sujet. Mais en laissant de côté toute cette rhétorique, songez, Messieurs, que s'ils eussent été complices, ces deux hommes auraient pris plus de précautions pour se visiter; et demandez-vous si, lorsque vous voyez Garcia venir sans mystère et sans aucune précaution chez Calzado, s'il ne résulte pas de cette visite la preuve morale que Garcia n'était pas uni par un pacte honteux à l'homme qu'il allait si publiquement visiter.

Voilà, Messieurs, toute cette affaire, et après l'avoir si longtemps examinée, je cherche encore une preuve capitale qui doive perdre Calzado. S'il suffisait de susciter des impressions, je pourrais trembler, car il est trop facile de les exciter pour ne pas les rendre à volonté redoutables.

Vous, Messieurs, qui résistez à ces entraînements dangereux, vous vous rappellerez qu'aucune charge directe ne s'élève contre Calzado, que le délit commence au moment du baccarat, et qu'aucun fait antérieur ne peut s'y rattacher; vous vous souviendrez que Calzado est étranger à la préparation des cartes, qu'il n'a pu communiquer avec Garcia depuis que cette fatale partie a été engagée et que rien, absolument rien, n'autorise à dire qu'il a été son complice.

Souvenez-vous encore de l'attitude de Calzado depuis cette prévention. Son premier soin est de se rendre chez le ministre d'État pour lui demander une enquête; il la sollicite de l'administration, il l'attend de la justice. Il ne fuit pas, lui, et vous le trouvez à votre barre au jour où il y est appelé. Ce n'est pas à lui, qu'on peut reprocher ces lettres que le ministère public blâmait si vivement. Sa conduite, depuis le jour de la prévention, a été simple, modeste, digne et comme il convient à un innocent.

Messieurs, vous lui rendrez justice, j'en ai le ferme espoir. Son honneur a été cruellement atteint, ses in-

térêts sont gravement compromis. Il n'a pu conserver
son privilège, et le théâtre Italien, qu'il a si merveilleusement ressuscité et dans lequel une partie de sa fortune
est engagée, il l'a perdu ; qui sait les conséquences dé-
sastreuses qui peuvent en résulter? à quels sacrifices
n'est-il pas exposé? Oh! je ne veux pas en douter, car ce
serait une trop odieuse ingratitude, et l'administration
en est incapable, personne ne peut penser à enrichir
son successeur à ses dépens. Ce serait trop odieux!
mais enfin, Messieurs, de sa fortune il adviendra ce qu'il
pourra. C'est uniquement de son honneur que je me
préoccupe ici ; de l'honneur de son nom, du nom de
son fils, de ce cher jeune homme qui est un modèle par
son dévouement et par sa conduite ; pour lui du moins
tous n'ont eu qu'estime et sympathie, la calomnie l'a
respecté. Laissez-moi dire qu'un tel fils doit avoir un
père digne de lui, et que cette noble et vive affection
ne peut être inspirée que par une âme loyale et honnête.

Dans un instant, Messieurs, une voix puissante va me
répondre. Ma voix est épuisée, malade depuis quelques
jours, je n'ai plus de forces après cette si longue audience. Mais la partie civile insiste trop pour qu'on
puisse lui refuser de prendre de nouveau la parole.

Soit! qu'ils réunissent de triples efforts et de triples
discours pour combattre Calzado. Je ne m'y oppose pas.
Seulement qu'ils soient moins assurés de leur victoire,
car leur ardeur dans cette lutte inégale témoigne de
leur inquiétude et du péril que court leur accusation.

Si ma parole peut encore arriver jusqu'à vous, je
répondrai à mon tour, sinon je trouverai un auxiliaire
généreux et puissant aussi, pour compléter cette défense.

Enfin, Messieurs, ne sais-je pas que ce ne sont pas
nos paroles qui entraînent votre conviction? Notre seule
ambition doit être de marcher avec vous, en nous
éclairant ensemble aux lumières de la discussion. J'ai
accompli ma tâche sans attaque contre ceux que je
devais respecter, mais avec une liberté d'appréciation

qui est mon droit et que je ne laiserai jamais sacrifier
entre mes mains.

Vous avez tous les éléments de décision, jugez maintenant. Je crois Calzado innocent; l'étude de cette
affaire a fortifié ma conviction; il me paraît impossible,
si vous éloignez les préventions et si vous vous ratta-
chez seulement aux preuves, que vous puissiez hésiter
un instant. J'ai fait mon œuvre, à vous d'accomplir la
vôtre. J'ai confiance dans ma cause et je vous demande
l'acquittement.

————

Après la plaidoirie de M⁣ᶜ Lachaud, Mᵉ Crémieux, bien
qu'il fût plus de minuit, prit la parole pour répliquer au défenseur de Calzado et la garda pendant une heure.

Enfin Mᵉ Lachaud, indisposé depuis plusieurs jours et
épuisé par sa belle et logique plaidoirie, pria Mᵉ Massu, un
des maîtres dans l'art de bien dire, de le suppléer et de répondre à Mᵉ Crémieux. Mᵉ Massu ayant terminé sa réplique
à deux heures du matin, le tribunal entra dans la chambre
du Conseil pour en sortir à deux heures et demie avec un
jugement qui déclarait Garcia et Calzado coupables du délit
d'escroquerie et condamnait Garcia à cinq ans de prison, et
Calzado à dix-sept mois de la même peine, et tous les deux
à une amende de 3,000 francs. De plus le jugement, faisant
droit aux conclusions de la partie civile, condamnait Garcia
et Calzado solidairement à payer à M. de Miranda 41,000
francs à titre de dommages et intérêts.

M. Calzado fit appel de ce jugement. Le public, quand
l'affaire vint devant la Cour, montra pour assister aux
nouveaux débats le même empressement qu'il avait montré pour entendre les premiers débats devant la police
correctionnelle.

L'affaire fut jugée par la Cour dans l'audience du 17 avril
1863, sous la présidence de M. de Gaujal, M. Dupré-Lasale
remplissant les fonctions de ministère public.

Mᵉ Crémieux, qui se présentait au nom de M. de Miranda,
s'en rapporta aux conclusions de M. l'avocat général.

Puis la Cour, après avoir entendu Mᵉ Massu au nom de Calzado et Mᵉ Lachaud, qui répliqua à M. l'avocat général, rendit un arrêt qui confirmait le jugement de première instance.

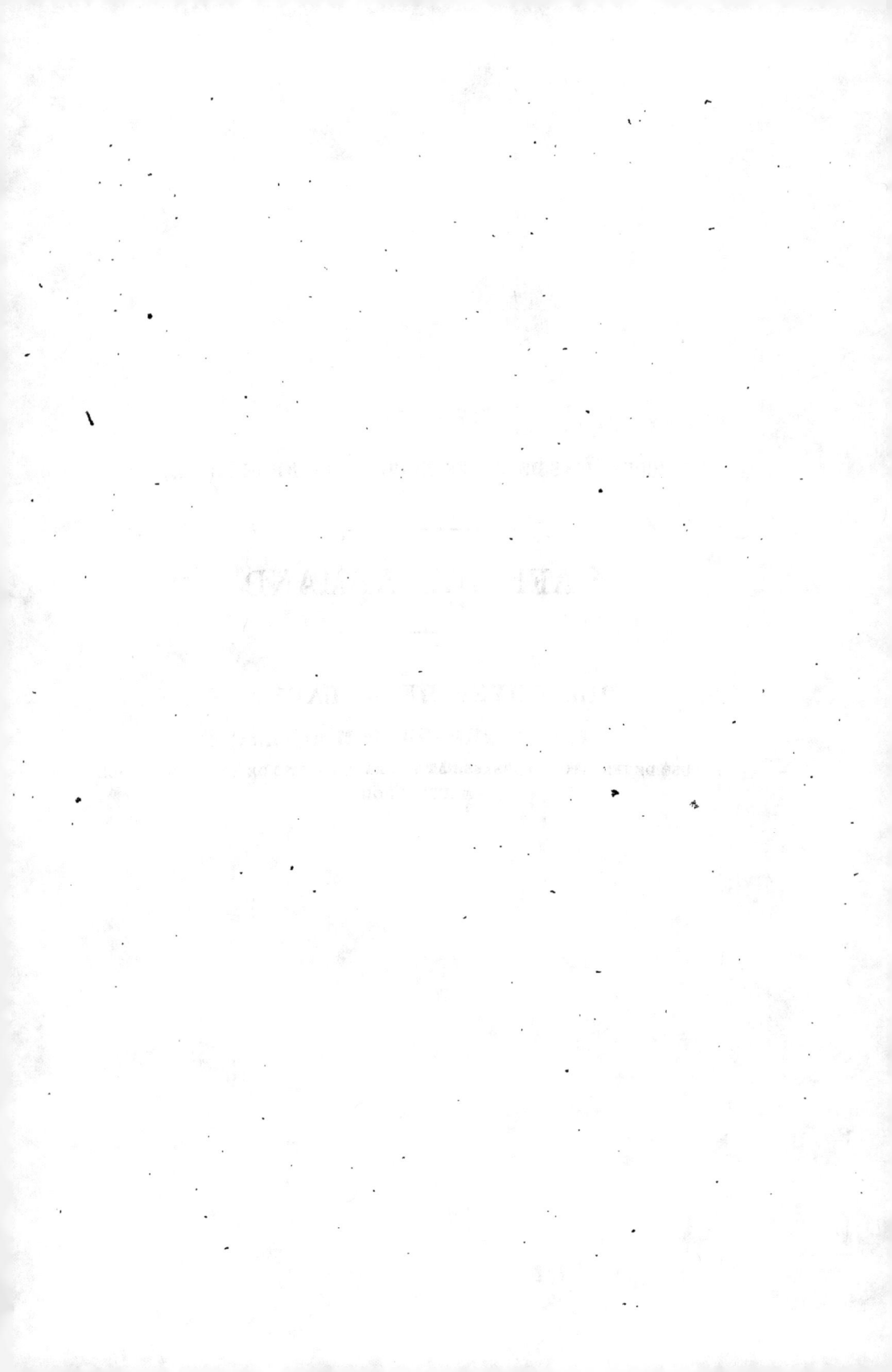

AFFAIRE ARMAND

PLAIDOYER DE Me LACHAUD

Pour M. ARMAND (de Montpellier)

ACCUSÉ DE TENTATIVE D'ASSASSINAT SUR LA PERSONNE DE SON DOMESTIQUE
MAURICE ROUX

COUR D'ASSISES D'AIX

Audiences des 14, 15, 16, 17, 18, 19, 20, 21, 22, 23,
24 et 25 mars 1864.

AFFAIRE ARMAND

Président : M. le Premier Président RIGAUD.

Ministère public : M. le Procureur Général MERVILLE.
M. l'Avocat général Émile REYBAUD.

Accusé : M. ARMAND.

Défenseurs : Mᵉ Jules FAVRE, Mᵉ LACHAUD, assistés de Mᵉ LISBONNE
et de Mᵉ TASSY.

Maurice Roux, cocher de M. Armand, riche propriétaire
de Montpellier, fut trouvé, un soir, à moitié asphyxié dans
la cave de son maître ; il avait une corde passée autour du
cou ; les mains étaient attachées derrière le dos et les jambes étaient liées par un mouchoir.

Quand ce domestique reprit sa connaissance, il accusa
son maître de l'avoir mis dans cet état et d'avoir voulu le
tuer.

L'émotion fut grande dans Montpellier : M. Armand était
un enfant de la ville ; il y était né, il y était connu, aimé et
estimé. Sa grande fortune et sa grande charité l'avaient
rendu populaire. M. Armand protesta avec énergie contre
cette accusation, il affirma son innocence et accusa à son
tour son domestique d'avoir simulé le crime pour lui extorquer de l'argent.

L'instruction de cette grave et délicate affaire fut menée
très rapidement ; commencée le 8 juillet 1863, elle fut ter-

minée le 25 juillet; dix-sept jours après la découverte du crime M. Armand était renvoyé devant la Cour d'assises de Montpellier. L'affaire devait venir à l'audience du 20 août, mais de nombreux incidents devaient se produire et empêcher qu'elle ne fût jugée aussi promptement que le ministère public semblait le désirer.

M° Jules Favre, avocat célèbre, et l'un de nos plus grands orateurs (1), fut choisi par M. Armand pour le défendre contre cette fausse accusation. Son premier soin fut de demander un sursis pour préparer la défense de son client et se procurer les éléments d'une juste et invincible réfutation. La précipitation, que la justice avait mise à faire juger M. Armand, n'avait pas permis de les réunir.

Le sursis fut accordé, grâce à l'intervention du ministre de la justice. L'affaire, renvoyée à la session suivante, fut fixée au 19 novembre.

M° Jules Favre, tombé gravement malade quelques jours avant l'ouverture des débats, ne put pas se rendre à Aix pour défendre son client. Sur la prière de M° Jules Favre et de M. Armand, M° Lachaud accepta la défense de ce malheureux accusé et arriva à Montpellier le 18 novembre au soir, la veille du jour fixé pour la comparution de M. Armand devant les assises. Cette fois encore l'affaire fut rayée du rôle et renvoyée à une autre session. Il semblait vraiment que M. Armand ne pourrait jamais être jugé.

En effet, à l'audience, lorsque l'on fit l'appel des témoins, Maurice Roux, le domestique de M. Armand et l'accusateur de son maître, n'avait pas répondu à l'appel de son nom. Il avait été blessé la veille au soir et il prétendait avoir été la victime d'un nouvel attentat qui mettait sa vie en danger. M° Lachaud avait demandé à la Cour d'attendre pour juger l'accusé que son seul accusateur fût en état de se présenter devant la Cour, et que l'instruction commencée au sujet de ce nouveau prétendu attentat fût terminée. La Cour, sur la plaidoirie de M° Lachaud, avait renvoyé l'affaire à une autre session.

Cet incident augmenta encore le trouble dans lequel cette grave accusation avait jeté tous les esprits non seulement des habitants de Montpellier, mais aussi du pays tout

(1) M° Jules Favre est mort depuis plusieurs années.

entier. Devant cette surexcitation générale les défenseurs de M. Armand, Mᵉ Lachaud et Mᵉ Jules Favre, craignant que le jury, qui aurait à juger cette affaire dans la session suivante, ne fût pas dans des conditions suffisantes d'*indépendance* pour remplir sa mission avec impartialité, demandèrent à la Cour de cassation le renvoi de M. Armand devant une autre cour, *pour cause de suspicion légitime.*

Pendant tout le temps que l'instruction avait duré la ville de Montpellier avait été extrêmement agitée. Les habitants de la ville ne s'occupaient plus que de cette affaire; beaucoup d'entre eux avaient pris parti pour Maurice Roux, qu'ils regardaient comme une victime qu'il fallait venger. Les esprits dans le Midi de la France sont vifs, ardents, passionnés; chacun ayant fait de cette affaire la sienne, commentait au profit de son opinion les révélations faites chaque jour par l'instruction judiciaire, et ces révélations étaient véritablement très dramatiques. De simple affaire d'assassinat, cette affaire devint presque une question sociale à la solution de laquelle le pays apportait toute son ardeur et même quelque peu de violence ; c'était comme une lutte du pauvre contre le riche, des domestiques contre les maîtres.

L'opinion publique regardait le second prétendu attentat, commis contre Maurice Roux, comme une mesure d'intimidation tentée par les amis de M. Armand ou par Armand lui-même contre son accusateur. L'émotion était grande dans toute la contrée, et il avait été un instant question de faire une souscription publique pour donner un défenseur à Maurice Roux.

Le pourvoi de M. Armand fut soutenu devant la Cour de cassation par Mᵉ Rendu. « Il appuya sa demande sur l'état « des esprits et sur la crainte que la justice ne puisse sui- « vre son cours dans toute sa liberté et dans toute sa di- « gnité. » Le 30 janvier 1864 la Cour de Cassation rendit un arrêt par lequel, « adoptant les motifs de la demande », elle renvoyait l'affaire devant la Cour d'Aix.

Les passions, un instant apaisées par les remises successives de cette intéressante affaire, se réveillèrent de nouveau à l'annonce qu'elle serait enfin jugée le 14 mars 1864 à Aix. Ce jour-là la ville d'Aix fut envahie par une foule très grande de personnes venues tout exprès de Montpellier et de Marseille pour suivre les débats. Les partisans de Maurice Roux et ceux de M. Armand ne se montrèrent pas moins passionnés et ardents qu'à Montpellier, à l'époque de la première comparution de l'accusé devant la Cour d'assises. Les nouveaux détails de l'affaire, révélés par une nouvelle instruction, la rendaient très dramatique et on comptait que les incidents d'audience ne le seraient pas moins. A cet intérêt s'ajoutait le désir d'entendre les deux grands orateurs, qui étaient chargés de défendre M. Armand.

Voici l'acte d'accusation qui fut dressé contre l'accusé :

Le 8 du mois de juillet, la population de Montpellier fut mise en émoi par la révélation de faits étranges, entourés de circonstances mystérieuses, et dont on a eu peine à déterminer tout d'abord le caractère.

Dans la soirée du 7, la fille Hauterive, femme de chambre chez le nommé Armand, était descendue à la cave pour les besoins de son service ; elle entendit des gémissements sortant d'une pièce voisine de celle où elle se trouvait et monta en toute hâte prévenir son maître. Celui-ci parut d'abord attacher peu d'importance à ce qu'il appelait les hallucinations de la fille Hauterive, mais il dut céder aux instances de cette dernière et descendit avec elle et une troisième personne au lieu d'où étaient parties les plaintes qu'elle avait entendues.

Arrivé là, il lui fut facile, à travers une porte à claire-voie, d'apercevoir gisant dans la cave au bois affectée à sa location, le corps du nommé Roux, son valet de chambre, qui avait disparu depuis le matin 8 heures, enfermé dans ce réduit, dont la clef a disparu et n'a pas été retrouvée depuis. Ce malheureux râlait, la face contre terre, et donnait à peine quelques signes de vie. Son cou était fortement serré à l'aide d'une corde dont les replis avaient laissé dans les chairs des traces profondes. Un autre lien retenait les bras du patient attachés derrière le dos, et ses jambes étaient réunies l'une à l'autre à l'aide d'un mouchoir de poche.

L'existence d'une corde attachée au cou, sans aucun nœud destiné à la fixer, put un instant laisser croire à un suicide ; mais l'état des bras et des jambes violemment assujettis ne permettait pas de s'arrêter à une pareille supposition. La position de Maurice Roux était des plus graves ; il n'avait, sans doute, que peu d'instants à vivre, et le premier médecin appelé près de lui constata que la plus grande partie du corps était glacée et le pouls à peine appréciable. L'insensibilité générale était telle que l'impression du doigt sur le globe oculaire ne déterminait pas la moindre contraction des paupières. Il fallait donc avant tout tâcher de rappeler ce malheureux à la vie.

Ce fut la mission dont s'acquittèrent avec autant de zèle que d'intelligence les docteurs Brousse et Surdun, et dès le lendemain les magistrats instructeurs purent essayer d'obtenir des révélations, sans danger pour le malade. La voix de Roux était complètement perdue, mais il savait lire, et grâce au secours d'un alphabet placé sous ses yeux, il put signaler le nom d'Armand, son maître, qu'il accusait d'être son assassin.

Un pareil aveu jeta l'étonnement parmi ceux qui en furent témoins. Armand, il est vrai, n'était pas exempt de reproches; mais quelles que fussent la violence trop connue de son caractère et la brutalité de ses manières, on eut peine à comprendre dès le début que le *délire de la férocité* eût pu le conduire à de pareils excès. Pourtant Maurice Roux persistait dans ses affirmations et les accompagnait de gestes tellement expressifs que le doute n'était plus possible.

Le 7 juillet au matin, entre 8 heures et 8 heures et quart, il était descendu à la cave au bois pour faire la provision de la journée. Il se trouvait à genoux, près de la porte d'entrée, occupé à remplir son tablier, quand tout à coup il entendit Armand son maître, et le vit près de lui. Ce dernier lui dit alors : « Je t'apprendrai si ma maison est une baraque! » et presque instantanément il lui asséna sur le derrière de la tête un coup violent qui le fit tomber la face contre terre. La commotion produite par cette agression paralysa les forces de Maurice Roux, mais n'amena pourtant pas une syncope complète, aussi put-il, sans se rendre compte de ce qu'on faisait de lui, sentir son corps violemment comprimé, puis il s'évanouit. Il reprit ses sens beaucoup plus tard et sembla ne revenir à lui que pour apprécier l'horreur de sa situation; une heure encore, et ce malheureux allait expirer sans que la justice pût découvrir l'auteur du plus odieux attentat.

Confronté avec sa victime, Armand fut impuissant à conserver le sang-froid apparent, systématique, affiché partout dans la journée du 7 juillet. Maurice Roux, à la vue de son meurtrier, fut atteint subitement de mouvements convulsifs dont l'éloquente expression n'échappa pas aux magistrats instructeurs. Il avait désigné le coupable avant de pouvoir le nommer, et quand la Providence lui rendit l'usage de la parole, il nomma son meurtrier avec la même persistance et la même énergie qu'il avait mises d'abord à le désigner. Les nécessités de sa défense ont inspiré, tour à tour, à l'accusé une série de systèmes également insoutenables. Il feignit de croire d'abord à un assassinat commis par des mains inconnues, mais préparé par les soins d'une maîtresse jalouse de Maurice Roux. Plus tard il imaginait la pensée d'un suicide, que les circonstances matérielles du crime rendaient, nous l'avons dit, impossible. Aujourd'hui il s'attache à l'idée d'un chantage honteux, à des blessures simulées dans l'unique but de mettre à contribution son immense fortune. Il couronne enfin ces divers systèmes, qui rivalisent d'invraisemblance, par un alibi dont il ne peut prouver le premier élément.

En résumé, si le mobile connu semble peu grave en présence de l'énormité du crime, on ne saurait oublier que, chez Armand, les actes de cette nature sont à l'état de tradition fort ancienne. Plusieurs fois déjà, et sans aucun motif, il a eu à se reprocher des faits de brutalités inouïes dont il a pu effacer les traces à l'aide de sacrifices que son opulence rendait toujours faciles.

Quelles que soient d'ailleurs les passions, qui ont pu pousser Armand au crime qui lui est reproché, ce crime existe, il est incontestable et nulle des circonstances, qui l'aggravent, ne saurait être logiquement écartée. Le mouchoir du meurtrier attachant les jambes de la victime; les cordes qui liaient Maurice Roux pareilles à celles trouvées chez Armand; enfin la froide cruauté dont le coupable a donné des preuves, la persistance de sa volonté criminelle, le soin cruel qu'il a mis à prévenir tout moyen de salut et la perfidie avec laquelle il avait tenté de rendre tout secours impossible, toutes ces considérations démontrent la culpabilité de l'accusé et révèlent de sa part un dessein prémédité sans atténuation acceptable et sans excuse possible.

En conséquence, ledit André Armand est accusé d'avoir, le 7 juillet 1863, à Montpellier, commis une tentative d'ho-

micide volontaire, avec préméditation, sur la personne de
Maurice Roux, son domestique, laquelle tentative, mani-
festée par un commencement d'exécution, n'a manqué son
effet que par des circonstances indépendantes de la volonté
de son auteur; faits qualifiés crimes, et punis par les articles 2, 295, 297, et 202 du Code pénal. »

Cet acte d'accusation est court; il se prononce avec énergie
contre Armand; mais il ne donne pas à cette affaire dramatique sa véritable physionomie. Il est utile de le compléter
et de rappeler les divers incidents d'audiences auxquels
Mᵉ Lachaud fait allusion dans sa plaidoirie.

Maurice Roux, le domestique de M. Armand, après avoir
fait son service dans la chambre de son maître à 8 heures
du matin, avait disparu ensuite pendant toute la journée. La
femme de chambre, étant allée à la cave dans la soirée, le
retrouva dans cette cave étendu par terre et sans mouvement. Il râlait et paraissait être à toute extrémité. Il avait,
ainsi que nous le disions tout à l'heure, une corde passée
plusieurs fois autour du cou, mais sans nœud; les mains
étaient attachées derrière le dos par une corde qui faisait
plusieurs fois le tour des poignets, et les jambes étaient liées
par un mouchoir, qui portait la marque A. A., les initiales
de son maître.

M. Armand, averti, après avoir vu son domestique dans ce
triste état, alla lui-même chercher des médecins et aussi le
commissaire de police.

Le commissaire de police fit ôter la corde du cou, couper
les cordes qui enserraient les poignets et dénouer le mouchoir qui attachait les jambes. Les médecins s'efforcèrent
tout d'abord de rappeler cet homme à la vie. Ils y réussi-
rent; mais ils ne purent le tirer de l'insensibilité dans laquelle il était, ni lui rendre la parole. Ces premiers soins
donnés, on fit transporter le malade dans sa chambre.

Les magistrats et ceux qui, les premiers venus sur les
lieux, virent ce domestique dans cet état, crurent tout d'a-
bord à un suicide. M. Armand pensa lui, dans le premier
moment, qu'il y avait là un crime, et il le dit au magistrat.

Deux sergents de ville furent placés auprès du malade

pour passer la nuit et surveiller son retour à la vie et son réveil. Un jeune interne des hôpitaux de Montpellier fut chargé de lui donner des soins pendant cette première nuit.

Le lendemain ce fut une grande surprise pour toute la ville quand on apprit en même temps l'accusation portée par Maurice Roux contre son maître et l'arrestation de M. Armand.

Pendant la nuit, Maurice Roux avait paru sortir de son immobilité et reprendre quelque peu de connaissance ; la parole seule manquait encore, bien que les médecins aient pu constater que le larynx était dans son état normal. L'interne eut l'idée d'interroger le malade au moyen d'un alphabet et de pressements de mains qu'il ferait quand on prononcerait les lettres composant les mots qu'il ne pouvait articuler. On pouvait ainsi obtenir du patient des mots et même des phrases ; l'interne obtint par ce moyen ingénieux, employé devant les deux gardiens de nuit, quelques phrases dans lesquelles Maurice Roux accusait M. Armand, son maître, d'avoir voulu le tuer.

Le juge d'instruction, prévenu, se rendit dès les premières heures du jour auprès de Maurice Roux, qui était toujours dans le même état et dans l'impossibilité de parler. Il renouvela l'expérience de l'alphabet et des serrements de mains. Par ce moyen et à l'aide d'autres signes, le juge d'instruction obtint du malade, devenu une victime, la confirmation de sa première déclaration, l'indication de l'heure à laquelle l'assassinat aurait été commis, 8 heures et demie du matin et celle des moyens employés par l'assassin.

Maurice Roux aurait ainsi fait comprendre qu'il a d'abord reçu, sur le derrière de la tête, un coup de bûche qui l'a renversé et étourdi, puis que se précipitant sur lui, M. Armand lui a passé une corde autour du cou, lui a lié les mains derrière le dos et attaché les jambes avec son mouchoir. Le juge d'instruction obtint aussi, par les mêmes moyens, la révélation que M. Armand, en traitant ainsi son domestique, avait voulu se venger des mots suivants prononcés par lui dans la cuisine : « *La maison d'Armand est une baraque.* »

Devant cette insistance de l'accusateur, le juge d'instruction interrogea M. Armand. Celui-ci nia avec énergie et protesta vivement de son innocence. Il donna *un alibi* et affirma qu'à l'heure indiquée pour l'accomplissement du crime, il était dans la chambre de sa femme et dans son lit, que d'ailleurs la femme de chambre pourrait le confirmer. Interrogée, la femme de chambre dit qu'elle n'avait pas vu M. Armand dans la chambre de sa femme, quand le matin à 8 heures et demie elle était entrée dans la chambre de madame Armand, mais qu'elle l'avait vu sur les 9 heures dans la salle à manger en train de manger un morceau de pain. Cette réponse décida de l'arrestation de M. Armand, et l'instruction de l'affaire fut tout aussitôt commencée.

Dans la nuit suivante, celle du 8 au 9 juillet, Maurice Roux reprit possession de toute son intelligence et il put parler. Il répéta au juge d'instruction tout ce qu'il avait dit par signes, et il ajouta qu'en le frappant, M. Armand avait dit : « Je vais t'apprendre *si ma maison est une baraque.* » il dit aussi qu'étourdi *par le coup reçu derrière la tête, il n'avita pas senti qu'on l'étranglait, qu'on lui liait les bras et les jambes.* Dans sa première déclaration, il avait reconnu avoir senti ce qu'on lui faisait.

Une confrontation eut lieu entre le domestique accusateur et le maître accusé. L'entrevue fut tragique et violente. M. Armand adjura son domestique de reconnaître son innocence. Roux persista dans son accusation.

M. Armand, indigné, le traita de misérable, et Maurice Roux, bien que se disant très faible, lui envoya un coup de pied, qui, se trompant d'adresse, fit tomber un garde qui se tenait debout aux pieds du lit. Il confirma ainsi son accusation.

M. Armand persista à nier sa culpabilité et répondit au juge d'instruction qu'ayant réfléchi à ce qui s'était passé le jour de sa confrontation avec son domestique, il se demandait comment Maurice Roux avait pu s'exprimer le 8 au matin avec tant d'énergie et tant de lucidité, alors qu'on le croyait très malade. Cela lui paraissait si extraordinaire qu'il était convaincu que ce crime était simulé et préparé de longue main pour lui arracher de l'argent. Puis il affirma encore qu'il était dans le lit de sa femme à l'heure indiquée pour l'accomplissement du prétendu crime.

Quelques jours après ce dernier interrogatoire, le juge d'instruction ayant appris que Maurice Roux, transporté à l'hôpital, devait, sur la prière de la Sœur qui le croyait sur le point de mourir, recevoir le sacrement de communion, voulut, bien que protestant, assister à la cérémonie et profiter de cette occasion solennelle pour questionner de nouveau l'accusateur de M. Armand.

Voici comment il raconte la scène dans sa déposition faite à l'audience devant la cour d'assises :

« Le jour de la cérémonie, à cinq heures du matin, j'allai « trouver l'aumônier et je lui dis : Je sais la cérémonie à « laquelle vous allez présider ; je ne veux la troubler en « rien, mais ne soyez pas surpris si, à un moment donné, « j'interviens pour dire quelques paroles à Maurice Roux. Je « montai alors auprès du malade et je lui demandai s'il « persistait dans son accusation. A ce moment une porte « s'ouvrit au fond de la salle (qui est longue comme celle- « ci), et l'aumônier parut portant le Saint-Ciboire. Roux « ne m'écoutait plus, il avait l'œil fixé sur le prêtre. Celui- « ci s'approcha et déposa le Saint-Ciboire sur l'autel im- « provisé près du lit. Je dis alors à Roux : Maurice, voici un « moment solennel ; la cérémonie qui se prépare indique « clairement que vous n'avez pas longtemps à vivre ; vou- « drez-vous commettre un sacrilège, le plus odieux des « crimes, en persistant à accuser Armand, s'il est innocent ? « Il se dressa légèrement sur son lit, me regarda, leva la « main et dit : Monsieur le juge d'instruction, *je jure* devant « Dieu qui est là et que je vais recevoir qu'*Armand est mon* « *assassin* et qu'il a commis le crime que je lui reproche, « dans les circonstances que je vous ai dites.

« Je m'agenouillai près du lit et j'assistai à la cérémonie. « Je suis encore vivement impressionné au souvenir de ces « faits ; ce n'était pas une comédie, c'était une tragédie, qui « laissera dans l'esprit de ceux qui ont assisté à cette scène « des souvenirs ineffaçables. »

Cette épreuve termina l'instruction et M. Armand fut renvoyé devant la Cour d'assises. Maurice Roux se guérit et sortit de l'hôpital avant même que les médecins le lui aient permis.

La veille du jour où l'affaire devait être jugée, le 17 novembre, Maurice Roux avait été victime, d'après ses déclarations, d'un nouvel attentat qui aurait mis sa vie en danger. En effet, sur les minuit il fut trouvé dans une des rues désertes de Montpellier, gisant à terre, presque sans con-

naissance, couvert de contusions et perdant un peu de sang.
Quand il reprit connaissance, il dit qu'un homme qu'il ne
connaissait pas, mais qu'il pourrait reconnaître, l'avait
accompagné le soir, dans ses différentes courses et promenades, que cet homme l'avait entraîné dans la rue où il
avait été trouvé et qu'arrivé à cet endroit, il s'était senti
tout à coup frappé derrière la tête, qu'il était tombé étourdi
et que, revenu à lui, il avait appelé au secours.

On fit une enquête minutieuse pour retrouver cet homme ;
l'enquête ne donna aucun résultat. Un cousin de M. Armand
fut arrêté pendant quelque temps, mais une ordonnance de
non-lieu le rendit à la liberté. Maurice Roux laissait croire
que ce second attentat devait être imputé à M. Armand.
M. Armand, lui, prétendait que cette nouvelle attaque était,
tout comme la première, simulée par Maurice Roux et qu'il
mentait cette fois encore.

Les médecins, qui avaient donné les premiers soins à
Maurice Roux et quelques autres docteurs, furent chargés
par le juge d'instruction, de rechercher si la petite excoriation
qu'on avait remarquée sur le derrière de la tête de Roux à
l'époque du premier attentat, pouvait provenir d'un coup
porté sur la nuque à l'aide d'un bâton, et si, malgré l'apparence légère de la trace du coup, le coup avait pu être assez
fort pour produire la commotion qui avait mis Roux dans
l'état d'insensibilité et de mutisme dans lequel il était resté
si longtemps. Le rapport des docteurs fut affirmatif.

Les défenseurs de l'accusé, pénétrés de l'importance dans
cette affaire des questions médico-légales, demandèrent au
docteur Tardieu, doyen de la Faculté de Paris, de vouloir
bien leur donner son opinion.

M. le docteur Tardieu fit une consultation écrite dans
laquelle il exposa que dans sa conviction le crime était impossible et que les magistrats et les médecins avaient été
trompés par de fausses apparences, que tout dans les déclarations de Maurice Roux était de pure invention et qu'il
y avait simulation non pas de suicide, mais d'homicide.

Les débats de cette mystérieuse affaire commencèrent à
Aix le 14 mars 1864 et ne furent terminés que le 25 ; ils
durèrent douze jours. Ils furent suivis par une foule immense
de personnes venues tout exprès de Montpellier, de Marseille
et des villes voisines.

Cette fois encore l'excitation populaire fut grande, mais cependant à un degré moindre qu'elle ne l'avait été à Montpellier lors de la première comparution de M. Armand devant la cour d'assises.

A l'audience, les incidents furent nombreux.

Maurice Roux, répondant aux questions du Président au sujet du mobile du crime, insinua que M. Armand, écoutant aux portes de la cuisine, aura pu l'entendre parler d'infanticide et qu'en ayant peut-être commis un, il aura eu peur d'être découvert et voulu alors se débarrasser de lui.

M. le Procureur général accusa M. Armand d'un fait nouveau ; il l'accusa d'avoir voulu acheter le chef des gardiens de sa prison, Paoli, et d'avoir préparé des moyens d'évasion par un souterrain inconnu.

Plusieurs expériences furent faites à l'audience même devant les jurés sur la personne de Maurice Roux pour élucider la question des liens qui attachaient ses mains. Le commissaire de police et Servent, l'ouvrier qui coupa les cordes, ne purent se mettre d'accord sur la manière dont les mains étaient attachées. Trois médecins, tous les trois témoins dans l'affaire, furent chargés par le Président de faire des expériences avec des cordes pendant que les débats suivaient leur cours. Ils renouvelèrent devant la cour les expériences qu'ils avaient faites dans la chambre du conseil.

Ces expériences excitèrent vivement l'intérêt de tout l'auditoire ; il en fut de même de la discussion, qui eut lieu entre les médecins appelés par l'accusation et ceux appelés par la défense. Cette discussion fut des plus émouvantes et des plus ardentes. Les uns affirmèrent qu'ils croyaient au coup reçu par Maurice Roux sur la nuque et à la commotion cérébrale qui en était la conséquence ; les autres affirmèrent de leur côté qu'ils ne croyaient ni au coup ni à la commotion cérébrale.

Ces expériences et ces discussions avaient passionné les débats ; tous les auditeurs, les jurés, les magistrats et le public attendaient avec impatience le réquisitoire du ministère public et les plaidoiries des défenseurs, qui devaient faire disparaître le doute en faisant la lumière complète.

Après dix audiences consacrées à l'audition des témoins et à la discussion des docteurs, M. le Procureur général eut la parole pour soutenir l'acte d'accusation ; il le soutint avec énergie et il demanda la condamnation de M. Armand.

Mᵉ Lachaud répondit au réquisitoire de M. le Procureur général, laissant à Mᵉ Jules Favre le soin de répliquer et l'honneur de prendre la parole le dernier. Sa plaidoirie pleine de logique, de cœur, et d'éloquence confirme une fois de plus le grand talent du maître. Il s'exprima dans les termes suivants :

PLAIDOIRIE DE Mᵉ LACHAUD

Messieurs les Jurés,
Messieurs de la Cour,

Je ne voulais pas prendre la parole, et je désirais que mon éminent confrère, avec son inimitable talent, fût seul entendu. Sa bienveillance, trop parfaite pour moi, en a décidé autrement et je viens le premier commencer la discussion de cette affaire.

Je veux laisser de côté ce qui ne se rapporte pas directement à ce débat et, après l'attention si soutenue que vous y avez prêtée, les nombreuses et si intelligentes questions que vous avez faites, la liberté si complète que la haute justice de M. le Premier Président a donnée à l'accusation et à la défense, laissez-moi vous dire qu'à cette heure, votre conviction s'est formée et que vos consciences ont déjà jugé ce procès.

Vous savez les faits, Messieurs; je les résume rapidement.

Le 7 juillet à 7 heures et demie du soir, Maurice Roux est trouvé dans la cave de la maison Armand, dans l'état que vous savez et qui a été si souvent décrit dans ces longs débats par les témoins; il peut succomber bientôt à une asphyxie déterminée par les liens qui sont autour de son cou; ses mains sont attachées, ses pieds sont liés. On le relève et on le débarrasse des liens qui l'étreignent; il inspire aux médecins, qui le voient, certaines inquiétudes.

En présence de cet événement inattendu, des suppositions de toute nature se produisent, et dès le début de cette affaire, souvenez-vous-en bien, Messieurs, tout le monde croit à un suicide; on pense que Maurice Roux,

entraîné par une fatale résolution, est l'auteur de cet
acte mystérieux, qu'on ne comprend pas encore.

Un homme s'avance, c'est l'accusé. M. Armand, lui,
qui peut supposer qu'il y a là un crime, veut que ce
crime soit immédiatement constaté. Il ne lui suffit pas
d'appeler un médecin qui donnera des secours au malade, il réclame aussi la présence du commissaire de
police. Il n'a rien à cacher, et il appellera la justice
dans sa maison.

Il sort, il va au bureau du commissaire de police ; il
ne le trouve pas, il le cherche ailleurs ; il le trouve
enfin, et il le ramène pour que des constatations soient
faites, et que, s'il y a un coupable, il soit puni.

Cependant, Messieurs, le malade est transporté dans
sa petite chambre, il paraît être privé de l'usage de ses
facultés et de celui de ses sens. Le lendemain matin,
l'intelligence semble lui revenir. On l'interroge, il ne
peut pas répondre, et à l'aide, Messieurs, du stratagème
que vous connaissez, à l'aide d'un alphabet il indique,
à la stupéfaction de tous ceux qui l'entourent, que le
coupable est M. Armand. On suppose qu'il est fou ; on
lui fait répéter plusieurs fois son accusation. Alors,
Messieurs, la justice, croyant qu'Armand peut être coupable d'un crime, le fait arrêter.

Les passions sont excitées et la plus mauvaise de
toutes : il est riche !... Ah ! quoi qu'en dise M. le Procureur général, c'est un immense malheur d'être riche
quand on paraît devant la justice. Que de défiances sont
éveillées ! que d'outrages sont lancés, qui ne s'émous-
sent pas même devant la dignité et l'indépendance de
la justice ! Un homme riche, puissant, un homme du
monde sur les bancs de la Cour d'assises ! à l'instant
toutes les passions s'agitent, toutes les infamies sont
supposées ! On se dit que cet homme, dans cette situation élevée, pourra trouver une protection et une faveur
que les autres ne rencontrent pas, et alors, Messieurs,
des excitations déplorables se produisent, une popu-

lation tout entière est pervertie, et la Cour de Cassation le comprend si bien, que c'est à vous, juges impartiaux et fermes, qu'elle a confié l'examen de cette grave
affaire.

Voilà, Messi urs, tout ce que je veux dire en ce moment. Je ne relèverai pas les dernières paroles de
M. le Procureur général ; il doit les regretter. Non, personne ne croit qu'il y ait inégalité devant la justice,
protectionpour l'opulent, abandon pourle malheureux.
Ces pensées-là ne sont dans l'esprit de personne ; les
gens mal-intentionnés pourraient seuls chercher à les
exploiter ; les gens sages savent très bien que la justice
a un niveau sous lequel chacun doit se courber, sous
lequel grands et petits sont égaux !...

. Il est donc arrêté, Messieurs, et il faut savoir s'il est
coupable. Mais d'abord vous avez besoin de connaître
les antécédents de M. Armand.

Ici, je le déclare (et une de mes premières paroles
sera un remerciement pour M. le Procureur général),
nous n'en sommes plus à l'exposé du premier jour ; les
débats ont marché, et le ministère public me permettra
de lui dire que sa conscience est maintenant bien agitée, sa conviction bien troublée. M. Armand n'est plus
ce riche orgueilleux fier de son argent, impitoyable
comme un parvenu, assommant ses gens pour ne pas
les payer !...

M. LE PROCUREUR GÉNÉRAL. — Je n'ai jamais dit cela !

Me LACHAUD. — Non, M. Armand est un homme bon,
il a un cœur d'or, et je n'ai jamais assisté à un spectacle semblable à celui qui nous a été donné hier.
Aussi j'avoue que je n'ai pu contenir mon émotion...
Ah ! je le dis bien haut, il n'y a pas beaucoup d'hommes
au monde qui pourraient subir l'épreuve à laquelle
M. Armand a été soumis, et s'il fallait nous passer tous
au crible qui a été tenu hier par de si nombreux témoins,
je ne sais pas s'il en est beaucoup qui sortiraient de
cette épreuve aussi victorieusement que lui. Pour moi,

je le déclare, je m'incline devant l'accusé, il vaut mieux que moi et que beaucoup d'autres encore.

Ne vous souvenez-vous pas de tout ce qui a été dit sur cet homme accusé d'assassinat, de sa bonté, de sa délicatesse, de sa générosité ? Ne savez-vous pas quelle a été sa vie ? Il a été élevé par un oncle, qui lui a servi de père, et quand son oncle est mort, il a pris ses enfants chez lui, il est devenu leur père à son tour. Est-ce que vous avez oublié l'usage qu'il a fait de sa fortune ? Est-ce que vous avez oublié toutes les prodigalités de sa vie, et, ce qui vaut mieux que la générosité même, la délicatesse avec laquelle il a su les faire ? Ce frère de lait qu'il dote ; ce vieux serviteur de la famille auquel il prête de l'argent, et à qui il le laisse en lui disant qu'un de ses parents a oublié de le lui donner et qu'il ne veut pas le recevoir ?

Est-ce que vous avez oublié ces fortunes qui se font à côté de lui ; ces employés modestes dont il fait des associés, et qui viennent ici proclamer qu'ils lui doivent fortune et bonheur ? Ne vous souvenez-vous pas encore de cette déposition, faite avec un accent si convaincu, par l'honorable M. Barre, conseil de la famille ; il vous disait : Je n'ai jamais vu cela, jamais : l'oncle voulait donner, le neveu ne voulait pas recevoir, le légataire se dérobait au legs ; s'il a été accepté, c'est par condescendance et par soumission ; puis, inspiré par une exquise délicatesse, M. Armand fait revenir à M. Camille Armand, son neveu, sans qu'il le sache, le prix de cet appartement dont on veut le faire profiter.

Voilà l'homme de cœur ; voilà le parent, voilà l'ami ! et puis il aime les pauvres ; ses charités augmentent avec la misère, il donne du pain l'hiver, il donne ce qui vaut mieux que le pain, du travail ; car alors l'ouvrier s'honore de gagner sa vie. Voilà ce que fait M. Armand ; voilà l'homme généreux, honnête ! un tel homme peut affronter la Cour d'assises avec la fermeté que vous lui voyez.

Il a ces qualités, mais ce ne sont pas les seules.

Est-il au monde un mari meilleur, un homme plus chaste? sa conduite n'est-elle point, sous ce rapport, irréprochable? Ah! je comprends qu'il soit un mari parfait, car je sais que sa femme est la femme la plus adorable de la terre. Que M. Armand me laisse le lui dire : sa vertu si grande, on l'apprécie moins ; si les hommes prêts à s'égarer avaient des femmes semblables, soyez-en sûrs, le devoir serait facile pour eux, et ils ne l'oublieraient jamais !

Voilà l'homme dévoué, voilà le mari tendre ! Mais il est vif !... oui, et ce sont les bons qui sont vifs, il n'y a que les mauvais qui ne le soient pas. Le fiel se distille lentement, les ardeurs généreuses sont promptes à se manifester. Oui, il est vif ; mais est-ce à dire qu'il soit violent, brutal, implacable ? Où donc a-t-on vu cela? Ah! il faut que je revienne sur cette imputation ; il ne la mérite pas, et je ne veux pas que cette tache reste sur cet homme.

Il a fait des travaux gigantesques, il a employé des milliers d'ouvriers, cela est incontestable. Combien y en a-t-il qui se plaignent? Nous en avons fait comparaître beaucoup devant vous, ainsi que des chefs de brigade, des chefs d'escouade : chacun d'eux vous a dit, Messieurs, qu'à côté de cette vivacité il y avait toujours de la bonté, de la douceur.

Et cependant dans cet acte d'accusation, abandonné par tout le monde, car il a ce bonheur de n'être soutenu par personne, on avait fait de M. Armand un monstre de cruauté... Ce crime impossible s'expliquait très bien de la part de cet homme féroce, qui avait la canne toujours levée, qui avait sans cesse la menace à la bouche, qui était d'une violence sans nom... Il semblait, Messieurs, que les domestiques, qui se succédaient chez lui, fussent chaque jour victimes de son despotisme brutal.

Que reste-t-il de toutes ces accusations? Un coup de

canne, un seul ! et j'ajoute que s'il a été donné, il
était bien mérité ! Messieurs, vous vous rappelez le
fait. Blanc, ce témoin que vous avez entendu et qui
a été presque sincère, a reconnu qu'avant de recevoir
ce coup de canne, il s'était colleté avec son maître.
Un autre témoin, M. Verdier, témoin honorable, a
vu le commencement de la scène. Le domestique est
arrivé impérieux auprès de M. Armand pour réclamer
son compte. M. Armand a répondu qu'il serait fait plus
tard. Alors il a saisi son maître à la gorge et a déchiré
sa chemise. Que voulez-vous ? M. Armand n'est pas
patient, il a frappé. Beaucoup d'autres auraient frappé
comme il l'a fait. Blanc a compris son tort, il n'a pas
porté plainte, et ce qui prouve qu'il se sentait coupable,
c'est qu'il a laissé passer deux ans avant de réclamer
les 4 francs qui lui étaient dus.

Voilà cet acte de férocité !

Il en est un autre attesté par un témoin qui m'est bien
suspect. Je ne sais d'où vient ce témoin, ni qui il est, et
M. Armand ne le connaît pas. (*Marques d'étonnement de
la part de M. le Procureur général.*)

Mᵉ LACHAUD. — Cela étonne M. le Procureur général,
mais j'ai vu quelque chose de bien plus grave dans un
procès récent : un individu déclarait qu'il s'était battu
en duel avec l'accusé, et celui-ci ne l'avait jamais vu,
jamais !

Le témoin Gervais déclare donc qu'il a reçu un jour
deux coups de pied. Qui les a vu donner ? personne ; à qui
s'est-il plaint ? à personne. D'où vient ce témoin ? Il loge
dans une maison que fréquente beaucoup la police à
Montpellier, c'est M. le commissaire de police qui nous
l'a appris, chez la Marianne. Puis, quand a-t-il pour la
première fois parlé de ce coup ? le 28 février dernier,
il y a quinze jours... On a trouvé d'après ce propos,
que ce serait là un témoin fort utile, fort intéressant,
puisqu'il avait pour lui les dehors de la pauvreté, et
nous avons eu le chagrin de l'entendre faire devant la

justice une fausse déclaration ; c'est un acte véritablement pitoyable !

Qu'y a-t-il encore ? M. Moubs, un locataire mécontent,
un voisin fort ennuyeux, qui ne trouve pas que le chemin public soit bon pour lui, et qui aime mieux passer
sur le terrain des autres ; les gens de la campagne en
connaissent beaucoup qui lui ressemblent ! Il est vrai
qu'il a un répondant, M. Touchat, un très estimable
témoin celui-là. Je sais bien qu'il a été condamné à six
mois de prison pour vol ! mais qu'importe ? Je sais qu'il
prétend que M. Armand lui doit de l'argent alors même
que j'ai le rapport de l'arbitre commis par le juge de
paix, et que ce rapport déclare le contraire..... Qu'importe encore ? Il avoue lui-même qu'avant de déposer
devant M. le juge d'instruction, il a été dans les bureaux
de M. Armand lui dire : « Ah ! vous ne me donnez pas
ce que je vous réclame..... Eh bien ! je serai forcé de
déclarer la vérité. » Nous savons ce que parler veut dire ;
il ouvrait la main pour la fermer avec quelque chose
dedans ; sinon il menaçait M. Armand de déclarer des
faits faux.

Je passe, car il faut marcher. Voici M. Manry, qui dit
du mal des prêtres et qu'on met à la porte. Il parle de
menaces qui lui auraient été adressées, de cannes levées
sur lui, mais il est démenti par des témoins qui affirment ceci : on avait renvoyé cet homme, il s'est emparé
de je ne sais quel instrument, il s'est adossé contre un
mur et il a dit à M. Armand : « Si tu avances, je te tue..... »

M. Armand ne s'est pas avancé, et l'affaire en est
restée là

Ce sont là tous les reproches que l'on peut adresser
à M. Armand ; car je ne veux pas parler d'Azibert, car-
rossier peu exact, mais aussi peu endurant, qui a répondu
aux observations de M. Armand en le menaçant. Celui-
ci s'en est allé, car, dit le témoin, je suis aussi vif, plus
vif que lui.

Voilà l'état, le grand état des violences de cet homme.

Vous le voyez, ce n'est pas même l'ombre au tableau. Oui, il est vif, mais il est bon ; il n'est pas violent, mais quand on l'attaque il se défend, ce qui n'est pas un crime. M. le Procureur général a lu deux déclarations, dont l'une a été entendue à cette audience, celle de Lafond. Je veux reconnaître que M. Armand s'emporte quelquefois en paroles, mais aussitôt il demande pardon et, comme le disait si bien un témoin, quand la scène commence au jardin, le souvenir en est passé à l'octroi, c'est-à-dire à un demi-kilomètre ; alors M. Armand est redevenu le meilleur des hommes, et tout est fini.

Laissez-moi, à ce propos, vous rappeler une déposition qui vous a frappés, celle de M. Giraudon, honorable négociant de Lyon, qui parle si bien et qui doit sentir comme il parle. Il vous disait d'une façon adorable : « Dans les nombreuses affaires que nous avons faites ensemble, il s'est élevé quelquefois des discussions, car M. Armand y met un peu de vivacité ; mais il en demande pardon tout aussitôt, il accepte ce qu'on veut de lui et on se serre la main. » Ce féroce assassin ne peut quitter Lyon sans l'étreindre encore une fois ; on le croit parti et il est resté pour dire une fois de plus qu'il est fâché d'avoir eu un moment de vivacité.... et le lendemain, quand le bureau s'ouvre, la première personne qui s'offre aux yeux de M. Giraudon, c'est M. Armand, qui dit : « Je n'ai pas voulu partir sans vous dire que « tout cela était ridicule ; je vous tends la main, et je « serre la vôtre une fois de plus. »

Tel est, Messieurs, l'homme qui a commis un assassinat avec préméditation !..... Je me trompe, qui en a commis deux !..... car M. le Procureur général, par son nouveau système, croit atténuer le crime, tandis qu'il l'exagère. La question subsidiaire suppose un second crime plus grave, si je puis dire, que le crime formulé par l'acte d'accusation.

Placés en face de l'homme, que nous connaissons maintenant, n'avons-nous pas, Messieurs, une première

question à nous poser? Pour quelle raison aurait-il commis le crime qu'on lui reproche? un crime a toujours
une raison d'être, un mobile. Je sais très bien que l'accusation n'en indique aucun et que cette partie capitale de
la cause a tenu une bien petite place dans l'éloquent
réquisitoire que vous avez entendu. Où est-il le mobile?
Pourquoi, comment, à quelle inspiration M. Armand
a-t-il cédé quand il est descendu dans la cave pour
frapper son domestique? Avait-il à se plaindre de lui?
Le domestique avait-il commis, vis-à-vis de son maître,
une de ces offenses impardonnables qui égalisent les
positions et qui font que le maître a un ennemi dans son
domestique et qu'il veut en tirer vengeance? Non, ils
vivaient en bonne intelligence. D'ailleurs M. Armand le
connaissait très peu. Il l'avait pris à son service au
moment de son départ pour Paris et le 7 juillet il était
revenu de Paris depuis dix jours. Il n'avait pas de
haine, pas de motif sérieux de colère.

La vengeance ne trouve donc pas sa place dans un
débat semblable, et l'accusation en est réduite à répéter :
Roux avait dit que la maison Armand était une baraque,
et c'est pour cela que M. Armand le tuait, qu'il le tuait
deux fois! le matin, il l'a assommé; puis dans l'après-
midi, il est venu le garrotter..... C'est là ce que l'accusation nouvelle appelle une atténuation. Elle est étrange!...
Ah! je préférais le premier acte d'accusation, il était
moins cruel en disant : Armand est descendu à la cave,
parce qu'il est un homme brutal, qui ne domine aucune
de ses passions; ce mot de *baraque* l'avait enflammé, le
mot est dans l'acte d'accusation; et alors il a voulu se
venger de son domestique jusqu'à la mort!..... et aussitôt après l'avoir terrassé, il lui a attaché le cou, les
mains et les pieds, et s'en est allé en disant : Voilà un
maître bien vengé, les domestiques ne diront plus que
les maisons dans lesquelles ils servent, sont des bara-
ques!

Cette accusation se comprenait mieux; seulement on

ne pouvait plus la soutenir après le rapport fait par les médecins, et la prétendue science de ces messieurs, pour me servir d'une expression du réquisitoire, mettait l'acte d'accusation en complète déroute.

Alors, il est vrai, M. le Procureur général de Montpellier en fit un nouveau dans son mémoire à la Cour de Cassation : il divisa la scène en deux temps et il dit : Les choses ont bien pu ne pas se passer comme l'acte d'accusation les raconte ; Armand peut avoir frappé le matin, puis être descendu à la cave, dans la journée, à une heure que nous ne savons pas, et pour empêcher la découverte de son premier crime, il a voulu le compléter en commettant le second.

Voilà, Messieurs, où nous en sommes aujourd'hui.

Sur cette partie de la cause je n'ai qu'un mot à vous dire, qu'un souvenir à vous rappeler. Lorsque M. le Premier Président, dans son interrogatoire si saisissant, indiquait à M. Armand la possibilité de ce double fait, vous vous souvenez de son attitude, vous n'avez pas oublié ce cri parti du cœur : « Oh ! Messieurs, si j'avais eu le malheur de frapper, personne autre que moi ne lui aurait porté secours et j'aurais été le premier à le sauver, s'il en eût été temps encore ! »

Voilà l'homme ! le cœur généreux, ardent ! Oui, si dans un moment d'égarement il s'était oublié à ce point, il aurait immédiatement secouru la victime et vous l'auriez trouvé près de ce corps blessé, lui donnant des soins avec cette tendresse qu'une âme bienfaisante sait prodiguer alors même qu'elle se compromet pas sa générosité.

Ainsi l'accusation ne peut indiquer de mobile, et l'homme le plus honorable, le plus noble que je connaisse, le voilà !..... En face de cet homme il faut en placer un autre ; il faut dire maintenant ce qu'est Maurice Roux.

Je comprends bien que M. le Procureur général ait éprouvé quelque embarras pour tracer ce portrait ; il

n'est pas facile à faire. M. le Procureur général vous a
dit : Maurice Roux n'a pas d'esprit. Messieurs, vous
l'avez vu et je ne suis pas de l'avis de M. le Procureur
général. Je trouve que Maurice Roux a beaucoup
d'esprit, et je crois que nous avons tous ici la même
pensée.

Qu'est-ce donc que cet homme? est-il un fou, ou bien
est-il un scélérat? Je serais porté à croire qu'il y a en
lui de l'un et de l'autre; mais assurément, s'il n'est pas
fou, il est un misérable, et je le prouverai.

En lisant l'instruction je m'étais préoccupé de la
personne de Maurice Roux..... En parcourant les procès-
verbaux du juge d'instruction, si plein d'images, il y a
en a même trop, car ces images embarrassent l'accusation, en prenant connaissance de ces scènes si touchantes
et si dramatiques, je m'attendais à voir apparaître un
homme simple, ému, dont la simplicité et l'émotion
entraîneraient la conviction, et je n'étais pas le seul à
avoir ces préoccupations..... Nous nous demandions
comment l'hypocrisie pouvait arriver jusqu'à ce degré
(car nous n'avons jamais douté de l'innocence de
M. Armand), et nous attendions cet hypocrite habile à
ses explications dernières et suprêmes devant la Cour
d'assises..... Ah! j'ai été alors bien rassuré; jamais je
n'avais vu un pareil spectacle. Les journalistes, qui sont
à cette table, l'ont rendu le mieux qu'ils ont pu. Ils sont
bien habiles, mais ils sont impuissants à reproduire
certaines scènes. Ceux qui n'assistaient pas à cette
audience ne pourront avoir une idée exacte de ce qui
s'est passé. D'une part l'accusé bondissant et jetant dans
ses paroles toute la véhémence généreuse de son âme,
n'obéissant plus à la voix de ses conseils qui voulaient
le modérer, n'écoutant plus le respect que l'on doit ici
à la justice, se montrant tel qu'il est et proclamant son
innocence avec un accent tellement sincère et tellement
puissant qu'après l'avoir entendu, je ne crains pas de le
dire, l'accusation était anéantie. Et devant lui était un

malheureux, qui s'indignait à froid, qui faisait de vains
efforts pour s'arracher une parole ardente qu'il ne pouvait pas trouver, qui n'avait à la bouche que cette injure
monotone : *Misérable...* (et encore ne prononçait-il pas
ce mot avec l'accent que j'y mets); qui, lorsque M. le
Premier Président, plein de cette généreuse ardeur dont
nous le remercions tous, essayait, il faut bien que je le
dise, de ranimer cette nature morte, restait aussi froid
à la parole du magistrat qu'à la parole de sa victime.
A ce spectacle, Messieurs, j'ai jugé Maurice Roux. Qu'il
soit un habile comédien quand il ne parle pas et quand
on rédige des procès-verbaux magnifiques près de lui,
la chose est possible; mais quand on le voit et quand il
ouvre la bouche, il est un triste sire, incapable de porter
la conviction dans l'esprit de personne.

Et comment en serait-il autrement? d'où vient-il?
qu'a-t-il fait? quels sont ses antécédents? Ce Roux qui
veut dégrader M. Armand et déshonorer sa famille a-t-il
jamais manifesté des sentiments généreux? Quels sont
ses actes? On lui reproche des ignominies partout, il a
commis des infamies partout, et peut-être des crimes
partout! Il appartient cependant à une famille honorable.
Comment le reconnaît-il? Dans une lettre, que je par-
courais tout à l'heure, il indique que ses parents sont
des ingrats. (*Dénégations de la part de M. le procureur
général.*) Vous ne pouvez le nier, Monsieur le Procureur
général, j'ai la lettre entre les mains, elle est adressée à
sa tante : « *Mes parents*, dit-il, *sont des ingrats!* »

Maurice Roux a été domestique et il a souvent changé
de maîtres. Il a été longtemps au service de M. Madier
de Lamartine. Oh! M. Madier de Lamartine est bien le
meilleur des maîtres. La réputation de son domestique
est détestable; tout le monde lui dit que celui-ci le vole,
il répond que c'est bien; qu'il est un mauvais sujet,
c'est très bien; qu'il court la nuit on sait où, c'est très
bien encore; qu'il prend son cheval pour aller s'amuser
au loin; le maître ne le trouve pas mauvais : oui, tout cela

15

est parfait pour les domestiques qui servent M. Madier
de Lamartine.

Mais il a servi dans d'autres maisons, chez M. Sisteron,
et vous savez ce que ce dernier en pense ; chez M. de
Félix, et vous savez ce que M. de Félix en pense ; chez
M. Duplessis, un honorable magistrat, juge au tribunal
d'Alais, qui vous en a dit plus que vous n'aviez besoin
d'en connaître. En quatre mots, dans l'instruction,
M. Duplessis fait le portrait de son domestique et le
portrait est bien ressemblant : Roux, dit-il, est *joueur*,
menteur, *débauché* et *voleur ;* les mots y sont, je ne les
invente pas.

Maurice Roux n'a pas que ces qualités, il en a beaucoup
d'autres. Il lit de très mauvais romans, et il fait la cour
aux jeunes filles pour les tromper.

Vous n'avez pas oublié ce que nous avons appris.
Roux a eu des relations avec une infortunée qui, condamnée pour crime d'infanticide, est aujourd'hui dans
une maison centrale ! Il dit qu'il n'est pour rien dans le
crime dont elle subit la peine. Dieu seul le sait. Mais
l'enfant de Philomène Dessert était de lui, le malheureux ! Il ruinait cette femme, et elle a déclaré qu'il lui
arrachait jusqu'au dernier sou de ses gages, pour les
appliquer à ses misérables satisfactions. Mieux que cela,
il la rendait voleuse avant qu'elle fût infanticide, et elle
volait son maître pour entretenir son amant !

M. LE PREMIER PRÉSIDENT. — Je n'ai pas vu dans
l'instruction que ce fût constaté.

Mᵉ LACHAUD. — Je vous demande pardon : son maître, M. Sisteron, l'a dit.

M. LE PREMIER PRÉSIDENT. — C'est moi qui vous demande pardon.

Mᵉ LACHAUD. — M. Sisteron a déclaré qu'elle n'avait
pas payé les fournisseurs avec l'argent qu'il lui avait
donné pour les solder, et qu'après le départ de cette
femme, il avait été obligé de solder 300 francs qui leur
étaient encore dus. Chacun a entendu la déposition de

M. Sisteron, le fait n'est pas douteux. « Je suis banquier, a dit M. Sisteron, et j'ai toujours l'argent à la main ; on paye exactement chez moi ; c'est la première condition de la banque. » Or, quand cette fille a quitté son service, il est arrivé des plaintes, et le témoin a expliqué qu'elle avait disposé de l'argent de son maître. Pour quelle raison ? Pour donner à Roux tout cet argent et le sien.

Enfin, vous savez comment elle a fini : elle a commis un infanticide...... Or l'infanticide, c'est l'idée fixe de Maurice Roux. Ainsi, quand on lui demande : Pourquoi donc votre maître vous a-t-il frappé ? Il répond : J'ai parlé d'infanticide, et comme M. Armand, continue-t-il, écoutait toujours aux portes, il m'aura entendu ; il a probablement commis un infanticide, et il aura eu peur...

Mais c'est lui, l'accusateur, qui ne rêve qu'infanticide !

Voici une autre malheureuse, Lucie Abraham, une autre victime de cet homme. Je voudrais bien, après le fait que je vais rapporter, entendre cette femme nous dire qu'elle l'aime encore ! Voici ce qu'il écrivait d'elle à son père. Le père de Maurice Roux avait donné son consentement à ce qu'il épousât Lucie Abraham ; il n'a jamais voulu l'épouser ; il l'eût fait s'il l'eût voulu ; et quand son père lui demande pourquoi il ne l'a pas fait, il répond : « C'est parce qu'elle a fait périr un enfant »... toujours la pensée de l'infanticide !... Cette remarque ne vous frappe-t-elle pas, Messieurs les jurés ?

Ajoutez à ces qualités charmantes l'amour de la toilette. Quand Maurice Roux a quitté M. Duplessis, il a fait, chez un parfumeur, un achat de 80 francs. Il est vrai qu'il y avait, dans cet achat, une chemise de flanelle ; mais enfin la somme est encore suffisante ! il a acheté pour 150 francs chez un horloger, une petite montre pour lui et une petite parure. Il devait de l'argent à deux tailleurs ; il les a payés, c'est vrai, mais aux dépens de son père.

Libertin, vaniteux, recevant l'argent le plus immonde,
se faisant payer par la femme qui est à lui....

M. LE PROCUREUR GÉNÉRAL. — Comment! mais Philomène Dessert n'avait pas d'argent.

Mᵉ LACHAUD. — Monsieur le Procureur général, j'ai eu
bien souvent envie de me mêler au débat en vous écoutant, mais j'ai pensé que je vous répondrais. Laissez-
moi espérer qu'à votre tour vous pourrez me répondre
et permettez-moi de continuer.

En ai-je fini, Messieurs, avec Maurice Roux? Oh! non.
Il a le mépris des choses même les plus respectables.
Cette malheureuse Lucie Abraham, il prétend qu'elle a
commis des fautes, un crime même..... Je ne sais, mais
voici ce que j'ai à lui répondre. Il devait, vous le savez,
l'épouser. Un jour il y a un festin de fiançailles. Une
lettre lui arrive, qui dénonce cette fille, il lit la lettre,
et vous savez ce qu'il dit : J'irai au festin, et je la plan-
terai là après... Le malheureux!

Pour perfectionner ses qualités nombreuses, Maurice
Roux est allé à Nîmes où il a passé un mois avec des
filles; c'est M. Duplessis qui nous l'a fait savoir. Mais
Nîmes, bien qu'elle soit une grande ville, ne suffit pas
pour achever son éducation, il va à Paris et y passe
trois mois *à faire la noce*.

C'est dans cet état de perfection que M. Armand a eu
le bonheur de le prendre comme domestique. Il est
resté deux mois à la campagne en l'absence de M. Armand; il a vécu je ne sais trop comment. Vous connaissez l'impression qu'il a produite dans le pays; vous
avez entendu la déposition de M. Boucharin; il fréquentait M. Touchot, M. Touchot fort peu l'ami et le défenseur de M. Armand. Un jour, M. Boucharin et sa femme
parlaient de marier leur fille, et M. Touchot leur propose Maurice Roux pour mari; ils répondent : « Quand
il aurait cent mille francs, nous ne la lui donnerions
pas. »

Voilà l'accusateur, voilà le témoin naïf du ministère

public, voilà l'innocent jeune homme sans esprit, trop candide et qui est incapable de faire quelque chose de mal quand ce quelque chose doit lui profiter !

C'est maintenant, à mon tour, de rechercher le mobile de cet homme dans cette accusation odieuse. Le ministère public n'en trouve pas. Grand Dieu ! mais il en a eu deux. La vanité d'abord. Oh ! assurément, il s'est fait du mal sans s'en douter, et c'est là son expiation ; mais il avait ses raisons. Il lit des romans détestables ; ils lui ont donné le goût et l'idée de faire parler de lui. Les crimes, inspirés par la vanité, sont plus nombreux que les crimes inspirés par la cupidité. Maurice Roux a ajouté à tout ce qu'on connaissait dans ce genre, et, à coup sûr, il s'est fait une célébrité très grande ; il aime les ovations. Est-ce que vous ne vous souvenez pas qu'il a quitté l'hôpital sans être complètement guéri, afin de traîner derrière lui, à Montpellier, le cortège nombreux qui l'acclamait ? Le médecin croit que ces émotions sont trop vives pour un convalescent ; sa santé pourra en souffrir ; mais sa vanité en grandira et il quitte l'hôpital sans permission.

Vous savez qu'on a eu pour lui des attentions et des délicatesses toutes particulières. Il a ses entrées gratuites au théâtre ; il y va accompagné de ses gardes du corps, car il a une escouade de sergents de ville, qui se relèvent auprès de lui ; il est l'homme le plus satisfait et le plus heureux, il voudrait bien que le procès continuât et ne fût jamais jugé ! Voilà pour sa vanité.

Il a aussi la préoccupation de son intérêt. C'est son second mobile. Qu'est-ce donc que j'entendais dire ? Cet homme ne veut pas demander un argent qui ne lui est pas dû ? M. le Procureur général nous a donné la définition de cet affreux mot de « *chantage* », qui a été introduit dans la langue française, j'en suis fâché, mais dont il faut bien se servir, puisqu'il n'y en a pas d'autre pour désigner la même idée. Oui, c'est du chantage ; mais il y a deux sortes de chantage : Il y a le chantage

mystérieux, et le chantage pour ainsi dire officiel. Si
Maurice Roux va trouver son maître et lui demande de
l'argent pour un crime que celui-ci n'a pas commis, il
connaît la nature de M. Armand, il sait qu'il sera repoussé avec indignation. Eh bien, non ! il accusera hautement M. Armand d'un crime imaginaire, et le Procureur Général vous dira : De quoi vous plaignez-vous ?
il n'a voulu que se porter partie civile. Si vous êtes
condamné, il vous demandera des dommages-intérêts,
mais c'est la justice qui prononcera.

Sans aucun doute, Messieurs ; mais il en profitera ; et
s'il a menti, si par ses déclarations infâmes il a entraîné
la condamnation d'un innocent, qui en recueillera le
bénéfice ? Vous voyez donc bien que la cupidité de cet
homme a été excitée, tout comme sa vanité, et que le
mobile, que vous ne pouvez trouver chez Armand,
apparaît évident en ce qui concerne Maurice Roux.

Mais, qu'importe, après tout, le mobile de cette accusation ? Voyons les faits, examinons-les sans placer plus
longtemps le malheureux accusé à côté de son accusateur ; raisonnons. Si Maurice Roux a été victime d'une
cruelle brutalité, même d'un assassinat ; si le fait est
prouvé ; si l'homme le plus irréprochable s'est oublié,
un moment dans sa vie, soit, vous avez raison ; mais
il faut le prouver ! C'est maintenant qu'il faut reprendre
avec plus de détails le récit des faits.

Vous savez ce que raconte Maurice Roux et vous
connaissez le prétendu propos du 6 juillet. Voyez,
Messieurs les jurés, combien les esprits sont différents.
Ce propos, raconté à l'audience, et sur lequel insistait
M. le Procureur Général est, à mon avis, l'argument le
plus irrésistible contre l'accusation. Maurice Roux a
dit que, depuis quelque temps, il s'apercevait que son
maître lui lançait des regards terribles. Pourquoi ? Son
maître n'avait eu avec lui aucune scène ; le propos :
« *Sa maison est une baraque*, » il ne l'avait pas encore
tenu, et vous savez même qu'il n'est pas établi que

M. Armand ait eu connaissance de ce propos. En outre, la cuisinière et la femme de chambre déclarent que le 6 juillet au soir, il disait : « Je viens d'avoir une petite discussion avec Monsieur, mais Monsieur a dit que, si je me conduisais bien, je resterais longtemps avec lui. »

Quoi qu'il en soit, dans cette soirée du 6 juillet, Maurice Roux cause avec les autres domestiques, et voici ce qu'il leur dit : Il a surpris une conversation entre M. et Mᵐᵉ Armand, et M. Armand disait à sa femme : « Il a traité la maison *de baraque*, je me vengerai, oui, je me vengerai ! » — C'était lui, Maurice Roux, qui avait tenu le propos. Cependant il demande à la cuisinière et à la femme de chambre qui a pu se servir d'une pareille expression. Il leur dit : « Savez-vous qui a tenu ce propos ?, » La cuisinière lui répond : « Ce n'est pas moi », et la femme de chambre fait la même réponse : « Ce n'est pas moi. » Alors il leur répète : « Monsieur a dit qu'il se vengerait ! »

Je le saisis, là, en flagrant délit de préméditation. Il n'avait rien dit dans l'instruction de cette conversation, et je le comprends bien. C'est une arme que nous avons eu le bonheur d'obtenir de lui, mais sans lui ; ce sont la femme de chambre et la cuisinière qui ont déposé de ce fait, duquel il résulte évidemment qu'à ce moment, dans la soirée du 6 juillet, il combinait la simulation infâme du lendemain, il préparait l'accusation, et par avance, il déposait, dans les oreilles de ces deux femmes, ce mot d'Armand : « Je me vengerai ! » — espérant que le lendemain on pourrait s'en servir comme d'une révélation.

Je n'ai pas besoin d'insister, de vous montrer que M. Armand n'a pas pu dire une semblable parole à sa femme. L'idée est de Roux, l'invention est de lui. Roux était préoccupé depuis quelques jours, et il y a un détail, à cette occasion, qui a une grande valeur ; car tout est important... Cette dame anglaise, Mᵐᵉ Twight, si parfaite de ton et de langage, vous disait : « Ce domestique me plaisait, il était bon avec les chevaux ; j'aime

que l'on soit bon avec les animaux. D'ordinaire il chantait, et trois jours avant l'événement il ne chantait
plus... » Pourquoi? Il avait l'habitude de chanter.... le
fait est certain; mais, Messieurs, quand je trouve ce
changement dans sa conduite, cette préoccupation de
sa part et que je l'entends dire aux domestiques : « Monsieur a parlé de vengeance... », si le lendemain il est
trouvé à la cave dans l'état que vous connaissez, je
conclus naturellement de ces faits qu'il a préparé l'accusation, qu'il va formuler.

Nous arrivons à la journée du 7 juillet; ici il faut
bien préciser les faits, et j'en demande pardon à M. le
Procureur Général, nous les apprécierons avec les déclarations de Maurice Roux lui-même. Je veux lire
quatre phrases prises dans ses quatre interrogatoires.
Il sait probablement mieux que nous comment les choses se sont passées; il y était et nous n'y étions pas.
Que pour les besoins de sa discussion le ministère public
interprète, modifie les interrogatoires de Maurice Roux,
je le veux; mais, ce qui reste, c'est ce qu'il a déclaré à
M. le juge d'instruction par signes ou par paroles, et ce
qu'il a déclaré à l'audience, tout ce qu'il a dit, rien que
ce qu'il a dit.

Or, voici sa première déclaration :

« Le témoin nous indique par signes qu'il a d'abord
reçu sur le cou un coup de bûche, qui l'a renversé et
étourdi; que, se précipitant sur lui, Armand lui a passé
une corde autour du cou, qu'il a fortement serrée; puis
il lui a lié les mains derrière le dos, et enfin, prenant
son mouchoir, il lui a lié les jambes au-dessus des che-
villes ! »

Permettez, il n'est pas possible qu'un interrogatoire ne soit pas un interrogatoire..... j'ai pour M. le
juge d'instruction le plus profond respect, et certainement il n'a dû écrire que les faits que les signes lui ont
appris; si le signe n'était pas net, le juge n'a pas dû le
recueillir, sa conscience lui défendait d'y rien ajouter;

et quand, lisant le procès-verbal de M. le juge d'instruction, je vais montrer des manifestations d'une vivacité
extrême, je dirai au magistrat qu'elles sont vraies, qu'il
n'a pu, je le répète, y ajouter la plus petite couleur, et
qu'il aurait manqué à son devoir, s'il avait altéré, en
quoi que ce soit, ce qu'il a vu et ce qu'il devait écrire.

Il m'importe donc peu d'entendre ici, à cette audience, M. le juge d'instruction revenir sur certaines
mentions de son procès-verbal. Il est ici témoin; quand
il instruisait l'affaire, il était magistrat et il n'avait pas
d'autre rôle à prendre. Ce qui n'était pas établi, devait
rester dans l'obscurité; ce qu'il ne comprenait pas, il
ne devait pas l'écrire.

Dans la première déclaration, je viens de vous la lire,
il n'y a pas dé division, il n'y a pas deux scènes. Maurice Roux a eu la perception complète et entière de
tout ce qui s'est fait. Il a été renversé par un coup de
bûche — un coup de bûche, entendez-vous bien? Ce
n'est pas même un coup de canne, — il l'a dit, vous
l'avez écrit; il n'y a plus de justice si l'on peut retirer
un semblable document. — Quand il a été renversé, on
lui a lié les mains et puis les pieds; Maurice Roux a
dit cela, le juge d'instruction l'a écrit; le signe était
clair, précis; c'était l'évidence; le magistrat ne doit
écrire que quand la lumière est faite pour lui.

Second interrogatoire; interrogatoire parlé. Dans
ce second interrogatoire, il y a moins de clarté; mais
rassurez-vous, la clarté reviendra tout à l'heure.

« Tout à coup et sans que j'aie entendu le moindre
« bruit qui m'annonçât son arrivée, je vis devant moi
« mon maître Armand..... Il me dit : « Je vais t'appren-
« dre si ma maison est une baraque. » Je me sentis
« frappé à l'aide d'une bûche ou d'un bâton derrière la
« tête; je fus étourdi et je tombai sans connaissance.
« Dans l'état d'étourdissement dans lequel j'étais
« plongé, je ne sentis pas qu'il m'étranglait et qu'il
« liait mes bras à l'aide de cordes, mes jambes à l'aide

« d'un mouchoir. Je ne puis dire combien de temps
« je restai dans cette position ; mais à mon réveil, je me
« sentis suffoqué ; je finis par me rendre compte que
« j'étais lié. Je suis resté là jusqu'au moment où l'on
« est venu me porter secours ; j'entendais du bruit dans
« les caves voisines, mais je ne pouvais appeler. »

Troisième interrogatoire :

« En même temps que je me sentis frappé derrière la
« tête, j'étais renversé ; je me sentis alourdi, dans l'im-
« possibilité de crier et de faire un mouvement ; il m'a
« semblé qu'il se livrait sur moi à quelque acte extra-
« ordinaire et je me suis trouvé plus tard étranglé
« et lié. »

Enfin à l'audience, voici ce que, sous sa dictée même,
nous avons écrit :

« J'ai senti qu'il m'avait *jonché* le cadavre..... (il
« s'est servi du mot, nous le prenons). J'ai senti qu'il
« m'avait *jonché* le cadavre ; j'ai entendu dans la cave
« comme si l'on balayait ; je me suis senti pris ; je ne
« pouvais crier, la respiration me manquait. »

Voilà les interrogatoires faits par signes, ceux qui ont
été faits par paroles ; tous ont été écrits par le juge
d'instruction ; voilà l'interrogatoire fait à l'audience.

Tous ne mentionnent qu'une scène, une seule.

Est-il possible maintenant, en présence de ces déclarations, de diviser cette scène et d'en placer une partie le
matin, une partie le soir ; et cela, quand votre prétendue
victime, qui a tout vu, n'hésite pas à dire : Frappé d'a-
bord, j'ai été lié ensuite, lié au cou ; les mains ont été gar-
rottées, et les pieds attachés par un mouchoir ; tout cela
a été fait au même moment.

Donc pas de division, elle est impossible ; et le système
nouveau de l'accusation répugne à la raison, il est contraire aux faits, je ne crains pas de le dire.

Eh bien ! si les faits sont la seule base sur laquelle
l'accusation puisse s'appuyer, voyons les charges et les
moyens de la défense.

Je dis d'abord que M. Armand a établi son alibi : cet alibi est établi aussi clairement que possible, et la déclaration de Marie Hauterive, témoin non suspecte à l'accusation, nous suffit pleinement. Je crois qu'elle se trompe sur certains points, qu'elle se trompe de bonne foi ; mais je dis qu'elle a déclaré devant vous un fait capital, et que cette déclaration ne permet pas qu'on puisse soutenir sérieusement l'accusation.

Reprenons cette déposition ; et tout d'abord écartons une équivoque..... M. Armand affirme que cette fille a dû le voir dans la chambre de sa femme. Mais ce n'est pas lui qui a fait poser la question. C'est nous qui l'avons adressée au témoin. Voyons ce qui résulte de sa réponse.

A huit heures Maurice Roux, suivant son habitude, est entré dans la chambre de M. Armand ; il a ouvert les persiennes et il est sorti. Depuis ce moment on ne l'a plus vu. M. Armand dit : « Je n'ai pu aller à la cave le matin » (car vous savez que Maurice Roux prétend que c'est à huit heures un quart qu'il a été frappé). Je suis resté, dit M. Armand, de huit heures et demie à neuf heures et demie environ auprès de ma femme. M. Armand et madame Armand affirment le fait, et tous ceux qui connaissent madame Armand savent bien que, même pour sauver son honneur, elle ne ferait pas un mensonge !

On a interrogé Marie Hauterive ; que dit-elle ? « Je n'ai pas vu Monsieur dans la chambre de Madame. » Il pouvait y être sans qu'elle le vît. L'accusation reconnaît elle-même que M. Armand a été dans le lit de sa femme, et l'on n'est pas obligé, quand on est couché dans le lit de sa femme, d'insister beaucoup pour être vu par une femme de chambre. Mais enfin elle ne l'a pas vu ; elle le déclare.

Une circonstance qui me paraîtrait plus grave, c'est que, vers neuf heures, M. Armand aurait été vu dans la salle à manger. M. Armand proteste contre cette décla-

ration. Madame Armand, de son côté, affirme (et vous
comprenez que la date, elle ne l'oubliera jamais), madame Armand affirme que son mari a passé ce temps
dans sa chambre. Le fait est acquis par la déclaration
de madame Armand. Elle est la femme de l'accusé, je
le veux bien ; mais continuons d'examiner la déclaration
de Marie Hauterive. Elle a entendu, dit-elle, Monsieur
chanter dans sa chambre. A quelle heure ? à huit heures
et demie du matin. Comment sait-elle l'heure ? Parce
qu'elle a entendu sonner la pendule. Donc, si M. Armand, à huit heures et demie, fredonnait dans sa
chambre, il est évident qu'il n'était pas dans la cave,
comme l'affirme le domestique, pour l'y assassiner.

M. le Procureur Général nous fait une objection, qui
ne me paraît pas bien sérieuse, qu'il me permette de le
lui dire. Il nous dit : Vous fredonnez quand vous vous
habillez. — Mais M. Armand n'a-t-il pu fredonner en
commençant sa toilette avant d'aller chez sa femme ?

Voulez-vous une preuve que M. Armand était chez sa
femme ? En voici une décisive.

Quand la femme de chambre a apporté l'infusion, Madame Armand lui a défendu d'entrer ; c'est là un fait reconnu. Je voudrais bien que l'accusation, pénétrant dans
ces petits détails domestiques, pût expliquer raisonnablement pourquoi la maîtresse dit à sa femme de chambre : N'entrez pas ! Quand le mari est absent, la femme
de chambre a toujours accès auprès de sa maîtresse ;
mais quand le mari est chez sa femme, c'est différent.

Il y avait donc obstacle à ce que la femme de chambre pût entrer. Cet obstacle existait, le témoignage de
la femme de chambre le certifie. Madame lui a dit de
ne pas entrer. Marie Hauterive s'en souvient.

Fixons donc ces deux moments. A huit heures et
demie, au moment du crime, M. Armand fredonne dans
sa chambre : singulière préparation pour l'exécrable
forfait qu'on suppose ; à neuf heures, il est près de sa
femme, dans son lit ! Et vous voulez que cet homme

soit coupable ! Et vous ne comprenez pas que la jeune servante fait erreur, que la défense, qui lui a été faite d'entrer chez Madame, démontre jusqu'à l'évidence que le mari était là ?

Je n'aurais que ce fait que je pourrais arrêter la discussion. Il y a là une précision tellement certaine qu'elle vous frappera, comme elle doit frapper tout homme raisonnable. Mais continuons notre examen.

M. Armand ne pouvait être dans la cave ; il était chez lui ou chez sa femme. Eh ! qu'allait donc faire le domestique à la cave ? Il y a ici une foule d'objections qui n'ont pas arrêté le ministère public..... Pourquoi Maurice Roux descend-il à la cave ? sommes-nous bien renseignés à cet égard ? Il n'avait rien à faire à la cave. Écoutez ce que l'instruction a établi.

Le matin, il descend une première fois à la cave et il en rapporte du bois et des sarments. La cuisinière a trouvé que la quantité de sarments ou de bois n'était pas suffisante et elle a dit à Maurice Roux : Vous irez à la cave chercher plus de sarments. Il y est allé et il en est si bien revenu que la cuisinière déclare qu'à son retour du marché, elle a trouvé du bois et des sarments en grande quantité. Donc, il n'avait pas besoin de descendre une troisième ou une quatrième fois à la cave.

Pourquoi y est-il descendu ? L'un de vous, Messieurs les jurés, lui a posé la question. Quelle a été sa réponse ? Il fallait, dit-il, du gros bois..... — Au mois de juillet pour allumer du feu dans la cheminée ! c'est dérisoire. Il avait apporté du petit bois pour la cuisine, il avait apporté des sarments pour la cuisine encore. Il n'avait plus besoin de retourner à la cave, et il n'a pas dû y retourner.

J'ajoute qu'il a déclaré qu'il allait autre part. En effet, Marie Hauterive l'a vu sortir, non pas de la maison, mais de l'appartement ; il a pris sa casquette et il a dit : « Je vais à la remise. » Or, s'il va à la remise, s'il

dit qu'il va à la remise alors qu'il n'a rien à faire à la
cave, j'ai le droit d'affirmer qu'il n'a pas été à la cave,
et qu'il en impose quand il prétend y être descendu au
moment où M. Armand l'y aurait trouvé.

Nous- faisons certains pas, Messieurs; nous avan-
çons; mais nous irons jusqu'au bout de notre tâche;
car ce n'est pas un acquittement par le doute qu'il nous
faut, c'est la lumière... Il faut qu'aucun point ne demeure obscur, il faut que M. Armand vaille ce qu'il
vaut, ce qu'il valait avant l'accusation; il faut qu'il
vaille davantage, car le malheur le rendra plus sacré
encore, et ses grandes vertus s'élèveront par les souffrances qu'il a endurées.

Ainsi cet alibi, je l'établis encore par l'impossibilité
dans laquelle est Maurice Roux de fournir une bonne
raison qui explique sa descente à la cave.

Et lui, M. Armand, y est-il descendu? Qui l'y a vu? Il
y a eu, relativement à la déposition de la concierge, un
incident dont la bonne foi de M. le Procureur Général a
fait justice. La concierge, au premier moment, a déclaré
qu'elle n'a pas vu M. Armand descendre à la cave.
Alors même que, plus tard, elle aurait tenu le propos
qu'on lui prête : qu'importe! est-ce sur de pareils propos, tenus sans vérité, qu'on juge un homme? Le ministère public reconnaît qu'elle aurait pu parler ainsi pour
se donner de l'importance, quand elle n'était qu'un témoin insignifiant. Mais je ne fais pas cette concession.
Non, les témoins, qui en viennent à se contredire, ne sont
pas sincères. Vous avez vu cette femme, vous avez vu
son attitude, son assurance; de tous les témoins entendus, elle a été le plus menacé; M. le Premier Président lui a dit : « Je vais vous faire arrêter. » A un moment même, une mesure a été prise contre elle. Elle
n'a pas eu la plus petite émotion; elle a répondu avec
assurance que, déclarant la vérité, elle n'avait rien à
craindre.

Vous avez entendu aussi sa sœur, la femme Marius,

son ennemie. Je me suis rappelé que cette femme Marius n'avait pas dit un mot du propos à son mari, et
je me demande comment elle a colporté ce secret chez
un chapelier et chez d'autres fournisseurs en le cachant à son mari.

Le témoin a déposé d'un propos contradictoire.
D'ailleurs, les témoins, qui s'échappent de Montpellier,
du milieu de cette fournaise ; qui sont animés d'une
telle ardeur contre M. Armand, et qui viennent avec
cette animosité, que les passions les plus mauvaises
excitent, ces témoins me troublent, je l'avoue ; et quand
la Cour de Cassation déclare elle-même que la justice ne
peut pas y être juste, j'ai le droit de dire que les témoins, qu'on fait venir de Montpellier, ne peuvent être
sincères.

On dit que la femme Marius a de bons certificats. Je
réponds que la femme Caze en a qui sont aussi bons.
J'ai des certificats de ses anciens maîtres et de ses voisins. M. le Procureur Général dit qu'il ne s'en rapporte
pas à la déclaration de la femme Caze. Entre lui et moi
il y a cette différence : le ministère public dit qu'elle a
bavardé ; moi je lui réponds qu'elle n'a pas bavardé et
qu'elle n'a pas tenu le propos qu'on lui prête.

Vous voyez, Messieurs, de quelle manière nous pro-
cédons. Dans cette plaidoirie, je ne veux avoir qu'un
mérite, celui d'avancer lentement, avec ordre, et de vous
saisir par l'évidence. J'ai prouvé déjà l'alibi de M. Armand ; j'ai prouvé que Maurice Roux n'a pas dû aller à
la cave ; j'ai démontré que personne n'a vu M. Armand
s'y rendre..... et cependant dans le système nouveau de
l'accusation, il faudrait qu'il y fût allé au moins deux fois.

J'arrive maintenant à un autre ordre d'idées.

Vous savez, Messieurs, comment la cave de la maison
est disposée, et vous savez également ce qui, d'après
l'accusation, s'y est passé dans la journée du 7 juillet.

De bonne foi, je vous le demande, est-il possible
d'admettre la vraisemblance des faits que l'on vous a

exposés tout à l'heure? Comment! voilà un maître qui
descend à la cave pour frapper son domestique; il va
le saisir dans la cave! dans la cave, qui est un lieu de
passage pour tous les locataires de la maison! Mais savez-vous combien il y a de locataires dans cette maison? Dix familles y demeurent, et il y a au moins dix
caves, sinon quinze.

Ces caves sont-elles obscures? mais vous avez vu,
par le fac-simile que vous avez sous les yeux, comment
elles sont disposées. Des magistrats les ont vues, nous
les avons vues, nous aussi. Il y a un long couloir de
chaque côté duquel, à droite et à gauche, sont les
caves; à l'extrémité du couloir, une baie donne une
lumière à peu près égale à celle que nous avons ici; les
caves ne sont pas aussi claires que le couloir, mais elles
ont des clôtures à claires-voies qui permettent cependant d'y voir, et la lumière y arrive de la façon la plus
facile; car, vous le comprenez, le couloir qui règne
dans toute l'étendue des caves et les sépare les unes des
autres, contribue à y répandre une certaine clarté. Tout
ce qui se passe dans les caves peut être entendu par les
personnes qui se trouvent dans le couloir.

Eh bien! M. Armand pouvait aller dans sa remise
où il eût été seul; il pouvait aller dans la chambre de
son domestique, où il eût été seul; il pouvait entraîner
son domestique dans un lieu obscur..... Non, M. Armand va dans la cave et là, il commet les crimes que le
ministère public lui reproche.

Mais, me dit-on, il a assommé son domestique et
Roux n'a pas crié! Mais est-ce qu'il pouvait se douter
qu'il ne crierait pas?

Oui, ajoute le ministère public, s'il n'y avait pas eu
commotion, Roux aurait crié; il devait y avoir et il y a
eu commotion, et dès lors Roux ne pouvait pas crier...
C'est pousser un peu loin les choses; et comment con-
cevez-vous, Messieurs, que M. Armand n'ait pas craint
de s'exposer à être surpris dans l'accomplissement

d'un acte aussi horrible? Remarquez que cet acte était commis dans les conditions les plus impossibles, et vous reconnaîtrez, à l'instant, que les choses ne se sont pas passées comme on voudrait le faire supposer.

Cherchons maintenant à savoir quelles étaient les personnes, qui se trouvaient dans la cave. Il y avait beaucoup de monde, et je vous prie, Messieurs, d'écouter avec attention les dépositions des personnes qui s'y trouvaient.

Plusieurs personnes étaient dans les caves au moment où le crime se serait accompli. Ainsi il y avait M. Pons. M. Pons est descendu à huit heures dix minutes à la cave n° 10. On lui fait passer des fûts qu'on appelle des bordelaises; il va, il vient, et comme son travail ne se fait pas assez vite, l'un de ses collègues, M. Galloffre, un des chefs de la maison, est envoyé à son aide. Il reste là jusqu'à neuf heures et un quart, et ils n'entendent rien, ils ne voient rien, absolument rien! Ce sont seulement des murs légers, qui les séparent du lieu du crime, et quand M. Armand est descendu à la cave, s'il y est descendu, il a bien pu voir qu'il y avait là des témoins; et leur présence ne l'arrête pas, et il commet son crime!.... est-ce possible?

On revient ensuite à la cave à onze heures. Ce sont les employés de la maison de l'épicier; ils sont tous là. Eh bien! à cette heure, ils n'ont rien vu, rien entendu.

Il y a quelque chose de bien plus grave encore.

Madame veuve Armand a une cave contiguë à celle où le crime s'est accompli; elle y descend avec son domestique Reynal et elle y reste depuis neuf heures du matin jusqu'à onze heures, et elle n'entend rien! elle est arrivée après que le crime a été commis, dira-t-on. Mais enfin, Maurice Roux râlait le soir; à plus forte raison aura-t-il dû râler le matin... Elle n'entend rien!

La femme de chambre descend à midi, elle va dans la cave contiguë; elle passe devant la porte de la cave où se trouvait Maurice Roux.... elle n'entend rien! rien!

Puis, à six heures du soir, ce témoin qu'il a été si dif-

16

ficile d'amener à s'expliquer, le nommé Caze, qui est
descendu à la cave, vous savez pourquoi, qui s'est arrêté
près de la porte, ce témoin, lui aussi, n'a rien entendu,
il n'a rien vu !

Est-ce que, Messieurs, toutes ces circonstances ne
vous frappent pas? Est-ce que tout cela ne vous paraît
pas bien étrange?

J'arriverai aux constatations médicales. Elles sont
tout à mon avantage ; elles prouvent jusqu'à l'évidence
que M. Armand n'est pas coupable. Mais alors même
qu'il n'en serait pas ainsi, n'y a-t-il pas dans toutes ces
circonstances des preuves, qui valent mieux que les
discussions de la science? La science se trompe souvent,
le bon sens de tous ne se trompe jamais.

Quand un homme, accusé d'un crime, oppose un
alibi à l'accusation ; quand il démontre qu'il n'a pas
d'intérêt à commettre ce crime, qu'il est honnête homme,
je dis qu'il faut établir sa culpabilité par des témoins
bien impartiaux ; dans le cas contraire, il ne subsiste
rien de l'accusation, elle tombe d'elle-même. Or que
vient-on vous dire ici? On dit : J'ai appelé des témoins,
il y en a d'autres encore ; mais je n'ai pas de preuves...
Voilà la situation, Messieurs, et c'est à vous de vous demander si un crime, tel que celui dont on l'accuse, pouvait entrer dans la pensée de M. Armand? Non, il y a à
cela une impossibilité morale !

Des impossibilités morales? il n'y a pas que celles-là ;
il y en a d'autres encore, d'un autre ordre, et qui sont
saisissantes.

Tout à l'heure, M. le Procureur Général était obligé
de reconnaître que M. Armand était un honnête homme,
et il lui disait : Vous êtes coupable, mais vous êtes bien
malheureux ; je vous plains et, tout en vous accusant,
je comprends tout ce qui sollicite en votre faveur ; je
puis concevoir comment vous avez été amené à chercher les moyens de cacher une première faute.

Ah ! Messieurs les jurés, je repousse un pareil système..... Si, après avoir commis un premier crime, il avait tenu la conduite qu'on lui prête, il serait un homme indigne à tous égards.,... Non, il y a, là aussi, une impossibilité morale, qui vous frappe, comme elle me frappe moi-même.

Ne vous rappelez-vous pas les dépositions des témoins Birotteau, Biquet, Castan? et en présence de ces dépositions pouvez-vous admettre un instant le système de l'accusation?

En supposant que M. Armand se soit laissé entraîner à un acte de violence, ce serait le premier crime qu'il commettrait..... Eh bien, quand un homme, dans un moment d'emportement, lève la main sur son semblable ; quand il frappe et qu'il voit, étendu à ses pieds, presque un cadavre, le ministère public le reconnaîtra, cet homme sera troublé. Il cachera son crime, je le veux.... mais ne comprenez-vous pas les préoccupations de cet homme, le trouble de sa conscience? Il aura des remords..... l'honnête homme en a toujours ; le scélérat, lui-même, en a quelquefois ! Armand coupable aurait donc eu des remords..... Eh bien ! ils les aurait dissimulés au point que personne n'en aurait saisi la trace ! il aurait eu une gaieté naturelle !.... il aurait gardé cette tranquillité qui n'appartient qu'à une conscience pure ! les témoins le déclarent. Non, c'est impossible !

Vous n'avez pas perdu de vue cette déposition animée de M. Birotteau. « J'ai vu M. Armand à dix heures, vous disait-il. (C'était probablement au moment même où M. Armand sortait de la cave), je lui ai demandé des renseignements..... »

A ce moment la séance est suspendue un instant, un des jurés est indisposé.

A la reprise de l'audience Me Lachaud continue sa plaidoirie en ces termes :

Messieurs les jurés, je vous parlais d'une impossibilité morale, l'impossibilité morale des honnêtes gens ; j'ai dit qu'un homme, qui vient de commettre un crime, doit être épouvanté par le remords, et quels que soient les exemples contraires cités par M. le Procureur Général, admettons, pour l'honneur de l'humanité, que les criminels, qui le sont pour la première fois, ont horreur de leur crime. Je reconnais qu'ils ne se dénoncent pas ; mais ils ne sont ni calmes ni tranquilles.

Eh bien! c'est le jour même, à dix heures du matin, que M. Birotteau a rencontré M. Armand terminant son déjeuner; et il est vrai que M. Birotteau lui ayant demandé des renseignements, il lui a répondu : « Allez chez un tel, il vous renseignera mieux que moi. » A dix heures et demie, M. Birotteau le rencontre encore ; M. Armand lui dit : « Et vos renseignements, les avez-vous? — Oui, répond M. Birotteau, mais incomplets. » Enfin à six heures du soir, M. Birotteau le voit une troisième fois et il le trouve réjoui, content, satisfait, riant.... riant! lui le criminel; lui, qui s'est rendu coupable de deux crimes dans ce même jour !

Et le témoin Lazuttes, qui rappelle les souvenirs de son beau-père, mort depuis quelque temps..... A dix heures, il va chez M. Armand, à son bureau; il le trouve là avec M. Biquet son oncle; celui-ci a une lettre qui contient une fausse indication, et c'est M. Armand, qui relève l'erreur !

Un de ses amis, M. Castan, arrive pendant qu'ils causent ensemble ; il lui fait une invitation à dîner! à ce moment funèbre où le crime devait être découvert! Comprenez-vous cette invitation, faite par un honnête homme à un de ses amis, de venir assister au déshonneur de sa maison?

Et ces détails de chapeau : ce panama que M. Armand, c'est le témoin qui le déclaré, avait choisi et pour lequel il se réservait de consulter sa femme !

Oh ! s'il avait commis un crime et s'il avait agi ainsi, avec ce calme, avec cette tranquillité, vous auriez bien tort de nous concéder qu'il est un homme à plaindre.

Si, après un tel forfait, il s'était montré tel que les témoins le représentent, il aurait donné la preuve d'une bien grande scélératesse.

Voilà, Messieurs, les impossibilités morales, et après vous les avoir rappelées, je crois pouvoir dire qu'il n'y a plus d'accusation possible !

Et lorsque j'examine les preuves que me fournissent les constatations, faites par les médecins, je me trouve en présence d'une innocence matérielle, incontestable.

En abordant la question scientifique, je ne me dissimule point tout ce qu'on peut dire contre les médecins ; je ne les crois pas infaillibles ; je sais bien qu'ils se contredisent. M. le Procureur Général a rappelé, à cet égard, deux grands exemples : l'un, qui est particulier à mon illustre confrère, M° Jules Favre ; et l'autre, qui me concerne, celui de l'affaire de madame Lafarge.

M. LE PROCUREUR GÉNÉRAL. — Je n'ai pas eu l'intention de faire des personnalités.

M° LACHAUD. — Que voulez-vous, Messieurs? Dans le sanctuaire de la justice, devant la chose jugée, je m'incline, et, il faut bien que je dise avec vous que madame Lafarge est coupable. Au dehors et dans la liberté de ma conscience, je pourrais parler autrement. Du reste ce n'est pas là le procès, et je continue.

Lorsque des médecins, tels que ceux qui ont été entendus à cette audience, sont aussi affirmatifs et aussi unanimes, il me paraît bien dangereux de repousser leurs témoignages ; de les repousser avec des convenances très grandes, il est vrai, mais enfin avec un certain dédain de leur science.

Nous avons appelé ici les hommes les plus considérables de la science. D'abord M. Tardieu. M. Tardieu est le défenseur de ma cause ; je l'ai assez souvent pour adversaire, je peux me réjouir de l'avoir, aujourd'hui, pour auxiliaire. Son esprit est le plus net, le plus lucide que je connaisse ; sa parole est merveilleusement claire. Enfin M. Tardieu est le premier parmi ceux qui

s'occupent de médecine légale, et, jeune encore, il est
doyen de la plus grande faculté du monde. Il est
honnête homme plus encore qu'il n'est savant; si la
science a des limites, la probité, grâce à Dieu, n'en a
pas.

Ensuite, c'est M. Tourdes, homme aussi modeste que
savant, professeur de médecine légale à Strasbourg.
Nous les choisissons bien, comme vous le voyez!
M. Rouget, professeur de physiologie médicale, qui
fait l'honneur de la faculté de Montpellier et qui fera
bientôt peut-être celui d'une autre faculté : parole
ferme, unie à une science élevée.

Nous invoquons encore le témoignage d'autres pra-
ticiens non moins habiles et non moins savants.

M. Gromier, professeur de médecine légale à l'école
de Lyon, le Tardieu du ministère public de Lyon ; car
il y a ceci de particulier dans cette affaire, que nous
avons, pour nous, ceux-là mêmes, qui souvent nous ont
fait perdre des procès, que nous pensions devoir gagner.

M. Pirodi, professeur à Marseille, un chirurgien de
grand talent.

M. Jacquemet, homme distingué, professeur agrégé
à la faculté de médecine de Montpellier et qui a été
longtemps chef des travaux anatomiques.

Voilà ceux que nous avons conduits ici. Et ces
hommes, devant Dieu, devant le monde, devant les
juges, devant les savants, déclarent que la simulation
est évidente! ils affirment que l'accusation s'égare à la
suite d'un témoin qui l'a trompée.

Qui leur oppose-t-on? des hommes considérables.
Est-ce que vous croyez que je vais traiter dédaigneu-
sement des médecins, qui ont fait leurs preuves? Non
certes.

Parmi ces médecins, disons-le tout de suite, il en
est un qui n'est pas avec vous, qui n'y a jamais été.
C'est M. Dupré. Le ministère public est sévère pour lui.
Il est suspect à l'accusation! Remarquez, Messieurs,

que M. Dupré n'est jamais entré dans les voies de l'accusation, et cependant il a soigné le malade, il l'a vu mieux que tous les autres, puisqu'il l'approchait chaque jour. Aussi ferons-nous souvent appel aux déclarations de M. Dupré.

Vient ensuite M. Dumas, homme très érudit, qui a fait des citations nombreuses ; il est professeur d'accouchement, je le sais ; mais il peut, en dehors de cette spécialité, avoir de la science en toute autre matière, je le sais encore.

M. René est appelé dans la seconde affaire. C'est un homme qui a une grande expérience ; il n'a pas inventé la médecine légale, mais il remonte à ses origines ; oui, dans une certaine mesure, M. René est avec le ministère public.

M. Moutet l'est beaucoup moins et il ne dit à peu près rien.

Il y a encore M. Alquié ; ah ! M. Alquié, lui, il est vrai, est complètement avec vous. Il est un savant, il est un honnête homme, mais il expérimente beaucoup, beaucoup trop peut-être. Oui, Messieurs, je me préoccupe quelquefois de ce genre d'expériences. J'en gémis pour les malheureux animaux qui en sont l'objet ; puis j'ai vu opérér M. Alquié ; vous l'avez an vous-mêmes, et quand il disait qu'il opérait de préférence sur des cadavres chauds, j'avoue que je n'ai pu m'empêcher d'éprouver un certain frémissement. Je me suis rappelé l'histoire du pendu de Bruxelles dont les détails sont encore présents à votre esprit ; et quand j'ai pensé qu'il avait échappé à la corde et que ce sont les médecins qui l'ont tué, oh ! alors, je le confesse, j'ai eu peur. Lorsque les expériences peuvent aller aussi loin, je le dis en toute sincérité, ce sont des expériences qui sont à craindre. M. Alquié est vif ; il a des ardeurs ; il voit de bonne foi, mais il voit avec des yeux passionnés.

Voilà, Messieurs, ce que je voulais vous dire sur les

personnes. Après avoir fait passer devant vous les
sommités médicales, appelées à faire leurs dépositions
devant la Cour, il faut résumer leurs opinions.

Nous pourrions, grâce à la présence de tous ces
messieurs, constituer ici une véritable académie de
médecine; mais comme je ne suis pas médecin, laissez-
moi résumer simplement ce qui vous a été dit par eux.

Vous le savez, Messieurs, cinq questions principales
ont été posées : Y a-t-il eu un *coup* ? Y a-t-il eu *commotion?* La strangulation a-t-elle été *homicide?* La ligature des mains a-t-elle pu être faite par Maurice
Roux ? Le *mutisme* était-il réel ou simulé ?

Le champ de discussion est vaste, comme vous le
voyez, et si les médecins discutaient ces questions entre
eux, le débat serait plus long encore que celui de cette
affaire ne l'a été. Avec votre permission nous allons
faire aussi rapidement que possible l'examen de ces
cinq questions.

Y a-t-il eu un *coup?* A quel moment s'en est-on
aperçu? Quelles en sont les traces et quelles devaient-
elles être si le coup eût été violent?

Quand on a relevé Maurice Roux, personne ne s'est
aperçu qu'il eût reçu un coup derrière la tête. Il ne
faisait pas de gestes, il ne parlait pas.

Cependant on l'a examiné. M. Surdun — je n'ai pas
parlé de lui et j'ai eu tort — M. Surdun n'est pas professeur, il est médecin; et dans un mémoire qu'il n'aurait pas dû publier et auquel on n'a pas répondu, il
prétend qu'il est l'enfant gâté de la faculté de médecine
de Montpellier ; il n'a pas même été gâté par elle et j'en
ai des preuves; M. Surdun, dis-je, a examiné avec précaution, avec attention, le malade dès le 7 juillet au
soir, et il n'a pas constaté la moindre trace de contusion à la tête.

Il nous suffit de discuter les constatations des médecins ; nous pouvons négliger celles qui ont été faites par
les élèves ; je ne les examinerai donc pas.

Je prends maintenant la déclaration de M. Dupré. Il a vu le malade le 9, et il déclare que la trace du coup, qui est derrière la tête, est insignifiante.

Ainsi cette contusion violente, cause directe de la commotion, qui constitue la seule circonstance qu'on pourrait retenir dans cette affaire, et à laquelle l'accusation se rattache, sentant bien qu'elle va tout perdre ; cette contusion si violente, elle n'a pas été vue par M. Surdun ! et quand M. Dupré l'examine, il déclare qu'elle est insignifiante

Mais enfin, reste-t-il des traces matérielles du coup ? quelles sont-elles ? Cet homme a-t-il jamais eu une contusion, une bosse sanguine ? Non, tous les médecins sont unanimes sur ce point. Il n'y a eu qu'une simple excoriation, extrêmement étroite ; elle a paru, je le répète, insignifiante au docteur qui a soigné le malade pendant un mois.

Voilà ce coup terrible, qui détermine une commotion et qui constituera les charges les plus graves que l'on pourra trouver.

Je sais bien que M. le Procureur Général nous dit que les coups ne laissent pas toujours de traces et que, dans le rapport signé par MM. Dumas, Dupré et Surdun, il y a une réponse que vous connaissez, une réponse par monosyllabes, qui admet la même thèse.

Soit, cela est possible. Seulement, il faut bien remarquer que dans l'hypothèse où le coup n'aurait laissé aucune trace, il faudrait supposer que le coup a été porté avec un corps lisse et rond et non pas avec une bûche, comme l'a déclaré Maurice Roux. Car il est bien reconnu qu'une bûche, n'étant ni lisse, ni ronde, doit laisser des traces du coup, qu'elle a porté.

Quoi qu'il en soit, vous avez entendu ce que les médecins, appelés par l'accusation, ont dit à cet égard ; ils ont dit que quelquefois, à la surface, il n'y a pas de traces du coup et qu'à l'intérieur tout est broyé, tout est pulvérisé.

Je me souviens du magnifique exemple que nous a
cité M. Dumas, de ce boulet de canon qui n'a pas attaqué la peau, mais qui a tout broyé dans le ventre.

Mais dans le procès actuel il s'agit de la nuque,
partie très résistante comme on vous l'a dit, et pour que
le coup pût amener une commotion, il faudrait qu'il eût
été terrible.

Je me demande tout d'abord si M. Armand aurait pu
porter ce coup. Si vous admettez l'hypothèse, vous
aurez non seulement une excoriation à l'extérieur,
vous aurez encore à l'intérieur, des muscles brisés, une
certaine décomposition, enfin tous les caractères qui
sont la conséquence d'un coup porté violemment.

Dans le cas présent, vous n'avez rien, rien qu'une
excoriation, jugée insignifiante ; et même aujourd'hui
cette excoriation n'a pas le caractère d'une véritable cicatrice. M. le docteur Raimbault, qui doit être un
homme de mérite, puisque M. le Président l'a désigné
comme expert ; M. Raimbault, que j'affirme être un
homme de cœur et qui l'a montré lors de l'expérimen-
tation que tout le monde se rappelle, M. Raimbault a
dit : « Ceci une cicatrice ! c'est tout au plus un bouton cicatriciel. » (Signe de dénégation de M. le Procureur
général.)

Je vous affirme, Monsieur le Procureur Général, que
je suis toujours dans la vérité, et je regrette de voir que
nous n'ayons pas écouté tous les deux avec la même attention, au même moment.

Ainsi cette excoriation insignifiante, misérable, et
qui, pour tous les médecins que vous avez entendus,
ne peut pas être la preuve d'un coup, le dernier médecin, qui a examiné Maurice Roux, vient nous déclarer
qu'elle n'est qu'un bouton cicatriciel.

Donc, pas de coup ; tout au plus une simple écorchure.
Cette petite écorchure, cet homme ne peut-il pas se
l'être faite à lui-même ? Ne peut-on pas la lui avoir
faite sur le charbon, quand on l'a relevé ? N'y a-t-il pas

eu choc? Ou bien quelqu'un l'aura-t-il écorché avec un bouton de son habit? Nous sommes ici dans le champ des hypothèses, et la réalité, ce n'est rien.

Si le coup eût été violent, il y aurait eu des traces ; il n'y a pas de traces ; encore une fois, il n'y a donc pas eu de coup.

Je passe à la *commotion.*

Combien reconnaît-on de genres de commotions? Il y en a, nous dit-on, du premier, du second et du troisième degré; mais cette division est trop savante pour vous et aussi pour moi ; ce que nous savons de précis le voici: quand un homme tombe sous le coup d'une commotion, il perd instantanément non seulement l'intelligence, mais aussi l'usage de ses sens ; il est anéanti. Or, dans cet anéantissement, il n'a aucune espèce de perception, ni complète ni incomplète. Il n'y a donc pas commotion partielle et commotion totale, il y a commotion. La commotion peut durer une minute ou une heure.

Maurice Roux a-t-il été frappé de commotion? Beaucoup de médecins peuvent dire non, parce qu'il n'a pas présenté, quand on l'a trouvé dans la cave, les phénomènes qui constituent la commotion. Mais il y a une autre raison, la plus incontestable de toutes, qui ne permet à aucun médecin de dire que Maurice Roux a été sous le coup d'une commotion, c'est que depuis huit heures du matin jusqu'à huit heures du soir, moment où on l'a trouvé, personne ne l'a vu !...

Aussi, quand M. le Président faisait à M. le docteur Tardieu cette objection : « Vous n'avez pas vu le malade ; M. Surdun l'a vu et peut en savoir plus que vous... » M. Tardieu répondait avec raison : « M. Surdun n'a vu le malade qu'à 8 heures du soir, et à cette heure il n'y avait plus de commotion, car il avait repris ses sens. »

Prenons d'ailleurs les déclarations de Maurice Roux, n'importe laquelle, soit celle qu'il a faite devant M. le juge d'instruction, soit celle qu'il a faite devant la

Cour d'assises. Dans toutes il varie ; mais il y a toujours un point, qui demeure invariable, à savoir, qu'il a eu des perceptions. Si, abattu, il a senti la ligature des mains, il y a eu évidemment sensibilité ; s'il a entendu le bruit dans la cave, il n'était plus en commotion, il avait repris l'usage de ses sens ; si encore, comme il vous l'a dit à cette audience, il a entendu qu'on balayait, il n'était plus en commotion, puisqu'il avait la perception des choses. Quand on est en commotion, on ne perçoit rien, on est anéanti ; la commotion c'est la mort ; dans cet état, conséquence de la commotion, on ne sait, on ne voit, on ne pense rien.

Donc vous n'établissez pas la commotion. Les plus habiles médecins vous disent que les caractères de la commotion n'ont pas été constatés chez Maurice Roux. Il y a un de ces caractères notamment, qui est capital, c'est la perte de la mémoire. Maurice Roux a conservé la mémoire, il se rappelle le coup reçu, le coup qui l'aurait mis en commotion. Donc il n'a pas été en commotion.

Il ne saurait y avoir, à cet égard, rien de plus concluant, et nous en avons des exemples bien nombreux. Un homme est frappé, la commotion vient après le coup, il ne conserve pas le souvenir du coup qui l'a frappé ; il n'arrive jamais qu'il en conserve le souvenir. C'est de la physiologie. M. Rouget citait comme exemple ce qui est arrivé à la femme de l'honorable recteur de l'Académie de Montpellier. Voyageant en chemin de fer, elle est victime d'un accident horrible ; elle est frappée de commotion ; elle ne se souvient pas de l'accident ; elle n'a aucun souvenir du choc qu'elle a éprouvé ; elle n'a rien vu, et la mémoire sur ce point ne lui reviendra jamais.

Un fait, à peu près semblable, s'est produit à Marseille ; il est connu de tout le monde, c'est pour cette raison que je le cite. Un des hommes les plus honorables de cette ville, M. F., et l'on comprendra pourquoi je me borne à une initiale, se promenait avec sa femme au Prado; il est assailli, frappé par des malfaiteurs. Une commotion se produit, il ne se rappelle pas le coup qui lui a été porté, il ne sait rien.

Voilà ce que c'est que la commotion.

Messieurs, ne nous perdons pas dans la haute science et laissons M. Dumas feuilleter les archives de l'Académie de Montpellier. M. Tardieu, avec sa parole charmante, s'est montré dans ses conclusions beaucoup plus simple que ses confrères, et je dis tout simplement aussi avec lui que cet homme n'était pas en commotion : il a senti, il a compris, il a vu avec les yeux de l'intelligence, il se souvient de la commotion; il faut donc écarter la commotion.

Sur cette question, Messieurs, j'ai pour moi les quatre ou cinq plus grands médecins légistes de France, représentant les facultés de Lyon, de Strasbourg et de Paris. M. René représentera, si vous voulez, la quatrième faculté ; car il n'y a que quatre facultés en France; il est vrai que M. René ne dit pas grand'chose et qu'il aurait autant envie de ne rien dire du tout.

Ainsi pas de commotion.

J'arrive à la *strangulation*.

M. Armand, suivant l'accusation, a voulu tuer son domestique, le matin, dans la journée, ou le soir, comme il vous plaira, et il a voulu faire croire que le domestique s'était tué.

Mais pour tuer les gens en les étranglant, il faut serrer la corde et j'ai toujours vu que le meilleur moyen de serrer était de faire un nœud. Il ne manque ici que le moyen d'arriver au crime prémédité, le nœud..... Avec un bon nœud, un seul tour de corde suffisait; M. Armand fera quatre tours, mais sans nœud!..... Eh bien ! les quatre tours de corde ne suffiront pas.

J'ai eu le malheur de plaider souvent des affaires criminelles. Ce n'est pas aujourd'hui que je m'en plains; c'est un bonheur de défendre un tel homme,

un homme que j'aime et auquel je donne la main trois
fois par jour, et je n'ai certes pas l'habitude d'agir
ainsi avec les criminels ; mais M. Armand est un
homme que j'estime, un brave homme, et je l'ai déjà
dit, il vaut mieux que moi.

Vous voulez qu'il ait commis un crime, soit ; mais
il le commettra de la manière dont on doit le commettre. Pourquoi donc n'a-t-il pas fait de nœud ?
Parce que, dites-vous, Dieu veille ; parce que la Providence ne permet pas aux accusés de prendre tous les
moyens nécessaires pour dissimuler leurs crimes ; s'ils
étaient aussi habiles, la justice ne les atteindrait jamais.....

C'est là une très belle explication à donner dans un
réquisitoire..... Mais peut-elle être acceptée par un
homme sensé ? Oui, il y a des choses que les criminels oublient, mais il y en a qu'ils n'oublient jamais ;
et quand on veut étrangler un homme, qu'on en a le
temps, on ne s'amuse pas à faire de petits bracelets
autour du cou ; quand on prend le temps de faire six
tours, on a celui d'en faire un seul *avec un nœud*.....
M. Armand n'a pas fait de nœud !

La corde au moins était-elle serrée, bien serrée ? Non,
car elle n'a laissé d'autres traces que des sugillations,
c'est-à-dire qu'elle n'a pas entamé la peau. Il y a eu
des espèces de frottements, des traces rouges. L'épi-
derme est à peine atteint, les muscles intérieurs sont
parfaitement intacts ; la corde ne pénétrait pas, ne tenait pas. On a fait seulement en forme de spirale,
M. Dupré l'a dit, cinq ou six tours, et après les cinq
ou six tours faits, il restait encore 75 ou 80 centimètres
de corde, je ne sais pas au juste, mais beaucoup plus
qu'il n'en fallait pour faire un nœud. On a laissé la
corde pendante !

Qu'en est-il résulté ? c'est que Maurice Roux n'était
pas étranglé et qu'il ne pouvait pas l'être. Il est arrivé
alors, que cette constriction extrêmement légère, par

cela seul qu'elle a duré longtemps, a déterminé des accidents.

Il ne jouait donc pas l'asphyxie? Non, car lorsqu'on l'a relevé, le cinquième acte de la tragédie avançait et l'on était bien près du dénoûment. L'auteur malhabile n'avait pas bien conçu son rôle; il avait commencé trop tôt ou bien Marie Hauterive est venue trop tard. Pas de nœud, pas de constriction violente; aucune de ces traces vigoureuses qui témoignent d'une volonté énergique ; et il la fallait cette volonté..... Car, il est certain que, quand on commet un crime comme celui-là, on est animé par la passion, on serre avec une brutalité terrible....; hé bien! non, la main du meurtrier était douce, elle serrait tout juste assez pour faire un peu de mal. J'en conclus que le meurtrier, qui agissait ainsi, était celui-là même qui se faisait ce mal léger !

Comment oser diré, en présence de ces faits, qu'il y avait là une strangulation homicide?

Et à quel moment aurait-elle eu lieu? Si elle a eu lieu à huit heures du matin, on aurait trouvé le cadavre bien froid, lorsqu'on est arrivé dans la cave à sept heures du soir ! Aussi l'accusation elle-même recule et nous ne sommes plus, maintenant, en désaccord que de quelques heures.

Et pourquoi? Qui donne au ministère public le droit de déplacer l'accusation? Où trouve-t-il cette puissance? Dans les faits? Si les médecins, ceux-là mêmes qui ont été appelés par l'accusation, prouvent que sa première formule était absurde, je crois que la seconde peut encore bien moins se soutenir. Il est évident que cet homme s'est ainsi *tortillé* (permettez-moi ce mot vulgaire qui rend bien ma pensée) une heure ou une demi-heure avant la venue de Marie Hauterive. Il savait qu'on devait venir ; on est venu trop tard, ou il a commencé trop tôt. Mais, si la strangulation était homicide, si elle eût été réelle, n'en doutez pas, cet homme

serait mort longtemps avant qu'on accourût à son secours. Voilà pour la strangulation.

Parlons de la *ligature des mains*.

M. le Premier Président, que nous louerons souvent
dans cette affaire (sa bienveillance est égale à sa justice, et entre l'accusation et la défense il tient la balance comme nous sommes heureux de la voir tenir).
M. le Premier Président a permis qu'il fût procédé, à
l'audience même, à des expériences qui, au premier
abord, peuvent sembler peu dignes de la justice ; mais,
dans l'esprit de l'éminent magistrat, cette tolérance
s'explique et se grandit par le désir de trouver la vérité. Il a donc permis des expériences, et elles ont été
convaincantes.

Dans quel état a-t-on trouvé les mains de Maurice
Roux ? Il y a deux versions, celle de MM. Servent et
Surdun et celle du commissaire de police. Le commissaire de police ! je préférerais n'en pas parler, je l'a-
voue ; il se trompe de bonne foi ; mais il est bien affirmatif. Il faut que la lumière soit deux fois la lumière
pour que j'ose dire que son affirmation est une erreur.
Grâce à Dieu, la lumière, la preuve est faite.

On a trouvé Maurice Roux les mains liées derrière le
dos. Ses mains étaient-elles unies ensemble, ou bien
y avait-il dix tours de corde entourant une main et
trois tours seulement à l'autre ?

Qui déclare que les mains étaient attachées de cette
dernière façon, séparément ?

C'est Servent d'abord, qui a coupé les liens ; personne
au monde ne le sait mieux que lui ! C'est ensuite le
docteur Surdun (*Dénégations de M. le Procureur général*). J'en demande pardon à M. le Procureur général,
ce médecin déclare que les mains ont été attachées les
poignets réunis à une faible distance et qu'il y avait
des tours en plus grand nombre d'un côté que d'un
autre ; six tours d'une part, trois de l'autre.

Puis c'est M. Bosc, que vous avez entendu hier. Enfin

si je ne m'abuse, Reynal lui-même a été forcé de reconnaître que les mains étaient ainsi attachées.

M. le commissaire de police, au contraire, prétend que les mains étaient réunies et par conséquent que le nombre des tours de corde de la main droite se reproduisait sur la main gauche.... C'est une erreur; il est seul à soutenir ce système; et puis la longueur des bouts de corde, qui sont aux pièces de conviction, ne permet pas de le supposer.

Voilà ce qui concerne *la ligature* des mains; il est certain qu'elles auraient été attachées, par un meurtrier, d'une tout autre manière qu'elles ne devaient l'être et qu'elles ne l'ont été par la prétendue victime elle-même.

Je le répète, qui a pu mieux se rendre compte du fait que celui qui a coupé la corde, que Servent? On lui fait une objection qui ne me frappe pas; on lui dit : Avant de couper les liens de chaque main, vous auriez dû couper la ficelle qui unissait les deux mains.... Pourquoi?.... la constriction de chaque poignet aurait subsisté, tandis qu'il fallait avant tout la faire disparaître. S'il avait procédé autrement qu'il ne l'a fait, les mains, sans aucun doute, n'auraient plus été liées l'une à l'autre, mais chacune d'elles serait restée serrée. Il a donc coupé les cordes d'une façon naturelle.

Aussi qu'arrive-t-il? que nous avons dans les pièces de conviction un nombre de liens plus considérable pour une main que pour l'autre; dix ou onze petits morceaux d'une part et trois morceaux plus longs d'autre part.

Dans la version de Servent, il y aura peut-être onze tours au lieu de dix. Ce qui importe, c'est que les bracelets, qu'il indique, sont plus nombreux sur une main que sur l'autre; on trouve la même différence, quand on les compare aux pièces de conviction.

C'est aussi ce que les experts ont constaté. Mais M. Gromier a laissé un bout flottant? Cela tient à ce

17

que, vous l'avez vu, il n'a fait que six tours au lieu de dix.

Dans l'autre système, en faisant la ligature selon les indications du commissaire de police, pour retrouver ce nombre de morceaux petits et de morceaux plus longs, que faut-il faire? Il faut alors disséquer; M. Alquié, quand il a eu ainsi serré les mains, n'a fait autre chose qu'une dissection, ou, si vous voulez, une combinaison qu'un anatomiste seul peut comprendre.

Ainsi vous avez neuf liens : il en a coupé six en haut : il en a respecté trois en bas, pourquoi? Je n'en sais rien.

Ce procédé est inadmissible. Quand on veut couper les liens d'un malade, on ne fait pas de ces dissections ; ce n'est pas ainsi qu'on s'y prend pour sauver un malheureux étendu, sans mouvement, dans une cave.

A cela il y a une difficulté : M. le commissaire de police a affirmé qu'on n'a donné qu'un coup de ciseaux et non pas deux; M. Alquié travaillerait encore longtemps avant de trouver la combinaison, qui fera qu'un seul coup de ciseaux puisse donner à la fois des morceaux de corde petits et grands.

Donc, Messieurs, cette expérience est encore la lumière, et la constatation est irréfragable.

Maurice Roux a-t-il pu se faire ces ligatures à lui-même et sans le secours de personne? Je n'ai plus besoin de poser la question; à l'heure où je parle, dans toute la France, dans toute l'Europe peut-être, on s'entoure les mains de corde derrière le dos à notre intention. Les plus maladroits comme les plus habiles, ceux qui ont la main légère comme ceux qui ont la main très lourde, les grands-papas comme les petits-enfants, tout le monde s'attache les mains derrière le dos. Or cela est d'une facilité vraiment incroyable; c'est plus facile à faire sur soi-même que sur une autre personne.

Maurice Roux s'est donc attaché les mains derrière le dos. Comment! dit M. le Procureur Général, il a fait cela après s'être étranglé! Mais non, permettez, il ne s'est pas étranglé; il a ménagé son cou en l'entourant de la corde et ce n'est pas sa faute, si la corde s'est remplie et par conséquent resserrée; quand il a préparé ses spirales, la pression était très douce.

Il a donc pu se lier les mains.... malheureusement, quand on se les est liées, il n'est pas aussi facile de se les délier; et voilà comment, avec la meilleure intention du monde, voulant revenir à la vie, il allait directement à la mort.... Il aurait bien mérité que Marie Hauterive n'arrivât pas, et cependant c'eût été un horrible malheur; on n'aurait pas vu l'homme; on n'aurait pas pu juger ce dont il était capable et ce qu'il avait su faire!

Quant à la ligature des mains par soi-même, la démonstration non seulement de la possibilité, mais de la facilité de cet acte de simulation, est complète.

J'ajoute qu'il n'y a pas eu gonflement des mains, et si elles avaient été attachées le matin, le gonflement serait certainement arrivé.

Je connais l'objection de M. le Procureur Général et j'y répondrai directement. Maurice Roux avait les mains attachées quand on est descendu dans la cave; M. Armand y est descendu, le docteur Brousse aussi, on a appelé un autre médecin, on a attendu le commissaire de police, Maurice Roux reste dans cet état pendant une heure; ses mains ne se sont pas gonflées pendant tout ce temps, c'est que le gonflement était impossible.

Une heure, c'est trop.... quand un homme est *in extremis* on ne reste pas une heure pour faire ces constatations, et quand il est étranglé, il est mieux dans son lit que dans la cave. Si le commissaire de police était resté trois quarts d'heure à venir, on ne l'aurait pas attendu. Donc il n'y avait pas une demi-heure qu'il avait lié ses mains, ceci explique que le gonflement ne se fût pas encore produit.

Mais l'accusation est là, et dans son système, tout cela s'est fait très vite et sans qu'on ait laissé aux mains le temps de se gonfler. En réalité les mains auraient été pendant douze heures dans cet état. Ne faites pas l'expérience, Messieurs, surtout ne la prolongez pas douze heures; mais, si jamais vous apercevez des mains que l'on prétende ainsi enveloppées depuis un long temps sans qu'il y ait gonflement, vous aurez la preuve certaine que c'est là un mensonge; que la prétendue victime s'est mise dans cet état au dernier moment.

Ainsi la simulation est prouvée pour la strangulation, pour la ligature des mains. La simulation est l'évidence matérielle, comme elle est l'évidence morale. Le bon sens, la raison disent, comme les médecins, que cet homme est un malfaiteur-de la pire espèce, si toutefois il n'est pas un insensé qu'il faille mettre aux Petites-Maisons.

Nous avons encore à nous expliquer sur le *mutisme*. Nous pourrions, Messieurs, discuter bien longtemps sur l'aphonie et sur le mutisme, et nous pourrions confondre beaucoup de choses, si nous restions dans le domaine de la science, bien que nous ayons fait, ces jours derniers, des études, qui nous profiteront, je l'espère.... Mais arrivons aux faits de la cause. La commotion produit le mutisme, le fait est incontestable. Une perturbation morale peut provoquer le mutisme, est-ce que je le nie? Dans une grande douleur, un homme peut perdre la voix; mais en même temps il perdra la raison. La commotion matérielle produit aussi une commotion morale.

Or qu'est-il arrivé? Cet homme a repris la plénitude de son intelligence, et il ne parle pas. Pourquoi? Il n'y a pas d'explication à donner ; les médecins disent que cet événement ne peut pas se produire. Est-ce que le larynx était atteint? Non. Est-ce qu'il y avait une paralysie du gosier? Non, rien. Y avait-il une vacillation de l'intelligence? Non, certes.

Ah! c'est maintenant qu'il est vraiment utile de lire les procès-verbaux de M. le juge d'instruction. Maurice

Roux avait la plénitude de sa raison, toutes les anima-
tions suscitées par la haine ; il a joué une comédie indigne avec le talent d'un dramaturge de premier ordre ;
car il faut bien croire ce que dit M. le juge d'instruction.
Je ne parle pas de son récit à l'audience; son procès-
verbal est un miroir dans lequel nous allons voir se
refléter l'état de l'âme de Maurice Roux. Qu'on ne dise
pas que le magistrat a mal vu ; il n'y a plus de justice
si le magistrat peut écrire ce qu'il n'a pas vu!...

Ainsi cet homme ne parle pas, mais il a la liberté entière de son intelligence, et il fait des gestes tellement
expressifs qu'il est impossible de ne pas en être saisi.
Il n'y a pas de paralysie ; il n'a aucune espèce de lésion
au larynx, et il ne parle pas. Les médecins vous déclarent que cette dissemblance entre les différentes facultés
des organes ne peut pas se comprendre... Que conclure
de tout ceci? Nécessairement que Maurice Roux est un
comédien, un comédien des plus odieux, un scélérat
exécrable ou un abominable insensé qui, dans une spéculation que je ne comprends pas, trompe la justice
comme il trompait Dieu! (*Mouvement dans l'auditoire.*)

Et quand, tout à l'heure, nous arriverons à cette
scène de la confession et de la communion, soyez sûr,
Monsieur le Procureur Général, que nous aurons le
même respect et la même foi que vous pour la religion.
L'acte le plus solennel ne sera pas pour nous un sujet
de raillerie ; mais nous dirons que cette fois encore ce
malfaiteur, qui n'était pas bien malade, se moquait de
Dieu comme de la justice!....

Mais quel était donc l'état de Maurice Roux dans ce
mutisme? Je vous demande la permission de lire le
procès-verbal de M. le juge d'instruction ; vous y verrez
une mimique telle qu'aucun acteur, fût-il des plus re-
nommés, ne pourrait en faire une meilleure. Si Maurice
Roux a les lèvres closes, c'est qu'il ne veut pas les ouvrir ; et tout à l'heure, quand nous saurons comment la
parole lui est revenue, nous serons plus étonnés encore.

Ce sera une difficulté de plus dans cette affaire, non pas pour la défense, qui n'en éprouve aucun embarras, mais pour l'accusation, qui ne parvient pas, qui ne peut pas parvenir à en éluder une seule.

Voici ce que M. le juge d'instruction demande à Maurice Roux :

« D. Vous avez voulu sans doute vous suicider?

« R. Avec énergie : signe négatif.

« D. On a donc voulu vous assassiner?

« R. Signe vivement affirmatif.

Vivement! C'est un fait, ce n'est pas une appréciation du juge.

« D. Connaissez-vous l'auteur du crime?

« R. Le témoin *se dresse* autant que ses forces peuvent le lui permettre, et il nous fait de tête un signe affirmatif souvent répété. »

Ainsi il se dresse un peu ; car enfin s'il ne s'était pas dressé du tout, vous ne l'auriez pas vu se soulever à moitié ; l'esprit est libre, puisqu'il fait ces longs signes affirmatifs et négatifs mentionnés dans le procès-verbal, et cela avec le crâne dans l'état que vous savez, entamé par ces contusions violentes ! Passons...

Vient l'exercice de l'alphabet. Qui en a eu l'idée? qui l'a commencé? je l'ignore; il y a beaucoup d'inventeurs de ce système.

« D. Voilà l'alphabet ; vous m'arrêterez à chacune des lettres qui forment le nom de votre assassin.

« R. Le témoin nous a successivement arrêté aux lettres A, R, M, A, N, D, qui composent le nom d'Armand.

« D. Est-ce de votre maître que vous voulez parler?

« R. Signe de la tête très affirmatif. »

Ainsi, malgré la commotion, l'asphyxie, les contusions, la strangulation, il fait des signes très affirmatifs, vivement affirmatifs, il se soulève autant qu'il peut !

Ah ! Messieurs, puisque Dieu permet de telles constatations, c'est qu'il a ses desseins. Oui, Monsieur Armand,

vous avez droit à ses bénédictions et à ses consolations ;
la Providence vous les doit, et déjà la réparation commence pour vous ; elle date de huit jours. Le terme de
vos épreuves approche. Ce sont vos juges, ces hommes ;
soyez sûr qu'ils vous estiment comme ils s'estiment eux-
mêmes et que vous êtes, peut-être, le premier accusé
dont les jurés voudraient faire leur ami. (*Mouvement
dans l'auditoire.*)

Continuons, Messieurs :

« D. Mais ce n'est pas possible ; c'est un homme connu,
riche et jusqu'à ce jour à l'abri d'un pareil soupçon.

« R. Le témoin nous regarde, élève la main droite,
et tient quelques instants le bras tendu dans cette position. »

Messieurs, la sensibilité est donc revenue ! Cette cons-
tatation est-elle vraie ? Émane-t-elle d'un magistrat ?
Oui, et c'est à la suite d'une pareille constatation que
M. Armand est mis en prison !....

« D. Mais M. Armand, s'il peut être vif, n'est pas
cruel et méchant.

« R. Le témoin nous regarde encore très fixement et
fait un long signe affirmatif.

« D. A quelle heure a-t-il accompli ce crime ?

« R. Le témoin nous répond que c'est entre huit et
neuf heures du matin. »

Toujours sans doute au moyen de l'alphabet.

« D. Comment l'a-t-il commis ?

« R. Le témoin nous indique, par signes, qu'il a d'a-
bord reçu un coup de bûche qui l'a renversé, étourdi ;
que, se précipitant sur lui, Armand lui a passé une
corde autour du cou, qu'il l'a fortement serrée ; puis il
lui a lié les mains derrière le dos, et enfin, prenant son
mouchoir, il lui a noué les jambes au-dessus des che-
villes. »

Enfin, il faut qu'il l'ait dit, puisque c'est écrit ; je ne
peux pas m'inscrire en faux contre une pièce semblable,
émanant d'un magistrat honorable.

Le magistrat l'a déclaré, Maurice Roux fait des signes des bras, de la main ; il fait des signes pour indiquer la ligature des pieds, celle des poignets, et l'on ne peut séparer toutes ces indications ; car si, parce qu'on trouve un homme dans cet état, on admet que les signes sont bons pour constater tel fait, mais qu'ils sont impuissants à prouver tel autre, où allons-nous ?... Non, la vérité, c'est tout ce qui est écrit ; et il faut l'admettre, l'admettre tout entier ; c'est au nom de la justice que je revendique ces déclarations dans leur intégrité.

Continuons la lecture du procès-verbal :

« D. Avez-vous bien reconnu Armand ?

« R. Il répond affirmativement.

« D. A quoi l'avez-vous reconnu ?

« R. Le témoin nous fait comprendre qu'Armand lui a parlé et qu'il l'a bien vu.

« D. Que vous a-t-il dit ?

« R. Ici, à l'aide de l'alphabet, nous avons réuni, sur les indications du témoin, les lettres suivantes : *J, e, v, a, i, s, t, ', a, p, p. r, e, n, d, r, e, s, i, m, a, m, a, i,- s, o, n, e, s, t, u, n, e, b, a, r, a, q, u, e.* »

Combien de temps, Messieurs, cet interrogatoire a-t-il duré ? Il a bien duré une heure ; il a fallu dicter, par l'alphabet, deux grandes phrases ; une heure, remarquez-le bien, pour ce moribond, pour ce commotionné de la veille ! Mais écoutez encore ce qui suit :

« D. La cave est-elle assez éclairée pour qu'on puisse y reconnaître quelqu'un ?

« R. Affirmative.

« D. Ce serait donc parce que vous auriez dit que sa maison était une baraque qu'il vous aurait aussi horriblement et si cruellement traité ?

« R. Signe affirmatif. »

Ainsi, M. le juge d'instruction cause avec cet homme, qui, dit-il aujourd'hui, avait la tête très troublée, qui était très fatigué, qui était affecté de mutisme, reste de la paralysie, de la commotion, et dont les facultés étaient encore bien malades. Ils continuent à causer.

« D. Mais c'est impossible ; on ne tue pas un homme pour un pareil propos.

« R. Geste significatif. C'est ainsi.

« D. Vous considérez donc Armand comme un homme cruel, capable de tuer ?

« R. Le témoin nous met la main sur sa poitrine ; il nous regarde et il fait un long signe affirmatif. »

C'est là une scène de mélodrame comme on en voit jouer au théâtre, mais elle n'est pas naturelle, et jamais un vrai malade ne prendra la main du juge pour la mettre sur sa poitrine et faire ces longs signes affirmatifs !

Poursuivons, car le tableau n'est pas fini :

« D. Réfléchissez ; c'est une action horrible que vous lui imputez, mais vous commettez un crime plus horrible, si vous l'accusez faussement.

« R. Le témoin lève la main droite et fait le geste de prêter serment.

« D. Je vous adjure une dernière fois de me dire la vérité. Est-ce Armand qui est l'auteur de la tentative d'assassinat commise sur votre personne ?

« R. Le témoin fait un signe affirmatif.

« D. Dans quelques minutes, peut-être, vous allez mourir, vous n'avez plus que peu d'instants à vivre ; vous allez paraître devant Dieu ; croyez-vous en sa justice ? — Réponse affirmative.

J'espère bien qu'il n'y croyait pas.

« D. Eh bien ! si vous mentez, vous assumez la plus grande de toutes les responsabilités : Armand sera poursuivi, jugé, peut-être condamné à une peine irréparable. Persistez-vous ?

« R. Ici le témoin nous regarde, sourit... « Sourit ».., la constatation y est en toutes lettres, Messieurs.

« .... Met la main sur son cœur et fait un long signe affirmatif. »

« D. Vous jurez donc, sur le salut de votre âme, devant Dieu, qui va peut-être vous appeler à lui, qu'Armand vous a assassiné dans les circonstances que vous avez déclarées ?

« R. Signe affirmatif ; de plus, il fait un geste énergique.

« D. Savez-vous que, si vous survivez et s'il est reconnu que vous l'avez faussement accusé, vous êtes passible d'une peine bien sévère ?

« R. Le témoin fait un geste qui signifie : « Si ce n'est pas vrai, qu'on me coupe le cou. »

« Nous avons suspendu quelques instants cet interrogatoire, qui est fort pénible pour le malade et très fatigant pour nous.

« Nous avons ensuite mandé l'inculpé devant nous.
« Ce dernier ayant comparu, nous lui avons fait con-
« naître les déclarations de Maurice Roux. L'inculpé
« s'est alors vivement agité, et il s'est écrié plusieurs
« fois : « C'est impossible ! c'est impossible ! »

« Nous l'avons alors conduit près de Maurice Roux.
« Dès que ce dernier l'a vu, son regard est devenu vif,
« animé ; sa physionomie a pris une expression extra-
« ordinaire et qu'il est impossible de rendre. Puis il
« nous a lancé un regard et nous a montré Armand du
« doigt.

« Cette scène a duré quelques secondes, et les té-
« moins peuvent seuls en rendre compte. Mais il n'est
« pas possible de la consigner ici. »

Qu'a-t-il donc pu faire, si tous les termes sont impuissants pour rendre cette scène ? C'est que la méchanceté déborde chez lui ; il a les convulsions que doit avoir celui qui a voulu perdre un honnête homme, puisque M. le juge d'instruction, qui, vous le voyez, a le style facile, n'a cependant pas pu rendre cette scène comme il a rendu la précédente.

Mais continuons notre lecture :

« Misérable ! s'est écrié Armand, tu oses m'accuser ? »
« L'œil du malade ne s'est plus adouci. Il a dé-

« voré Armand du regard et a tenu toujours ses yeux
« avec une fermeté inouïe sur celui qu'il accusait.

« Tu m'accuses ! répète Armand. — *Signe très affir-*
« *matif* du malade. — Mais tu es fou ! C'est impossible !
« Tu m'accuses ? » — *Signe très affirmatif* de Maurice
« Roux, dont le regard ne quitte plus Armand.

« Comment, tu oses dire que je t'ai assassiné ! Mais
« je suis ton maître. Voyons, mon ami, je ne suis pas
« méchant, tu le sais, je suis bon. »

« Ici le regard de Maurice Roux prend une grande
« expression de colère ; il s'agite et fait des signes vio-
« lents de dénégation.

« Messieurs, nous dit Armand, vous ne le croyez
« pas, n'est-ce pas ? Cet homme est fou ou bien mé-
« chant. »

Il est l'un et l'autre. Comme je reconnais bien mon
Armand dans cet interrogatoire ! Ces mots sont ceux
qu'un honnête homme doit dire.

« Nous avons alors renouvelé à Maurice Roux toutes
« nos questions en présence d'Armand. Ses réponses
« ont toujours été identiques et très énergiques.

« Demandez-lui, ajoute Armand, s'il n'a pas vu, dans
« la matinée, une femme d'Alais. Le témoin répond
« négativement.

« ARMAND. — Mais tu as reçu des lettres d'une fille
« d'Alais ?

Il répond affirmativement.

« ARMAND. — Où sont-elles et qu'en as-tu fait ?

« Ici, le témoin fait un signe sur le mur, qui signifie
« qu'il les a brûlées avec une allumette. »

Si jamais on veut avoir un drame saisissant, qu'on
aille trouver un grand auteur et qu'on lui donne ce
procès-verbal ; il n'aura pas besoin d'autre chose pour
faire son œuvre. Toutes ces scènes sont aussi natu-
relles que celles d'un long mélodrame dans lequel il y
a au moins quatorze crimes !

Nul plus que moi, certes, ne respecte les magistrats,

mais nul plus que moi n'est affligé de leurs erreurs. Je crois qu'en relisant cette pièce, la vérité devait apparaître ; il n'en a rien été. La persistance de cet homme, son énergie, sa passion, ses débordements, tout ce qui devait donner une preuve évidente de son mensonge, a produit la croyance dans sa parole, et il a fallu attendre jusqu'à aujourd'hui pour convaincre l'univers entier, car à l'heure à laquelle je plaide, je crois qu'il n'y a plus de doute nulle part que Maurice Roux a joué une comédie abominable !

Mais je vous demande pardon, Messieurs, je sors de ma cause. Je discutais le mutisme. Cet homme, qui s'animait tant, qui changeait de couleur, qui plaçait la main sur sa poitrine et sur son cœur, qui enfin se livrait à une pantomime si animée qu'il était impossible à M. le juge d'instruction de la dépeindre complètement, cet homme ne parlait pas ! et pourquoi cela ? Dans les commotions, causées par les grands chagrins et les grandes douleurs, l'intelligence se perd en même temps que la parole ; mais quand l'intelligence revient, la parole revient toujours.

Comment la parole est-elle revenue à Maurice Roux? Maurice Roux a senti que *cela se débouchait :* c'est son mot. Les médecins vous disent : Comment! il ne sortait rien ; aucune articulation, aucun son ne pouvait se produire, et voilà que tout d'un coup les paroles se précipitent ! Mais non, on bégaye, on articule quelques sons ; les mots se composent ; il en est de cette reprise de la parole comme d'un petit enfant qui commence à marcher ; d'un convalescent qui sort de son lit et ne peut pas encore se tenir sur ses jambes..... Nous avons tous vu cela, Messieurs, dans nos familles ; car le malheur nous a tous visités. Ce petit enfant, on lui donne le bras, ses jambes flageolent, il pose un pied d'abord, mais il ne peut pas poser le second.

Pour Maurice Roux, la nature renverse ses lois.....
Je le crois bien, il se « *débouche* », c'est-à-dire qu'il

parle quand l'heure de parler lui semble arrivée.

Que puis-je vous dire encore? Une objection vous a été faite. M. le Procureur général y a loyalement renoncé; elle m'avait un instant inquiété. M. le Procureur général disait : « On a mis des sinapismes à Maurice Roux pour le sauver, on a bien fait; ces sinapismes ont dû lui faire souffrir des douleurs violentes; le mutisme volontaire ne tiendra pas devant la douleur, il y aura le cri de la souffrance. L'homme peut crier, et il crie pour soulager ses maux physiques.... » Mais les médecins nous disent que, quand on a appliqué à Maurice Roux ces sinapismes, il était à moitié asphyxié; or, l'asphyxie produit l'insensibilité comme la commotion. Il ne faut donc plus retenir cet argument.

J'aurais fini, car le mutisme n'est plus au procès, s'il ne fallait parler des égratignures de la poitrine. Ceci est nouveau. Une épingle l'aura excorié quelque part, et voilà le fil auquel se rattache l'accusation ! Si nous coupons ce fil, tout s'en ira, nous dit-on.

Messieurs, je crois que ce fil est déjà rompu. M. le Procureur général a dit que ces excoriations venaient d'une compression de la poitrine. Il suffit de voir Maurice Roux pour comprendre qu'il peut souffrir de la poitrine. Mais les excoriations, dont il se plaint, sont du côté opposé à celui où il prétend qu'on aurait appuyé les pieds sur lui. On aurait appuyé les pieds sur son côté droit, et c'est le côté gauche qui est malade : la compression est-elle vraisemblable?

Quand on demande aux médecins ce que sont ces égratignures auxquelles l'accusation donne le nom d'excoriations, les médecins disent : Mais ce n'est rien. S'il y avait eu la compression que suppose M. le Procureur général, si l'on eût appuyé les deux pieds sur la poitrine de Maurice Roux, les côtes eussent été brisées; il n'en faut pas faire beaucoup pour les enfoncer.

Ainsi, rien ! la science a parlé, le bon sens a parlé ; la simulation existe, c'est là une vérité qui éclate de

toutes parts. Il n'est pas possible de mettre en doute un
seul instant la moquerie abominable dont cet homme
a usé vis-à-vis de la justice.

La simulation est-elle un fait extraordinaire ? Est-ce
que la simulation, attestée ici par tous les médecins, ne
se serait vue que dans cette affaire? Ah ! Messieurs les
jurés, il y en a partout ! Je ne veux pas citer d'exemples,
je ne veux pas lire de lettres ; je ne sais pas le nombre
de celles que reçoit M. le Procureur général, mais mon
illustre confrère et ami et moi, nous en avons reçu de
tous les pays ; chacun nous écrit pour nous citer des
exemples de simulation.

Ici, une jeune fille, pour faire croire que son amant
l'avait pendue, s'est suspendue elle-même à une poutre.

Là, un fils de famille vole son père, et, quand il a dépensé l'argent volé, il se bâillonne, s'attache les mains
derrière le dos, et il prétend que c'est le voleur qui l'a
mis dans cet état.

Une servante, qui avait égorgé sa maîtresse, courait
dans la rue ; elle avait les mains derrière le dos très
bien attachées, il y avait même des ecchymoses ; elle
déclarait que le meurtrier était venu, qu'il l'avait liée au
lit de sa vieille maîtresse. Le fait se passait à Gonesse ;
elle appelait au secours.... Elle avait tué sa maîtresse !
M. l'Avocat général Charrins, qui est un adversaire
bien redoutable aussi, me disait, dans cette affaire, que
cette femme avait joué la comédie, que c'était bien
facile à prouver. Je fus moins heureux que je ne le
serai aujourd'hui ; je perdis mon procès. Les mains
étaient attachées derrière le dos et elles portaient des
traces de contusions, eh bien ! cette fille n'en fut pas
moins condamnée comme assassin de sa maîtresse.

C'est ainsi que se voient tous les jours les simulations
les plus singulières, les plus étranges. Les systèmes va-
rient, la malice a toutes sortes de ruses ; permettez-moi
de dire que les plus simples, et Maurice Roux n'est pas
simple, quand ils ont recours à la simulation, devien-

nent habiles. Il semble que l'esprit du mal leur souffle toutes sortes de desseins et de combinaisons machiavéliques !

Enfin j'ajoute que les mains de M. Armand n'auraient pas pu accomplir le crime qu'on lui impute ; il a eu les mains paralysées et depuis sa maladie il s'en servait avec moins de facilité. Comment aurait-il compliqué la difficulté en mettant autour du cou et des mains de la victime de nombreux tours de corde ?...

La simulation est établie, elle est certaine, incontestable ; le bon sens le dit, la science le dit. Cet homme s'est traité ainsi tout seul, il n'a pas eu de complice.

M. Armand a pu croire pendant quelque temps que Maurice Roux avait des complices. J'en dirai un mot pour faire plaisir à M. Armand.

Il y a une femme Pontet et un sieur Sabattier qui sont venus à Montpellier ; ils n'y ont rien fait de bon, car leur voyage est très suspect et très mystérieux ; on ne voyage pas aussi mystérieusement quand on a de bonnes intentions. Mais ils n'ont pas pu être les complices de Maurice Roux. Étaient-ils avertis ? Je le veux. Devaient-ils au besoin être des témoins ? Je le veux. Mais Maurice Roux était seul dans la cave ; seul il s'est attaché la corde au cou ; seul il s'est lié les pieds ; seul il s'est attaché les mains derrière le dos. Je le crois. Je crois que c'était plus facile pour lui seul que pour tout autre. Les médecins ont été frappés de cette remarque. Le bon sens, la science ont parlé.

Messieurs, j'ai examiné les preuves matérielles et les preuves morales. Y a-t-il quelque autre point de discussion que nous ayons oublié ? Il ne faut rien laisser derrière nous.

Une confrontation a été faite par le juge d'instruction, je veux parler de la scène de la communion, signalée par M. le Procureur général. Je suis de son avis : oui, chez un homme non perverti, l'approche de la mort élève les sentiments. Il va paraître devant Dieu ;

on pourra à ce moment lui arracher un aveu qu'il ne voulait pas faire. Mais lui, Maurice Roux, le coureur de filles, l'honnête homme qui parle d'infanticides, et qui croit que Dieu permet le sacrifice de la créature humaine, lui, faire un aveu sincère, allons donc ! allons donc !

Il n'est pas aussi malade que vous le pensez.

Le 13 juillet, après sa communion, il a lancé un coup de pied avec tant de force qu'un sergent de ville en a été renversé. Le docteur Dupré, qui s'y connaît mieux que la simple religieuse, dit que cet agonisant n'était pas bien malade et que l'interrogatoire et la confrontation ont seuls été la cause de l'aggravation de son mal.

Non, ce n'est pas dans l'accomplissement de cet acte sacré de la communion que je trouverai la preuve de la sincérité de cet homme ! Il est évident, pour moi, que c'était une profanation nouvelle, ajoutée à toutes les autres, qu'après tout il se sentait valide, et que, lorsqu'avec colère il lançait un coup de pied, il le faisait sachant bien à qui il voulait le donner. Écartons donc encore cet argument.

L'absence de la clef de la cave ! Mais s'il y a un argument qui nous soit favorable, c'est bien celui-là. Quel jour a-t-on cherché la clef ? Le 9 ou le 10, deux jours après l'événement, et on avait laissé la cave ouverte, le serrurier avait enlevé la serrure. Si M. Armand avait eu la clef, n'aurait-il pas pu détourner l'objection en la remettant dans la cave, où on l'eût trouvée ? L'y reporter eût été sa première pensée.

Vous dites qu'il voulait faire croire à un crime, qu'il ne parlait pas de dissimulation. De quel intérêt cela pouvait-il être pour lui ? L'attitude de la justice à son égard ne lui apprenait-elle pas qu'on pouvait avoir des soupçons, et qu'on commençait à croire à l'accusation de Maurice Roux ? Cette accusation avait été formulée par Maurice Roux le 8 juillet.

La clef ne s'est pas retrouvée. Qu'est-elle devenue ?

Il est facile de l'expliquer. N'a-t-elle pas pu se perdre. Il y a du bois dans la cave, il y a du charbon ; on a dû déménager le bois et le charbon, on a dû nettoyer la cave. Maurice Roux a pu se débarrasser de la clef en montant sur le bois pour la jeter dans la rue. Qu'est-elle devenue ? Je ne sais.

Le ministère public nous montrait la hauteur de la cave, et prenant pour comparaison le jeu de palet, nous faisait cette objection : C'est comme si l'on voulait, en lançant un palet, le faire passer par le trou du tonneau... Je réponds qu'il n'y a rien de plus facile que de faire passer le palet par le trou du tonneau, si l'on s'approche du trou et si l'on y dépose simplement l'objet que l'on veut y introduire. Rien n'est plus facile..... Le bois était empilé contre le mur ; avant de commencer sa prétendue strangulation, Maurice Roux n'avait qu'à se hisser sur la pile de bois et à lancer la clef. Qu'est-elle devenue ? Je le répète, je l'ignore. Si nous l'avions eue, nous l'aurions remise dans la cave ; n'en parlons plus ; c'est un argument au profit de la défense.

M. le Procureur général a encore signalé la similitude des cordes, qui attachaient Roux, avec celles qui ont été trouvées dans la maison et dans le bureau de M. Armand. Si c'est Maurice Roux, et qui peut douter que ce soit lui qui est l'auteur du fait ? il avait naturellement accès dans la maison ; les cordes étaient à sa disposition. Je ne sais pas si cela sera contesté ; on peut le contester, cela m'est égal.

Quant au mouchoir de M. Armand, qui liait les jambes de Maurice Roux, c'est le voleur laissant sa carte à celui qu'il va voler !

Dans le système nouveau de l'accusation, M. Armand redescend à la cave, il a une partie de la journée à sa disposition pour agir ; il peut employer de la corde pour lier les pieds. Il n'emploie pas pour le cou et pour les mains toute la corde dont il peut disposer ; il reste

des bouts, qui pendent ; il pourrait ne pas faire autant
de tours avec les cordes et se servir des bouts des cordes, qui sont trop longues.... Non, c'est son mouchoir
qu'il faut prendre, c'est son mouchoir qui servira de
lien, de sorte que lorsqu'on viendra et qu'on verra la
marque A. A., on dira : C'est le mouchoir de M. Armand..... le domestique dit la vérité !.....

Qui donc a agi ainsi ? Celui-là même qui veut perdre
M. Armand, qui veut frapper l'attention de la justice,
pour qu'elle ne s'égare pas sur d'autres, pour que le
malheureux, dont il médite la perte, soit désigné à la
vindicte publique..... Il se sert d'un objet appartenant à
M. Armand. On trouvera le mouchoir, et tout d'abord
on pensera au propriétaire de ce mouchoir... Mais si
M. Armand est coupable, il se gardera bien de laisser
sur les lieux du crime cette preuve !... M. le Procureur
général l'a compris ; il n'a pas insisté ; je n'insiste pas
plus qu'il ne l'a fait.

Je n'ai plus à parler que de deux faits : la visite à
l'hôpital, dont on n'a rien dit et dont je veux vous entretenir ; et aussi les insinuations faites par M. Paoli,
avec lequel il faut bien nous expliquer, car il est nécessaire que chacun ait son compte dans ce débat.

Vous avez entendu M. Paoli vous dire non pas que
M. Armand lui avait fait des propositions, mais qu'il
avait eu avec lui des conversations. M. Paoli, en vérité,
est trop susceptible, et tout Corse qu'il est, je trouve
qu'il va bien loin. Comment ! parce qu'on a dit devant
lui : Vous avez un poste mal payé ; ce poste vaudrait
cinq, six ou huit mille francs par an, — on aurait fait à
M. Paoli une proposition indirecte d'argent ! Et remarquez que cette conversation indirecte, que M. Paoli a
considérée comme une provocation, a eu lieu devant
qui ? devant Lafoux, le gardien qu'il ne peut souffrir.
Lafoux le préoccupe plus que M. Armand. Mais mon
illustre confrère a fait à M. Paoli une toute petite objection..... Comment ! vous, gardien vigilant, scrupuleux,

qui avez une susceptibilité aussi délicate, et qui, quand
on cause d'argent sans vous en offrir, prenez chaque
mot pour une proposition indirecte, vous vous taisez,
vous n'en dites rien ni à votre chef, le directeur de la
prison, ni au Procureur général, ni au Préfet ! M. Paoli
a répondu : J'ai pris ces propos pour des chimères.....
Si vous les avez pris pour des chimères, d'où vient que
vous en parlez aujourd'hui ?... ah ! c'est qu'aujour-
d'hui c'est le jour sublime, ainsi parle le témoin. C'est
le jour solennel ! Mais attendez, Monsieur Paoli, la
sublimité du jour n'empêche pas les chimères de rester
ce qu'elles sont : des chimères.

Nous poursuivons notre raisonnement et nous disons
au témoin : Vous avez été entendu le 5 décembre devant
M. le juge d'instruction, votre déclaration tient trois
pages ; pourquoi n'avez-vous pas dit un mot de ce propos ? — Vous avez, Messieurs, entendu sa réponse : *il
veut s'enfermer dans un cercle, dont M. Jules Favre lui-
même ne le fera pas sortir*..... Je le crois bien, il n'avait
rien à dire, et il fallait bien qu'il se bornât à l'impression qu'il avait imaginée !...

Ce qu'il y a dans ce propos le voici : Il faut que
tout soit connu et que tout soit dit. Quand nous
sommes allés devant la Cour de Cassation, il n'avait
pas été question de cette imputation. M. Armand, vouloir s'enfuir ! Mais je crois qu'on l'aurait entraîné avec
un escadron de cavalerie qu'il ne serait pas parti ; il
aurait employé la violence, il y aurait mis beaucoup
plus de brutalité que pour se défendre. L'emmener !
mais si vous saviez quelle grande insistance il a fallu
faire pour obtenir de lui qu'il signât la requête, qui l'a
arraché à la Cour de Montpellier. Vous pourriez alors
juger si l'on eût pu l'emmener loin de la France et
l'arracher à des juges qui ne peuvent douter de lui !

Il se soumit cependant à l'avis de son illustre conseil,
Me Jules Favre, et la demande de renvoi pour cause de
suspicion légitime fut formée devant la Cour de Cassation.

M. le Procureur général de Montpellier adressa à la Cour de Cassation un mémoire pour lui demander, en termes énergiques, de ne pas dessaisir la Cour de Montpellier, et c'est alors que, pour la première fois dans ce mémoire, M. le Procureur général parla d'une tentative qui aurait été faite par M. Armand vis-à-vis de son gardien chef..... Nous fûmes confondus de cette imputation toute nouvelle. Pendant la maladie de mon illustre confrère, j'étais allé à Montpellier, j'avais tout vu et je n'avais pas trouvé trace de ce soupçon capable de déshonorer un innocent.

L'avocat de M. Armand devant la Cour de Cassation, M. Rendu, se plaignit hautement de cette manière de procéder ; il demanda le renvoi en se fondant sur le mémoire lui-même ; il dit notamment qu'on énonçait dans ce mémoire ce fait inconnu et contre lequel il protestait avec une vive énergie... A la suite de cette protestation, Messieurs, une information a été faite et cette information n'a produit qu'une chose, l'apparition de M. Paoli dans cette enceinte.

Quant à M. Lafoux, « l'*affreux* » M. Lafoux, que M. Paoli ne veut pas recevoir, il faudra bien qu'il le supporte... on le lui a rendu. Je sais que M. Paoli lui a fait un discours d'introduction fort remarquable dans lequel il lui a dit : « Vous êtes gardien, mais vous serez gardien honoraire..... » Je crois que Lafoux ne demandera pas mieux. Mais il est revenu à la maison d'arrêt et il faut en tirer une conclusion, qui a sa valeur, c'est que l'autorité administrative n'a pas cru un mot de cette fable ; c'est que Lafoux, cet homme, qui dans le système de M. Paoli, devait faire échapper M. Armand, n'a pas été poursuivi... On l'avait envoyé à la maison centrale... et il est revenu à la maison d'arrêt.

Voilà la réponse que je devais faire à la déposition du gardien chef.

Nous vous fatiguons, Messieurs, je vous en demande

pardon. Ordinairement nous cherchons à marcher vite dans le récit des faits. Mais dans cette affaire je ne puis pas marcher vite. M. Armand n'est pas un accusé comme le seraient beaucoup d'autres ; il est un brave homme, un honnête homme, et il faut que vous reconnaissiez qu'il est tel que je vous le dis.

Encore deux faits et grâce au ciel j'aurai fini.

Il y a eu des sollicitations faites par le malheureux Guizard envoyé par nous !... L'habile ambassadeur !.... il ne sait pas même le prénom de Maurice Roux ! Lisez, je vous en conjure, la déclaration de son beau-père...

Guizard est un jeune homme qui n'a pas la tête forte, vous avez pu en juger hier. S'est-il fait passer pour un étudiant en médecine ? l'un dit oui, l'autre dit non ; a-t-il été seulement curieux ? La grande nouvelle, c'était l'affaire de Maurice Roux : Guizard a voulu aller le voir, et celui-ci était heureux d'être vu.

Il y a enfin le fait de Bonhomme, le bien nommé ! Ce bon monsieur Bonhomme !.. Comment, M. le Procureur général croit qu'il peut être un agent et un agent dangereux ! Il promène sa petite fille et il nous fait ce récit en termes charmants. La soupe n'était pas prête, et en l'attendant il a voulu aller voir Maurice Roux. « J'ai fait, disait-il à M. le Premier Président, ce que chacun faisait à Montpellier : toute la ville allait voir Maurice Roux. » Il lui a dit : « Il va arriver un médecin de Paris ; c'est vous qui « irez en prison ». Eh bien ! il a raison, il dit son opinion, il escompte l'avenir du procès, et cet avenir nous appartient, puisqu'il appartient à la justice !

Écartons ces derniers griefs. Des démarches ?... il n'y a pas de témoins... M. Guizard, mais c'est une misère ! Bonhomme allant porter des propositions à Maurice Roux, c'est insensé !

Que reste-t-il ? la preuve que j'ai raison et que le 7 juillet comme le 17 novembre, Maurice Roux s'est livré à un acte indigne de comédie... Et j'ai eu bien

peur d'avoir raison une troisième fois à Aix ; et quand
Maurice Roux n'a pas répondu à l'appel de son nom
à cette audience, je me suis dit : Il est malade ! Troisième
scène ! Il en fera beaucoup d'autres.

Comment, s'écrie M. le Procureur général, vous osez
mettre en doute le fait du 17 novembre ? Non, je n'en
doute pas ; je suis sûr que c'est une nouvelle comédie
et je vais le prouver. Quel est donc mon intérêt, à moi ?
Croyez-vous que M. Armand fût intéressé à se débarrasser de cet homme ? Mais s'il était mort la veille des
débats, M. Armand aurait dû, à son tour, mourir de désespoir. Ne lui fallait-il pas l'avoir vivant pour pouvoir
le regarder, comme il l'a fait, en face de tous et montrant par ce regard l'énergie de son innocence, forcer
cet homme à baisser les yeux devant lui ?

Maurice Roux a joué la comédie le 17 novembre lorsqu'il devait pour la première fois paraître devant la
justice ; il n'a pas osé recommencer. Que s'est-il donc
passé le 17 novembre ? Je n'en sais rien ; mais ce que
je sais, c'est que Maurice Roux était avec son père ; son
père ne le quittait pas de tout le jour ; son père l'avait
accompagné chez l'honorable avocat de Montpellier,
M. Bertrand, auquel il avait confié ses intérêts ; et voilà
que le soir il sort tout seul. Pourquoi ? Il a un ami,
M. Ségala, que vous avez vu et dont la morale est
aussi large que celle de Maurice Roux ; il trouve que
la débauche est chose toute naturelle, et il dit avec un
air dégagé : Je fais comme lui, nous nous amusons ensemble, nous allons ensemble au Casino et ailleurs...
Or cet homme, ce Ségala, l'alter ego de Maurice Roux,
quand il entend Maurice Roux dire qu'il veut sortir, il
lui dit : Mon digne ami, je vais t'accompagner. — Non,
répond celui-ci, je veux aller tout seul. Mais pourquoi
donc veut-il sortir seul ?... Il est malade, il se traîne
péniblement, appuyé sur une canne ; aujourd'hui encore, il chancelle, il est malade ; il devait certainement
être plus malade et plus infirme au mois de novembre...

Mais qu'importe ? il veut être seul, c'est une fantaisie.

Où va-t-il ? Il va trois fois chez son avocat, qu'il ne trouve pas. Que devient-il alors ? Nous n'en savons rien ? Ah ! oui, nous le savons. Il rencontre un monsieur au parler charmant ; ce monsieur s'assied auprès de lui ; il lui donne de tendres consolations, à ce point qu'il ne peut plus s'en séparer. Quel est ce monsieur ? il n'en sait rien. Qui l'a vu ? personne. Je me suis assis, dit Maurice Roux, sur un banc en face d'un café... cinquante personnes sont sorties de ce café ou y sont entrées. Voyez comme il joue de malheur, il ne s'est pas trouvé un seul témoin qui l'y ait vu. Que fait-il le reste du temps ? il vagabonde à travers la ville ; il connaît Montpellier, et cependant il n'est jamais dans son chemin. Un sergent de ville le rencontre et lui dit : Voulez-vous que je vous accompagne ? Non, répond Maurice Roux, merci, je sais ma route. Il reste donc seul, mais il retrouve son doux monsieur. Il est minuit. Ils se promènent encore ensemble ; puis il dit à ce monsieur : Je veux aller me coucher. — Déjà ? ah ! la nuit est si douce (remarquez que c'est le 17 novembre) ; restons encore, mais ne nous promenons pas sur la place publique, prenons la rue des Augustins.

A la rue des Augustins cet ami si tendre, cet homme aux douces paroles, le frappe d'un coup de canne et disparaît.... si bien que la police n'a jamais pu le retrouver !...

Messieurs, ce récit est un conte grossier, un conte fait à plaisir, et, il faut l'avouer, cet homme ne fait pas de progrès dans les mélodrames abominables qu'il compose. Cette fois la pièce est mal faite ; celle du 7 juillet valait mieux.

Ne vous en ai-je pas dit assez, Messieurs, pour vous prouver que toute cette prétendue scène du 17 novembre n'est encore, de la part de Maurice Roux, qu'une comédie ?

Les médecins déclarent qu'on lui a porté un coup.

Mais qui nous dit qu'il ne s'est pas frappé lui-même?
Il portait une canne. Qu'est-elle devenue? Est-ce qu'il
n'a pas pu se porter un coup de canne? Si je voulais
me frapper, est-ce que j'agirais autrement qu'il l'a fait?

Il aurait eu une nouvelle commotion... Mais je ne
pense pas que la commotion soit d'une nature particulière à Montpellier. Elle est, je suppose, la même partout. Or ce malheureux, ainsi frappé d'une commotion,
appelle du secours. Certes, c'est une commotion très
bénigne celle-là, puisqu'il peut crier. On arrive, on le
relève; il a son chapeau; ce chapeau doit être coupé,
ou tout au moins il doit porter la trace du coup? Non,
le chapeau est intact... Il est vrai que M. Alquié suppose qu'il l'avait sur la tête au moment de l'accident.
Fort bien; ne pouvait-il pas l'avoir à la main et se promener ainsi pendant toute la nuit?

En vérité, je vous le demande, puis-je discuter de
pareilles choses? Est-ce qu'en pareille circonstance le
bon sens ne nous donne pas raison contre la science
et les savants?

Que Maurice Roux me dise comment il se fait que,
lui, qui était malade, ait quitté volontairement la protection qu'il trouvait auprès de son père; qu'il me dise
comment et où il a circulé de sept heures du soir à
minuit; qu'il me dise pour quelle raison, quand son
ami a voulu l'accompagner, il a refusé; pour quelle
raison, quand le sergent de ville a voulu le ramener, il
a encore refusé! Que faisait-il dans cette rue obscure,
misérable et qui ne conduit nulle part? Il a cherché
cette rue solitaire, et quand il l'a eu trouvée, il s'est
fait un mal léger; car il n'en mourra pas, grâce au
ciel. Il en souffre, c'est possible; mais il nous en fait
bien plus souffrir qu'il n'en souffrira jamais!

Voilà, Messieurs, la scène du 17 novembre. Elle
complète celle du 7 juillet; les deux scènes se tiennent.
Le même esprit infernal, qui a présidé à la première, a
organisé la seconde.

Il ne reste plus que des propos que je dédaigne, que je méprise. Dans une affaire aussi grave que celle-ci, il faut apporter non de misérables propos, mais des preuves.

Croyez-vous, Messieurs, qu'en terminant cette plaidoirie j'aie la moindre inquiétude sur votre verdict? Pensez-vous que je vais avoir recours aux sollicitations, aux prières ? Vais-je essayer de toucher vos cœurs, de vous arracher des larmes? Ah ! j'en serais bien fâché vraiment! Ces moyens extrêmes ne sont pas bons, ils ne sont permis que dans les procès où il peut y avoir doute, quand nous avons derrière nous un malheureux qui peut être innocent, mais contre lequel il subsiste encore quelques charges. Oui, Messieurs les jurés, alors dans l'épouvante, qui nous assiège, nous employons tous les moyens. Après la discussion, la prière ; après la prière, la discussion encore. Nous implorons la pitié des juges pour l'homme, pour le nom, pour la famille, pour la femme, pour les enfants !

Nous parlons de toutes les vertus qui entourent l'accusé, espérant faire rejaillir sur lui les mérites de ceux qui l'aiment. Voilà ce qu'on fait pour un accusé compromis ! mais nous n'avons pas besoin de recourir à ces moyens extrêmes et nous ne les employons jamais pour défendre un homme tel que celui qui comparaît aujourd'hui devant vous.

Vous parlez de l'opinion publique !... oui, Monsieur le Procureur général, l'opinion publique proclame l'innocence de M. Armand ; oui, à l'opinion publique il faut un acquittement.

Mais écoutez, il est aussi une autre satisfaction qu'elle demande : elle dit qu'il y a dans cette affaire un misérable, qui est encore en liberté ; un parjure, un parjure qui a fait tant de mal et qui n'en a pas encore rendu compte à la justice! Ah ! s'il est un insensé, enfermez-le et donnez-lui des soins ; mais s'il est un être nuisible, un scélérat, qu'il soit arraché du sein de la société ; que la justice le frappe ! (*Mouvement dans l'auditoire.*)

Quant à M. Armand, je le dis bien haut, Messieurs
les jurés, il sortira de cette enceinte non pas seulement
acquitté par vous, par ses juges, mais par tous ceux,
qui ont lu ces débats, c'est-à-dire par la France entière.
M. Armand aura ce rare privilège de descendre des
bancs de la Cour d'Assises sans qu'il lui reste la plus
légère souillure. Ses amis l'aimeront comme ils l'ai-
maient avant ces débats, plus peut-être. Les mains lui
seront tendues comme par le passé ; les indifférents
même l'aimeront ; on s'intéresse toujours à l'honnête
homme, surtout quand il a souffert ; et sa femme, sa
noble femme, cette sainte madame Armand, le modèle
des épouses, pourra, fière au bras de son mari, reparaître
en tous lieux et dire : Le voilà ! il a été accusé, mais il
est mieux qu'acquitté : il est aimé et estimé de tous.

Cette éloquente et admirable plaidoirie fut à peine terminée, qu'une triple salve d'applaudissements frénétiques
éclata dans la salle d'audience et se prolongea pendant
plusieurs minutes (1).

(1) On lit dans le journal *le Droit* et la *Gazette des Tribunaux :* Des
applaudissements frénétiques éclatent aussitôt et se continuent
pendant plusieurs minutes, accompagnés des cris : bravo ! bravo !
et de trépignements de pieds. Les manifestations ne partent pas
seulement du fond et de l'intérieur de la salle, mais aussi des
rangs nombreux placés derrière la Cour et occupés particulièrement par les femmes de la société d'Aix. C'est en vain que les
audienciers crient : Silence ! leur voix est étouffée.

Lorsque cette effervescence fut apaisée, le Président se leva et
dit : Ces manifestations n'ont pu, à cause de l'obscurité où se
trouve la salle, être réprimées, comme je n'aurais pas manqué de
le faire ; il est impossible de manquer davantage de respect à
la justice et de braver plus insolemment nos recommandations
de ce matin. Pour prévenir le retour d'un pareil scandale, nous
déclarons que demain l'entrée de cette audience sera absolument interdite au public ; de cette manière l'œuvre de la justice
pourra du moins s'achever dans le calme ; nous avertissons que
nous poserons la question subsidiaire de coups et blessures, etc.

Lorsque le silence fut rétabli, le Président déclara que l'affaire était renvoyée au lendemain et que le public, à cause de cette bruyante manifestation, ne serait pas admis dans la salle d'audience. Il ajouta qu'il poserait la question subsidiaire de coups et blessures donnés avec préméditation, mais sans intention de donner la mort.

Le lendemain, les témoins seuls furent admis dans la salle d'audience et c'est devant ce public restreint que M. l'Avocat général Reyhaud, répondant à Me Lachaud, fit un nouveau réquisitoire contre M. Armand.

Me Jules Favre prit la parole le dernier pour répliquer à M. l'Avocat général. Il s'appliqua surtout dans sa plaidoirie à tirer de cette affaire toute la morale qu'on pouvait en déduire et à démontrer que non seulement l'accusation n'existait plus, mais qu'elle n'avait jamais existé en ce sens que les faits, sur lesquels elle s'appuyait, étaient de telle nature qu'un esprit sérieux et réfléchi a peine à comprendre que la justice s'y soit jamais arrêtée.

Aussitôt après que la plaidoirie de Me Jules Favre fut terminée, Maurice Roux se porta partie civile et demanda 50,000 francs de dommages et intérêts à M. Armand.

Après le résumé de M. le Premier Président, les jurés se retirèrent dans leur salle de délibération; ils en sortirent un quart d'heure après avec *un verdict d'acquittement* sur la question principale et sur la question subsidiaire.

M. Armand fut mis immédiatement en liberté; la foule, assemblée sur la place du palais, lui fit une ovation éclatante; elle l'accompagna jusqu'à son hôtel en criant : Vive Armand! vive Lachaud! vive Jules Favre !

Le lendemain la Cour, délibérant sur la demande de 50,000 francs de dommages et intérêts faite par Maurice Roux, condamna Armand à payer 20,000 francs de dommages et intérêts.

Aussitôt que la nouvelle de l'acquittement d'Armand et celle de sa condamnation à des dommages-intérêts furent connues à Montpellier, des troubles sérieux éclatèrent dans la ville. Les partisans de M. Armand et ceux de Maurice Roux firent des manifestations bruyantes contre leurs adversaires; des témoins furent menacés et le préfet fut obligé d'employer la force armée pour ramener le calme dans la ville.

M. Armand se pourvut devant la Cour de Cassation contre
l'arrêt de la Cour d'Aix. La Cour de cassation jugea qu'il y
avait contradiction entre l'arrêt de la Cour d'Assises, qui
acquittait M. Armand, et l'arrêt de la Cour d'Aix, qui le
condamnait à payer des dommages et intérêts à Maurice
Roux. Elle cassa l'arrêt qui condamnait M. Armand à payer
des dommages et intérêts à Maurice Roux.

Mars 1868.

COUR D'ASSISES DE NIORT.

AFFAIRE DE LA MEILLERAYE

PLAIDOYER DE Me LACHAUD
Pour Mme Veuve TEXIER
ACCUSÉE D'EMPOISONNEMENT

AFFAIRE DE LA MEILLERAYE

Président des assises : M. le Conseiller Gaillard.

Avocat général : M. Gast.

Accusés : Mᵐᵉ veuve Texier, M. Charlot, son père,
Françoise Richard, domestique.

Avocats : Mᵉ Lachaud, défenseur de Mᵐᵉ Texier.
Mᵉ Ricard, défenseur de M. Charlot.
Mᵉ Taudière, défenseur de Françoise Richard.

Dans les premiers jours du mois d'août 1867, tout le pays de Parthenay fut profondément ému et troublé en apprenant en même temps la nouvelle de la mort de M. Pierre Texier, riche propriétaire bien connu et aimé de tout le monde, et l'arrestation de sa belle-sœur, madame veuve Texier, de Françoise Richard sa domestique, et celle de M. Charlot, le père de madame Texier, tous les trois accusés d'avoir empoisonné M. Pierre Texier.

M. Pierre Texier, vieux garçon, avait cinquante-trois ans, vivait seul et retiré dans son magnifique domaine de la Meilleraye. Le château de la Meilleraye, situé dans la commune de Beaulieu, près de Parthenay, est connu de tout le Poitou; c'est une ancienne demeure féodale avec fossés, pont-levis, escarpes et contre-escarpes; il est aujourd'hui en ruines; mais à côté de ces ruines fort belles on a construit une petite maison de style moderne, que dans le pays on appelle aussi le château et qu'habitait M. Texier.

Il avait auprès de lui depuis plusieurs années une servante dévouée et fidèle, Françoise Richard, qui s'occupait du ménage et le soignait quand il était malade. Sa vie était isolée et retirée; il ne recevait guère que la visite de madame Texier, veuve de son frère, et celle de ses deux enfants, ses deux nièces qu'il aimait beaucoup et qui étaient sa seule famille.

Dans le courant du mois de juillet M. Pierre Texier, goutteux depuis plusieurs années, fut pris d'un accès de goutte très violent; il fit appeler son médecin, le Dr Ganne, médecin légiste, que le procès fait l'année précédente à l'empoisonneur Martin Reau avait rendu célèbre. La maladie de Pierre Texier s'aggravant, sa belle-sœur, madame veuve Texier, qui lui était très attachée et pour laquelle il avait une réelle affection, vint s'installer au château de la Meilleraye avec ses deux jeunes filles et ses domestiques. Elle était venue pour rompre le trop grand isolement du malade et pour lui donner plus facilement les soins que son état réclamait.

Le mal, à partir du 1er août, augmenta encore; des vomissements d'un caractère tout particulier devinrent fréquents, et le Dr Ganne inquiet commença à croire à un empoisonnement. Il s'adjoignit le Dr Ledain, et un jour avant la mort de M. Texier ils adressèrent tous les deux au Procureur impérial une lettre conçue dans les termes suivants :

« M. Pierre Texier est sur le point de mourir; sa mort « paraît provenir de l'ingestion d'une substance toxique. « Nous pensons que dans ces circonstances vous aviserez ; « le danger est imminent. »

Au reçu de cette lettre le Procureur impérial et le Juge d'instruction vinrent au château de la Meilleraye. Ils interrogèrent d'abord le malade M. Pierre Texier, qui leur déclara que c'était M. Ganne qui l'avait mis dans cet état avec ses drogues; il mourut quelques heures après avoir fait sa déposition. Ils firent ensuite subir un sévère interrogatoire à madame veuve Texier, à Françoise Richard, la domestique et à M. Charlot, le père de madame Texier, venu, lui aussi, au château pour prendre des nouvelles du malade et pour voir sa fille. Après leur interrogatoire, les magistrats ordonnèrent l'arrestation de ces trois personnes qu'ils firent conduire en prison.

Madame Texier était accusée d'avoir empoisonné son beau-

frère pour hériter plus vite et assurer à ses enfants la succession de leur oncle, succession qui aurait pu leur échapper
s'il s'était marié.

Françoise Richard, la servante, et M. Charlot étaient accusés de complicité dans l'accomplissement du crime.

Des experts furent nommés et chargés de rechercher le
poison. On fit l'autopsie du corps de M. Texier, on analysa
ses dernières déjections et ses viscères. Cette double opération révéla la présence de l'arsenic et donna la preuve que
M. Texier était mort empoisonné. Les lames du parquet sur
lequel il avait vomi contenaient aussi de l'arsenic. L'empoisonnement était certain; les analyses avaient été faites par
M. Malapert, chimiste, professeur à l'école de médecine de
Poitiers.

Dans ses interrogatoires madame Texier avait toujours
protesté de son innocence; elle avait dit que, si son beau-frère
était mort empoisonné, il avait pu l'être par le Dr Ganne,
qui le 1er août lui avait administré une purgation, qu'il avait
été chercher dans sa voiture. Elle ajoutait que l'état du
malade était devenu beaucoup plus grave à partir de ce
jour.

Les autres accusés ont également toujours nié leur culpabilité.

Malgré ces dénégations des trois accusés la justice persista à les tenir pour coupables, et après les avoir tenus au
secret pendant sept mois et avoir refusé de les mettre en
liberté sous caution, elle les renvoya devant la Cour d'Assises
de Niort pour y être jugés le 13 mars 1868.

On fut très étonné et très ému dans tout le Poitou où
madame Texier était connue, aimée et estimée à cause de
son caractère affable et de sa grande charité. M. Charlot
son père, enfant du pays, y était également estimé. Aussi
le jour où ils passèrent en Cour d'Assises, la ville de Niort
fut envahie par une foule de personnes venues non seulement de tous les points du département, mais aussi
des contrées voisines et même de Paris, pour assister
aux débats; c'est assez dire que la Cour d'Assises fut
comme prise d'assaut par tous ces curieux avides d'émotion. Beaucoup d'entre eux ne purent entrer dans la salle
d'audience.

La personnalité des accusés, le vieux château féodal où

le crime avait été commis, donnèrent à cette affaire un grand retentissement. On voulait voir l'accusée et suivre *de visu* les péripéties de ce drame plein d'intérêt. Madame Texier était une femme encore jeune, elle n'avait que trente-six ans ; ses traits étaient fins, l'expression de sa physionomie était intelligente, mais rendue un peu dure par des lèvres pincées. M. Charlot était un vieillard aux manières un peu communes, il avait l'air assez bon enfant ; ses lèvres étaient épaisses et larges, le nez très long et complètement rouge.

Françoise Richard, la servante, était une femme de quarante ans, un peu lourde ; ses cheveux étaient gris avant l'âge.

Le rang que les accusés tenaient dans la société, l'estime qu'on avait toujours eue pour eux et l'étonnement de les voir assis sur le banc de l'infamie n'étaient pas les seuls éléments de l'intérêt que suscitait cette affaire. Il y avait aussi tous les rapprochements que chacun faisait avec la récente affaire Martin Réau, condamné, l'année précédente, aux travaux forcés à perpétuité pour avoir empoisonné son beau-frère, sa première femme, sa seconde femme et son jeune enfant, âgé de seize mois, afin de s'emparer de leur héritage.

Martin Réau, comme madame Texier, habitait les environs de Parthenay ; il s'occupait de la vente des propriétés tout comme le nouvel accusé, son ami, disait-on, M. Charlot, qui avait été témoin dans son procès et avait soutenu son innocence ; puis, autre rapprochement intéressant : le D\r Ganne, le principal accusateur de madame Texier, était le même docteur qui avait découvert le poison dont Martin Réau s'était servi pour empoisonner ses victimes ; enfin Martin Réau avait été jugé à Niort, il avait été défendu par M° Lachaud, et M° Lachaud était aussi le défenseur de madame Texier. On n'ignorait pas dans le public que les accusés supposaient que le D\r Ganne avait pu se tromper et administrer au malade de l'arsenic au lieu de magnésie. On comprend facilement que dans ces conditions cette affaire ait vivement excité l'opinion publique. On en trouvera tous les détails dans l'acte d'accusation que nous reproduisons.

A côté de M° Lachaud étaient assis au banc de la défense : M° Taudière, du barreau de Parthenay, chargé de défendre Françoise Richard ; M° Ricard, du barreau de Niort, une des gloires du pays, défenseur de M. Charlot.

M. Gaillard, Conseiller à la Cour de Poitiers, présidait l'audience, et M. Gast, Avocat général, représentait le ministère public. Il n'était pas le premier venu, il avait acquis une grande réputation en portant la parole dans l'affaire Lamirande.

Voici l'acte d'accusation.

« Le sieur Texier, propriétaire à la Meilleraye, commune de Beaulieu, mourut le 11 août 1867, après de longues souffrances. La nature étrange de sa maladie et l'attitude des personnes, qui l'avaient entouré, avaient fait naître dans l'esprit des médecins des soupçons d'empoisonnement, dont il était de leur devoir de donner connaissance à la justice. A la suite de cette communication et dès le 9 août, les magistrats de Parthenay s'étaient transportés auprès du mourant. Ils avaient reçu des déclarations et recueilli des indications de nature à confirmer les soupçons qui s'étaient éveillés. L'information, qui s'est continuée après le décès, a fourni la preuve qu'un grand crime, dont la cupidité a été le mobile, s'est accompli à la Meilleraye.

« M. Pierre Texier était un homme de cinquante-trois ans, robuste et d'une constitution vigoureuse. Il était cependant tourmenté par des attaques de goutte, mais cette indisposition douloureuse n'altérait pas l'état général de sa santé ; lui-même se plaisait à dire que les fonctions digestives n'avaient jamais été embarrassées, et son médecin n'avait jamais vu qu'il fût sujet à un dérangement d'entrailles, ni à des vomissements. Dans le courant du mois de juin il fut pris d'un nouvel accès de goutte, et dès le commencement du mois de juillet, il éprouva pour la première fois une diarrhée intense. Il se plaignit bientôt d'avoir sur l'estomac comme un poids inexplicable, et il accusa une soif ardente ; des nausées et des vomissements se produisirent, et des phénomènes, étrangers à l'affection goutteuse, se manifestèrent ; le malade, qui avait un complet dégoût de toute espèce d'aliments ou de boissons, ne tarda pas à perdre les apparences de sa forte santé. Les jambes s'infiltrèrent et les douleurs de l'estomac, que des nausées fréquentes contractaient, produisirent la sensation d'une vive brûlure. Au mois d'août, les accidents s'aggravèrent, les vomissements devinrent plus répétés ; il se forma dans la gorge une ulcération, et la déglutition ne se fit plus qu'avec des souffrances,

qui se prolongeaient jusque dans l'œsophage ; l'expectora-
tion faisait rejeter des matières noirâtres, les crachats présentaient des filaments sanguinolents et le malade exhalait
une odeur fétide. Le malheureux Texier était en proie à
des souffrances atroces ; il ne pouvait endurer que la position verticale, et on le voyait sur le bord de son lit les jambes pendantes, courbé sur lui-même, ou bien il appuyait
sur un bâton en forme de béquille sa tête chancelante.
Enfin il expira après avoir été torturé pendant plus d'un
mois par des phénomènes morbides que les médecins
n'avaient jamais rencontrés dans les maladies organiques.

« Aussitôt après son décès, les magistrats ordonnèrent
qu'une autopsie fût pratiquée. Les hommes de l'art consta-
tèrent dans les parties abdominales les plus graves désordres ; ils observèrent dans le foie et dans les intestins des
lésions caractéristiques ; ils reconnurent que l'estomac avait
eu à supporter des luttes incessantes et prolongées et qu'il
avait été maintes fois attaqué par le contact de substances
désorganisatrices. Enfin ils déclarèrent que Pierre Texier
avait péri par l'ingestion d'un toxique minéral.

« Les organes, explorés par les médecins, furent ensuite
soumis à l'analyse des chimistes. Les résultats que fournit
cette nouvelle opération ne furent pas moins décisifs ; l'ap-
pareil de Marsh fit apparaître des taches, qui signalèrent la
présence de l'arsenic ; et après des expériences soigneusement renouvelées, les experts affirmèrent que Pierre Texier
était mort empoisonné et que la substance, qui avait déterminé la mort, était une préparation arsénicale.

On avait conservé une partie des déjections et des vomissements de la victime. Ces matières furent remises aux
experts qui les analysèrent ; l'arsenic se dégagea encore de
ces résidus.

« On eut la précaution d'enlever les lames superficielles du
parquet de la chambre de M. Pierre Texier dans la partie
qui était attenante à son lit et sur laquelle il avait souvent
projeté ses vomissements ; les chimistes y découvrirent aussi
l'existence de l'arsenic.

« En présence de ces constatations le doute n'était pas
possible ; non seulement un crime avait été commis, mais
encore il était certain que le poison avait été administré
avec une prudence impitoyable et une continuité presque

quotidienne, de façon à acheminer lentement la victime dans la tombe.

« Les coupables ne devaient pas rester ignorés, et tout d'abord la justice acquit la conviction que les soupçons ne pouvaient pas s'égarer. En effet les deux seules personnes, qui eussent constamment entouré Pierre Texier durant le long empoisonnement auquel il a succombé, étaient la servante, fille Françoise Richard, et sa belle-sœur, la veuve Texier. Elles seules préparaient et donnaient au malade ses aliments et ses boissons. S'il arrivait parfois que l'un des domestiques fût chargé de veiller pendant la nuit auprès de Pierre Texier, il recevait tout prêts les breuvages qu'il devait offrir à son maître.

« Ces circonstances, qui ont été reconnues par les accusées elles-mêmes, furent révélées à la justice par Pierre Texier, dès le 9 août, alors que les magistrats s'étaient transportés à la Meilleraye sur les indications des médecins; et bientôt l'information recueillit la preuve que Françoise Richard et la veuve Texier avaient concouru au forfait dont l'accomplissement n'eût pas été possible sans leur participation.

« Le sieur Pierre Texier, qui était célibataire, possédait à la Meilleraye une fortune immobilière qui dépassait 300,000 fr. Il avait eu un frère nommé Auguste, qui avait épousé la demoiselle Honorine Charlot, et qui était décédé au bout de peu d'années, laissant deux filles issues de son mariage.

« Madame Auguste Texier, devenue veuve, avait eu quelques difficultés avec son beau-frère au sujet de la liquidation de la succession de son mari; mais leur mésintelligence s'était effacée, et comme elle habitait la commune de Teissonnière, elle venait, à des intervalles éloignés, faire des visites ordinairement assez courtes à la Meilleraye. Les deux filles étaient les héritières présomptives de Pierre Texier, leur oncle; mais l'importante succession de la Meilleraye, dont l'ouverture devait être lointaine si l'on considérait la robuste santé de M. Texier, ne leur était pas assurée. En effet M. Texier, dont le caractère n'était pas exempt de bizarrerie, professait de l'aversion pour le mariage, et si sa belle-sœur se fût remariée, elle pouvait craindre qu'il ne s'empressât de faire des dispositions testamentaires en faveur de quelques-uns de ses parents, et notamment de ses cousins germains avec lesquels il avait conservé des

relations affectueuses. D'un autre côté la veuve Texier, qui
est âgée de trente-six ans et dont la fortune réunie à celle
de François Charlot son père est évaluée à 900,000 francs,
pouvait se préoccuper de son isolement. Elle-même reconnaissait que la gestion des fermes, qu'elle possédait, était
pour elle une charge considérable. Pierre Texier, lorsqu'on
lui parlait de l'éventualité d'un second mariage pour sa
belle-sœur, répondait : « Elle m'a bien toujours dit qu'elle
« ne se remarierait pas, mais qui peut savoir ce qu'elle
« fera ? »

« C'est dans ces dispositions que la veuve Texier vint le
2 juillet, à la Meilleraye, faire une visite à son beau-frère,
qui se trouvait atteint d'un des accès de goutte, qui le fati-
guaient périodiquement. Elle passa la soirée avec lui et le
quitta le 3 au matin.

« Le lendemain, 4 juillet, M. le docteur Ganne, appelé en
consultation par Pierre Texier, le trouva tourmenté par une
forte diarrhée et par des douleurs d'estomac. La veuve
Texier retourna à sa propriété de la Salle-Guibert, dans la
commune de Tessonnière, laissant son beau-frère livré ex-
clusivement aux soins de sa servante Françoise Richard;
mais le 15 juillet, elle revint à la Meilleraye et cette fois,
contrairement à ses habitudes, elle s'y installa avec ses domestiques, ses deux filles et leur institutrice, comme si elle
prévoyait que la maladie devait être longue et grave.
Depuis cette époque l'état du sieur Texier empira, et le
16 juillet, le docteur Ganne constata une aggravation, qui
se produisait avec des phénomènes inexplicables pour son
expérience, notamment avec une sensation de brûlure à la
gorge et un poids plus lourd sur l'estomac.

« Le mal suivait sa marche progressive, lorsque, dans la
nuit du 1ᵉʳ août, une crise intense se déclara. Ce jour-là, le
médecin avait soumis le malade à une purgation, qui avait
été prise le matin et qui avait déterminé pendant une partie
de la journée des évacuations abondantes. Le soir, la main
criminelle qui versait le poison quotidiennement et à petites
doses, ainsi que l'autopsie l'a démontré, fit son œuvre avec
des ménagements moins calculés que d'ordinaire, et dans
la soirée l'infortuné Pierre Texier fut en proie à des douleurs
épouvantables. Les vomissements se continuaient sans in-
terruption, et ses hoquets étaient entendus à tous les éta-

ges de l'habitation. Le bruit de ses souffrances, qui remplissait la maison, provoqua chez la veuve Texier une indicible impression. Au milieu de la nuit elle appela tout à coup la nommée Joséphine Brossard sa servante, en lui disant qu'elle était bien malade ; elle était couverte de sueur et saisie d'un tremblement nerveux qu'elle ne pouvait maîtriser. « Je ne pourrai pas, disait-elle, me consoler de « la situation dans laquelle se trouve mon pauvre beau-« frère. Je vois qu'il n'y a plus d'espoir. C'est encore un « grand support que je perdrai, car à l'âge où est mon père « je ne puis plus compter sur lui. » La servante Joséphine Brossard la tenait dans ses bras pour la calmer et cette crise dura une heure et demie.

« Le lendemain matin, de bonne heure, la veuve Texier envoya chercher François Charlot, son père, qui était dans une commune voisine.

« Pendant le cours de sa maladie, Pierre Texier reçut les soins empressés de ses médecins ; le docteur Ganne d'abord, puis le docteur Ledain, dont M. Ganne avait désiré l'adjonction, lui firent de longues visites. Mais la nature étrange des phénomènes, qui se succédaient, défiait l'efficacité de leurs ordonnances. Aussi, pour se rendre compte de ces symptômes, ils voulurent qu'on leur conservât les déjections du malade afin de les soumettre à un examen attentif. Le malade lui-même en exprima le désir. Mais les médecins rencontrèrent jusqu'au dernier moment de la part de Françoise Richard et de la veuve Texier une résistance qu'ils ne purent vaincre que par des observations énergiques. Ainsi, le 27 juillet, M. Ganne recommanda expressément que le produit des vomissements fût conservé ; le 29 juillet il en réclama l'exhibition. La veuve Texier et la fille Richard répondirent qu'elles n'y avaient pas pensé. Toutefois la veuve Texier montra dans un saladier quelques crachats en petite quantité, qui étaient tellement desséchés qu'ils ne pouvaient fournir aucune indication utile. Le médecin exprima un vif mécontentement, et on promit de se conformer à sa prescription. Le 1er août il renouvela sa demande ; les deux accusées prétendirent encore que les déjections avaient été jetées au dehors. Le 2 août, en présence de M. Ledain, M. Ganne réitéra sa réclamation, et cette fois aussi, on lui objecta que les évacuations avaient été enlevées comme

d'habitude. Ce fut l'occasion de reproches très sévères de la
part de M. Ganne, qui rappela depuis combien de temps il
exigeait vainement qu'on lui permît de faire les constatations
qu'il jugeait nécessaires. L'oubli prétendu de Françoise Richard et de la veuve Texier était d'autant plus extraordinaire
que les matières, rejetées par le malade, avaient un caractère
tout particulier dont les gens de la maison étaient surpris.
Les vomissements, dit un témoin, avaient une odeur de
pourriture. Les crachats, dit un autre témoin, étaient noirs
comme si le malade avait mangé de la poussière. Ils étaient
en outre remplis de sang. Après la crise du 1er août, la servante Joséphine Brossard recueillit dans une cuvette les
vomissements, qui étaient sanguinolents et d'une couleur
foncée ; elle les montra à la veuve Texier, qui se contenta
de dire que cela était vilain et qui laissa sa domestique
laver la cuvette. Cependant les remontrances des docteurs
avaient été tellement vives qu'à la fin, le 6 août, ils purent
obtenir l'exhibition des vomissements ; ils les vidèrent dans
une fiole pour les emporter. Pendant qu'ils les recueillaient
la veuve Texier entra et demanda d'un air de surprise ce
qu'ils prétendaient en faire ; puis elle insista pour que l'examen se fît devant elle et sur l'heure. Les médecins ne crurent pas devoir obtempérer à ce désir. Le 9 août suivant,
ils gardèrent d'autres déjections, et l'on a vu que ces matières, soumises plus tard à l'analyse des chimistes, ont révélé la présence de l'arsenic.

« Ce n'était pas seulement par la disparition des matières
évacuées que l'on s'efforçait de mettre obstacle à ce que les
médecins connussent la vérité. On leur dissimulait aussi les
symptômes, qui avaient le caractère le plus compromettant.
Ainsi les vomissements ne furent signalés ni par la veuve
Texier, ni par la fille Richard.

« Ce fut seulement le 27 juillet que M. Ganne en découvrit
l'existence. Ces vomissements se produisaient principalement dans la soirée, après l'absorption des bouillons pour
lesquels le malade éprouvait une répugnance particulière. Ces
bouillons étaient toujours préparés par la fille Richard et
présentés au malade, soit par elle, soit par la veuve Texier.

« Par conséquent l'information a révélé des circonstances
précises, qui viennent se grouper à l'appui de cette démonstration, en quelque sorte matérielle, que Pierre Texier a été

empoisonné et que le crime a été nécessairement commis par les deux accusées, qui seules l'ont entouré pendant la durée de sa maladie.

« Cette démonstration peut encore trouver sa confirmation dans un propos grave, qui a été tenu, aussitôt après le décès de Pierre Texier, par sa belle-sœur et sa servante. Le 11 août, pendant que des étrangers fermaient les yeux de la victime, ces deux femmes se tenaient dans la cuisine ; la veuve Texier disait « qu'elle n'avait aucun intérêt à voir mourir « son beau-frère, et que sa succession serait pour elle une « cause d'embarras plutôt que d'avantages. Du reste, ajou- « ta-t-elle, je ne connais aucun poison ; je sais bien qu'il y « en a un qu'on appelle l'arsenic, mais jamais je ne l'ai vu. »

« A ces mots, la fille Richard prit part à la conversation ; elle dit aussi qu'elle ne connaissait aucun poison et répéta que c'était chose bien étonnante de supposer que son maître était mort empoisonné.

« M. Jollit, maire de Beaulieu, qui assistait à l'entretien, fut justement frappé de cette précaution, que prenaient la fille Richard et la veuve Texier, de déclarer à l'avance qu'elles ne connaissaient aucun toxique et qu'elles n'avaient jamais vu d'arsenic, qui est précisément la substance à l'ingestion de laquelle il a été reconnu plus tard que Pierre Texier avait succombé.

« Pendant que le drame, qui devait aboutir à la mort de Pierre Texier, s'accomplissait entre la victime, sa belle-sœur et sa servante, une autre personne, qui allait et venait de la Salle-Guibert à la Meilleraye, manifestait par son attitude, par ses propos et par ses actes, la complicité la plus directe. S'il n'a pas versé lui-même le poison, François Charlot, père de la veuve Texier, a tout au moins participé au crime par l'assistance qu'il a donnée aux coupables dont il connaissait les projets et qu'il a aidées dans l'exécution de leur forfait.

« L'accusé Charlot dont la fortune, acquise dans l'achat et la revente de propriétés immobilières, est très considérable, n'a jamais été entouré de l'estime publique. Dans les derniers temps il s'était discrédité par des associations commerciales et par ses relations intimes avec un homme d'une renommée sinistre, Martin Réau, qu'un quadruple empoisonnement a conduit en 1866 devant le jury des Deux-Sèvres. Charlot partageait les sentiments cupides de la veuve Texier, sa fille ; comme elle, il convoitait pour ses petites-filles la suc-cession de Pierre Texier et il redoutait que cet héritage ne leur échappât. « Si j'étais parti de la Meilleraye, disait-il le « 10 août, Ganne aurait usé de son ascendant sur Texier « pour lui faire faire un testament en faveur de Jollit, maire « de Beaulieu. » Il avait d'ailleurs un intérêt direct et per-sonnel au prompt décès de Pierre Texier, car il était débi-teur de celui-ci d'une somme de trente mille francs, payable le 29 septembre, alors prochain. Aussi suivait-il avec anxiété les phases de la maladie ; il était visiblement soucieux. Au mois d'août, à l'époque des élections départementales, il s'abstenait, contrairement à ses habitudes, de se mêler à la lutte électorale, et lorsqu'on lui demandait d'où venaient ses préoccupations, il affectait d'avoir pour le beau-frère de sa fille des inquiétudes que ni l'amitié, ni la parenté n'expli-quaient, et il répondait : « Il y a ce pauvre c... de Texier qui « est bien mal, là-bas ; je ne sais pas quelle maladie il a, il « ne fait que vomir. Il n'y a pas moyen qu'il résiste. »

« François Charlot ne s'était pas établi, comme sa fille, à la Meilleraye, où son installation aurait été suspecte pour qui connaissait ses rapports peu sympathiques avec le sieur Texier. Mais à partir du 2 août, époque à laquelle il fut mandé par sa fille, à la suite de la crise violente que le ma-lade venait de subir, il y fit des voyages répétés.

« Le 9 août notamment, il partit à quatre heures du matin pour se trouver à la Meilleraye avant l'arrivée des médecins, qui avaient annoncé une visite matinale. Lorsqu'il voyait le malade, il lui demandait si ses vomissements continuaient, s'il prenait toujours du bouillon, et il ajoutait : « Il faut « en prendre toujours un peu. »

« Dans la soirée du 9 août, la justice se présenta à la Meil-leraye ; à ce moment un empoisonnement était soupçonné, mais nul n'était inculpé. Il eût donc été bien naturel que la veuve Texier et son père joignissent leurs efforts à ceux des magistrats et des médecins pour que la vérité se fît jour et que la découverte du toxique permît d'appliquer un re-mède approprié. L'attitude des accusés fut toute différente. Leur premier système fut de dire que si un empoisonne-ment avait été commis, il ne fallait l'attribuer qu'aux méde-cins eux-mêmes.

« Monsieur, dit la veuve Texier, en s'adressant au docteur
« Ganne, c'est vous qui l'avez mis en cet état-là ; la drogue
« que vous avez donnée jeudi ne venait pas de chez le
« pharmacien; vous l'avez prise dans votre sac; vous vous
« êtes trompé, et c'est à partir de ce moment que mon
« beau-frère a été de plus mal en plus mal. Il a failli mourir
« ce soir-là. » Comprenant pourtant tout ce qu'un pareil
système avait d'insoutenable, Charlot et sa fille préparèrent
un autre moyen de défense. Ils résolurent d'appeler immédiatement auprès de Texier, déjà moribond, plusieurs médecins dans le but de détruire par la confusion et la con-
trariété des diagnostics, faits à la hâte, l'autorité des appré-
ciations des docteurs, qui avaient soigné le malade. Parmi
les médecins, qui furent mandés, quelques-uns ne purent se
rendre à l'appel, qui leur était adressé.

« Les docteurs Chevallereau et Maynier se présentèrent à
la Meilleraye; mais ayant appris par le docteur Ganne quelle
était la situation, ils jugèrent convenable de se retirer.

« Un autre médecin, le docteur Morin, arriva le 10 août, et
dans sa méprise il crut reconnaître chez M. Texier un cancer
à l'estomac, dont l'autopsie a démontré que le germe même
n'avait jamais existé. Aussitôt Charlot et la veuve Texier lui
demandèrent une consultation écrite que M. Morin leur
remit sur-le-champ et qu'ils montrèrent le lendemain à
M. Ganne en lui disant : « Ce sera notre justification. »

« Ainsi ils n'étaient pas inculpés, Pierre Texier vivait encore
et déjà, dans le trouble de leur conscience, Charlot et sa
fille cherchaient d'avance à se prémunir contre une accusation qui n'était pas née, mais à laquelle ils sentaient qu'ils
n'échapperaient pas.

« M. Pierre Texier, serviable, bienfaisant, et n'ayant aucun
ennemi, a été universellement regretté; sa mort violente a
causé parmi la population une impression rendue plus
profonde par le souvenir des forfaits de la même nature qui,
dans la même contrée, ont plusieurs fois jeté l'épouvante
dans les esprits.

« En conséquence : 1° Honorine Charlot, veuve Texier,
est accusée :

« D'avoir dans le courant de l'année 1867, dans la commune
de Beaulieu, à une ou plusieurs reprises, volontairement
attenté à la vie de Pierre Texier, par l'effet de substances

pouvant donner la mort plus ou moins promptement.

« 2° Marie-Françoise Richard est accusée d'avoir, dans le courant de l'année 1867 et dans la commune de Beaulieu, à une ou plusieurs reprises, volontairement attenté à la vie de Pierre Texier, par l'effet de substances pouvant donner la mort plus ou moins promptement.

« 3° François Charlot est accusé d'avoir participé à l'action imputée à la veuve Texier et à la fille Richard et spécifiée ci-dessus, soit en provoquant à cette action par dons, promesses, menaces, abus d'autorité, ou en donnant des instructions pour la commettre ; soit en procurant des instruments ou tout autre moyen, qui a servi à l'action, sachant qu'ils devaient y servir, soit en aidant ou assistant avec connaissance les auteurs de l'action dans les faits, qui l'ont préparée ou facilitée ou dans ceux qui l'ont consommée. »

Après la lecture de cet acte d'accusation, après l'interrogatoire des trois accusés, qui répondirent aux questions du Président avec convenance, résignation et tristesse, tout en affirmant leur innocence avec une grande fermeté, et après la déposition des cent trois témoins tant à charge qu'à décharge, l'Avocat général prononça un sévère réquisitoire. Il abandonna l'accusation, portée contre Françoise Richard, parce qu'il n'avait pas une certitude *complète* de sa complicité et celle portée contre M. Charlot, parce que, si ce dernier était moralement complice du crime commis à la Meilleraye, il n'était pas possible d'affirmer qu'il le fût au point de vue de la loi. Ces concessions faites, il maintint énergiquement son accusation contre madame Texier.

Me Taudière répondit à M. l'avocat général ; Me Lachaud, l'avocat de Madame Texier, prit la parole le dernier, et s'exprima en ces termes :

PLAIDOIRIE DE Mᵉ LACHAUD

Messieurs de la Cour,
Messieurs les Jurés,

L'innocence des trois accusés est proclamée par toutes les consciences, et si M. l'Avocat général doute encore, il est le seul ici qui conserve ce doute. Jamais plus éclatante manifestation ne s'est produite et il semble que l'opinion publique veuille consoler ces malheureux de la déplorable erreur judiciaire dont ils sont victimes.

Que sont les trois accusés? Je vais essayer d'esquisser ces portraits dans lesquels je me complais, et que, j'en suis sûr, vous trouverez ressemblants.

Quelle femme est madame Texier? Madame Texier est une noble femme, elle a toutes les vertus, et après les nombreuses épreuves qui sont venues l'assaillir et qu'elle a dû subir, j'ai le droit d'ajouter qu'elle a tous les courages. Jeune fille, elle était l'exemple de toutes ses compagnes; femme, elle a fait le bonheur d'un homme excellent, et quand elle l'a perdu, le veuvage est entré dans son cœur pour n'en sortir jamais. Mère, car elle a deux enfants, deux anges, elle l'est autant qu'il est possible de l'être; vous avez retenu cette expression qu'un noble cœur de femme vous a fait entendre ici : « Madame Texier est mère jusqu'au bout des ongles. » Elle a eu toutes les compassions pour la misère. Riche, elle donnait beaucoup et elle savait donner. Jeter son or à qui souffre est un vulgaire devoir; mais aller soi-même frapper à la porte du pauvre, s'asseoir à son chevet, lui apporter avec l'obole qui secourt les consolations et les tendresses qui soulagent, telle est, Messieurs,

la charité des âmes d'élite, telle était celle de madame Texier.

Voilà l'empoisonneuse! voilà la femme hideuse que
M. l'Avocat général nous montrait comme voulant
empoisonner pour de l'argent.

Et cette bonne Françoise que j'aime, et dont je serre
la main de si bon cœur. Quelle naïveté! quelle simplicité! Elle ignore tout, même que la justice peut quelquefois commettre des erreurs sanglantes. Sa vie n'a
été que simplicité, soumission et dévouement. M. Texier
le savait si bien, qu'il s'effrayait de perdre un pareil
trésor.

Le troisième, M. Charlot : c'est l'homme fort, noble
et digne, mais que vous avez tué moralement par cette
horrible accusation.

Il fut l'honneur du travail et du courage.

Possédant une honnête aisance, il sut par un labeur
incessant acquérir une grande fortune. Grand exemple,
pour tous ceux qui savent travailler et rester honnêtes!

Il avait une moralité intacte, une probité d'or ; tout
le monde le dit, et sa grande fortune ne lui a pas fait de
jaloux ; il a su forcer le respect et l'estime de tous. Il a
l'honnêteté privée avec tous les scrupules et toutes les
délicatesses de l'âme. Il a rapporté de ces sommes
d'argent, qu'on ignorait et qu'il pouvait garder. Des
notaires, ces hommes de bien et ces conseils de la famille, disent que loyauté ne fut jamais plus entière que
la sienne. Ses associés l'estimaient, et nous avons entendu une dame, femme de son associé, qui, après la
mort de son mari, reçut une somme sur laquelle elle ne
comptait pas. Dieu a béni son travail : c'est un encouragement pour tous ceux qui s'engageront dans cette
voie de labeur et de loyauté.

Ainsi sa probité brille dans cette enceinte comme les
rayons du soleil, et vous montre que sa fortune a été
noblement acquise. M. l'Avocat général parle d'une
pièce de procédure, qui prouverait le contraire. Qu'il

montre la pièce ! Je ne veux pas un nuage sur cette réputation sans tache, je veux que Charlot sorte de cette enceinte par la grande porte, réservée aux innocents.

Cet homme était investi de la confiance de tous, et le tribunal l'avait choisi plusieurs fois comme expert ; quand la justice choisit ses auxiliaires, elle ne prend que ceux qu'elle estime. Ne cherchez donc pas à briser aujourd'hui le piédestal sur lequel vous l'avez vous-même placé.

Voilà ce qu'étaient les trois accusés.

A quelque distance d'eux vivait un excellent homme, bien digne d'être de leur famille, car il était honnête comme eux, charitable comme eux. Douloureusement frappé par la mort de son frère, il se promit de rester garçon, et il devint le second père de ses deux petites nièces. L'affection si vive qu'il avait pour le père de ces enfants, il l'avait aussi pour leur mère qu'il estimait comme tous ceux qui la connaissent.

Bien que sa constitution fût robuste, il était atteint de la goutte depuis longtemps. Au mois de mai 1867, sa maladie ordinaire présenta des accidents particuliers. Au mois de juin, l'aggravation persiste. Madame Texier ne l'apprend que vers la fin du même mois. Elle est prévenue par Pierre Page. En quels termes ? Peu importe. Page a avoué qu'à cette époque il avait bu pendant deux jours. Peut-il se rappeler les paroles qu'il a dites ? Madame Texier, à cause de ses occupations, ne peut venir passer qu'un jour à la Meilleraye, le 2 juillet. Elle revient, le 15, s'installer auprès du malade avec sa famille. Pierre Texier est mort empoisonné le 11 août, et l'accusation dit à madame Texier : « Vous aviez intérêt à sa mort, donc vous êtes coupable, et je demande le châtiment. » Vous aviez intérêt à sa mort, donc vous êtes coupable ! M. l'Avocat général n'a pas compris qu'en prononçant cette parole, il ravalait l'humanité jusqu'au dernier degré de l'abjection et de la dégradation sans faire faire un pas à l'accusation.

Mais quel mobile pouvait avoir cette bonne et excellente créature que chacun voudrait avoir pour sœur?

L'argent! mais avec un mot pareil, M. l'Avocat général, vous dégradez tous ceux qui sont ici. Vous nous faites croire que vous-même, vous si honnête, si loyal, si délicat, vous pourriez devenir un jour le plus vil des scélérats. Et vous, nos juges, il se pourrait que, lorsque vous verriez miroiter un peu d'or sous la main d'un homme, de par M. l'Avocat général vous prendriez un poignard et vous assassineriez cet homme, pour avoir cet or! Non, Dieu ne nous a pas créés pour que nous soyons des scélérats.

Si cette femme est une empoisonneuse, il n'y a pas un de nous qui ne puisse être un criminel. Elle a une fortune de deux millions environ; elle vit à la Salle-Guibert, où sa plus grande dépense est la charité qu'elle fait. Quand elle a la fortune, elle la donne, et elle assassinerait son beau-frère pour avoir son argent! C'est insensé!

La fortune de M. Texier était de 300,000 francs, pas même le quart de celle de madame Texier, et cet argent était déjà pour ainsi dire à ses enfants. Était-il joueur?..... dissipateur? Ses mœurs étaient-elles déréglées?..... Mais j'outrage sa mémoire. Devait-on craindre qu'une femme..... oh! je ne parle pas de Françoise (*sourire*), mais plus jeune, plus séduisante qu'elle, ne prît de l'empire sur son cœur?..... Non, il vivait bien dans le célibat; c'était un sage : il n'y avait donc rien à redouter.

Mais, dites-vous, aux cupides l'espérance ne suffit pas. Où est la preuve de cette cupidité? Vous vous contentez de l'alléguer.

Que vaut d'ailleurs tout un passé de vertu?

Et où en voulez-vous venir avec cette théorie que la vertu ne préserve pas du crime? A dégrader les cœurs, à ravaler l'humanité au dernier degré de l'abjection. Qui donc sera assez pur pour échapper à vos soupçons? qui de nous peut être assuré de rester à l'abri de vos accusations?

Les jurisconsultes, nous dit M. l'Avocat général, pré-
tendent que l'intérèt est la mesure des actions humaines.
Les jurisconsultes, qui disent cela, peuvent avoir de la
science, assurément ils n'ont pas de cœur. Nous leur
répondrons, nous, que l'intérêt est proportionnel aux
sentiments qui l'inspirent, et que celui qui a des sentiments honnêtes n'a pas d'intérêt au delà de ce qui est
juste et loyal. Mais admettrions-nous l'axiome des
jurisconsultes, qu'il ne serait pas même applicable ici.
Pas d'intérêt, pas de mobile. Rien. Nous ne sommes
pas entrés dans la cause, et voilà que l'accusation n'est
plus, elle ne peut prendre racine.

Cependant M. Texier est mort empoisonné. Qui l'a tué?
Est-ce donc à moi à le reconnaître? Je n'ai pas l'honneur
d'être Procureur général, et je m'en console. Vous posez
un dilemme, monsieur l'Avocat général, et vous me
dites : « C'est vous ou M. Ganne qui avez empoisonné
M. Texier. » Si j'étais M. Ganne, je serais bien malheureux de cette alternative ; car enfin, lorsque j'aurai
prouvé que ce n'est pas moi!..... Mais je ne suis pas
M. Ganne, et comme défenseur je prends du dilemme
ce qu'il me plaît d'en prendre.

Eh! qui donc nous accuse? M. Ganne! Je parlerai de
lui dans cette discussion sans aucun embarras. Je ne
ferai pas entendre de paroles violentes, elles sont toujours inutiles. Ce n'est pas d'aujourd'hui que je connais
M. Ganne ; je le sais très intelligent, très actif, trop actif
peut-être, et lui qui sait tant de choses, il doit savoir
qu'un homme d'esprit, qui n'était pas cependant un grand
homme, a dit ces paroles sur lesquelles je lui conseille
de méditer : « *Il ne faut pas pécher par excès de zèle.* »
Hier, M. l'Avocat général l'a assuré de la reconnaissance de la justice et lui a fait une petite apothéose. Il
paraît qu'il désire beaucoup avoir la croix de la Légion
d'honneur ; qu'on la lui donne, s'il la mérite, mais
assurément ce procès ne sera pas la meilleure pièce de
son dossier.

Je le répète, le dilemme de M. l'Avocat général est effroyable pour M. Ganne. Il ouvre le champ des hypothèses et de l'inconnu. Je ne veux pas m'y aventurer. Je me borne à prouver que l'empoisonnement ne vient pas de nous. M. Ganne ne peut nous en vouloir de faire cette preuve. Quant aux déductions elles se feront toutes seules; chacun fera les hypothèses qu'il voudra. Je ne dirai rien de plus de M. Ganne.

M. l'Avocat général a posé cette alternative : M. Texier est mort empoisonné par l'ingestion d'une substance toxique donnée à petites doses, ou bien en une seule fois le 1ᵉʳ août.

Eh bien! j'accepte celle des hypothèses que voudra adopter M. l'Avocat général : dans aucune d'elles il ne peut m'atteindre. Veut-il que l'empoisonnement ait eu lieu à petites doses? M. Ganne a dit lui-même dans sa déposition que M. Texier, quand il avait la goutte, ne vomissait jamais et qu'il était alors constipé. Or, plusieurs témoins constatent qu'en mai et en juin il a eu de fortes diarrhées et quelques vomissements; si ce sont là, pour l'accusation, les symptômes de l'empoisonnement, ce n'est pas nous qui avons empoisonné le malade, puisque madame Texier n'est venue pour la première fois à la Meilleraye que le 2 juillet. Admettons-nous que c'est le 1ᵉʳ août qu'a eu lieu l'empoisonnement, et M. le docteur Morin vous a prouvé scientifiquement que là était la vérité, puisqu'on a trouvé dans le foie une dose d'arsenic infinitésimale et que les vers y pullulaient? Dans cette seconde hypothèse, nous ne sommes encore pour rien dans l'empoisonnement. Ce jour-là M. Ganne a donné au malade la purgation que vous savez ; les douleurs, qu'elle lui a causées presque immédiatement, étaient si grandes qu'il eût été impossible de lui faire prendre un autre breuvage; et s'il en avait pris un, il n'aurait pas manqué de lui attribuer ses horribles souffrances; or, il n'a jamais parlé que de la purgation.

Quelles sont les charges relevées contre madame

Texier, depuis le 2 juillet jusqu'au 1er août ? Elle doit quitter la Meilleraye le 3 sur les instances de son beau-frère lui-même, pour surveiller la rentrée de 150,000 de foin. Elle avait laissé une enveloppe toute écrite, pour qu'on lui donnât des nouvelles du malade ; le 3, en passant à Parthenay, elle faisait dire à M. Ganne d'aller voir M. Texier. Elle, l'empoisonneuse, elle se ménageait le contrôle d'un médecin fort versé, comme chacun le sait, dans l'étude des poisons. Ne recevant pas de nouvelles du 3 au 5, elle termine ses occupations et revient, à cette époque, s'installer à la Meilleraye avec ses enfants, leur institutrice et tous ses domestiques. Ainsi elle augmentait, autant qu'elle le pouvait, le nombre des témoins de son crime ; elle voulait rendre ses propres enfants spectatrices de ses forfaits !

Du 2 au 15 juillet M. Ganne a ordonné des pilules au malade. Il n'a pas la main heureuse. Le 4, elles ont rendu cet homme horriblement souffrant ; le 8, aggravation, toujours sans doute par suite de l'intoxication du 2. Le 14, treize jours après le départ de madame Texier, M. Texier déclarait à des témoins qu'il avait le cœur barbouillé, des envies de vomir continuelles, et il rendait des crachats glaireux.

Qui donc, du 2 au 15, a administré le poison ? L'accusation elle-même reconnaît que ce n'est pas Françoise. Et cependant dans cet intervalle, après avoir pris des pilules ou autre chose, le malade s'est trouvé très mal. L'empoisonneuse arrive le 15, et le 16 elle fait venir M. Ganne. A cette époque il part pour Paris, à la conquête de cette fameuse croix d'honneur, qui trouble ses rêves. A son retour, le 25, il est aussitôt mandé près du malade par l'empoisonneuse. Il trouve alors M. Texier dans un état affreux. Vous avez vu, Messieurs, avec quel art infini M. Ganne a nuancé sa déposition devant vous ; il eût eu à répondre à notre plaidoirie, qu'il n'eût pas fait autrement. Mais le talent ne suffit pas, et le bon sens doit prendre la place de la parole.

Ce jour-là, il croit son malade empoisonné ; mais il
recule devant ce soupçon, il revient à Parthenay et
oublie cette impression. C'est le petit triomphe de la
vertu.

Le 27, ses soupçons l'assiègent de nouveau. Il avait
demandé des déjections le 25, mais si discrètement, vous
a-t-il dit, qu'il ne s'étonna pas qu'on ne les lui eût pas
conservées. Le 27, il les exige pour le 29 ; ce jour-là on
lui en a conservé et on lui en montre, la quantité n'y
fait rien ; il les dédaigne. Du reste, il a les urines, qui
offrent un moyen d'investigation plus sûr, et la table
de nuit lui appartient tout entière (*Sourire*) ; il ne s'en
occupe même pas.

Le 29, il est sûr de l'empoisonnement, dit-il. Eh bien !
dans l'intérêt de sa science et de son honneur, je crois
qu'à cette époque M. Ganne ne croyait pas à l'empoisonnement, parce qu'il n'a rien fait pour le combattre.

Le 1er août, il ordonne une purgation. C'était son
droit, car les médecins peuvent nous purger et nous
saigner à discrétion. Persuadé de la vertu de la magnésie, il veut employer ce médicament et il va en chercher dans sa voiture, tandis qu'à la maison il y en a
douze paquets, onze de trop.

Pendant qu'il se dirige vers sa voiture, mademoiselle
de Lassalle l'observe de la croisée, le voit prendre dans
la sacoche grise un flacon ; il l'examine et le remet ;
puis il prend la sacoche noire, c'était sans doute la
mauvaise, il en tire un paquet de poudre blanche,
mixtionne cette poudre dans l'eau, fait prendre trois
verres du contenu au malade, et lui dit, selon sa pittoresque expression : « Tu auras toujours ces trois verres
dans ton jabot. »

Je ne sais pas si M. Ganne s'est trompé, je ne sais pas
s'il y a eu volonté ou erreur. Je suis la défense. Mais
quand M. l'Avocat général nous dit qu'il est impossible de confondre l'arsenic avec la magnésie, je lui
montre ce journal, que j'ai reçu de Paris ce matin même,

l'*Avenir national;* dans ce journal on dit qu'un malheureux, aux environs d'Orléans, vient de commettre, il y a quelques jours, cette funeste méprise. Il a absorbé de l'arsenic croyant se purger avec de la magnésie; il a éprouvé des souffrances horribles, souvenez-vous du 1ᵉʳ août, et il est mort quelques jours après.

La Providence a peut-être voulu que ce douloureux accident se produise pendant ce malheureux procès. (*Sensation.*) Vous êtes terrifiés, et moi aussi.

M. l'Avocat général dit qu'il y a entre ces deux substances une grande différence de poids; mais ce sont là des calculs de pharmacien; quand on se trompe, on prend au hasard et on ne pèse pas. Après avoir pris ce purgatif, le malheureux Texier est tombé dans un état horrible. Il se tordait dans des convulsions effrayantes, poussait des hurlements, et un témoin vous l'a dit, il répétait ces mots : «Il m'a tué avec son purgatif, il me semble qu'il y a un fer rouge qui me brûle l'estomac. » Ce n'est pas seulement madame Texier, qui l'a vu vomir avant midi, c'est encore la fille Brossard, et à midi Pierre Blanchard le voyait cracher un tas de saloperies, hurler, et hoqueter à faire frémir. C'est alors que madame Texier, voyant le corps perdu, voulut sauver l'âme, et fit venir M. le curé de Beaulieu, ce digne prêtre contre lequel j'ai entendu, avec douleur, M. l'Avocat général diriger hier des insinuations injustes, et qui porte sur sa figure le sceau de l'honnêteté et de la probité sacerdotales.

Dans la matinée de ce jour, M. Ganne avait appris à madame Texier, dans le langage énergique qui lui est familier, que son beau-frère n'avait plus que pour quinze jours de vie. Dans la journée elle avait été témoin de ces convulsions de damné dans lesquelles se tordait le malheureux. C'en était trop pour ses nerfs, dont tous ceux qui l'ont vue dans sa prison connaissent l'impressionnabilité. Dans la nuit, elle a eu une crise affreuse. Cette crise n'était-elle pas légitime? Est-ce que cette agonie du frère de son mari ne ranimait pas dans son esprit le souvenir des derniers moments de celui dont elle est veuve ? N'était-elle pas une mère, qui voyait que ses enfants allaient perdre leur second père ? Eh bien ! dans cette manifestation si légitime d'une douleur, qui fait éclater plus encore son innocence, l'accusation voit une nouvelle confirmation du crime. C'était du remords. Du remords ! comme si les misérables qui empoisonnent à petites doses pouvaient avoir du remords ! Les scélérats n'ont de remords qu'après la sentence de la Cour d'assises ; jusque-là ils n'ont que l'espoir d'échapper au châtiment, et sur leur front le rayonnement divin du repentir est bien lent à paraître.

Le 2 août, M. Ganne arrive à la Meilleraye avec M. Ledain. Je n'ai pas l'honneur de connaître M. Ledain, je le crois le plus honnête homme du monde ; mais je constate qu'il a eu un grand défaut, c'est celui de manquer de mémoire. Devant M. le juge d'instruction, au mois d'août, il avait tout oublié, et la mémoire ne lui est revenue qu'à l'audience, au mois de mars, après la déposition de M. Ganne. Le rapprochement a lieu d'étonner ; M. Ganne nous a affirmé n'avoir pas parlé le premier d'empoisonnement à son confrère. Au mois d'août, M. Ledain déclarait que M. Ganne lui avait fait part de l'empoisonnement du malade, qu'il avait été stupéfait de cette révélation, et que ce n'était qu'après avoir repassé dans son esprit les accidents qu'il avait remarqués, qu'il s'était rangé à l'avis de son confrère. Ainsi dès le lendemain de sa foudroyante purgation, M. Ganne amène un médecin et lui annonce l'empoisonnement de son malade. M. Ganne prétend avoir découvert l'empoisonnement le 25. Non ; jusqu'au 1ᵉʳ août, M. Ganne n'a pas cru à l'empoisonnement : la preuve résulte de ses prescriptions.

Le 2 août, en effet, il dit à M. Ledain, c'est M. Ledain qui le déclare, qu'il a prescrit jusqu'à ce jour à M. Texier de la teinture de digitale pour frictions ; du

sulfate de soude pour les diarrhées; de l'eau de Seltz et
une autre potion pour les vomissements. Des antidotes,
pas un mot.

Vous avez entendu énoncer une théorie, qui m'épouvante. Il y a eu dans cette enceinte une confrontation
entre M. Ganne et M. Morin, et alors que ce dernier
disait : « Les médecins n'ont pas cru à un empoisonnement, car il y a un antidote que l'on pouvait administrer, l'hydrate de peroxyde de fer. » M. Ganne a
prononcé une parole, qui lui est échappée trop vite et
qu'il aurait bien voulu reprendre : « Il ne faut pas, dit-
il, employer cet antidote : si cela guérissait le malade,
cela empêcherait plus tard l'analyse chimique. » A
cette parole M. Morin a répondu « qu'au risque de ne pas
donner un coupable à la justice, il vaut mieux conserver un vivant au monde ».

M. Ganne ne faisait alors que répéter, ce qu'il avait déjà
dit à M. Chevallereau : « Soignez, si vous voulez ; mais ne
compromettez pas l'estomac que nous aurons à analyser plus tard. » Oui, messieurs, cette parole, vous
l'avez entendue, et le monde entier la lira ! Mais je veux
croire que M. Ganne la retire ; car enfin il est l'homme
de ses malades, et il n'est pas possible qu'il laisse
mourir un malheureux pour se donner la gloire d'avoir
découvert un empoisonnement.

Le 2 août, M. Ganne ne doute plus, il est sûr de
l'empoisonnement, et pendant trois jours et trois nuits
il reste sans voir le malade ! On abandonne Texier au
fond de sa demeure, on le laisse sans secours au milieu
de ses assassins et de ses empoisonneurs ! Il faut que
j'use d'énergie et de volonté pour contenir toute l'indignation, qui déborde de mon cœur. Il y avait des
élections, dit-on. Ah ! ce pouvait être là de la politique,
mais à coup sûr ce n'était pas de l'humanité, pas même
de l'honnêteté professionnelle. Si vous voulez être maire,
Monsieur, cessez d'être médecin, et si vous ne voulez
pas quitter vos électeurs, dites à quelqu'un de veiller sur

vos malades. C'est là une faute que toutes les décorations de monde ne sauraient racheter. Si cet homme a été empoisonné par un autre, vous l'avez laissé empoisonner, et vous l'avez laissé mourir.

M. Texier ne voulait pas fâcher M. Ganne en appelant d'autres médecins. Je m'explique cette crainte du malade. Il ne faut pas voir seulement les témoins à l'audience où ils ont une tenue solennelle et un langage de circonstance. Ah! il ne faut pas croire que M. Ganne soit toujours ce que vous l'avez vu, en habit de cérémonie et avec sa parole de Cour d'assises. C'est lui qui disait à mademoiselle de Lassalle au moment de l'arrestation des accusés : « On a emballé le père, on a emballé la fille, qui a un peu crié. » A un domestique il apprend ainsi la mort de M. Texier : « C'est demain « que nous mettrons *les tripes* de ton maître au soleil. » Ou bien encore, parlant d'une médecine qu'il fait prendre à Texier : « Il l'a tout de même dans le jabot. » A M. le maire de Beaulieu, en parlant de la famille de Texier : « Je ne veux pas qu'il en reste large comme le « fer d'un cheval. » Bien qu'il ait à l'audience protesté contre ces propos, des témoins sont venus affirmer qu'il aurait dit en parlant de deux de ses confrères : « Ce sont des imbéciles, je voudrais bien les tenir par la peau du ventre. »

Qu'on s'étonne donc que M. Texier ait tremblé devant un médecin qui parle ainsi.

Le malade reste donc abandonné pendant trois jours, et on ne lui donne pas d'antidote. Les médecins ne reviennent que le 6 août. M. Ledain et M. Ganne reviennent ensemble, prennent des déjections qu'ils mettent dans une bouteille ; madame Texier demande ce qu'on en veut faire ; la question était bien naturelle. On lui répond que c'est pour s'assurer de l'état de la bile. Les médecins avaient laissé le malheureux homme du 2 au 6 sans le voir, ils le laisseront encore du 6 au 9. Ils reviennent le 9 au matin, voient le malade, et en lui

disant adieu promettent de lui apporter un médicament le soir ; mais c'est avec le juge d'instruction
et le Procureur impérial qu'ils reparaissent dans la
soirée.

Voilà les faits ; ils s'enchaînent d'une façon lamentable, et je n'ai jamais vu semblable chose dans un procès.
Madame Texier est partie le 7, les médecins étaient
restés trois jours sans venir, le malade n'était donc
pas à l'agonie. D'ailleurs il fallait aller chercher des
vêtements indispensables et prendre un peu d'air. Le 9,
la justice est venue et a dit au malade : « Vous êtes
empoisonné et par les seuls êtres que vous aimiez. »

Non, je ne crois pas qu'un tableau plus atroce et
plus navrant puisse être imaginé. Les dramaturges
peuvent se désespérer, ils ne sont pas capables de trouver des situations plus émouvantes.

Le cœur des magistrats palpite à la révélation qu'ils
ont à faire à ce malheureux. M. Ganne s'en charge ; il
entre dans sa chambre, vous avez entendu son récit,
et il lui dit : « Vous êtes un homme mort. La science est
impuissante à vous sauver. Préparez-vous à mourir,
et, auparavant, préparez-vous à apprendre que vous
mourez empoisonné par ceux qui vous sont les plus
chers. » Pourquoi ne pas laisser mourir ce pauvre
Texier en paix ? Il a une belle-sœur, la veuve de son
frère, sa seule affection ; une vieille servante, qui le
soigne depuis dix ans, son seul attachement ; et on
vient lui dire que c'est d'elles que part le coup qui le
tue. Vous croyez que ses dernières paroles vont être
des paroles de malédiction ? Non, il ne veut pas croire
à un tel forfait. Il répond : « Je ne peux pas croire cela,
vous vous trompez. » Il sacrifie son corps, il ne veut
pas donner son cœur. Il ne veut pas abandonner cette
dernière espérance, que nous voulons tous emporter au
tombeau, qu'après nous une affection nous survivra.
Vous n'avez pas voulu écarter ce calice de douleur, si
amer pour lui.

Mais M. Ganne est là. Il dit au malade cette parole,
qui survivra au procès : « Si vous avez un testament à
faire, il est temps ; prenez vos dispositions. » Et le
malade répond : « Non, je n'ai rien à régler. » Il croyait
si peu au crime de sa famille, qu'il ne voulait pas la
déshériter. Mais le médecin songeait à tout, lui. Il veille
mal ses malades, mais en revanche il appelle vite la
justice, et si vous avez un petit testament à faire, il
vous le fait faire. Puis il s'institue régisseur général de
toute la maison. Il donne des ordres à tout le monde,
à M. le maire de Beaulieu, aux gendarmes, au juge de
paix. Et pour jouer son rôle jusqu'au bout il offre des
consolations à mademoiselle Eugénie de Lassalle : « Il
faut venir à Parthenay, j'étends ma main sur vous, je
vous protégerai, venez à moi. » Il aurait même régi
la fortune de M. Charlot, son dévouement eût été
jusque-là.

Voilà, Messieurs, ce drame de la Meilleraye, qui
tourmente toutes les consciences en France. Il a fallu
un médecin comme M. Ganne pour que nous arrivions
à de telles extrémités.

Le 9, cette malheureuse femme apprend que son
beau-frère est empoisonné, et qu'on la soupçonne d'a-
voir commis ce forfait. Dans son égarement, dans son
désespoir, elle va trouver son beau-frère, elle se jette à
ses genoux en présence du curé de Baulieu, elle lui
demande s'il peut la croire coupable, elle l'adjure de
proclamer son innocence. Françoise arrive et demande
à son tour naïvement à son maître : « Est-ce que c'est
nous qui vous avons fait du mal ? — Non, répond
le mourant, relevez-vous, vous êtes de braves filles. Ce
n'est pas vous, qui me tuez. » Puis, après les avoir
consolées, s'abandonnant à un mouvement de colère et
d'indignation contre celui qui avait jeté le déshonneur
dans sa maison pour cacher sa faute, il s'écrie : « Si
je suis empoisonné, c'est Ganne, qui l'a fait. Qu'est
venu faire ici cet importun ? Si j'avais su qu'il ferait

tant de saletés, je n'aurais jamais introduit ce gars-là
dans ma maison. » Plus tard, il se trouve seul avec
la garde-malade, la femme de la justice, la femme
de M. Ganne, et il lui dit ces mots auxquels je laisserai toute leur énergie: « Ganne est un Jean-foutre
de cochon. » C'est la dernière parole du mourant,
Messieurs, c'est sa sentence suprême, et elle restera
sur la vie tout entière de M. Ganne. (*Sensation pro-
longée.*)

Nous avons terminé ce lugubre tableau, Messieurs
les jurés, détournons-en nos regards. Je trouve sur
ma route deux objections de M. l'Avocat général, je
vais les examiner. Il en est une que je ne puis accepter; l'autre est repoussée par un témoignage incontestable.

Nous n'avons pas conservé les déjections, nous dit-
on. Le 25, M. Ganne avoue les avoir demandées avec
tant de discrétion qu'on a bien pu ne pas lui en garder.
Le 27, il en réclame; le 29, on lui en montre, qui auraient pu être l'objet d'investigations, il les regarde à
peine. Le 6 août, M. Ganne affirme qu'il n'a pas été
présenté aux médecins de déjections de la nuit, et que
ce sont eux-mêmes, qui en ont recueilli. A cette audience, M. Ledain a dit la même chose, mais il le dit
au mois de mars; tandis qu'au mois d'août il déclarait formellement au juge d'instruction que, ce jour-
là, il leur avait été présenté des déjections provenant
de la nuit.

Enfin après la mort du défunt, on trouve une cuvette
pleine de déjections. L'objection disparaît donc, et on
ne peut s'y arrêter.

Autre objection. M. Ganne affirme que les accusés
ne lui ont pas parlé des vomissements du malade. Il
n'y a qu'un malheur : c'est que devant M. le juge
d'instruction M. Ledain affirmait que M. Ganne lui avait
parlé de ces vomissements avant son départ pour Paris.
J'en demande pardon à M. Ganne, la démonstration

est brutale. Mais ces messieurs ne doivent pas se plaindre, je les combats l'un par l'autre.

Continuons à parcourir ce calvaire douloureux traversé par ce pauvre M. Texier. Quand la justice eût quitté le château de la Meilleraye, quand on eût révélé à madame Texier l'horrible crime commis sur son beau-frère, en même temps que les soupçons hideux qui pesaient sur elle, la pauvre femme eut recours à la science. Qu'y avait-il de plus naturel? Le ministère public lui en fait un crime! Et que n'aurait-il pas dit si elle n'eût pas fait venir de médecins! Elle laissait mourir son beau-frère indifférente et craignait pour son crime un plus grand contrôle. On convoque donc la faculté du canton; on espère que plus il y aura d'intelligences réunies, plus il y aura de chances de sauver le mourant.

M. Chevallereau, M. Maynier arrivent; ils sont éloignés par M. Ganne contre lequel, malgré moi, dans cette discussion, je me heurte sans cesse, que je trouve mêlé à tout, dirigeant tout. Il leur dit que cet homme est empoisonné et qu'il est le médecin de la justice.

On a fait venir M. Morin, un digne médecin, celui-là, qui, ayant une grande fortune, ne soigne que les pauvres et les riches dans le malheur. Il venait de recevoir de la famille une lettre suppliante; il apportait son savoir, sa bonté, ses consolations; on lui avait écrit: « Le sieur Ganne est dans l'affaire. »

Il a été prudent, il a voulu le concours des médecins. On a envoyé chercher M. Ganne et M. Ledain. M. Ganne a refusé et il a ajourné sa visite. M. Morin a examiné le malade en homme habile. Comme il ne connaissait pas bien les antécédents de la maladie, et qu'il pense qu'à côté du poison il faut placer l'antidote, il a supposé que le mal provenait d'un cancer, le malade n'ayant pas été traité comme on devait traiter une personne empoisonnée. Il vous a exposé sur quelles bases scientifiques il avait appuyé ses conclusions.

Il se fait décrire par les accusés toute leur situation et leur donne d'excellents conseils. Il leur dit : « Allez à Poitiers, vous y trouverez un avocat éminent, digne entre les plus dignes, l'honorable M. Bourbeau ; vous y trouverez un savant, M. Malapert, et vous les consulterez. » M. Charlot voit M. Bourbeau. Que pouvait-il faire de mieux ?

Le 11, le malheureux Texier était mort. On nous parle de je ne sais quelle conversation tenue le soir devant le maire de Beaulieu. Voyez-vous cette empoisonneuse révélant sans nécessité le poison dont elle s'est servie ? Mais le fait s'explique au profit de l'innocence de tous. Madame Texier pleure et dit : « On m'accuse, moi, qui n'avais que lui au monde ! Que deviendrai-je désormais ? Je ne connais pas de poison, d'ailleurs. » Et Françoise, qui est là, ajoute : « Et moi non plus. J'ai bien entendu parler d'arsenic, mais je ne sais pas ce que c'est. » M. le Maire, qui est très savant comme vous avez pu en juger, et qui nous parlait du *kirsh* (*squirre*) à l'estomac, dit gravement : « Il y en a de deux sortes, de la rose et de la blanche. » Et les deux femmes acceptent cela naïvement.

Mais nous sommes coupables, car nous avons demandé grâce et pitié ! Ce qui s'est passé, le voici : c'est contre les calomnies que l'on a demandé grâce. Madame Texier, accusée de ce crime horrible, était épouvantée, folle, éperdue ; elle savait qu'il y avait là un homme, tout-puissant et maître d'elle, qui dirigeait tout. Il veut la ramener, la renvoyer, mais elle n'est pas partie : elle a bien fait. Il a voulu consoler son désespoir. C'est alors qu'elle s'est écriée : « Vous savez que je suis innocente. Si vous pouviez le montrer, je crois que j'aurais le courage de vous embrasser. »

C'était pour elle l'extrémité la plus horrible ; il s'agissait de celui qui l'avait accusée, dénoncée, mais c'était le prix de son innocence, de sa réhabilitation. Cela voulait dire : « Vous me faites horreur ; mais je serais si

heureuse de voir éclater mon innocence, que pour cela,
j'aurais le courage de vous donner cette preuve d'affection dont vous êtes indigne. »

Et maintenant si je marchais dans cette affaire sur un
terrain moins sûr, je demanderais à l'accusation où est
le poison. Madame Texier est une empoisonneuse sans
poison. Vous avez couru chez tous les pharmaciens et
tous les épiciers. Vous n'avez rien trouvé. — « Mais on
peut en avoir sans qu'on le sache. » — Voilà l'argument.
Ce n'est pas tout. Il faudrait établir qu'ayant eu ce poison je m'en suis servie. — « Elle peut avoir eu du poison et elle a dû donner des breuvages. » — C'est possible, c'est probable, voilà l'accusation. — « Mais madame
Texier ne nous dit pas la vérité. Elle nie avoir préparé du
bouillon, des tisanes. » — Eh bien ! personne ne dit lui en
avoir vu préparer, et cela est vraisemblable, puisque
c'était surtout pour tenir compagnie à son beau-frère
et diriger sa maison qu'elle venait près de lui. Rien,
rien, rien ! l'attitude de cette femme est excellente, et
cette femme est coupable. Jamais vous ne trouverez
d'étrangetés semblables à celles-ci.

M. l'Avocat général a bien compris que l'accusation ne pouvait prendre corps et ne pouvait s'édifier
sur ces mille riens, dont vous parlait, tout à l'heure,
Me Taudière dans son excellente improvisation. Aussi il
prend les grands moyens. Madame Texier est coupable
de par l'histoire ancienne, de par Tite-Live, de par
M. Dupin. L'histoire romaine, pourquoi pas aussi l'histoire grecque, est fouillée et on y trouve le complot des
vingt matrones, qui représentaient le sexe faible mais
un peu fortifié par l'union. Dans l'histoire moderne
M. l'Avocat général rencontre Castaing et La Pommeraye ; M. l'Avocat général n'a pas eu la main heureuse : Castaing et La Pommeraye étaient des médecins
empoisonneurs, et dans l'espèce, vous pouvez mieux
choisir. (*Sensation.*)

On n'a pas oublié les pratiques dévotes de madame

de Brinvilliers ; seulement M. l'Avocat général n'a pas ajouté que si madame de Brinvilliers communiait le matin, elle se livrait à toutes les débauches le soir. On a eu recours au réquisitoire d'un homme qui honore votre pays et dont je m'honore d'être l'ami, M. Oscar de Vallée ; c'était dans l'affaire La Pommeraye. On n'a pas dit que La Pommeraye était un médecin sans aucune fortune. S'il eût eu un million, il n'eût pas tué sa victime. Votre exemple est encore mal choisi, Monsieur l'Avocat général. Laissons donc les matrones à l'histoire ancienne, M. Dupin à sa gloire, madame de Brinvilliers à sa tombe, et soyons plus sérieux.

Mais il est une raison qui explique le crime. — « Madame Texier, dit-on, voulait se remarier, et si elle l'avait fait, M. Texier aurait fait peser sur la tête de ses enfants la faute de la mère, car pour lui se remarier était une faute, et il aurait déshérité ses petites-nièces qu'il adorait. » — Et avec qui madame Texier voulait-elle se remarier ? l'accusation lui a trouvé un parti très sortable : c'est Martin Réau. En écoutant cela hier, je me disais que si j'avais eu l'honneur d'avoir pour adversaire dans l'affaire Réau M. l'Avocat général, il ne me tiendrait certainement pas ce langage. Tous ceux, qui ont vu Réau, savent qu'il était un campagnard lourd, épais, s'exprimant mal, que j'ai défendu le mieux que j'ai pu, mais que je n'ai pas pu rendre beau. Lui ! le mari de madame Texier, la femme d'un esprit cultivé, élégante, distinguée ! — « Elle voulait peut-être l'épouser pour son argent ? » — Réau avait 150,000 francs, qui appartenaient à ses deux enfants. — « Alors c'était par amour ? » — Madame Texier avait vu Réau deux fois. Les passions ne viennent pas si vite, et si Réau est un empoisonneur, on ne peut pas soutenir qu'il soit un séducteur. — « On disait cela dans la rue. » — On dit tant de choses dans la rue que je vous demanderai de n'y pas descendre. Voilà donc une accusation, qui fuit comme un fantôme dès qu'on veut l'approcher, et voilà dis-

sipée cette figure de Martin Réau qu'on veut faire planer sur cette affaire comme un mauvais génie.

M. l'Avocat général m'a conduit chez M. Ganne. Je
l'y suis. M. Ganne prétend être fort riche. Je lui souhaite de tout mon cœur une grande fortune. Mais
M. Charlot avait sur lui une obligation de 20,000 francs
qu'il a transmise; ces cessions-là blessent profondément certaines natures. Il est un second point sur lequel
M. Ganne a bientôt battu en retraite. M. Ganne affirme
n'avoir jamais proposé à M. Charlot de l'associer à ses
affaires. M. Allard survient, et il dit qu'un jour, dans son
étude, M. Ganne a fait à M. Charlot cette proposition,
mais en plaisantant.

M. Ganne se souvient alors. « C'était par plaisanterie, » dit-il. Mais plus tard, M. Charlot vient dire à
M. Allard que par deux fois M. Ganne lui a renouvelé
cette proposition chez lui. Ce matin même, Messieurs,
j'ai reçu de M. Schulzemberger, l'honorable chimiste
de Paris, qui a fait les expertises dans l'affaire Réau,
une lettre dans laquelle il affirme que, dans la chambre
des témoins, M. Charlot lui a dit, l'année dernière, que
M. Ganne s'était proposé à lui comme associé. Ce n'est
pas une pièce faite pour les besoins de la cause, celle-là.

On dit que M. Charlot devait 30,000 francs à Texier
et qu'il avait intérêt à le tuer pour ne pas payer; mais
ces 30,000 francs, il ne les a pris que par complaisance
et pour que M. Ganne, qui avait demandé à les emprunter, ne les eût pas. M. Ganne nie avoir fait cette
demande, et dit qu'il n'avait pas besoin de cette somme.
Mais M. Allard rappelle qu'il y a eu un emprunt pour
la ville de Parthenay et que cette somme devait lui être,
sans doute, attribuée; M. Ganne saisit l'idée au vol; il
se souvient qu'à cette époque il a fait demander de l'argent pour la commune, et c'était peut-être à cela que
M. Texier avait pu faire allusion. Puis il raconte un
prêt anonyme de 14,000 francs, toujours pour la commune, comme si les lois administratives n'étaient pas

à Parthenay ce qu'elles sont ailleurs, et comme si un maire pouvait emprunter de gré à gré.

Ainsi il n'y a pas d'innocence mieux établie que celle de madame Texier, de vertu plus incontestée, de femme entourée de plus de sympathie. Je pourrais m'arrêter, mais j'aime Françoise, que voulez-vous ! C'est ma faiblesse. M. l'Avocat général n'a pas osé solliciter de vous une condamnation contre elle, mais je ne veux pas qu'il lui laisse l'ignominie sur le front. Je veux que ceux qui lui donneront la main, comme moi, sachent qu'ils donnent la main à une bonne et franche créature. Elle était chez un vieux garçon ; or, c'est là le rêve de toutes les vieilles gouvernantes, et son intérêt était que son maître vécût. Quelle preuve l'accusation a-t-elle donc contre elle ? Pas d'intérêt au crime, et une affection certaine, un dévouement à toute épreuve. C'est un pacte infernal, dites-vous ? Elle n'a pas de poison, elle ne pouvait pas en avoir, mais elle a bien pu faire prendre des breuvages empoisonnés. Elle n'avait pas d'intérêt, mais cela ne fait rien.

Que voulez-vous que je réponde ? Je ne peux pas saisir le néant. L'accusation ne précise pas un argument, je ne peux pas en combattre. Je devais un bon souvenir à cette fille, je le lui donne. Elle ne comprend pas tout ce que je dis là, mais elle me comprendra lorsque je lui dirai qu'il n'y a ici personne qui ne voudrait la prendre pour servante ; elle me comprendra si je lui dis, avec tout le monde, ce que les douze hommes qui sont là (1), lui diraient au sortir de l'audience : « Vous êtes la meilleure domestique qu'il y ait au monde. »

M. Charlot est le complice moral. On n'a entendu aucun conseil, surpris aucune instruction, rien. Qu'importe, M. Charlot est ici parce qu'il a connu Martin Réau. Mais si tous ceux qui ont connu Martin Réau devaient venir s'asseoir sur ce banc, on y verrait paraître

(1) Me Lachaud montre le banc des jurés.

jusqu'à des comtes et des comtesses. C'est pour cette
raison que depuis sept mois ce malheureux vieillard
est en proie à toutes les tortures de l'isolement, de la
honte, de la captivité, de l'incertitude; qu'il est exposé
à une agonie morale de toutes les minutes et de tous les
instants! Et vous croyez que ce n'était pas de ma raison comme de mon cœur que partait ce cri, que j'ai
poussé le plus haut que j'ai pu dans le cours de ces débats pour réclamer dans notre Code d'instruction criminelle la réforme indispensable de l'instruction contradictoire, cette nécessaire sauvegarde des innocents (1).
Il ne faut pas que nous soyons de nouveau témoins de
ces spectacles, qui font bondir le cœur; il ne faut pas
qu'on puisse faire asseoir sur un banc de Cour d'assises
des malheureux, uniquement pour s'entendre dire par
M. l'Avocat général qu'ils sont innocents.

On a fait planer sur cette cause le spectre de Martin
Réau. Ce qu'il faut qu'on sache, c'est qu'il n'a jamais été
son ami, qu'il ne l'a connu qu'en 1865, à l'occasion
d'une seule affaire entamée par le notaire Allard. Les
seules relations qui aient existé entre Réau et Charlot
sont attestées par des actes authentiques passés par-
devant notaires. En 1865, en effet, M. du Chatenet avait
une propriété à vendre. M. Charlot se mit en rapport
avec le notaire Allard pour l'achat de cette propriété ;
il y avait là une opération avantageuse à tenter, une
spéculation qui pouvait promettre un certain bénéfice.

Réau désira entrer dans l'affaire et il fit proposer à

---

(1) Une commission extra-parlementaire a été nommée il y a
six mois pour étudier la réforme du Code de procédure. Cette
commission prépare une loi qui permettra à l'accusé d'être assisté de son avocat dans les différentes phases de l'instruction et
même pendant son interrogatoire dans le cabinet du juge d'instruction. Cette loi doit être présentée l'année prochaine au Corps
législatif ; elle sera certainement votée. Mᵉ Lachaud a souvent
demandé qu'on fît cette réforme utile ; ses fréquentes et énergiques réclamations ont sans doute, on peut le croire, inspiré ce
projet de loi.

M. Charlot de l'associer à son opération. Réau était considéré, il avait une certaine fortune ; la proposition était toute naturelle et acceptable.

C'est là la seule affaire que M. Charlot ait faite avec le concours de Réau et elle n'était pas encore terminée lorsque Réau a été arrêté. Ils se sont vus, ils se sont rencontrés, c'était inévitable.

Et voilà celui que l'accusation nous donne pour un ami intime ! On a recherché tous les repas qu'ils ont faits ensemble. On a trouvé... deux dîners ! Mais à l'un des deux Charlot a été gai, tandis que madame Réau était un peu souffrante. Évidemment M. Charlot est un empoisonneur.

Voici qui est encore grave : M. Charlot a admis l'innocence de Réau. Avant la sentence, c'était son droit ; après la sentence, c'est encore son droit, mais il faut s'incliner devant la chose jugée. J'ai eu dans ma vie bien des malheurs judiciaires... pour les autres ; je n'ai jamais protesté, mais j'ai regretté souvent, et je déclare que si on voulait me faire signer que tous les hommes, que j'ai défendus et qui ont été condamnés, sont coupables, ma main se sècherait plutôt que de donner cette signature. Quant à M. Charlot il a fallu le river à la chaîne du forçat pour le conduire jusqu'à vous.

Pendant l'instruction de cette lamentable affaire Réau, M. Charlot aurait dit à ceux qui soutenaient la culpabilité de l'accusé, qu'ils s'exposaient à se faire arrêter. Il était là en pleine légalité, puisque la loi sur la diffamation protège aussi bien ceux qui sont poursuivis que les autres. Dieu merci ! un homme n'est pas coupable parce que la justice le poursuit. Il aurait dit ensuite qu'on ne doit jamais dénoncer son semblable. Non, on ne doit jamais dénoncer, comme on l'a fait dans l'affaire Réau, par une lettre anonyme.

Chacun sait que, si Réau avait marché dans la bonne voie politique, il respirerait aujourd'hui encore en liberté l'air des champs. Quoi qu'il en soit, il porte à cette heure ses fers à Cayenne. S'il n'a pas droit à la pitié, il a du moins droit à l'oubli, et son nom doit mourir dans ce pays, puisque, condamné pour toujours, il ne lui appartient plus.

Mais enfin quelles charges y a-t-il contre M. Charlot ? Il y en a moins encore que contre Françoise, si c'est possible. Il s'est montré le 4 août aux élections avec un peu de tristesse, c'était tout simple : le beau-frère de sa fille, son protecteur naturel après sa propre mort, était gravement malade. S'il eût été gai et s'il eût pris part aux élections, le ministère public ne manquerait pas de lui dire : « Comment, vous vous occupez de la candidature de M. X... et de M. Z... quand le beau-frère de votre fille se meurt ! Ce cynisme ne peut être que celui du criminel qui l'a tué. » Ce sont là de ces arguments qui ont l'avantage de se tourner de toutes les façons, à l'envers comme à l'endroit, sans cesser d'être irréfutables. Le 7, en revenant de Saurais, il ne trouve pas sa fille à la Meilleraye ; elle était partie sans le prévenir. Il trouve seulement, à Parthenay, ce billet qui est au dossier et qui vous a été lu, dans lequel elle le prie d'assister, le 9, à la visite des médecins. C'est là un langage et ce sont des procédés de complices ! Le 8 au soir, il s'adresse aux médecins eux-mêmes pour les prier de l'emmener avec eux le 9 à la Meilleraye. Lorsqu'il apprend que sa fille est soupçonnée, est-ce qu'il a deux conduites à tenir ? Est-ce que sa place n'est pas auprès de sa fille pour la protéger ? Mais non, il est resté là parce que sa fille était calomniée, souffrante, désolée.

M. l'Avocat général ne voit pas qu'il ne peut pas soutenir des ombres ! Et cet homme est en prison depuis sept mois ! On a brisé sa vie ! A soixante-douze ans, savez-vous ce que c'est qu'une captivité pareille ? Si le corps n'en meurt pas, l'esprit en reçoit un coup qui l'anéantit. Six mois au secret, il est resté étranger au monde, n'ayant autour de lui que le plus terrible des isolements.

On lui a tout mesuré, même le soleil; c'est le fait de l'administration et non celui de la justice. L'ordre a été donné par Ganne remplissant les fonctions de sous-préfet. Pendant l'absence de ce dernier on a scellé, à la fenêtre de la cellule de M. Charlot, des barreaux, qui interceptaient l'air et ensevelissaient tout vivant, dans un tombeau, ce vieillard de soixante-douze ans! Et s'il mourait demain de désespoir et de douleur, est-ce que la justice pourrait penser qu'elle n'est pas l'auteur de la mort d'un homme d'honneur, qui devait vivre libre et fier dans le monde? Françoise aussi est depuis sept mois captive, tandis que sa vieille mère meurt de faim. Nous ne pouvions la soulager! vous eussiez dit que ces secours étaient le fruit du pacte infernal.

Soyez tranquille, ma brave Françoise; vous avez perdu un maître excellent, mais vous n'êtes plus la servante, vous êtes l'amie de la maison; le malheur a égalisé toutes les positions.

Et Mme Texier, la plus forte des trois! il faut qu'elle ait puisé dans ses prières des consolations immenses, pour avoir pu survivre à tant de douleurs. Dieu l'a soutenue, Dieu et la pensée de ses enfants. Dans sa prison elle est toujours en prière, et quand on croit en Dieu, on ne désespère jamais des hommes. Une heure viendra enfin où, ici, elle lèvera noblement la tête. Pauvre mère! elle a deux anges, deux petites filles que chacun aime et plaint, et il y a sept mois qu'elle ne les a vues! Ah! elle pouvait les voir. Mais faire entrer ces pauvres innocentes dans une cellule glaciale; leur faire entendre le grincement des clefs; leur donner le baiser maternel dans cet air étouffé; ne pouvoir pas les reconduire après; voir enfin ses enfants au milieu de la honte et de l'ignominie, c'eût été trop horrible; elle n'a pu s'y résoudre. L'autre jour, mes confrères ont cru lui faire du bien en déposant auprès d'elle les portraits de ces êtres adorés : il a fallu les lui arracher des mains, car son cœur se déchirait et elle perdait toute sa résignation.

Les pauvres enfants sont ici, elles ignorent tout; des
âmes pleines de bonté, de charité, les ont recueillies à
leur foyer; là, elles jouent avec des enfants de leur âge,
qui, eux, savent le malheur de la mère, mais qui, par
un sentiment délicat, placé comme une fleur délicieuse
dans le cœur des enfants, se sont gardés d'une parole
indiscrète..... de sorte qu'elles croient leur mère en
voyage, aux eaux. Elles disent souvent : « Ah! maman
reviendra bientôt ; comme elle est longtemps !... » Oh !
Messieurs, il est des souffrances horribles qui déchirent
le cœur... Mais je m'arrête, je ne veux pas attendrir
cet auditoire; moi-même je ne serais pas maître de mon
émotion.

Mme Texier est arrivée au terme de ses souffrances.
Ce soir, demain au plus tard, ses bras s'ouvriront pour
y presser ses enfants. Pourvu qu'elle ne meure pas de
bonheur en embrassant ces êtres si tendrement aimés !

Les dernières paroles de Me Lachaud, son invocation aux
enfants de la malheureuse innocente, émurent madame Texier
et à peine eut-il fini de parler, qu'elle eut une crise nerveuse
très forte qui dura très longtemps ; elle ne cessait de crier :
Mes enfants ! mes pauvres enfants !

Cette belle plaidoirie, une des plus belles que le maître ait
faites et qu'il est impossible de reproduire exactement, parce
qu'elle est toute d'élan et de cœur, impressionna vivement
l'auditoire, qui, se laissant aller à son émotion, éclata en
applaudissements unanimes et frénétiques. Le président
les arrêta aussitôt et, s'adressant au public, il dit :

« Ces applaudissements sont inconvenants, scandaleux;
« depuis trente ans que je préside, je n'ai encore rien vu de
« pareil. Qu'on fasse évacuer la salle (1) ! »

----

(1) On a raconté qu'aussitôt après avoir fini sa plaidoirie,
Me Lachaud tomba sur son banc la tête dans les mains et que
quelques minutes après, quand il releva la tête, ses yeux étaient
pleins de larmes : il avait été ému, lui aussi, et il avait laissé par-

L'audience fut suspendue ; à la reprise de l'audience M⁰ Ricard déclara n'avoir pas à prendre la parole ; le ministère public abandonnait l'accusation portée contre son client M. Charlot.

Après le résumé, fait avec impartialité par le Président, le jury rentra dans la salle de ses délibérations ; il en sortit vingt minutes après avec un verdict négatif sur toutes les questions.

Le Président prononça l'acquittement des trois accusés et ordonna leur mise en liberté.

L'opinion publique ratifia ce verdict, et de nombreux témoignages de sympathie accueillirent les accusés à leur retour dans leur pays et à la Meilleraye.

---

ler son cœur. Pour donner une juste idée de l'effet produit par la plaidoirie de M⁰ Lachaud, il n'est rien de mieux à faire que de reproduire le compte rendu du journal le *Courrier* de la *Vienne et des Deux-Sèvres* à la date du 19 mars 1868 :

« M⁰ Lachaud a eu la parole après M⁰ Taudière. Le grand avo-
« cat a été magnifique d'émotion, d'indignation, d'éloquence ; il
« a eu des cris sublimes. Jamais une telle cause ne s'était trouvée
« entre ses mains. Ç'a été un vrai triomphe. A la fin on voyait
« tous les yeux au moins humectés, et les pleurs roulaient sur
« plus d'une barbe grise. Les accusées sanglotaient. M⁰ Lachaud
« ne s'est arrêté que débordé par les larmes. Des applaudisse-
« ments longs et frénétiques ont éclaté instinctivement dans la
« salle et ont couvert les protestations de M. le Président. Au
« même moment madame Texier qui venait d'entendre M⁰ La-
« chaud parler longtemps de ses enfants a eu une crise nerveuse
« atroce. Elle poussait des cris déchirants : « Ah ! mes enfants !
« mes pauvres enfants ! » Le pauvre père Charlot tout pleurant
« s'est empressé de secourir sa fille, aidé de Françoise. Un mé-
« decin est accouru ; on a emporté la malheureuse qui redoublait
« et répétait ses cris ! « Ah ! mes enfants, mes pauvres enfants ! »
« La salle était en proie à une indescriptible émotion.

« M⁰ Lachaud est allé auprès de sa cliente. En revenant, il di-
« sait qu'elle s'était jetée à son cou et l'avait embrassé à l'étran-
« gler. L'état de la malade a été déclaré assez grave pour que
« l'audience ait dû être suspendue pendant deux heures. »

Mars 1872.

COUR D'ASSISES DE LA SEINE

AFFAIRE DU GÉNÉRAL TROCHU

CONTRE MM. DE VILLEMESSANT ET VITU

OUTRAGES ET DIFFAMATION

PLAIDOYER DE Mᵉ LACHAUD

Pour M. de VILLEMESSANT

AFFAIRE DU GÉNÉRAL TROCHU

CONTRE MM. DE VILLEMESSANT ET VITU

Président : M. le Conseiller LEGENDRE.

Ministère public : M. l'Avocat général MERVEILLEUX-DUVIGNAUX.

Le général TROCHU. — Avocat : Mᵉ ALLOU.

Accusés : M. DE VILLEMESSANT, gérant du *Figaro*. — Avocat :
Mᵉ LACHAUD.

M. VITU, auteur des articles incriminés. — Avocats :
Mᵉ GRANDPERRET, Mᵉ MATHIEU.

Lorsqu'en juillet 1869 la guerre fut déclarée à la Prusse, toute la France, la province aussi bien que Paris, accepta cette guerre avec enthousiasme. Les premiers revers éprouvèrent douloureusement le sentiment patriotique ; la foi dans l'Empire en fut ébranlée. Cependant chaque nouvel échec provoquait une ardeur nouvelle ; on voulait se battre de nouveau pour vaincre cet ennemi, si heureux dans les combats. L'armée livra plusieurs batailles, elles furent toutes malheureuses ; à Reichshoffen et dans mille autres combats les Français, toujours braves, se battirent comme des héros. Leur bravoure ne put que sauver l'honneur de l'armée, accablée par un ennemi trop nombreux.

En septembre, la défaite de Sedan mit le comble à l'infortune de la France. L'Empereur était fait prisonnier et une armée tout entière était tombée au pouvoir de l'ennemi.

Ce désastre immense frappa la France de stupeur ; elle
fut comme anéantie ; elle comprenait qu'il fallait s'avouer
vaincue et signer la paix.

Mais Paris veillait ; loin des champs de bataille il était
moins exposé aux émotions et aux épreuves de la guerre.
La nouvelle de la défaite de Sedan, et surtout la nouvelle
que l'Empereur était fait prisonnier, firent dans la ville l'effet
d'une bombe qui éclaterait sur la place publique au moment
le plus inattendu.

Le gouvernement, l'Assemblée nationale, furent tout
d'abord comme étourdis et incapables d'action. Le peuple
inquiet se porta en foule et sans armes au Corps législatif.
Le bruit, l'agitation étaient dans la rue ; on allait aux nouvelles et personne ne savait ni ce qu'il devait faire ni ce que
le gouvernement voulait faire pour assurer le salut du pays.
Le trouble et la confusion étaient partout. Le chef de l'État
étant prisonnier, la direction manquait à tous, et le peuple,
habitué à en recevoir une, cherchait qui pût la lui donner.

Le parti de l'opposition, celui qui s'était dit *l'irréconci-
liable*, profita de ce premier moment de trouble, bien excu-
sable. Son chef M. Jules Favre, sortant du Corps législatif,
dans l'après-midi, escorté de quelques amis, alla tranquille-
ment, à pied, comme dans une promenade, à l'hôtel de ville ;
il y proclama la République, et quand on vint lui dire que le
Corps législatif, seul pouvoir responsable, s'était réuni pour
délibérer sur le sort de la patrie, il répondit : *Il est trop tard.*
Il proclama en même temps les noms des membres du nouveau gouvernement.

Le Président de ce nouveau gouvernement, dit *de la Défense
nationale*, était M. le général Trochu, le matin encore gouverneur de Paris, et nommé à ce poste, quelques jours auparavant, par l'Empereur. M. Jules Favre était nommé Vice-
Président.

Le peuple de Paris apprit en même temps la proclamation
de la République et le départ de l'Impératrice. Il accepta
l'un et l'autre sans grand enthousiasme. La France, comme
toujours, s'en laissa imposer par Paris, la grande ville, et
exécuta les ordres donnés par le nouveau gouvernement.

La raison d'être de la République n'était certes pas de traiter avec l'ennemi ; ce n'eût pas été la peine de changer de
gouvernement pour faire ce que l'ancien aurait fait.

La continuation de la guerre fut décrétée, et la République promit à la France la réorganisation de l'armée et *la victoire*.

L'armée allemande, tenue un instant en échec par l'armée du maréchal de Mac-Mahon, s'était ouvert la route de Paris par sa victoire de Sedan.

Les armées de la République ne purent l'empêcher d'arriver jusque sous les murs de la capitale et de l'investir complètement.

Le siège, commencé dans les premiers jours d'octobre, dura quatre mois. Les membres du gouvernement s'étaient laissé enfermer dans Paris. M. Gambetta, l'un d'eux, l'avait quitté en ballon pour aller prendre la direction de la province et décréter *la guerre à outrance*.

Le général Trochu, avec son double titre de général et de Président du gouvernement, eut la direction complète et absolue des opérations du siège et de la grande lutte de la capitale de la France avec le puissant ennemi, qui avait envahi la moitié de son territoire.

La résistance de Paris, comme celle de la province, fut stérile.

Le général Trochu, d'abord acclamé et en faveur auprès du peuple de Paris, fut bientôt tenu en suspicion. Les sorties insignifiantes faites contre l'ennemi et l'inaction dans laquelle était tenue cette grande masse de citoyens armés, étaient autant de motifs de l'accusation portée contre le général.

Aux regrets de ne pouvoir battre l'ennemi s'ajoutaient toutes les souffrances, toutes les douleurs, toutes les privations et toutes les angoisses, conséquences d'un siège qui durait depuis si longtemps. Le peuple voulait une victoire, il la réclamait avec d'autant plus d'ardeur qu'il pressentait que les vivres se faisaient rares et qu'ils seraient bientôt épuisés. Le général Trochu, à la fin de janvier, décida qu'on ferait une grande sortie. La garde nationale fut lancée contre l'armée prussienne ; battue, elle rentra à Paris en laissant sur le champ de bataille, parmi les morts, quelques-uns des plus illustres citoyens de Paris.

Le peuple, impressionné par la défaite de Buzenval, comprit qu'il ne pouvait résister plus longtemps. Le général Trochu, impuissant à rien faire, donna sa démission de

général en chef, et laissa la direction des opérations à un
autre général. Un armistice eut lieu quelques jours après.
Tant que Paris résistait, la France pouvait lutter; mais Paris
rendu, la France n'avait plus qu'à traiter avec l'ennemi.
C'est ce qui arriva; Paris affamé se rendit et la paix fut signée. On reprocha alors au général Trochu d'avoir dit dans
ses proclamations qu'il ne capitulerait pas.

Les épreuves n'étaient pas encore finies. La Commune,
conséquence directe du siège et des fautes du gouvernement
de la Défense nationale, s'établit à Paris et résista à la France,
qui put enfin pousser un profond soupir de soulagement,
quand M. Thiers, à la tête de ce qui restait de l'armée française, entra dans Paris vaincu et soumis.

La France pendant la durée de toute cette guerre, Paris
pendant le siège, avaient supporté sans se plaindre la misère,
la faim, les échecs sans cesse renouvelés de ses armées;
bien qu'elle fût humiliée et battue, elle avait suivi les chefs
qui s'étaient imposés à elle. Elle était alors comme un malade qui, pendant la maladie, ne s'occupant que de ses
souffrances et des moyens de les guérir, se confie aux médecins qui lui promettent la guérison; mais qui, à peine entré en convalescence, recherche les causes de son mal et
discute les soins donnés par les médecins. La guerre terminée, la paix signée, la France, Paris et tous les partis
politiques, un instant réunis pour assurer le salut de la
patrie, regardèrent en arrière, et recherchèrent les auteurs
de tout ce mal, dont elle avait tant souffert.

Les récriminations, les critiques arrivèrent nombreuses,
et tous ceux qui avaient détenu une partie de l'autorité publique, furent tenus de justifier leur conduite.

Les actes du Gouvernement de la Défense nationale furent
discutés et l'Assemblée nationale ordonna une enquête par-
lementaire sur les événements arrivés à Paris le 4 septembre
et le 18 mars. Les dépositions faites dans cette enquête,
réclamée par tout le pays, les livres publiés en ce même
moment par tous ceux qui voulaient faire connaître ce qu'ils
avaient vu ou par ceux qui voulaient justifier leur conduite,
révélèrent des faits inconnus de la majorité des Français (1).
L'opinion publique, éclairée par ces discussions, distribua les

(1) Parmi les livres qui parurent à peu près à l'époque du pro-

responsabilités avec une justice qui n'était pas toujours exempte de violence.

Le général Trochu fut un des moins épargnés ; l'honnêteté de sa vie privée et sa pauvreté à la sortie du pouvoir ne purent le protéger contre les attaques de ses ennemis. Tous les actes de sa vie politique furent violemment critiqués et blâmés. On s'étonnait surtout de sa conduite pendant la journée du 4 septembre ; on s'étonnait de ce qu'étant le matin Gouverneur de Paris sous les ordres du Gouvernement Impérial, il se fût tout à coup, sans transition, trouvé dans l'après-midi Président du gouvernement de la Défense nationale. On critiquait aussi la façon dont il avait conduit les opérations du siège, lui, qui avait souvent exprimé l'opinion que le succès était impossible.

Le Figaro, de tous les journaux de l'époque le plus en faveur auprès du public, se fit l'écho de l'opinion publique et publia deux articles intitulés les Comptes du 4 septembre. Dans ces articles il avait réuni tous les reproches, toutes les accusations portées contre le général Trochu, et il le rendait responsable de la plus grande partie de nos malheurs.

M. Vitu, esprit distingué, écrivain de grand talent, auteur de ces deux articles, n'avait pas voulu faire acte de parti, de vengeance ou de haine. Il avait eu la prétention de traduire vigoureusement la pensée de tous ; il avait eu le courage de dire tout haut ce que beaucoup pensaient tout bas.

Il y a en France un grand sentiment de loyauté, qui fait estimer et respecter, même par l'adversaire politique, celui-là qui est fidèle à son serment et à ses opinions dans la bonne comme dans la mauvaise fortune ; le même sentiment nous pousse, comme d'instinct, à blâmer, et à tenir en piètre estime celui qui ne sait pas être fidèle à son serment et à sa

cès et qui parlaient de la guerre et des événements du 4 septembre, il faut citer :

L'Histoire du gouvernement de la Défense national, par M. Jules Favre ;

Le livre de M. le duc de Grammont sur les actes du ministère des affaires étrangères ;

Le siège de Paris, par M. Sarcey ;

Le siège de Paris, par M. le général Vinoy ;

La diplomatie du gouvernement de la Défense nationale, par M. Valfrey.

foi. Le général Trochu ne put supporter ces nouvelles attaques, et il poursuivit le journal et l'auteur des deux articles
devant la Cour d'assises de la Seine. Il choisit pour le défendre
Mᵉ Allou, un grand orateur républicain. M. Vitu choisit
Mᵉ Grandperret, ancien procureur général et ancien ministre
de l'Empire, une des gloires de la magistrature par son grand
talent et par l'honorabilité de son caractère ; il lui adjoignit
Mᵉ Mathieu, ancien député et avocat d'un mérite distingué.
Le Figaro confia sa cause à Mᵉ Lachaud.

M. le général Trochu et ses adversaires appelèrent
comme témoins les hommes les plus considérables. Leurs
dépositions devaient augmenter encore l'intérêt de ces débats. C'est ainsi qu'on vit comparaître devant la Cour entre
autres témoins :

M. Cousin de Montauban, comte de Palikao, dernier ministre de la guerre de l'Empire ;

M. Henri Chevreau ;

M. Magne ;

M. Busson-Billault ;

M. Rouher ;

M. Schneider ;

M. Piétri ;

M. Camille Doucet ;

Le maréchal de Mac Mahon ;

Le général Changarnier ;

L'amiral Jurien de la Gravière ;

Le général de Chabaud-Latour ;

L'amiral Fourichon ;

M. Jules Favre ;

M. Cresson, etc., etc.

Le ministère public, dans son réquisitoire, affirma que la
seule question à résoudre dans ce procès était de savoir si
le général Trochu avait *forfait à l'honneur.* « Il ne s'agit
« pas, dit-il encore, de savoir si M. le général Trochu a mal
« administré, s'il a été plus ou moins un *traître*, il s'agit de
« savoir s'il est un menteur, si ce qu'il vous a dit est la vé-
« rité ou ne l'est pas. »

Les avocats dirent, eux aussi, que le procès était personnel au général Trochu, qui seul était en cause. Malgré leurs
efforts, l'opinion publique voulut voir dans ce procès la
lutte de l'Empire contre la République devant le pays. Cette

opinion généralement admise donnait aux débats, aux plaidoiries, et au verdict une importance très grande et faisait de ce procès en diffamation, banal en soi, un procès politique du plus grand intérêt.

Il est inutile de dire quelles accusations M. Vitu avait portées contre le général Trochu, il vaut mieux mettre sous les yeux du lecteur les articles eux-mêmes. Leur lecture fera mieux comprendre l'état de l'opinion au moment où ils parurent; elle fera aussi mieux comprendre la plaidoirie de Me Lachaud.

L'acte de renvoi de la chambre des mises en accusation n'en donne comme extraits que les passages incriminés et à l'occasion desquels M. le général Trochu poursuit devant la justice de son pays le *Figaro* et M. Vitu en diffamation et en outrage.

La diffamation, ainsi que M. le Président Legendre l'a fort clairement expliqué dans son résumé, est l'allégation, l'imputation d'un fait de nature à porter atteinte à l'honneur ou à la considération de la personne à laquelle il est adressé et cela quand bien même le fait serait vrai.

L'outrage ou l'injure résulte seulement de l'emploi de termes injurieux, d'invectives, d'épithètes méprisantes.

La loi punit toujours la diffamation qui s'est produite contre des particuliers, et elle protège la vie privée des citoyens contre les diffamations en ne permettant pas à ceux, qui se sont rendus coupables de diffamation, de faire la preuve de leurs allégations diffamatoires.

Toutefois la loi fait une exception; elle autorise le diffamateur à faire la preuve de ses allégations quand elles s'adressent à un fonctionnaire public. La preuve faite met le diffamateur à l'abri de toute peine.

Ces explications juridiques étaient utiles à faire avant la reproduction des articles signés Minos et tenus diffamatoires et outrageants par le général Trochu.

Voici ces articles:

Figaro du 23 janvier 1872.

LES COMPTES DU 4 SEPTEMBRE

III

LE GÉNÉRAL TROCHU

19 janvier 1872 ! Anniversaire d'un jour de deuil, où le sang le plus pur coula dans une entreprise ténébreuse, que la conscience publique a flétrie du nom d'assassinat ! Au moment où les régiments de marche de la garde nationale furent lancés à travers le brouillard contre les batteries prussiennes, le gouvernement de la prétendue Défense nationale était déjà résolu à capituler. Une seule chose troublait ces âmes de sycophante : ils craignaient l'indignation de la population parisienne et ses suites possibles quant à la sûreté de leurs précieuses personnes. Ils s'attendaient à être écharpés. « Le gouverneur de Paris ne capitulera pas, » avait dit le général Trochu dans une proclamation solennelle. Et cependant il savait qu'avant dix jours il aurait rendu la ville, les forts, les fusils, les canons de l'armée, payé 200 millions de contributions de guerre, et signé, avec les préliminaires de la paix, l'abandon implicite de l'Alsace et de la Lorraine.

Contre son attente, le farouche bombardement, qui dévastait la rive gauche, n'avait pas ébranlé le courage des Parisiens. L'expédition de Buzenval fut résolue. C'était l'élite de la jeunesse qu'on envoyait au feu. Les résultats étaient prévus : le lendemain du désastre, la garde nationale et la population viendraient supplier le gouvernement de mettre fin à une boucherie inutile, et le gouvernement déférerait, non sans résistance, aux voix de la population.

Vains calculs ! crime sans résultat !

La consternation fut grande, il est vrai. Presque tous les morts portaient des noms connus dans le monde, dans les lettres, dans les arts, dans la marine et dans l'armée : Henri Regnault, Frank Mitchell, Perodeaud, Seveste, Perelli, Montbrison, Lesseps, Coriollis, Rochebrune ! Pardonnezmoi, chers morts, de ne pas vous citer tous ! Mais si l'on pleurait, on ne songeait encore qu'à nous venger. On lisait avec plus d'étonnement que d'épouvante les dépêches en style macabre où le Gouverneur cherchait à méduser la population, en ne lui parlant que de blessés, de brancardiers, de morts et d'enterrements. Rien n'y fit : les Parisiens demeurèrent stoïques. Ce que voyant, le Gouverneur et le Gouvernement prirent leur parti et se dirent : « Eh bien ! nous capitulerons tout de même ! »

M. Victor Hugo fait prononcer par la Guanhumara des *Burgraves*, qui croit tenir sa vengeance, le serment

> Que ce cercueil d'ici ne sortira pas vide.

Et comme sa victime lui échappe, Guanhumara, esclave de son serment, s'étend dans le cercueil et s'y tue. Le Gouverneur de Paris, qui avait juré de ne pas capituler, pouvait imiter ce suicide héroïque et captieux ; il donna simplement sa démission, et ne coucha dans le linceul que son honneur militaire. Nos pauvres morts du 19 janvier en furent pour leurs frais.

Je me rendais hier à Versailles par le train de midi. Des députés, des journalistes se mêlaient, dans la gare, au commun des voyageurs. Au milieu d'un groupe pérorait, en gesticulant, un homme de petite taille, à la tête osseuse et ronde, aux moustaches noires, cirées avec soin et ondulées en queue de rat comme celles de Scaramouche. Œil vif, brillant ; la voix animée, joyeuse ; un air de contentement répandu sur toute la personne et circulant jusqu'au bout des doigts de la main gauche, qui battaient gaiement la mesure sur un portefeuille de chagrin noir.

Je reconnus à l'instant même le personnage que j'avais vu de près à Londres, dans le musée de cire de madame Tussaud, entre Dumolard et Troppmann.

C'était M. le général Trochu.

— Voilà donc, pensai-je, où nous en sommes ! En ce pays, on peut arriver au pouvoir par l'intrigue, la trahison ou l'émeute ; saisir son pays au collet comme une proie, lui extorquer sa confiance, son sang et son or ; puis le rejeter pantelant, mutilé, courbé dans la misère et dans la honte ; et se frotter les mains, et se glorifier, et monter au Capitole en jurant qu'on a sauvé la patrie, et rire encore, comme si le châtiment n'était ni de ce monde ni de l'autre !

Et personne ne s'émeut, et personne ne s'écrie, et personne ne demande justice !

Et les mois s'écoulent et les années ! Et demain l'on nous
répondra : « C'est de l'histoire ancienne ! D'ailleurs, M. le
« général Trochu s'est défendu devant la Chambre. Relisez
« son discours. »

En effet, je ne vois rien de mieux à faire pour le moment ; et c'est les yeux fixés sur ce volumineux plaidoyer
que je veux renouveler la face de ce procès non encore jugé
et pour lequel la prescription n'est pas acquise.

La notoriété du général Trochu, en dehors de l'armée, ne
remonte pas plus haut que l'année 1867. On savait seulement
qu'en 1851, aide de camp du général de Saint-Arnaud, ministre de la guerre, il avait été l'un des collaborateurs en
sous-ordre du coup d'État du 2 décembre ; le lendemain du
succès, il fut nommé directeur adjoint du personnel au ministère de la guerre, fonctions qui comprenaient en première ligne « la correspondance avec les autorités civiles et
« militaires pour tout ce qui concerne la sûreté intérieure
« de l'État, le maintien de l'ordre et de la tranquillité publi-
« que ». Ces attributions mirent dans les mains du lieutenant-colonel Trochu l'exécution des décisions rendues par
les commissions mixtes, et les souvenirs contemporains affirment qu'il n'entrait pas alors dans ses sentiments d'en
tempérer la rigueur... au contraire !

Comment l'aide de camp de Saint-Arnaud, qui, lieutenant-colonel en 1852, se retrouve général de division en 1859
et pourvu d'un commandement à l'armée d'Italie, osa-t-il
prendre, dès cette époque, après un avancement fabuleuse-
ment rapide, les allures attristées du mérite méconnu ? je
ne sais. Pendant six ans, le général Trochu travailla sous
terre, avec tant d'adresse et de bonheur, que, lorsqu'il publia le très médiocre opuscule qui s'appelle « l'*Armée française en* 1867, » ce fut comme une explosion. Il semblait
qu'un César, un Polybe, un Végèce ou un Jomini fussent
éclos parmi nous. La vogue s'en mêla ; le livre se vendit
comme un roman ; malheureusement il pénétra dans des
régions où les romans d'ordinaire ne trouvent pas créance,
je veux dire au Corps législatif.

M. le général Trochu, dans son discours des 13 et 14 juin, n'a pas craint de prononcer les paroles suivantes : « En 1867, après Sadowa, j'ai fait un petit livre intitulé : *L'Armée en 1867*. Il avait pour objet de montrer que, si la guerre éclatait, comme j'en avais la conviction, nous ne serions pas préparés. »

Il est temps que le jour se fasse sur cette assertion audacieuse.

Voici la vérité :

L'Empereur, à peu près seul de son avis, proposait le service obligatoire, qui fut écarté à la presque unanimité.

Au contraire, les idées du général Trochu habilement défendues, par quelques esprits séduits, devant le conseil d'État et devant la Chambre, entrèrent intégralement dans le projet de loi, qui fut adopté définitivement.

En veut-on la preuve ?

M. le général Trochu, dans le projet de loi sur le recrutement qui résume son livre, commence par déclarer que « le principe de la loi de 1832, excellente parce qu'elle est dans nos mœurs, après avoir fait ses preuves, avec le remplacement libre, est celui qui convient expressément à notre pays, » sauf quelques réformes.

Conformément à cet avis, la loi militaire du 1er février 1868 se borne à modifier les articles 4, 13, 15, 30, 33 et 36 de la loi du 21 mars 1832.

M. le général Trochu demande un contingent annuel de 100,000 hommes.

Le Corps législatif maintient le contingent annuel au chiffre de 100,000 hommes.

M. le général Trochu demande que le minimum de la taille soit abaissé de 1m,56 à 1m,54.

Le Corps législatif l'abaisse, par transaction, à 1m,55.

M. le général Trochu demande que la durée du service dans l'armée active soit de cinq ans.

Le Corps législatif fixe à cinq ans la durée du service dans l'armée active.

M. le général Trochu demande que le service de la réserve soit de trois ans.

Le Corps législatif adopte le principe et en fortifie l'application en décidant que le service dans la réserve sera de quatre ans.

M. le général Trochu demande que le service légal des jeunes soldats ne compte plus du 1ᵉʳ janvier, mais seulement de l'époque réelle de leur incorporation.

Le Corps législatif décide que le service légal ne comptera plus que du 1ᵉʳ juillet au lieu du 1ᵉʳ janvier.

Ainsi toutes les mesures formulées par le général Trochu ont été converties en loi, fortifiées sur quelques points, affaiblies sur aucun.

On y ajouta la garde nationale mobile, à laquelle il n'avait point songé, et qui, si elle ne créait qu'une force insuffisante, n'ébranlait en rien l'organisation de l'armée active proposée par le général Trochu et devenue loi de l'État.

M. le général Trochu partageait alors l'opinion de M. Thiers, qui n'en a pas changé, qu'avec 550,000 hommes sur le pied de guerre, la France peut faire face à toutes les éventualités.

Par conséquent, M. le général Trochu se moque de nous lorsqu'il se vante d'avoir tout prévu.

Il n'a rien prévu du tout. La loi de 1868 est son œuvre ; et c'est parce que ses idées ont été adoptées que nous avons été battus.

Voilà pour l'organisateur militaire.

A demain l'homme politique.

MINOS.

Figaro du 27 janvier 1872.

LES COMPTES DU 4 SEPTEMBRE

III

LE GÉNÉRAL TROCHU (suite et fin).

La révolution est une fille bien éhontée, mais son cynisme, il en faut convenir, est dépassé par sa bêtise. Depuis quatre-vingts ans, elle déblatère contre les tyrans et leurs sicaires, contre la force brutale, contre les conquérants qui distillent le sang des peuples pour en faire de la gloire. Mais en réalité, elle a toujours besoin d'un général pour réussir ; tous les dix ans, ou plus souvent encore, elle cherche un général ; et de deux choses l'une : ou elle ne trouve pas de général, auquel cas elle reste soumise, muette et tremblante ; ou bien elle trouve un général, et le dit général, s'il n'est pas absolument une oie, s'empresse de prouver sa reconnaissance à la révolution en lui donnant de sa botte dans les reins et du plat de son sabre dans la figure.

Donc en 1870 la révolution, fidèle à sa marotte, cherchait un général et ne le trouvait pas. Il faut dire aussi que cette fois la rencontre était difficile. Barras le 9 thermidor, Bonaparte le 13 vendémiaire, Augereau le 18 fructidor, Cavaignac après le 24 février, combattaient pour leur parti ou pour leur propre ambition ; libres de tout engagement envers leurs adversaires, nul ne pouvait les accuser de duplicité ni de trahison. Après la déclaration de guerre de 1870, la situation était bien différente ; la gauche n'espérait pas réussir sans le concours d'un chef militaire ; mais elle ne disposait ni d'un Lamarque, ni d'un Cavaignac, ni même d'un Charras. D'ailleurs elle sentait qu'un général rouge, en supposant qu'il existât, n'entraînerait ni l'armée ni la population.

En un mot, c'est dans l'état-major impérial qu'elle devait, sous peine d'insuccès, recruter une épée.

Il lui fallait conquérir une complicité, qui fût à la fois une adhésion pour la République, une défection contre l'Empire.

Par quelles voies mystérieuses le choix de la gauche révolutionnaire, socialiste et athée, fut-il guidé vers M. le général Trochu, c'est-à-dire vers un des fauteurs du coup d'État du 2 décembre, impérialiste, conservateur et catholique ? je ne saurais le dire : l'instruction n'a pas éclairci ce point mystérieux. On ne peut qu'indiquer quelques faits.

J'ignore pourquoi M. le général Trochu, chargé du commandement de la division de Toulouse, se trouvait à Paris au commencement d'août, quand arrivèrent les douloureuses nouvelles de Wissembourg, de Reichsoffen et de Forbach. Le Corps législatif est convoqué le 7 août par l'Impératrice régente pour le surlendemain 9 août.

La session s'ouvre par un discours de M. Émile Ollivier, garde des sceaux, qui demande à la Chambre un concours unanime, et à qui la gauche répond en chœur : « Non, ja« mais ! jamais avec vous ! » Et la première proposition, qui soit faite pour sauver la patrie, est portée à la tribune par M. Célestin La Tour du Moulin, au nom du tiers parti. Elle est ainsi conçue : « Nous demandons que M. le général « Trochu soit chargé de former un ministère. » Signé : La Tour du Moulin, Carré-Kérizouet, d'Andelarre, de la Mon-neraye, de Dalmas, marquis de Grammont, Lefèvre-Pon-talis, Guiraud, Mangini, d'Yvoire, Keller.

Le lendemain de cette proposition, qui n'excita aucune attention dans le public, mais dont la gauche fit silencieu-sement son profit, le général Trochu écrivit à l'un de ses amis, sans doute le général Schmitz, ancien officier d'or-donnance de l'Empereur, une lettre destinée à passer sous les yeux de Napoléon III, et qui, en effet, fut lue au cercle des officiers généraux, au quartier impérial de Metz. Elle contenait un plan de campagne, et posait implicitement la candidature de son auteur, soit au ministère de la guerre, soit au gouvernement de Paris. Mais les combinaisons politiques ayant fait passer le portefeuille de la guerre aux mains du général comte de Palikao, celui-ci confia au général Trochu le commandement du 13ᵉ corps, qui s'organisait au camp de Châlons avec l'infanterie de marine, les régiments de mar-che et les mobiles de Paris.

Le général Trochu arriva de Paris au camp de Châlons le 16 août, en même temps que l'Empereur y arrivait de Metz. La conférence solennelle du lendemain 17 août est trop connue pour qu'il soit besoin de la raconter ici. Il suffit de rappeler que le général Trochu y reçut de l'Empereur le gouvernement de Paris, qu'il lui adressa ces paroles tex-tuelles : « Sire, dans la situation pleine de périls où est le pays, une révolution le précipiterait dans l'abîme; tout ce qui pourra être fait pour éviter une révolution, je le fe-rai... » et qu'il embrassa deux fois l'Empereur en protestant de sa fidélité.

Ce n'est pas sans perplexité que l'Empereur accédait au choix dicté par tout le conseil et par le prince Napoléon : il avait des doutes, non sur les talents du général Trochu, mais sur son caractère. Il s'en ouvrit au maréchal de Mac Mahon, et lui demanda ce qu'il pensait du général Trochu : « Sire, dit l'illustre maréchal, *je crois* que c'est un hon-nête homme. » Ce mot, qui répondait à la pensée secrète de l'Empereur, fit pencher la balance. Le général partit immédiatement pour Paris, où il devait arriver à une heure avancée de la soirée ; il était convenu que l'Empereur partirait un peu plus tard, mais en tous cas serait de retour aux Tuileries le lendemain matin et reprendrait immédiatement les rênes du gouvernement.

Voilà ce qu'était le général Trochu en quittant le camp de Châlons le 17 août au soir. On va voir ce qu'il était devenu en abordant l'Impératrice aux Tuileries à quelques heures de là.

L'Impératrice, en recevant, après minuit, le nouveau Gouverneur de Paris, ne lui cacha pas qu'elle désapprouvait le retour de l'Empereur, et qu'elle allait le supplier par le télégraphe de changer sa résolution. Elle était sous le coup des déclarations du ministre de l'intérieur et du préfet de police, qui prévoyaient des scènes de désordre si l'Empereur se séparait de l'armée. C'était aussi, dans le fond, la pensée du ministère Palikao, qui ne se croyait maître de la majorité qu'à la condition d'exercer la plénitude du pouvoir et d'annuler l'influence de l'Empereur.

Cette détermination créait une première difficulté. Le général Trochu était en possession d'une lettre où l'Empereur lui disait : « Dès mon arrivée à Paris, vous recevrez notifi- « cation du décret qui vous investit de vos fonctions. » Il réclama de la Régente, à défaut de l'Empereur, un décret qui consacrât immédiatement sa nomination.

L'Impératrice lui assigna tout naturellement le conseil qui devait se réunir le lendemain matin à dix heures. C'est ici que la situation commence à se dessiner sous son vrai jour.

« Madame, dit le général, je ne puis pas attendre jus- « qu'à demain ; je ne puis pas sortir des Tuileries sans em- « porter avec moi le décret qui me nomme Gouverneur de « Paris.

— « Mais, général, objecta l'Impératrice, je ne suis qu'une « Régente constitutionnelle, et je n'ai pas le droit de donner « ma signature sans qu'elle soit couverte par celle d'un mi- « nistre responsable.

— « Madame, répartit avec véhémence le général Trochu, « les plus grands malheurs peuvent résulter de votre refus. « J'ai donné l'ordre aux douze mille mobiles de la Seine de « quitter le camp de Châlons et de se diriger sur Paris par

« les voies rapides. Ils seront ici demain. Ils n'ont confiance
« qu'en moi. Si, à leur arrivée, ils ne trouvent pas placardé
« sur les murs le décret qui me nomme Gouverneur de Paris,
« ils se croiront trompés, et je ne saurais répondre des con-
« séquences. »

Devant ces menaces peu déguisées, l'Impératrice, malgré
sa fermeté d'âme, céda.

Un autre incident marqua cette sinistre entrevue.

Le général Trochu avait improvisé en chemin de fer la
proclamation qui devait ouvrir sur les murailles cette longue série de feuilletons militaires dont les Parisiens ont
tant ri quand ils n'en pleuraient pas.

Cette première aux Parisiens commençait ainsi : « De-
« vant les périls qui menacent le pays, l'Empereur m'a
« nommé Gouverneur de la capitale en état de siège, où je
« le précède de quelques heures. »

— « Il faut supprimer cela, dit l'Impératrice, puisque
« l'Empereur ne revient pas. »

— « C'est juste, » répondit le général Trochu.

La proclamation fut affichée dans la matinée. On remar-
qua qu'elle ne contenait pas le nom de l'Empereur. Les uns
s'en réjouirent, et portèrent le général aux nues ; les autres
s'en indignèrent. A ceux-ci le général Trochu répondait :
« J'avais nommé l'Empereur, mais l'Impératrice m'a fait
« supprimer le passage. »

La première proclamation du général Trochu aux Parisiens avait éveillé les espérances des révolutionnaires ; la
seconde les combla de joie. Elle était adressée aux gardes
mobiles de Paris, revenus au camp de Saint-Maur, et leur
disait : « Je vous ai fait revenir à Paris : c'était votre droit. »
Le général Trochu avertissait la Révolution que douze mille
prétoriens de l'émeute, déjà signalés par les scènes scandaleuses de Châlons, étaient campés sous les murs de la capitale. Les faubourgs tressaillirent ; et la gauche législative
comprit que l'heure allait sonner.

Il n'y avait pas à s'y méprendre : après les deux proclamations se place une lettre adressée au *Temps*, où le Gouverneur semble prendre l'engagement de ne pas réprimer

par la force les désordres de la rue. Le conseil des ministres
s'émeut : on lui demande quelle serait son attitude si des
manifestations hostiles se produisaient contre les Chambres.
Le général parle pendant deux heures, chaleureusement,
éloquemment ; mais il évite de s'engager. Enfin un ministre
lui pose cette question précise : « Si l'on menace d'envahir le Corps législatif, que ferez-vous ? » Le Gouverneur,
mis au pied du mur, s'en tira par ces seules paroles : « Je
défendrai l'ordre. »

Que se passait-il donc dans l'esprit du général Trochu ?
quelles espérances nourrissait-il ou favorisait-il ? La réponse à cette question se trouve dans les événements du
4 septembre.

Ce qu'il est permis d'affirmer, parce que le fait, tout immoral qu'il soit, est indéniable, c'est que des relations intimes s'étaient établies entre la gauche révolutionnaire, qui
méditait le renversement de l'Empire, et le chef militaire
chargé de défendre le gouvernement dont il avait sollicité
et surpris la confiance.

On a beaucoup répété la phrase célèbre : « Comptez sur
« moi, Madame ; je suis Breton, catholique et soldat. »
Mais on ne sait pas dans quelle circonstance elle fut prononcée. L'anecdote est curieuse, parce qu'elle appartient à
l'histoire et parce qu'elle révèle une nuance de caractère
assez abominable dans sa nouveauté : Basile dans la peau
de Ganelon.

Inutile d'ajouter que ce qui va suivre est d'une certitude
absolue. L'ancien conseil des ministres tout entier peut en
attester l'authenticité.

Un matin, M. le général Trochu apparut dans la salle du
conseil, avec l'attitude grave et étudiée d'un homme qui a
préparé son entrée ; par exemple, le messager infernal
chargé de la provocation du prince de Grenade : *A toi, Robert de Normandie !*

Il salua, passa son chapeau d'ordonnance sous son bras
gauche, et, s'étant profondément incliné devant l'Impératrice, il lui tint ce petit discours :

« Madame, si votre police est bien faite, elle a dû vous
« dire que les députés de la gauche ont tenu chez moi plu-
« sieurs réunions ces jours-ci. Mais que Votre Majesté n'en
« prenne point d'ombrage ; mon dévouement pour Elle est

« sans bornes et s'appuie sur une triple garantie : je suis
« Breton, catholique et soldat. »

Prévenir les soupçons par une feinte franchise, dénoncer
la gauche en cas d'insuccès, se garder à pique en même
temps qu'à carreau, et trahir tout le monde en se plaçant
sous le saint nom de celui qui fut vendu treize deniers par
Judas, tout cela en trois révérences et en quatre membres
de phrase : avouez que c'est un chef-d'œuvre.

Ceci nous amène au dénouement, c'est-à-dire aux journées
des 3 et 4 septembre.

Le soir du 3, le ministère venait d'apprendre la perte de
la bataille de Sedan et la captivité de l'Empereur. L'Impératrice envoya l'amiral Jurien de la Gravière pour prier le général Trochu de se rendre aux Tuileries. L'amiral arriva au
Louvre au moment où le gouverneur prononçait quelques
paroles devant une foule agitée qui demandait la déchéance.
Le Gouverneur fit répondre à l'Impératrice qu'étant rentré
trop tard d'une visite faite aux forts, il ne pouvait se rendre
présentement auprès d'elle, mais qu'il irait le lendemain.

Ce qu'il ne dit pas à l'amiral Jurien de la Gravière se répétait librement ailleurs. — « Notre affaire est faite, s'é-
« criait entre amis un futur membre du Gouvernement de la
« Défense nationale : nous sommes d'accord avec Trochu. »

Néanmoins, le lendemain matin 4 septembre, le général
se présente aux Tuileries. Il prévient l'Impératrice que
« l'heure des grands périls est venue »; mais il lui déclare
« qu'avant d'arriver jusqu'à elle », on passera sur son corps.

L'Impératrice fit remarquer que c'était surtout la Chambre qu'on menaçait, et qu'il était urgent de sauvegarder le
lieu de ses séances, plutôt que les Tuileries. Mais (ceci est à
noter pour l'historien), autant le général Trochu se montrait empressé et chaleureux pour ce qui regardait l'Impératrice, autant il parut peu explicite pour ce qui concernait
la défense de la Chambre.

On sait le reste : l'inaction du général Trochu contre les
émeutiers; la visite du général Lebreton, questeur de la
Chambre, au Louvre; l'effet qu'il obtient en faisant entre-
voir le pouvoir suprême au général Trochu, qui se décide à
monter à cheval; puis la rencontre du général et de Jules

Favre, qui détermine le Gouverneur de Paris à rebrousser chemin vers l'hôtel de ville.

Faut-il rappeler que le premier soin de l'intègre général fut de prendre à Jules Favre sa Présidence pour se l'appliquer à lui-même? C'était à prendre ou à laisser : Président, le général Trochu s'engageait à servir la République ; non Président, il devenait capable de sauver la Régence.

M. le général Trochu a raconté lui-même cette scène, à la fois farouche et ridicule, comme toutes les scènes à effet de la Révolution : « Affirmez-vous devant moi, demanda-t-il aux usurpateurs de la souveraineté nationale, Dieu, la famille et la propriété? »

Vous voyez cela d'ici ! Pour moi, je me figure que les choses durent se passer à peu près de la manière suivante : les assistants se regardèrent, comme des augures qui ont appris à ne jamais rire : puis, s'étant un instant consultés, chacun à part soi :

« Ma femme n'est pas là, dit M. Jules Simon. J'affirme sans hésiter le Dieu d'Abraham, d'Isaac et de Jacob. »

« Mes électeurs ne sont pas là? dit Rochefort. J'affirme la propriété. »

« Laluyé n'est pas là? dit M. Jules Favre. J'affirme la famille ! »

« Voilà l'unique garantie que j'ai prise », ajoute naïvement M. le général Trochu dans son discours à l'Assemblée ; « et là-dessus je me suis jeté à l'eau. »

On sait comment il a nagé.

Pendant ce temps, l'Impératrice, demeurée aux Tuileries avec quelques amis fidèles, refusait de partir, et à toutes les instances n'opposait que ces simples paroles :

« J'attends le général Trochu. »

Mais enfin, lorsque le palais fut menacé, l'Impératrice fit chercher l'homme qui s'était offert à mourir pour elle, sur son honneur de Breton, de catholique et de soldat. On vint apprendre à la Régente que le général Trochu était passé devant les Tuileries, mais sans y entrer, et qu'il siégeait à l'hôtel de ville, où la République était proclamée. Tout était fini : la trahison venait d'assurer le triomphe de l'émeute.

Je m'en tiens là. Le siège de Paris compléterait cette biographie; il n'y ajouterait pas un trait saillant.

L'homme est tout entier dans les faits qu'on vient de lire : faits attristants, écœurants, humiliants pour la nature humaine, et que j'ai recueillis directement de la bouche de témoins irréprochables et irrécusables.

L'arrêt, je ne le porterai pas moi-même. Il a été formulé en deux mots sanglants, que je me borne à transcrire.

La première sentence appartient à M. le général Changarnier :

« C'est Tartuffe coiffé du casque de Mangin! »

La seconde, moins pittoresque, n'est pas moins accablante; c'est le mot de M. le maréchal de Mac-Mahon devant la commission d'enquête :

« *Je le croyais* un honnête homme! »

MINOS.

———

Le général Trochu, quelques jours après la publication de ces deux articles dans le *Figaro*, adressa au Procureur de la République une plainte en diffamation et en outrage. Il rédigea lui-même cette plainte, et signala au Procureur de la République les passages qu'il voulait particulièrement poursuivre, en les accompagnant d'un commentaire destiné à le justifier de ces attaques diffamatoires.

Le Procureur de la République fit faire une instruction. M. Trochu ayant été attaqué en sa qualité de fonctionnaire public, l'affaire devait être renvoyée devant la Cour d'assises de la Seine. L'instruction terminée, la plainte fut renvoyée devant la chambre des mises en accusation, qui prononça le renvoi de MM. de Villemessant et Vitu devant la Cour d'assises par l'arrêt suivant : cet arrêt peut servir d'acte d'accusation; il précise ceux des passages desdits articles qui sont incriminés et sur lesquels devra porter le verdict du jury.

L'acte de renvoi est ainsi conçu :

Arrêt de la Cour des mises en accusation, qui renvoie MM. de Villemessant et Auguste Vitu devant la Cour d'assises de la Seine. 8 mars 1872.

La Cour, réunie en la chambre du Conseil, M. Thévenard,

substitut de M. le Procureur général, est entré et a fait le rapport du procès instruit contre :

1° Hippolyte de Launay de Villemessant ;

2° Auguste-Charles Vitu,

dont le premier, demeurant à Paris, rue Rossini, n° 3 ; le second, demeurant à Paris, avenue de Wagram, 36.

Le greffier a donné lecture des pièces du procès, qui ont été laissées sur le bureau. Le substitut a déposé sur le bureau son réquisitoire écrit, signé de lui, daté du 5 mars présent mois et terminé par les conclusions suivantes :

Requiert qu'il plaise à la Cour prononcer la mise en prévention desdits sieurs de Villemessant et Vitu et les renvoyer devant la Cour d'assises du département de la Seine, pour y être jugés suivant la loi.

Le substitut s'est retiré ainsi que le greffier.

Il résulte de l'instruction les faits suivants :

Le sieur de Launay de Villemessant a publié dans le journal le *Figaro*, dont il est le propriétaire-gérant, dans les numéros portant les dates des 23 et 27 janvier, des articles ayant pour titres : *Les comptes du 4 septembre. Le général Trochu*, signés Minos. Le premier commence par ces mots : « 19 janvier 1872! anniversaire d'un jour de deuil », et finit par ceux-ci : « A demain, l'homme politique. » Le second commence par ces mots : « La révolution est une fille éhontée... » et finit par ceux-ci : « Je le croyais un honnête homme. »

Le général Trochu a reconnu que ces articles contenaient, contre lui, à l'occasion des fonctions publiques et des commandements qu'il a exercés au cours de sa carrière militaire, des imputations diffamatoires et des outrages ; il a porté une plainte en date du 28 février 1872 contre Auguste Vitu, qui s'est reconnu l'auteur des articles, et contre de Launay de Villemessant, propriétaire-gérant du *Figaro*. Il a articulé et qualifié les faits diffamatoires.

Vitu, interrogé, a déclaré n'avoir jugé le général Trochu que comme homme politique, ne pas avoir dépassé ses droits, et s'est réservé de fournir la preuve des faits énoncés.

Villemessant a reconnu qu'il avait été prévenu de la publication de ces articles, qu'il savait que depuis un mois Vitu réunissait les pièces nécessaires pour les écrire, parce que, dit-il, « il tenait à ce qu'il ne les écrivît qu'avec les pièces à l'appui, en comprenant toute l'importance. »

Le 3 mars 1872, le juge d'instruction du tribunal de la Seine a ordonné la transmission des pièces au Procureur général.

La Cour, après en avoir délibéré :

Considérant que des pièces et de l'instruction résultent des charges suffisantes contre :

1° Hippolyte de Launay de Villemessant ;

2° Auguste-Charles Vitu ;

Contre de Launay de Villemessant :

1° D'avoir, à Paris, en 1872, en publiant dans le journal *le Figaro* dont il est le propriétaire-gérant et dans les numéros portant les dates des 23 et 27 janvier, lesquels ont été vendus et distribués, mis en vente ou exposés dans des lieux publics, deux articles sous la rubrique : « Les comptes du 4 septembre », et sous le titre : « Le général Trochu », le premier article commençant par ces mots : « 19 janvier 1872 ! anniversaire d'un jour de deuil... » et finissant par ceux-ci : « A demain l'homme politique. — Et le second commençant par ces mots : « La révolution est une fille éhontée... » et finissant par ceux-ci : « Je le croyais un honnête homme », commis le délit de diffamation envers le général Trochu, dépositaire de l'autorité publique, pour des actes relatifs à ses fonctions, en lui imputant des faits de nature à porter atteinte à son honneur et à sa considération ;

Lesquels faits résultent notamment des passages suivants des écrits susvisés :

I. — (Numéro du 23 janvier) : « 19 janvier 1872 ! anniversaire d'un jour de deuil, où le sang le plus pur coula dans une entreprise ténébreuse que la conscience publique a flétri du nom d'assassinat !

« Le Gouverneur de Paris ne capitulera pas, avait dit le général Trochu, dans une proclamation solennelle, et cependant il savait qu'avant dix jours, il aurait rendu la ville, les forts, les fusils, les canons de l'armée, payé deux cents millions de contribution de guerre et signé, avec les préliminaires de la paix, l'abandon implicite de l'Alsace et de la Lorraine...

« Le Gouverneur de Paris, qui avait juré de ne pas capituler, pouvait imiter ce suicide héroïque et captieux ; il donna simplement sa démission et ne coucha dans le linceul que son honneur militaire.

« Nos pauvres morts du dix-neuf janvier en furent pour leurs frais. »

II. — (Même numéro) : « Voilà donc, pensais-je, où nous en sommes ! En ce pays on peut arriver au pouvoir par l'intrigue, la trahison ou l'émeute, saisir son pays au collet comme une proie, lui extorquer sa confiance, son sang, son or, puis le rejeter pantelant, courbé dans la misère et dans la honte, et se frotter les mains, et se glorifier, et monter au Capitole en jurant qu'on avait sauvé la patrie, et rire encore, comme si le châtiment n'était ni de ce monde ni de l'autre. »

III. — (Même numéro) : « ..... On se souvient seulement qu'en 1851, aide de camp du général de Saint-Arnaud, ministre de la guerre, il avait été l'un des collaborateurs en sous-ordre du coup d'État du 2 décembre.

« ..... Ces attributions mirent dans les mains du lieutenant-colonel Trochu l'exécution des décisions rendues par les commissions mixtes, et les souvenirs contemporains affirment qu'il n'entrait pas alors dans ses sentiments d'en tempérer la rigueur, au contraire ! »

IV. — (Numéro du 27 janvier) : « Le général Trochu arriva de Paris au camp de Châlons le 16 août, en même temps que l'Empereur y arrivait de Metz. La conférence solennelle du lendemain 16 août est trop connue pour qu'il soit besoin de la raconter ici. Il suffit de rappeler que le général Trochu y reçut de l'Empereur le gouvernement de Paris, qu'il lui adressa ces paroles textuelles : « Sire, dans « la situation pleine de périls où est le pays, une révolution « le précipiterait dans l'abîme ; tout ce qui pourra être fait « pour éviter une révolution, je le ferai... » et qu'il embrassa deux fois l'Empereur en protestant de sa fidélité.

« ..... Il réclama de la Régente, à défaut de l'Empereur, un décret qui consacrât immédiatement sa nomination. « Mais, général, objecta l'Impératrice, je ne suis qu'une « Régente constitutionnelle, et je n'ai pas le droit de donner « ma signature sans qu'elle soit couverte par celle d'un « ministre responsable. — Madame, repartit avec véhé- « mence le général Trochu, les plus grands malheurs peu- « vent résulter de votre refus. J'ai donné ordre aux 12,000 « mobiles de la Seine de quitter le camp de Châlons et de « se diriger sur Paris par les voies rapides ; ils seront ici

23

« demain. Ils n'ont confiance qu'en moi. Si, à leur arrivée,
« ils ne trouvent pas placardé sur les murs le décret qui me
« nomme Gouverneur de Paris, ils se croiront trompés, et je
« ne saurais répondre des conséquences. »

« Devant ces menaces peu déguisées, l'Impératrice, malgré
sa fermeté d'âme, céda. »

V. — (Même numéro) : « Le général Trochu avertissait la
révolution que douze mille prétoriens de l'émeute, déjà
signalés par les troubles scandaleux de Châlons, étaient
campés sous les murs de la capitale. Les faubourgs tressaillirent et la gauche législative comprit que l'heure allait
sonner.

« ..... Ce qu'il est permis d'affirmer, parce que le fait,
tout immoral qu'il soit, est indéniable, c'est que des relations intimes s'étaient établies entre la gauche révolutionnaire qui méditait le renversement de l'Empire, et le chef
militaire chargé de défendre le gouvernement dont il avait
sollicité et surpris la confiance.

VI. — (Même numéro) : « Il salua et s'étant profondément
incliné devant l'Impératrice, il lui tint ce petit discours :
« Madame, si votre police est bien faite, elle a dû vous dire
« que les députés de la gauche ont tenu chez moi plusieurs
« réunions ces jours-ci. Que Votre Majesté n'en prenne pas
« ombrage, mon dévouement est sans bornes et s'appuie
« sur une triple garantie : Je suis Breton, catholique et
« soldat. »

« ..... Prévenir les soupçons par une feinte franchise,
dénoncer la gauche en cas d'insuccès, se garder à pique en
même temps qu'à carreau, et trahir tout le monde en se
plaçant sous le saint nom de celui qui fut vendu trente
deniers par Judas, tout cela en trois révérences et en quatre
membres de phrase : avouez que c'est un chef-d'œuvre ! »

VII. — (Même numéro) : « L'Impératrice fit remarquer
que c'était surtout la Chambre qu'on menaçait et qu'il était
urgent de sauvegarder le lieu de ses séances plutôt que
les Tuileries. Mais (ceci est à noter pour l'histoire), autant
le général Trochu se montrait empressé et chaleureux pour
ce qui regardait l'Impératrice, autant il parut peu explicite
pour ce qui concernait la défense de la Chambre.

« Faut-il rappeler que le premier soin de l'intègre général
fut de prendre à Jules Favre sa Présidence pour se l'appli-

quer à lui-même? C'était à prendre ou à laisser. Président, le général s'engageait à servir la République ; non Président, il devenait capable de sauver la Régence.

« Mais enfin, lorsque le palais fut menacé, l'Impératrice fit chercher l'homme qui s'était offert à mourir pour elle sur son honneur de Breton, de catholique, de soldat. On vint apprendre à la Régente que le général Trochu avait passé devant les Tuileries mais sans y entrer, et qu'il siégeait à l'hôtel de ville où la République était proclamée. Tout était fini ; la trahison venait d'assurer le triomphe de l'émeute. »

2° D'avoir au même lieu et à la même époque, par la publication des écrits sus-relatés, lesquels ont été vendus et distribués, mis en vente ou exposés dans des lieux publics, commis le délit d'outrage envers le général Trochu, dépositaire de l'autorité publique, à raison de ses fonctions et de sa qualité, notamment dans les passages suivants desdits écrits :

(Numéro du 23 janvier) : « Je reconnus à l'instant même le personnage que j'avais vu de près à Londres, dans le musée de cire de madame Tussaud, entre *Dumolard* et *Tropmann:* c'était M. le général Trochu. »

(Numéro du 27 janvier) : « La première sentence appartient à M. le général Changarnier : c'est *Tartuffe coiffé du casque de Mangin.* »

(Même numéro) : « C'est le mot de M. le maréchal de Mac-Mahon devant le commissaire d'enquête : *Je le croyais un honnête homme.* »

Contre Vitu :

- De s'être, au même lieu et à la même époque, rendu complice des délits ci-dessus qualifiés, en fournissant à de Villemessant les articles dont s'agit, pour être publiés et en l'aidant et assistant avec connaissance, dans les faits qui constituent la diffamation et l'outrage envers le général Trochu :

Délits prévus par les articles 1ᵉʳ, 13 et 16 de la loi du 17 mai 1819; 6 de la loi du 25 mars 1822; 1ᵉʳ et 3 de la loi du 15 avril 1871 ; 59 et 60 du Code pénal;

Ordonne la mise en prévention desdits de Launay de Villemessant et Vitu, et les renvoie devant la Cour d'assises du département de la Seine, pour y être jugés;

Ordonne que le présent arrêt sera exécuté à la diligence du Procureur général.

Fait au palais de justice le 8 mars 1872, en la Chambre du conseil où siégeaient : M. Falconnet, président; MM. de Faget-Baure, Fleury, Cassemiche, David, Perrot, conseillers composant la chambre des mises en accusation et qui ont signé le présent arrêt avec M. Gorgeu, greffier.

Signé : Falconnet, Faget de Baure, Fleury,
Cassemiche, David, Perrot, Gorgeu.

Après la lecture de ces différentes pièces, le Président interrogea MM. de Villemessant et Vitu.

M. le général Trochu, invité ensuite à donner à MM. les jurés les raisons de ses poursuites, expliqua qu'il demandait une condamnation parce que les deux articles du *Figaro* ne s'attaquaient pas seulement à ses actes de fonctionnaire public et de général en chef, mais qu'ils attaquaient surtout son caractère et son honneur.

Après l'audition des témoins de MM. de Villemessant et Vitu et de ceux de M. Trochu, Me Allou prit la parole pour soutenir la demande de M. Trochu. Il s'efforça dans sa belle plaidoirie de disculper le général et d'expliquer sa conduite dans les différentes fonctions qu'il a remplies.

L'Avocat général Merveilleux-Duvignau succéda à Me Allou, pour prononcer son réquisitoire et soutenir l'accusation.

Me Grandperret, défenseur de M. Vitu, répondit aux deux adversaires de son client; il le fit avec fermeté, avec dignité et dans un magnifique langage.

Le général Trochu ne voulut pas rester sous le coup de cette éloquente plaidoirie, et il fit un long discours pour expliquer aux jurés quel homme il était et quelle avait été la raison de sa conduite.

Me Lachaud prit la parole le dernier et, résumant l'affaire, il répondit au général Trochu, à son avocat et au ministère public.

PLAIDOIRIE DE Mᵉ LACHAUD

Messieurs,

Je viens répondre à M. le général Trochu, et je veux le faire avec calme et mesure. Je laisserai de côté certaines provocations ardentes que vous avez entendues hier. M. le général Trochu défend son honneur, il a des privilèges qui n'appartiennent qu'à lui. Les faits dominent les paroles ; lorsque j'aurai résumé une fois de plus ce procès, les preuves que nous vous devons seront faites, je l'espère ; et les grands et éloquents discours, prononcés dans cette enceinte, n'empêcheront pas la justice de faire son œuvre et de prononcer l'arrêt que nous attendons.

En assistant à ces débats je me disais qu'il y avait des expiations inévitables. Dieu le veut ainsi. Lorsqu'elles tardent à venir, ceux, qui doivent les subir, semblent entraînés par un égarement fatal à se précipiter eux-mêmes au-devant du jugement qui leur est réservé. N'est-ce pas ici un des plus grands exemples qui puisse en être donné ? M. le général Trochu avait des comptes à rendre à l'histoire ; mais l'histoire est quelquefois lente à se faire, et il a voulu que les faits de cette période de sa vie fussent solennellement enregistrés et fixés ; il l'a voulu : qu'il soit satisfait. L'heure est venue où toute la vérité va s'inscrire irrévocablement dans le livre de la postérité.

L'histoire est faite, et ces grands débats la donneront saisissante à la postérité.

Après la plaidoirie si magnifique de mon honorable confrère Mᵉ Grandperret ; après la démonstration si vigoureuse, si nette, si précise qu'il nous a fait entendre

hier, j'ai bien peu de choses à dire ; et quant à moi,
à cette heure du débat, je cherche plutôt à faire un
résumé qu'une plaidoirie.

Mais d'abord, Messieurs, qu'il me soit permis de répondre à M. l'Avocat général, et de m'étonner d'une
observation qui s'est produite dans ses deux discours.
Est-elle juste ? vous allez en juger.

Nous faisons, dit-on, l'opinion ; nous arrivons jusque dans cette enceinte entourés de ces excitations
fâcheuses, qui peuvent troubler vos consciences, et
l'honorable organe du ministère public gémit presque
de cette situation qui est faite à votre impartialité. Pourquoi ces paroles, Monsieur l'Avocat général? Mais vous
ne lisez donc que les journaux favorables à la défense
de notre adversaire, vous ne lisez donc pas ceux qui
nous accablent et nous outragent? Oui, vous avez
raison : ce procès est un procès d'opinion. Oui, les
plaies sont encore saignantes, et l'on ne peut pas devant de semblables souvenirs rester calme.

Dans cette lutte d'opinion, vous le savez et vous devez
le savoir, chacun a ses journaux. Ah ! nous faisons
l'opinion contre M. le général Trochu! écoutez donc
comment on fait l'opinion contre nous. Un journal nous
a injuriés, diffamés de la façon la plus odieuse ; il a
accompagné des épithètes les plus grossières les noms
des honorables témoins que nous avons appelés ici.
Je ne citerai qu'une seule phrase d'un journal que je
ne veux pas nommer.

« J'écoutais, dit ce journal, avec bonheur, avec vo-
« lupté ! je savourais leurs paroles. Que peuvent-ils bien
« dire pour leur défense, ces misérables auteurs de
« nos calamités et de toutes nos hontes ? »

Et l'article se continue sur le même ton ; je n'en lis
pas davantage. Un autre journal, que je ne confonds
pas avec celui-ci, un journal honnête, rédigé par des
écrivains honorables, mais que les passions politiques
égarent en ce moment, n'attaque pas seulement les

prévenus, il attaque aussi les défenseurs ; et alors que
nos journaux répètent avec nous que M° Allou est un
des beaux caractères, et un des plus admirables talents
de ce temps-ci, écoutez comment ce journal honnête
traite les défenseurs de ceux qui sont poursuivis : mes
deux confrères sont des comparses, illustres comparses
vous le savez ! Ils sont sans talent, et quant à l'avocat,
Messieurs, qui a l'honneur de parler devant vous en ce
moment, voici ce qu'on en dit :

« Comme il va s'emparer des douze jurés ! Au fond
« M° Lachaud méprise profondément ces braves gens.
« Il les a trompés tant de fois ! Mais il est plein pour
« eux de déférence apparente. »

Voilà ce qu'on écrit, Monsieur l'Avocat général, et il
est bien regrettable que vous ne le lisiez pas.

Pour moi, est-ce que je suis atteint par de pareilles
attaques ? Est-ce que, Messieurs les jurés, vous ne dédaignez pas, comme moi, l'injure qui nous est faite ?
Passons ! Cependant qu'il reste établi, s'il vous plaît,
que dans cette lutte toutes les opinions s'agitent. Vous
n'avez pas le droit de dire que ce sont nos amis et nous,
qui seuls cherchons à troubler la justice du jury. Il faut
rentrer dans la vérité, et la vérité vous la connaissez.

Ceci dit, arrivons au procès.

Je plaide pour le *Figaro*, pour M. de Villemessant,
qui est ici, parce que sa loyauté ne lui a pas permis de
ne pas y être. Mon honorable contradicteur, M° Allou,
n'aurait pas mieux demandé que d'écarter M. de Villemessant de ces débats. Il était à Nice au moment où
l'article a paru ; il n'avait qu'un mot à dire : ces articles, je ne les ai pas connus ; j'en suis responsable légalement, mais je n'ai pas su qu'on imprimait pareilles
choses dans mon journal. La prévention s'arrêtait devant lui. Il n'a pas cru devoir dire ce mot. C'était un
mensonge, il n'a pas voulu le faire ; et, si on attaque
souvent M. de Villemessant, je ne sache pas que jamais
sa loyauté ait pu être suspectée.

*(Quelques rumeurs s'élèvent en ce moment, au fond de
la salle, dans la partie où se trouve le public debout.)
M. le Président réclame le silence et Me Lachaud s'é-
crie :*

Monsieur le Président, je vous demande, je vous conjure
de laisser tous les murmures se produire. Je suis dans le
sanctuaire de la justice ; et, s'il en est qui l'oublient, tant
pis pour eux. Quant à moi, je ferai mon devoir ; et, si
l'on changeait la nature de cette enceinte, j'ai aussi
l'habitude des foules, et, quand je fais mon devoir, je
ne crains personne.

M. de Villemessant n'avait donc qu'un mot à dire
pour décliner la responsabilité de ces articles ; il n'a pas
voulu le dire, parce que cela eût été un mensonge, et il
vous a raconté la vérité. Un homme considérable dans
la presse, M. Vitu, dont vous n'atteindrez pas, croyez-
le bien, la moralité, parce qu'il a perdu un petit procès
civil dans une revendication de meubles. Passons, une
misère !...

M. Vitu dit à M. de Villemessant qu'il voulait faire une
étude sur M. le général Trochu. C'était son droit. Quand
on monte au pouvoir, il faut en accepter les conséquences. M. de Villemessant a répondu à M. Vitu : « Faites
votre article ; prenez le temps ; ayez des preuves ; arrivez
avec des justifications qu'un galant homme doit apporter
dans de semblables récits, et j'imprimerai. » M. Vitu a
fait son œuvre. Vous avez déjà pu apprécier, Messieurs,
si c'est là une œuvre de calomnie ; vous l'apprécierez
bien mieux encore, tout à l'heure, quand nous discute-
rons le discours de M. Trochu, qui s'est si souvent écarté
de l'affaire. Les articles ont été imprimés, et M. de Villemessant n'a pas voulu se séparer de M. Vitu ; il l'a
dit avec courage et avec dignité : car il reste toujours
attaché à ceux qui écrivent dans son journal.

Il y a une parole que M. l'Avocat général a produite
au débat et qui m'a étonné.

Oui, M. de Villemessant a été souvent condamné, mais

il l'a toujours été pour le compte des autres ; est-ce que jamais un article écrit par lui a été poursuivi ?

M. l'Avocat général a jeté un grand mot dans le débat ; et ce mot, M. le général Trochu l'a reproduit hier : « Outrage à la morale publique. » Oh ! vous savez bien que c'est un article d'un autre, imprimé sans que M. de Villemessant l'ait lu ! Il a été responsable devant la loi, voilà tout. Ah ! Messieurs, quand on vous a parlé des condamnations de M. de Villemessant pour des délits de presse, on aurait dû se rappeler que, lui, il ne fait pas comme beaucoup d'autres, et qu'il n'a pas la prudence de prendre des gérants postiches, qu'on paie pour la police correctionnelle ou pour la Cour d'assises.

Quand son journal est attaqué, il est au premier rang ; il couvre sa marchandise ! Messieurs, c'est un exemple de courage et d'honneur, qui en vaut bien un autre. Ne parlons donc pas de ces condamnations qui n'ont rien à faire au débat ; et laissez-moi vous dire, mon cher confrère Allou, que lorsqu'il y a deux jours, admirant votre plaidoirie, je vous entendais faire ces petites critiques du *Figaro*, ces petites malices trop au-dessous de vous, je me disais que véritablement le moment était mal choisi, et vous me rappeliez ces débats dans lesquels une actrice de petit théâtre, qu'on trouve laide et sans talent, se donne le plaisir de faire calomnier un peu le *Figaro*.

Messieurs, restons dans la cause ; nous sommes engagés dans un grand procès qu'il nous faut plaider et il faut le plaider comme il convient de le faire. C'est un procès qu'on intente au *Figaro*. Il est courageux, le *Figaro :* il défend l'ordre ; il est en butte à beaucoup d'attaques, et son immense succès, Messieurs, est la cause de toutes ces excitations qui se font contre lui. Est-ce que vous avez trouvé un journal plus brave dans les mauvais jours ? Est-ce que M. de Villemessant ne joue pas sans cesse la fortune de son journal, et même le sort de sa personne ? Est-ce que vous ne savez pas qu'on l'outrage chaque fois que la démagogie peut prendre librement ses ébats ? Vous le savez ; eh bien ! alors il faut lui rendre ce témoignage. Des journaux comme celui-là, ils amusent peut-être, mais ils rendent incontestablement des services.

M. l'Avocat général vous disait qu'il avait créé une génération à son image ; eh bien ! Messieurs, il enseigne à cette génération la bravoure, le patriotisme, la charité. Dites-moi s'il y a un journal au monde, qui se soit, plus que lui, intéressé aux malheurs sociaux, s'il y a une infortune privée ou publique qui lui ait vainement tendu la main, ou pour mieux dire, au-devant de laquelle il ne soit pas allé pour la secourir généreusement et délicatement. Voilà ce qu'est le *Figaro*. Vous l'avez dit, M. de Villemessant, dans ces débats, n'a pas perdu sa considération, et croyez qu'aujourd'hui il ne la perdra pas davantage. Voilà tout ce que j'avais à vous dire du *Figaro*, et je n'en aurais pas parlé si on n'avait pas rendu ces explications nécessaires.

Et maintenant, au procès, rien qu'au procès, à la véritable affaire ! Que M. Trochu se rassure, nous n'allons pas plaider le procès de l'Empire, mais le sien. Non, tout le talent dépensé pour défendre sa cause ne fera pas illusion. Ah ! je sais qu'il est commode de laisser croire ici que l'Empire seul est en jeu. On a armé de ce côté tous les ennemis de l'Empire. Eh bien ! non, il n'y a pas d'Empire ici, il n'y a pas de politique ; il y a un procès, qui s'adresse à un acte d'honnêteté et d'humanité, pas autre chose.

Je ne sais pas, Messieurs, quelles sont vos opinions politiques et je ne m'en inquiète pas. Je sais que vous êtes d'honnêtes gens, je sais que vous respectez fidèlement une promesse que vous faites ; je sais que vous êtes ménagers du sang de vos concitoyens. Cela me suffit. Le procès est là, on n'en changera pas la nature.

Ah ! qu'on dise que les témoins, appelés à la requête des prévenus, ont été de grands fonctionnaires de l'an-

cien gouvernement, peu importe; vous pouvez même
dire qu'ils sont les plus importants personnages du parti
bonapartiste : cela ne fera pas faire un pas à la cause.
M. de Villemessant, lui, n'est pas bonapartiste; il n'a
pas appartenu à l'Empire, et quant à son défenseur, en-
tendez-le bien, il a dans le cœur des souvenirs; il
n'oublie pas la bienveillance dont on l'honore; mais
quand il a ainsi payé le tribut de gratitude qu'on doit
surtout au malheur, il peut se redresser pour dire que,
quant à lui, il n'a appartenu à personne, il ne doit rien
à l'Empire, ni à aucun gouvernement. C'est son indépendance qu'il affirme, et c'est son indépendance qui
plaidera avec lui.

Maintenant, Messieurs, il faut écarter du procès tout
ce que M. le général Trochu y a placé hier et qui n'est
pas la cause. Il a présenté la défense de M. le général
Schmitz; mais qui donc l'attaque? Est-ce que nous ne
savons pas tous qu'il est un brave et loyal militaire?
Au milieu de l'agitation publique de Paris, le général
nous apprend que des soupçons indignes et absurdes
se sont élevés contre le général Schmitz. Qui donc en
a gardé le souvenir? Laissons cela, ce n'est pas le
procès du général Schmitz que nous plaidons en ce
moment, pas plus que celui de tous les généraux malheureux dont le général Trochu a cru devoir nous
entretenir hier : le général Dupont, le général Van-
damme, d'autres même qui ont été accusés, calomniés.
Qu'est-ce que cela me fait? Ce n'est pas mon procès!

Je vais le fixer, ce procès; et MM. les jurés ver-
ront que nous entrons là dans le véritable objet du
débat. Il y a deux articles, deux articles ardents. On
n'écrit pas ces choses-là sans que la main tremble,
sans que l'esprit soit ému; et, quand je parle de l'esprit,
Messieurs, je me trompe, c'est le cœur surtout qui
bouillonne à de semblables souvenirs. Voici les points
sur lesquels il faut soutenir la discussion et je les fixe :
l'attitude de M. le général Trochu au 2 décembre; la

fidélité de M. le général Trochu à l'Impératrice et au Corps législatif; les motifs qui l'ont déterminé à engager la bataille de Buzenval, et quelques-uns de ces mots relevés principalement par M. l'Avocat général, qui les a appelés des outrages.

Voilà le débat! il est là. De la guerre de 1870, dont on vous a entretenus longuement hier, je ne dirai pas un mot. Est-ce que c'est là mon procès! C'est un grand malheur pour la France. Qui, dans l'histoire, en portera la responsabilité? Nous tous sans exception, sans exception! Le gouvernement a fait des fautes, l'opposition a fait des fautes, et la France, dans son impatience de vaincre, a poussé le gouvernement à cette fatale guerre. (*Rumeurs.*)

Est-ce que vous avez oublié, Messieurs, ces transports d'allégresse à la pensée des batailles, qui allaient s'engager? Est-ce que vous avez oublié ce peuple tout entier aveuglé, criant: *A Berlin! à Berlin!* et ces passions, que rien au monde ne pouvait contenir?

Voilà peut-être ce que dira l'histoire, mais ce n'est pas le débat. Je n'ai pas à insister; la cause, je le répète, n'est pas une cause politique; c'est une cause d'honnêteté, elle est là!

Le moment n'est-il pas venu de nous occuper de la conduite de M. le général Trochu à l'époque du 2 décembre; de la vie militaire du général; de ses relations avec l'Empire.....? Est-ce que vous croyez que je suis embarrassé pour rendre hommage à la carrière militaire de M. Trochu? Il a été un soldat brillant; il a été un officier de premier ordre; qui dit le contraire? Ce procès a donné à son éminent avocat l'occasion de tresser à M. le général Trochu des couronnes qu'il peut mériter. Peu nous importe. Je passe à côté de ces souvenirs de la vie intime du général et je les respecte, comme je sais respecter tout ce qui est honorable. Mais est-ce que c'est le débat? Est-ce qu'il s'agit de savoir si M. Trochu a été un vaillant militaire, si son intelligence et son courage étaient supérieurs à l'intelligence et au courage des autres officiers?

M. Trochu se plaint de ce qu'on a assuré que, vers le 2 décembre, il avait prêté au gouvernement un concours qu'il lui a refusé. Mais voici les faits : Le 2 décembre vous avez résisté, oui, peut-être; mais quelques jours après, non, assurément! Est-ce que vous croyez que le coup d'État s'est fait en un jour? Est-ce que vous pensez qu'il y a là seulement quelques heures qu'il faut examiner? Ah! ce n'est pas à vous, Messieurs, qu'il faut dire de semblables choses; car tous les gens de bon sens m'arrêteraient et constateraient mon erreur. Eh bien! qu'a-t-on dit? On a dit que M. le général Trochu s'était rallié bien vite à ce gouvernement nouveau. On a dit que ses résistances avaient cédé bien vite et que s'il avait protesté, il n'avait pas tardé à profiter du coup d'État. Est-ce vrai? Est-ce que les dates ne sont pas là? Et à qui donc espère-t-on faire illusion? Le 2 décembre, M. Trochu proteste; il a le courage et il a bien fait de mettre sur un registre de vote : *non*, si c'était sa conviction. Mais le 5 janvier, il a un poste de confiance chez le maréchal de Saint-Arnaud : il est sous-directeur du personnel. Quelle est donc cette fonction, je vous le demande. Dans les débats, Messieurs, on a fait venir un témoin, qui a dit que M. Trochu avait accepté cette situation par ordre. Par ordre, une situation administrative! par ordre, une situation de confiance! par ordre, la direction morale et matérielle de tous les officiers de l'armée française! Allons donc! Oui, l'officier français doit obéissance à son supérieur. Par ordre, il prend garnison dans telle ville; par ordre, il combat; par ordre, il obéit; par ordre, il est un brave et loyal militaire; mais par ordre, il n'est jamais le confident d'un ministre, qui a fait le coup d'État le 2 décembre, quand il est si hostile à ce coup d'État.

Et puis, quels sont donc, Messieurs, les avancements, pour ne pas dire les faveurs, que M. le général Trochu a obtenus? Est-ce que je m'en plains? Est-ce que je ne les trouve pas mérités? Est-ce que je dis que l'Empire a eu tort de donner à M. Trochu l'avancement le plus rapide, qui ait été vu parmi tous les officiers de l'armée? Est-ce que je m'étonne que l'Empire l'ait fait Grand Officier de la Légion d'honneur, lui, le plus jeune des membres de cet ordre? Je ne m'étonne pas, général; vous l'aviez mérité. Je ne veux constater qu'une chose : c'est que l'Empire a été juste pour vous ; c'est que vous n'avez pas été un martyr, et que des martyrs comme vous auraient eu une de ces situations douloureuses que tout le monde leur envierait. Eh bien! sur ce premier point, voilà tout ce qu'il y a à dire. Vous pouviez avoir plus encore. Vous avez refusé de faire l'expédition de Chine. Ah! je crois que vous avez bien fait, car votre successeur y a été admirable, et a montré ce qu'il valait à tous les points de vue. Est-ce donc le procès? Vous n'avez pas voulu être ministre sans doute encore. J'ai dit qu'après le coup d'État du 2 décembre, vous vous étiez associé à l'Empire ; j'ai dit que l'Empire avait eu pour vous toute la justice que vous méritiez ; j'ai dit qu'il ne fallait pas qu'on pût croire que vous aviez été traité comme un de ces soldats qu'on oublie. Et tout cela, Messieurs, est parfaitement vrai. Eh bien! alors, est-ce que la première question n'est pas résolue? Non! Est-ce que vous croyez que je vais parler des commissions mixtes? Est-ce que cela regarde mon procès?

Je ne dirai qu'une chose : les commissions mixtes ont été établies le 25 janvier; le décret, qui les constituait, est signé par le ministre de la guerre, et depuis le 5 janvier, c'est-à-dire depuis vingt jours, vous étiez à côté de lui, son confident et directeur du personnel. La preuve sur ce premier point! Mais ces faits n'appartiennent-ils pas à la discussion? Croyez-vous donc que les officiers, — qu'ils soient royalistes, bonapartistes ou républicains, il y en a d'honnêtes et de glorieux dans toutes les opinions, — ne peuvent pas les dire et les discuter comme je le fais, sans passion ? Arrivons à Châlons, voyons ce qui s'y passe.

A Châlons, M. Trochu est nommé Gouverneur de Paris par l'Empereur. Comment ? dans quelles circonstances ? par quelle influence ? Qu'est-ce que cela nous fait ! Cela est indifférent. Je ne retiens qu'une chose : c'est que nommé Gouverneur, on a donné à M. Trochu la plénitude du pouvoir qu'il pouvait désirer. Il est revenu à Paris avec une lettre de service, qui mettait à sa disposition toute l'armée de Paris. Il a voulu ramener les mobiles avec lui ; l'Empereur a consenti à ce qu'il les ramenât.

Ici, Messieurs, il faut nous entendre. Hier, M. le général Trochu faisait de ces braves et jeunes soldats un éloge, qui était bien mérité. Est-ce que, par hasard, M. Trochu suppose que, seul, il a de l'admiration pour ces jeunes héros ? Nous aussi, nous pleurons ces braves enfants. Nous aussi, nous étions émus lorsque vous parliez de ce vaillant et malheureux commandant Baroche. Ah ! vous aviez raison d'en parler. Il y avait là un oubli, qui était involontaire... Vous l'avez dit et je vous crois, car une omission volontaire eût été une impiété infâme dont vous êtes incapable. Nous aimions donc les mobiles comme vous les aimiez, mais nous en parlons parce que peut-être, au point de vue de la discipline, il y avait quelque inconvénient à les faire revenir à Paris. Sur la question de leur retour, il n'y a pas de doute ; quand on a avec soi la déclaration du maréchal de Mac-Mahon, personne au monde ne peut protester. L'Empereur ne voulait pas vous donner les mobiles ; il vous les a donnés, mais il l'a regretté. Il y a une autre déclaration que le noble maréchal a apportée à cette audience, au sujet de la marche de l'armée. Vous savez, Messieurs, qu'à cet égard les assertions de M. Trochu sont inexactes ; c'est le maréchal, qui le dit, et je ne discute pas quand j'ai un pareil homme avec moi.

On ne vous a donc rien refusé, on vous a tout donné ; vos exigences, on les a acceptées. Tout à l'heure, lorsque

nous parlerons des journées des 3 et 4 septembre, nous
verrons si vous avez le droit de vous plaindre d'un
manque d'autorité.

Le général arrive à Paris, il est conduit auprès de
l'Impératrice par M. Henri Chevreau, ministre de l'intérieur. Il est accueilli comme il devait l'être, et Sa
Majesté lui aurait dit, plaçant le salut de la France au-
dessus des intérêts de la dynastie : « Il faut rappeler les
princes d'Orléans. » Le mot est vrai. Vous prétendez que
c'était un piège. Ah ! un piège, dans un pareil moment !
Et pourquoi? Parce qu'on vous croyait orléaniste. Est-ce
qu'à cette heure suprême, il y a des partis et des opinions? Est-ce qu'il y a autre chose que la France? Ah!
je vous plains de n'avoir pas compris combien cette
parole était généreuse. Vous le savez bien : l'Impératrice
avait toujours protesté contre les lois d'exil. La guerre
était désastreuse ; et dans son cœur de femme, dans son
amour pour le pays, elle avait le sentiment que tous
les braves Français devaient servir la cause de la patrie.
Il y avait encore sur la terre étrangère des hommes
valeureux. Ils voulaient combattre pour la France et
l'Impératrice nous disait qu'il fallait en ouvrir les portes
à tous ses enfants. C'est un piège! Oh! je vous plains,
je le répète, d'avoir douté.

Ensuite, Messieurs, une proclamation est faite. Le
général Schmitz l'a déclaré : M. Trochu avait oublié
le nom de l'Empereur dans cette proclamation; il le
rétablit, puis il le supprime de nouveau sur l'invitation
de l'Impératrice. Elle désirait qu'on effaçât le passage
dans lequel on disait que le général *précédait l'Empereur* de quelques heures, et cela parce que l'Empereur ne devait pas revenir à Paris. N'était-il donc
pas facile de mettre ce nom de l'Empereur dans un
autre passage pour ne pas laisser planer un soupçon
contre l'Impératrice ? On élève un soupçon injurieux
contre Sa Majesté. On a semblé dire que c'était elle,
dans des pensées ambitieuses, qui avait voulu cette

suppression. M. Trochu a protesté lui-même contre une pareille pensée. Je passe.

Il était mal accueilli, dit-il, il s'est vu en présence d'hommes publics qui n'avaient pas confiance en lui. Qu'avait-il à faire ? Il ne voulait pas donner sa démission, pensant qu'à ce moment le général devait rester au poste du devoir et du combat. Je le veux bien, mais est-ce qu'il n'est pas tout-puissant ? Est-ce que sa nomination n'est pas signée par l'Empereur ? Est-ce qu'il n'a pas sa lettre de service ? Pourquoi n'a-t-il pas réclamé ce pouvoir qu'on lui refusait, à ce qu'il prétend ? Pourquoi ne s'en-est-il pas expliqué nettement avec les ministres ? Pourquoi ne leur a-t-il pas dit : « Je suis avec vous, vous êtes avec moi ? » Dans des circonstances aussi graves le doute devient incertitude : sont-ils hostiles ?

Le général Trochu veut prononcer, pour s'excuser, ce mot que vous n'avez pas oublié : la trahison ! et il dit que c'est contre lui qu'elle a été faite. Vous, trahi ! et qui donc s'était engagé vis-à-vis de vous ? Vous, trahi ! vous, et qui donc vous avait fait serment de fidélité ? Ah ! il ne faut pas ici d'équivoque, il faut que les mots restent ce qu'ils doivent être. Oui, j'entendais bien votre avocat dire qu'il y avait autour de vous une mauvaise volonté insigne, que vous vous brisiez contre des résistances de toute nature. Ceci, c'est un défaut de confiance, ce n'est pas une trahison. Et, je vous le répète, ce défaut de confiance, il vous était bien facile d'en avoir raison.

Ceci dit, abordons bien vite la grande question de ce procès. M. Trochu a-t-il été fidèle à l'Impératrice et au Corps législatif, autant qu'il le devait être ? C'est là le procès ! il est là et il n'est que là. Tout le reste va s'effacer devant ces deux grandes questions. M. l'Avocat général l'a bien compris : il n'a traité que celles-là.

Eh bien ! voyons ! A l'Impératrice, au Corps législatif qu'a-t-il promis ? Qu'a-t-il fait ? Qu'est-ce que

24

l'histoire doit dire de sa conduite ? Ce ne sont pas là les
actes de l'Empire, j'imagine, et à moi, du moins, on
ne dira pas que je plaide autre chose que la cause.

Voici les faits ; ils ne sont pas très nombreux, mais
ils sont décisifs. Quand je les aurai rappelés à vos souvenirs, je n'aurai qu'une chose à vous dire : Mettez la
main sur vos cœurs et répondez si vous eussiez agi
ainsi que M. Trochu l'a fait.

L'Impératrice ! Lui a-t-il fait toutes les promesses de
dévouement ? Au Conseil, il s'était expliqué. Est-ce qu'il
a parlé alors de la malveillance des ministres ? Est-ce
qu'il s'est plaint alors de cette situation intolérable qui
lui était faite ? Vous avez entendu tous les ministres ;
vous avez entendu les Présidents des deux grands
corps de l'État.

Hier, le général essayait de raconter les faits à sa
manière, il disait : « J'ai répondu à l'Impératrice : Tout
est fini, on ne peut pas se défendre. » Ah ! il n'y a pas
d'opinion, qui conduise au parjure. On vous avait
interrogé, général, sur une lettre écrite au journal Le
Temps. M. Schneider a pris la parole et il vous a
demandé ce que vous feriez pour résister à l'émeute.
Vous connaissez, Messieurs, la réponse du général
Trochu. Il n'y a pas ici d'équivoque : Vous avez dit
que vous feriez votre devoir. Cela n'a pas suffi, un
autre ministre vous a pressé en vous disant : « Votre
devoir, sans doute, mais lequel ? » Et vous avez répondu : « Je me ferai tuer. »

(Le général Trochu affirme du geste et souligne chaque
phrase du mot : « C'est vrai. »)

Ce sont des mots qui s'enregistrent ; ce sont des mots
qui vivent ; ce sont des mots, qui vous accompagneront
dans l'histoire ; des mots, que tous les efforts et toutes
les décisions judiciaires ne pourront pas effacer : Je
me ferai tuer !

Est-ce que c'est une seule fois que vous avez parlé
ainsi ? Est-ce que le lendemain, vous n'avez pas fait des

protestations plus accentuées et plus énergiques? Est-ce
qu'à de nouvelles observations, vous n'avez pas répondu cette phrase stéréotypée dans toutes les déclarations : « *Madame, je me ferai tuer, s'il le faut,
sur les marches du Corps législatif; et pour Votre
Majesté, sur le seuil des Tuileries!* » Voilà ce que vous
avez dit. Ce n'est pas tout encore, et avec cette éloquente parole à laquelle je suis le premier à rendre
hommage, pour fixer davantage la confiance qu'on
devait avoir en vous, vous avez dit à cette femme
impressionnable et malheureuse : « *Je suis soldat, catholique et Breton; je me ferai tuer pour Votre Majesté.* »
Le mot a été dit, et bien dit. Hier, vous n'avez pas pu
le retirer du débat. Il n'y a pas de témoin qui l'ait
entendu, et cependant vous ne direz pas qu'il n'est
pas vrai.

Ah ! c'est ici que je suis à mon aise pour parler de
l'Impératrice; ce n'est pas de la souveraine que je
parle, c'est de la femme. L'Empire est tombé; s'il se
relève jamais, ce qui est dans le secret de Dieu, sa
dernière heure a été, au milieu de nos douleurs, une
heure de gloire pour la femme qui le représentait à
Paris. (*Applaudissement et murmures.*) Vous le savez
bien, général Trochu, et vous l'avez dit : « Jamais concert d'éloges n'a plus noblement entouré la malheureuse femme qui allait quitter la France. » Ici, tous les
témoins sont unanimes, et dans nos désastres c'est une
consolation pour elle et pour la France.

Que nos afflictions ne nous enlèvent pas ce qu'il y a
de meilleur dans le caractère français : le respect pour
la femme accablée.

L'Impératrice, pensant au pays seul, disait : « Rien
pour la dynastie, tout pour la France. » Eh bien! c'est
cette femme, qui parlait ainsi et à laquelle vous aviez
juré fidélité, que vous avez abandonnée !

Oui, vous l'avez abandonnée. Écoutez. Je ne me
perdrai pas dans les détails inutiles de la cause. Il y a

deux faits pour moi, et il n'en faudrait qu'un pour vous
condamner. Le 3 septembre, au soir, on apprend la
défaite de Sedan et il n'est pas possible de prévoir
quelles catastrophes terribles vont suivre. L'Impératrice apprend cette fatale nouvelle, et un homme de
cœur, M. Henri Chevreau, — ceci n'est pas de la
politique — va vous trouver, général Trochu, et il
vous dit : « Venez, général. L'Impératrice a le cœur
brisé : elle souffre les plus horribles douleurs, comme
souveraine, comme mère, comme épouse. Une parole
de pitié et de consolation de votre part lui fera du
bien. Ce n'est pas seulement l'Impératrice, qui a besoin
de vous, c'est la femme et la mère. »

Quel est celui qui refuserait cette pitié à l'étrangère ?
Ne la doit-on pas à la femme à laquelle on a promis
de mourir à la porte de son palais ?

Le général est fatigué; il n'a pas dîné, il ira après
son repas. Et il n'y est pas allé.

Ah! Messieurs, le procès est là; il est là.

Laissons les grandes batailles connues et inconnues,
oublions tout. Il y a là une femme que vous respectez,
qui souffre, une femme qui a besoin de vous; vous n'avez
qu'à traverser la rue. Vous n'avez qu'à ouvrir une
porte, il y a une communication entre votre palais et celui
de la souveraine. Elle fait un appel à votre pitié, et vous
n'avez pas eu pitié pour elle, à qui vous aviez fait le
serment de mourir! Je vous le demande, Messieurs,
est-ce là un fait que nous ayons le droit d'évoquer ?
Entendez la réponse du général Trochu : il voulait
donner sa démission ; il était mal avec les ministres.
Les ministres ! la démission ! qu'est-ce que tout cela ?
La politique dessèche donc tous les cœurs ? Est-ce qu'il
s'agit de savoir si vous dominerez le général de Palikao,
ou s'il restera votre supérieur ? Il s'agit de savoir si, à
cette femme, désespérée et qui vous tend les bras, vous
porterez une parole de consolation et de pitié : voilà
tout. Vous ne l'avez pas fait !

Vous ne l'avez pas fait : c'est la culpabilité qui
domine toutes les autres. Qu'on appelle cela du nom
qu'on voudra : vous avez dîné, vous avez dormi, vous
vous êtes reposé et vous avez laissé mourir dans l'a-
gonie une pauvre femme qui n'avait d'espoir qu'en
vous.

Voilà la vérité, voilà ce que dira l'histoire! Voilà la
cause; elle est là, palpitante dans le cœur de tous les
braves gens!

Le lendemain vous êtes venu. Vous avez eu avec l'Impératrice une conférence intime, et M. Chevreau lui en
demandant le résultat, elle faisait un signe, qu'a traduit
Mᵉ Allou et qui ne voulait pas dire : « Tout est perdu »;
mais : « Il ne faut plus compter sur le général Trochu. »
C'est M. Chevreau qui l'a dit, et il a eu raison. Il était
sept heures du matin; l'Impératrice est partie à trois
heures et demie. Vous n'êtes plus allé la voir.

Vous dites que vous n'aviez pas de commandement,
que vous êtes resté dans votre cabinet pendant six heures, que vous avez envoyé le général Schmitz aux Tuileries, mais que l'Impératrice était partie. Vous êtes resté
six heures au Louvre! et pendant six heures vous ne lui
avez pas apporté une parole, vous n'avez pas veillé à
son départ! vous n'avez pas, vous Gouverneur de Paris,
essayé de la protéger, sinon contre les dangers auxquels
sa vie pouvait être exposée, au moins contre les dangers
que pouvait courir son honneur, comme femme et
comme souveraine! Vous n'avez rien fait! Nous allons
voir ce que vous avez fait pour le Corps législatif. Mais
je vous le dis, moi : il n'est pas un homme au monde
qui, vis-à-vis de l'Impératrice, se fût conduit comme vous
l'avez fait! (*Applaudissements immédiatement réprimés.*)

Il y avait les protestations solennelles que vous savez;
il y avait les engagements, que vous connaissez; il y avait
des serments, non pas politiques, entendez-vous? — le
serment politique, je n'en ris pas, mais j'ai trop souvent
appris ce qu'il valait, — il y avait les serments d'un

homme de cœur à une femme qu'il respecte, le serment
de celui qui est fort à celle qui est faible ; le serment de
l'homme puissant à la femme abandonnée. Ces serments,
ils n'ont pas été tenus ! Voilà, Messieurs, ce qu'a fait le
général Trochu. Avons-nous le droit de le lui dire ? cela
nous est-il permis ! Ce n'est pas de la politique, cela ;
ce que nous avons discuté, l'histoire l'appréciera. Ainsi,
M. l'Avocat général disait que de ces faits il resterait sur le général, non pas une tache, mais une trace
ineffaçable ; oui, ineffaçable, vous avez bien raison.

Le Corps législatif ! Voyons, que devait-on faire ? Qu'a-
t-on fait ? Cela n'est pas une révolution, soit. C'est un
effondrement : tel est votre mot. Je le veux bien ; mais
si l'Empire s'en va, il reste les représentants de la nation,
le Corps législatif.

Qu'a fait le général ? Nous allons le savoir. Il avait
promis au Corps législatif ce qu'il avait promis à l'Impératrice ; il a été averti du péril — c'est M. Schneider
qui l'a déclaré, — le 3 ou le 4 septembre.

Il n'avait pas d'autorité, pas de puissance ! Ah ! Messieurs, cela est à discuter ; mais d'ailleurs ce n'est pas de
la force dont pouvait disposer le général Trochu que je
m'occupe, c'est de ce qu'il a fait lui-même. Le 3 septembre au soir, il y avait eu des troubles ; on avait porté un
homme blessé à la porte du Gouverneur, qui avait fait
un discours promettant justice. Le 4 septembre, il ne lui
était pas possible de savoir ce qui se passait ? tout le
monde le savait, tout le monde ? Chacun a vu la garde
nationale de certains quartiers réunie en groupes et se
dirigeant vers l'assemblée.

Où était le devoir ?

Avec ou sans soldats, l'homme populaire, le premier
personnage de la capitale où devait-il être ? A côté du
Corps législatif ! L'Empire, dites-vous, n'était plus possible ; mais si l'Empire meurt, la nation vit toujours.

Où était la nation ? Est-ce qu'elle était avec les députés
avancés et les démagogues ardents du Corps législatif ?

Non, elle était là où était le Corps législatif tout entier !

On envoie chercher le général Trochu. Il monte à cheval et n'arrive pas à l'Assemblée. Il rencontre M. Jules Favre, qu'il connaissait et qu'il a dit ne pas connaître !

Il y a là un incident, Messieurs, sur lequel je m'arrête un peu. — Oh ! je ne parle pas de conciliabules : — Il y a une chose étrange, c'est que les ennemis de l'Empire aient été ceux qui protégeaient et défendaient le plus ardemment l'autorité de M. le général Trochu.

Lisez le *Journal officiel* du 27 août, du 3 septembre ; dans ces deux séances on demande l'omnipotence pour lui ; c'est M. Jules Favre, c'est un député de la même opinion, qui fera la même demande ; et quant à M. Jules Favre, les souvenirs du général Trochu l'ont bien mal servi. Il ne connaissait pas M. Jules Favre ! il a été souvent au Corps législatif.

M. LE GÉNÉRAL TROCHU. — Jamais. (Le général Trochu est alors très agité ; M⁰ Allou fait les plus louables efforts pour le ramener au calme.)

M⁰ LACHAUD. — Général, je vous en prie ; j'ai écouté avec un profond respect vos explications : vous pouvez m'écouter sans respect, mais en silence. Un homme politique, qui ne connaissait pas M. Jules Favre ! Est-ce possible ? il ne le connaissait pas..... (mouvement) et quand ils se sont rencontrés, leur premier sentiment a été de se donner une poignée de main. Qui le dit ? M. Floquet. Il a déclaré que lorsque M. Jules Favre a aperçu le général Trochu, il lui a tendu la main. Il ne connaissait pas M. Jules Favre !

Voyons, Messieurs, tout est étrange dans cette partie de la cause. M. Jules Favre déclare qu'il a vu le général, qu'il est allé chez lui pendant deux heures, qu'il l'a entendu parler ; et puis, il semble que ces messieurs ont le désir de rester complètement étrangers les uns aux autres ! Entendez M. Ernest Picard, le charmant M. Ernest Picard — vous vous rappelez bien, Messieurs, la

déclaration de M. d'Andelarre — vous savez qu'un
jour à l'Assemblée nationale M. Ernest Picard disait :
« Ah ! le général Trochu, je ne l'ai jamais vu, moi, avant
le 4 septembre ! » M. d'Andelarre lui dit : « Ah! ah!
cher collègue, prenez garde! je vous ai vu chez lui. » Et
M. Picard, qui est rarement embarrassé, — vous le savez, — a fait une pirouette en disant : « Puisque vous
le savez, je n'ai plus à le cacher. »

Tout cela est étrange, tout cela m'étonne, tout cela
m'émeut. Ah ! ne parlons pas de conspirations, de conciliabules ; je n'ai pas besoin de ces grands mots, j'ai un
fait. Vos amis déclarent et disent, un du moins, qu'il ne
vous a pas vu, quand vous l'avez vu. Mais revenons à
l'Assemblée. Il est 3 heures et demie ; le général rencontre un flot de peuple ; on lui dit que tout est fini, qu'il
n'a qu'à rentrer au Louvre. Il y rentre, se déshabille et
prend un costume civil. Quelque temps après, à la demande du nouveau gouvernement, il est à l'Hôtel de ville.
Le général, hier, dans un mouvement oratoire, disait :
« Que vouliez-vous que je fisse ? Est-ce que je pouvais
laisser la France sombrer ? Est-ce que, au-dessus de la
dynastie, il n'y avait pas le pays ? Est-ce que mon de
voir, à moi, n'était pas, avant tout, de sauver la capitale ? »

Oui, vous ne deviez pas, à ce moment-là, briser votre
épée et rentrer dans la vie privée. A ce moment-là,
vous étiez Gouverneur de Paris ; vous pouviez rester
Gouverneur ; mais ce qu'il fallait faire, je vais vous le
dire : au lieu d'aller à l'Hôtel de ville, il fallait venir au
Corps législatif. Voilà où était votre place ! Il y avait là
un homme d'État illustre, M. Thiers, qui vous y attendait
sans doute ; il y avait à côté de M. Thiers un homme,
qui n'a pas mes opinions, mais mon amitié et mon estime : M. Grévy. M. Grévy et M. Thiers ont jugé le 4 septembre comme il fallait le juger ! C'est là qu'était votre
place ; voilà où était l'honneur ; voilà où était le devoir ;
voilà où était la France. Il fallait rester général, mais

général de la France et non pas général de l'insurrection comme vous l'avez été!

Alors, Messieurs, j'ai bien le droit de me demander ce
que le général Trochu a fait pour l'Assemblée, pour le
Corps législatif.

(Des applaudissements se font entendre; ils sont accompagnés de quelques murmures qui se produisent
dans le fond de la salle et au banc des avocats. M⁰ Mathieu le fait observer à son confrère.)

M⁰ LACHAUD : Non, mon ami, cela m'est indifférent.
Derrière moi, on murmure : laissez faire, laissez dire ; il
paraît qu'on ne se croit pas, ici, dans une salle de justice,
mais autre part; laissez faire ! les gens qui ont raison
n'ont jamais peur : qu'on siffle, qu'on blâme, cela m'est
égal. Je dirai, ici et ailleurs, tout ce que j'ai à dire, et je
continue.

Donc, Messieurs, le général Trochu est allé à l'Hôtel
de ville et il a accepté la Présidence du Gouvernement
insurrectionnel, quand il n'était pas encore dégagé des
liens qui l'attachaient à l'Empire.

Est-ce que c'est vrai? Il y a deux témoins, qui le prouvent : le général de Palikao, M. Jules Favre. Choi-
sissez : un seul suffit. Vous êtes allé, général, au ministère de la guerre, Président de la Défense nationale. Vous
n'êtes sorti de l'Hôtel de ville qu'après avoir accepté ce
titre.

Vous avez entendu, Messieurs, la déposition du comte
de Palikao, vous avez entendu celle de M. Jules Favre
disant : « Il nous a fait une déclaration, nous lui avons
répondu, et il a été Président de la Défense nationale. »

M. Jules Favre a fini par ces mots, dont vous vous
souvenez : « Il est allé au ministère de la guerre, comme
M. Picard aux finances, comme M. Gambetta à l'intérieur. »

Consummatum est!

Voilà comment on a défendu l'Impératrice! voilà
comment on a défendu le Corps législatif!

Et vous voulez, Messieurs, que de semblables actes passent inaperçus dans l'histoire! Et vous voulez que quand un homme, — c'est le mot- de M. l'Avocat général — fait des *improvisations de conscience* comme celles-là, on ne s'étonne pas un peu de l'improvisation faite? Vous voulez qu'on les accepte et que le sentiment de la pudeur publique ne s'indigne pas quand on trouve un homme, le matin, chef d'un Gouvernement auquel il a promis fidélité et dévouement, et le soir, directeur du Gouvernement qui a remplacé celui du matin, sans autre intervalle que le temps de quitter son costume, son habit de général pour prendre un frac et aller à l'Hôtel de ville.

Ici j'en appelle à tous; ici, c'est à l'honneur de tous que je m'adresse; il y a là des faits qui sont tellement saisissants, tellement évidents, qu'il n'y a pas deux manières de les interpréter; et, on vous le disait hier, ce grand exemple de défaillance n'a été donné qu'une fois : on vous citait ce ministre napolitain qui, dans notre siècle, tint la même conduite, Liborio Romano. Ah! dans son pays aussi c'était un effondrement; dans son pays, Garibaldi fut acclamé par la population napolitaine avec des transports de joie. Eh bien! écoutez ce qu'a dit de cet événement un grand historien, un grand prélat, dont vous ne désavouerez ni la sainteté, ni l'éloquence, Mgr Dupanloup, évêque d'Orléans :

« Un Liborio Romano, cette rare figure de traître,
« qui accepte de François II le ministère de l'intérieur,
« pour y organiser toute trahison; qui proclame Fran-
« çois II « son auguste maître » et bientôt après, fait
« des adresses « au très invincible Garibaldi, rédemp-
« teur de l'Italie », mérite et reçoit de la main de Gari-
« baldi l'épée d'honneur, qui lui convenait, et ce même
« portefeuille qu'il tenait de François II. »

Le général Trochu. — Et les Prussiens ?

Mᵉ Lachaud. — Je n'ai plus rien à dire. Les Prussiens on s'en défendait mieux avec M. Thiers, qu'avec la

Défense nationale. Nous en parlerons. Mais laissez-moi vous dire que, quand de pareilles faiblesses se trouvent dans la vie d'un homme, il est bien permis de les signaler : on le peut, on le doit. Quand un homme s'est ainsi trompé, cet homme n'a pas le droit de demander une absolution complète. Non, il faut avoir rendu de grands services pour se la faire accorder. Un jour, dans l'antiquité, un grand homme l'obtint : c'était Cicéron. Il était accusé, lui aussi. Le chef de ses accusateurs était César, on était au Forum et Cicéron ne répondit à l'accusation que par cette phrase : « *Je jure que tel jour j'ai sauvé la patrie.* » Il avait raison, le peuple n'en demanda pas davantage; chacun cria après lui : « *Il a sauvé la patrie!* » Et on lui pardonna. Général Trochu! avez-vous sauvé la *France?* Alors nous vous pardonnerons. Non, vous ne l'avez pas sauvée; et pourquoi? (*Profond mouvement.*)

Vous ne l'avez pas sauvée, parce que ce siège auquel nous allons arriver, et Buzenval, qui a été un des derniers épisodes de cette lamentable lutte, tout cela a été fait avec la conviction de l'insuccès. Oui, il l'a dit lui-même, lui, le général Trochu : « *C'était une folie héroïque;* » et l'un de ses amis, membre du Gouvernement de la Défense nationale comme lui, M. Ernest Picard, a dit quelque part : « Le général Trochu..... »

M. Trochu. — Il n'est pas de mes amis.

Mᵉ Lachaud. — « ... portait le deuil du siège avant même qu'il fût commencé. »

M. Trochu. — M. Picard est un ennemi.

Mᵉ Lachaud. — Voilà, Messieurs, le point qui nous reste à examiner. En me résumant d'un mot, je dis à MM. les jurés : Est-ce que vous pouvez absoudre des actes comme ceux que je viens d'examiner devant vous? Est-ce que vous leur donnerez la sanction de la justice? Est-ce que vous les rendrez honnêtes? Est-ce que vous direz que M. Trochu a bien fait d'agir ainsi? Ah! pardon, le penser ce serait vous offenser. Ces faits sont vrais;

on a eu non seulement le droit, on a eu aussi le devoir
de les blâmer.

Arrivons au siège. Du 4 septembre je ne dis rien. Il
y a eu deux ou trois dépositions qui vous font juger,
Messieurs, quelles ont été les conséquences de cette
révolution.

M. le général de Chabaud-Latour disait : « Le 4 septem-
« bre a mis en désarroi tous les ouvriers, qui étaient
« occupés aux travaux de la défense de Paris; il y a eu
« 100,000 hommes qui n'ont pu travailler pendant huit
« jours. »

C'est le premier fait. Il y en a un autre. Ah! celui-là,
voyez-vous, il est cruel au cœur de la France. Je parle
de la paix, paix fatale, paix désastreuse, mais qu'il
fallait avoir le courage de signer quand elle était nécessaire.

Vous le savez bien, après le 31 octobre, au mois de
novembre, on vous demandait une bande de l'Alsace ou
toute l'Alsace et 2 milliards, rien que deux. Des témoins
vous l'ont dit : MM. de Guilloutet et Vuitry notamment.

Voilà, Messieurs, tout ce que je veux vous dire des
conséquences du 4 septembre.

Et le siège! Ah! pour le juger, pour l'apprécier, il
faut avoir été à Paris à cette époque. M. de Villemessant y était, M. Vitu aussi, moi également. Ceux qui
n'étaient pas à Paris ne savent pas ce qu'a été le siège.
J'en appelle à vos souvenirs; a-t-on jamais vu une
confusion semblable, une incapacité militaire et administrative arrivée à un pareil degré? C'est de l'histoire,
et de l'histoire d'hier. Est-il possible, Messieurs, que les
émotions, que nous avions tous alors, se soient effacées
de vos esprits au point que vous ne vous en souveniez
pas? Vous rappelez-vous cette constante incurie? Vous
rappelez-vous ces promesses fallacieuses, ces éternelles
proclamations, ces bulletins bavards, qui nous indi-
gnaient lorsque le soir, autour des mairies, nous en
entendions la lecture?

Vous vous rappelez bien cela? Chaque bataille, un massacre; chaque tentative contre l'ennemi, un revers, des revers toujours! Ce qu'il y avait au monde de plus pénible et de plus douloureux, il fallait le subir. Oui, nous étions résignés aux souffrances matérielles comme aux souffrances morales, et il y a une souffrance que nous nous étions imposée : oui, nous avons voulu avoir confiance dans le Gouvernement de la Défense nationale. Ah! on a reproché à M. de Villemessant les articles du *Figaro* parus à cette époque! Mais vous tous, qui étiez à Paris, vous savez bien qu'il fallait les faire ainsi; qu'à ce moment nous étions entre les scélérats et le Gouvernement de la Défense.

Pour les honnêtes gens, il n'y avait pas de milieu : nous étions avec lui, parce que la fatalité le voulait ainsi. Nous vous subissions pour échapper aux assassins et aux incendiaires. A ce moment-là, nous étions soumis devant vous; mais un jour, nous devions vous demander des comptes; ce jour est arrivé, et nous vous interrogeons.

Voilà ce qu'a été la Défense au point de vue administratif. Au point de vue intérieur de Paris, rien, rien, rien! Nous avons vécu ainsi misérablement; tout ce qui a servi pour nourrir les Parisiens a été amené, demandé par M. Clément Duvernois, et c'est là, pour lui, un souvenir glorieux. Du 4 septembre au jour de l'investissement, ils n'ont pu faire arriver ni un grain de blé, ni un animal qu'on pût livrer à la consommation publique. Oh! c'est de l'histoire, et tous vos gestes, tous vos sourires n'empêcheront pas la vérité de se faire jour. Voilà ce que nous étions, voilà ce que nous faisions. Mais je ne m'occupe pas de tout cela, j'arrive à Buzenval.

Vous savez comment les opérations militaires ont été jugées. Vous n'admettez pas la compétence d'un homme, qui n'a été que capitaine dans la légion étrangère; vous récusez les journalistes, que vous dédaignez. Mais voici un colonel, M. le baron Stoffel; celui-là, il faut l'accepter.

M. Trochu. — Non.

M⁰ Lachaud. — Les amis du 4 septembre s'en sont cependant assez servis contre l'Empire. M. Stoffel avait été délégué à Berlin ; il avait écrit des lettres fort importantes, on ne l'avait pas suffisamment écouté. C'est un officier brillant, il est un homme distingué ; enfin, l'armée tout entière vous dira avec moi qu'il est digne de juger les opérations militaires. A propos de la défense de Paris, voici ce qu'il dit :

« Quant à la défense de Paris, attendez, mon cher
« ami, pour vous former un jugement, que la lumière
« se fasse. Ne croyez rien de ce que vous diront les
« personnes intéressées ou les membres de cette détes-
« table société, dite d'admiration mutuelle, qui nous
« trompe et nous déprave depuis plus de trente ans !
« Ils abusent de notre crédulité et de notre vanité
« nationale pour nous représenter la défense de Paris
« comme une défense sublime ; mais suspendez votre
« jugement, et je vous donnerai des renseignements,
« qui vous démontreront que le commandant en chef
« a fait de la défense de Paris un épisode où le gro-
« tesque le disputait au lugubre, et que son ineptie y a
« atteint de telles limites qu'elles ont touché de près
« au crime. »

Et vous n'avez pas poursuivi ! Comment êtes-vous aujourd'hui aussi sévère pour le *Figaro* ? Comment faites-vous ce procès, alors que l'époque des catastrophes est plus éloignée ? Mais il y avait des journaux qui avaient écrit ; M⁰ Grandperret vous lisait, à l'audience précédente, un article autrement violent que celui de M. Vitu. J'ai là des brochures, des journaux contenant des accusations de la même nature : ils sont unanimes, ils crient à l'ineptie et disent qu'on pourrait supposer le crime. Vous ne dites rien, et quand le moment vous paraît favorable, quand vous espérez que la douleur sera calmée, que les ressentiments se seront éteints, vous venez, ici, demander pour l'histoire une consultation à

ces jurés, qui sont devant vous. Ce n'est pas possible.
Nous avons·été de bonne foi, et là, Messieurs, est le
procès. Oui, M. Vitu a écrit l'histoire ! Mais où est,
dans ses écrits, l'intention mauvaise sans laquelle il n'y
a pas de délit. Nous avons apprécié ce que les autres
ont apprécié. Est-ce que par hasard M. Vitu a inventé.
quelque chose de nouveau ? Non ! il a pris tous les traits
qu'il a écrits et qui ont été imprimés dans le *Figaro*,
il les a pris dans tous ces documents publics qui sont
connus, qui ont été appréciés et jugés et contre lesquels
vous n'avez absolument rien dit. Cela est l'évidence.

Quant à Buzenval, eh bien ! nous allons en parler.

Il est un mot de M. l'Avocat général qui nous a été
particulièrement sensible. Nos documents ont été choisis
avec légèreté. Ah ! si j'étais seul à cette barre, je ne
relèverais pas le mot. Mais, prenez garde ! c'est un mot
fâcheux, et j'ajoute que nous avons puisé aux documents les plus solennels et que, pour le fait de Buzenval,
c'est l'enquête de la Commission de l'Assemblée nationale qui va nous servir. Est-ce que M. l'Avocat général l'accusera aussi de légèreté ?

M. L'AVOCAT GÉNÉRAL. — Ah ! permettez !

Me LACHAUD. — Ah ! vous avez, Monsieur l'Avocat
général, critiqué ma légèreté !

M. L'AVOCAT GÉNÉRAL. — J'ai parlé de beaucoup de
légèreté pour les documents employés par M. Vitu au
sujet des événements de 1851, et je n'ai pas parlé de
ceux de la Défense.

Me LACHAUD. —. Cette explication donnée et je m'en
félicite, j'arrive à Buzenval. Quelle est la question ? Il
n'y en a qu'une seule. Buzenval était-il possible ? Buzenval correspond-il à une nécessité du siège pouvant
amener un résultat heureux ?

M. LE GÉNÉRAL TROCHU. — Oui !

Me LACHAUD. — Buzenval n'a-t-il pas été au contraire
entrepris pour forcer Paris à capituler ? Voilà le procès,
et c'est M. le rapporteur de la Commission d'enquête de

l'Assemblée nationale qui va nous répondre. Ah! que vous vous soyez trompé, c'est le sort de tous, et les généraux les plus habiles peuvent se tromper; mais ce n'est pas une erreur que je constate, c'est une préoccupation que j'établis. Est-il vrai qu'on ait joué Paris affolé, voulant une résistance à outrance, parce qu'on lui cachait tout, parce qu'il ne savait rien, ni sur les ressources dont on disposait, ni sur la situation : rien, rien, rien! et qu'avec cette bravoure instinctive de la nation, il voulait cette dernière sortie, cette sortie torrentielle? Ah! si alors on a fait Buzenval pour amener Paris à une capitulation, est-ce une faute? Si on a sacrifié des hommes à un résultat impossible, comment peut-on qualifier un acte semblable, je vous le demande? Tout est là; car enfin les généraux et les gouverneurs ne sont pas faits pour suivre les passions populaires. Quand la foule s'égare, est-ce que le devoir de l'autorité n'est pas de la maintenir? Si Paris était insensé, noblement insensé, est-ce que vous n'aviez pas l'obligation supérieure de l'arrêter dans sa folie? Est-ce que vous ne deviez pas lui dire, au risque de votre vie, que ce qu'il demandait était une chose irréalisable? Mais vous n'étiez au pouvoir que pour cela, et si vous avez suivi les mouvements de la foule, pourquoi déteniez-vous l'autorité?

Eh bien! écoutez ce qui est lu à l'Assemblée nationale : c'est la Commission officielle, c'est M. de la Rochethulon qui va parler et vous dire qu'en résumant tous les documents qui ont été recueillis, cette bataille de Buzenval ne pouvait avoir pour but que le résultat que je vous indique.

« Ce combat, décidé seulement le lundi 16 janvier... »

M. Trochu. — C'est une erreur matérielle.

Me Allou. — Ce n'est pas l'Assemblée nationale qui parle, mais le rapporteur d'une commission.

Me Lachaud. — Vos vivacités me prouvent que vous sentez que j'ai raison. (*Vifs murmures dans la salle.*)

Chaque chose a son enseignement et ces interruptions me confirment dans mon opinion. Murmurez, vous me confirmez dans ma thèse.

LE PRÉSIDENT. — La défense est autant protégée qu'elle peut l'être.

Mᵉ LACHAUD. — A côté de votre bienveillance, Monsieur le Président, il y a des sentiments tout différents.

LE PRÉSIDENT. — Des manifestations sympathiques se sont fait entendre.

Mᵉ LACHAUD. — Oui, mais il y en a d'autres. Revenons au procès; peu importe que l'avocat plaide mal, très mal, s'il dit la vérité!

Je ne suis pas de l'avis de M. l'Avocat général qui pense que tout ce que dit M. Trochu doit être accepté sans condition; je prends le rapport de la Commission d'enquête et voilà ce qu'il dit :

« Ce combat, décidé seulement le 16 janvier, fut livré sans grand espoir de succès par les chefs militaires. *Mais le Gouverneur voulait apaiser l'opinion publique et en quelque sorte lui prouver qu'il y avait des Prussiens autour de Paris.* »

Et puis en note :

« A un des conseils de guerre qui précéda le combat de Buzenval, un *général* discutait un plan d'attaque, lorsqu'un membre du Gouvernement de la Défense nationale s'écria: « Général, ce n'est pas cela ; il faut que « la garde nationale fasse une grande sortie.» Le général répondit : « La garde nationale n'est pas organisée pour « livrer un combat en rase campagne. » — «Cela ne fait « rien, général, répliqua le membre du Gouvernement, « *l'opinion publique ne s'apaisera que lorsqu'il y aura dix* « *mille gardes nationaux par terre.* »

« Le général Ducrot dit alors : « Si le but est de faire « tuer dix mille gardes nationaux, vous pouvez cher-« cher un autre commandant en chef. Mais laissez-moi « vous dire que ce n'est pas aussi facile que vous « pensez, de faire tuer dix mille gardes nationaux. »

C'est le rapporteur de la Commission d'enquête de l'Assemblée nationale, qui parle ainsi. Voilà ce qu'il dit de Buzenval. On sait que la défense n'est pas possible ; mais la garde nationale est surexcitée : on la fera se battre et on fera tuer trois mille hommes.

M. TROCHU. — Mais, non !

Mᵉ LACHAUD. — Oh ! 3,000 tués ou blessés ! Pauvres morts ! morts de qualité, disait le général, comme s'il y avait des morts de qualité parmi ceux qui meurent pour l'honneur de la France ! Pauvres victimes expiatoires ! Pauvres enfants ! Pauvre Regnault ! grand artiste qui s'est fait tuer si généreusement, croyant qu'il venait aider à sauver la patrie ! Vous êtes morts, non pas parce que vous deviez vaincre ; vous êtes morts, parce qu'il fallait apprendre aux Parisiens que la Défense nationale était incapable et qu'au lieu d'avouer ses torts, elle préférait verser le sang innocent qui a été répandu.

Voilà Buzenval ! Voilà Buzenval !

Eh bien ! Messieurs, j'ai fini. La preuve est-elle faite ? Est-ce que la politique, est-ce que l'Empire ont quelque chose à faire ici ?

Reste un délit encore, celui des outrages. Ah ! des outrages dans un procès comme celui-là ! Parler d'outrages ! M. l'Avocat général est le seul qui en ait parlé ; il en a parlé deux fois. Ah ! je rends témoignage à mon adversaire et au général Trochu. Des outrages ! grand Dieu ! Voyez-vous la preuve faite sur les diffamations, et les prévenus condamnés pour outrages ? Le triomphe serait encore plus grand, vous le comprenez bien. Des outrages ! Comment voulez-vous qu'on s'arrête à ces choses, lorsqu'on pense à la fidélité oubliée, au sang répandu. Comment voulez-vous qu'on soit calme et qu'on en parle avec une convenance parfaite ? Non, on en parle avec colère et non autrement ; l'homme, qui serait si correct, ne serait pas sincère.

Quand l'historien n'a pas assisté aux scènes qu'il

raconte, quand il n'a pas souffert de toutes les souffrances dont il parle, alors il peut être calme. Mais
lorsque le sang, qui a coulé, n'est pas encore séché;
lorsqu'on se rappelle tous ces désordres et tous ces
désastres, ah! Messieurs, on en parle comme M. Vitu
l'a fait et on ne peut pas en parler autrement! Et
d'ailleurs, ces outrages, quels sont-ils? Un mot du
général Changarnier! Vous avez dit vous-même que le
général Changarnier l'avait prononcé. Il a dit ce qu'il
a voulu dire. Il a été, comme toujours, l'homme gra-
cieux par excellence, qui unit à beaucoup d'esprit un
grand talent militaire.

Comment! un personnage de cette importance dit un
mot comme celui-là, que je ne veux pas reproduire, et
parce qu'on le reproduira, il y aura outrage! Un mot
du maréchal de Mac-Mahon! Il a donné lieu à une
longue discussion grammaticale; mais le mot a été dit.
Il y a aussi un autre mot dont M. l'Avocat général
a seul parlé, celui de Judas. J'ai là un livre que vous
n'avez pas poursuivi et dans lequel on trouve cette
phrase : Le général Trochu sera placé, dans l'avenir,
entre Ponce Pilate et Judas.

M. TROCHU. — Ce sont mes ennemis.

Mᵉ LACHAUD. — Vos ennemis, qui ont le droit de vous
juger, s'ils le font avec impartialité et justice. Vous
entendez bien que le procès est fini et plaidé. Qu'avais-je
à vous démontrer? Que nous avions le droit d'apprécier
des actes comme ceux-là. Que nous l'avons fait. Cette
démonstration, j'ai essayé de la faire. A vous, Messieurs,
de juger si elle est complète.

Que reste-t-il encore? une observation de M. l'Avocat général.

Il a dit: « Il est trop tôt pour juger le général Trochu.
Attendez quelque temps. Ce ne sera pas alors M. Trochu
qui pourra s'en plaindre. » Mais enfin ce procès, n'est-ce
pas lui qui nous l'intente?

A vous maintenant de prononcer. Quant à moi, je

vous l'affirme, je m'assieds sans crainte. Dans une péroraison magnifique, M• Allou vous disait, en rappelant
un mot de Démosthènes et en parlant comme aurait
pu le faire ce grand orateur, il vous disait : « Messieurs,
quand vous sortirez, vous serez tranquilles : la loi
veille. » Et il se plaçait ainsi sous la protection de la loi.

Mais est-ce bien vous, qui pouvez invoquer la loi ?
Vous l'avez oubliée, vous l'avez violée, vous l'avez mé-
connue. Vous venez chercher un refuge auprès d'elle.
Vous embrassez les autels que vous avez brisés. La
question est bien simple et bien nette, Messieurs les
jurés : vous aurez à vous demander si les reproches, que
nous avons adressés à M. Trochu, sont établis ; vous
aurez à vous demander si sa fidélité a été ce qu'elle
devait être ; vous aurez à vous demander s'il a été scrupuleux de ses devoirs, s'il a été ménager du sang français, et si la bataille de Buzenval est une œuvre qu'il
faut respecter ou qu'il faut cruellement blâmer.

Quand vous vous serez posé ces questions, vous
jugerez. Ah ! je suis tranquille. Vous jugerez le général
Trochu ; vous le ferez avec douleur, vous le ferez avec
fermeté. Votre verdict, il appartient à la justice, il
appartient à l'histoire. On jugera votre verdict. Soyez
fermes : ne sacrifions pas tout à la fois ; et que, plus
tard, quand on relira ces grands débats, on ne puisse
pas dire que dans ce pays tout était perdu, et que la
justice elle-même était énervée !

La péroraison de cette éloquente plaidoirie de M⁹ Lachaud
fut à peine terminée, qu'aussitôt de nombreux applaudissements se firent entendre dans la salle d'audience.

Le Président M. Legendre fit ensuite un résumé très
court, plein de mesure, de tact et d'impartialité. Il expliqua
aux jurés avec beaucoup de netteté la différence qu'il y a,
au point de vue de la loi, entre la diffamation et l'outrage.

Après avoir terminé son résumé, le Président remet aux

jurés les onze questions qu'ils avaient à résoudre tant sur
la diffamation que sur l'outrage, et qui correspondaient
aux différentes parties des articles poursuivis par le général
Trochu.

A la suspension de l'audience l'agitation fut grande
dans le public ému par tous les incidents de ces débats, et
par la belle et éloquente plaidoirie de Mᵉ Lachaud. Il fut
immédiatement entouré et il eut beaucoup de peine à échapper aux félicitations de ses admirateurs.

Cette plaidoirie fut un grand succès oratoire pour Mᵉ Lachaud. L'éloquence et l'habileté, dont il fit preuve en cette
occasion, démontrèrent qu'il pouvait plaider avec un égal
succès et un égal talent les affaires politiques et les affaires
criminelles.

Cette affaire fut la première affaire politique qu'il plaida,
et il la plaida comme un maître. Ses principales qualités
s'y montrèrent dans tout leur éclat : la netteté dans les arguments, le bon sens dans la discussion, la simplicité dans le
discours et par-dessus tout l'oubli de lui-même, ou, si vous
aimez mieux, l'absence de toute réclame personnelle.

On remarquait encore que, dans cette belle plaidoirie, le
souffle patriotique qui animait l'orateur ne l'avait pas
empêché d'user d'urbanité et de politesse envers celui qu'il
combattait.

Après deux heures de délibération, le jury rentra dans
la salle d'audience et rapporta un verdict qui acquittait
MM. de Villemessant et Vitu sur les questions de diffamation et les reconnaissait coupables sur la question d'outrage.

La Cour les condamna pour outrage chacun à un mois de
prison et 3,000 francs d'amende.

Ce verdict fut commenté avec ardeur par toute la presse.
Il semblait à quelques-uns qu'il y avait contradiction dans
la réponse du jury. Le plus grand nombre approuvait cette
décision; elle prouvait, disaient-ils, qu'on avait le droit de
dire au général Trochu, à propos de ses actes politiques et
militaires, tout ce que M. Vitu lui avait dit ; mais qu'il
avait eu tort d'employer des expressions grossières, de mauvais goût et outrageantes. Le verdict, prononcé en faveur des
auteurs des articles, était en réalité prononcé contre le général Trochu.

Le général Trochu le comprit si bien, que ne voulant pas laisser le verdict sans réponse, il fit paraître, quelques mois après ces débats, un livre intitulé : *l'Empire et la défense de Paris devant le jury de la Seine* (1).

(1) Dans le courant du mois de février ou de mars 1884, la *Revue historique* a publié une *dépêche* de Gambetta, envoyée par lui de Tours à M. Jules Favre.

Le *Figaro* du 3 mars 1884 a reproduit le post-scriptum de cette dépêche qu'il est utile, dit-il, de publier parce qu'il établit cette triste vérité historique que la sortie du 19 janvier, bataille de Buzenval, fut un acte inutile *auquel le gouvernement ne croyait pas.*

Gambetta ajoute ce post-scriptum à une dépêche, qu'il envoyait au moment où il recevait par pigeon la nouvelle de cette sortie.

Post-scriptum de la dépêche :

« Je ne peux, dit Gambetta, je ne peux m'empêcher de relever
« avec un sentiment d'amère douleur les lignes, qui la termi-
« nent et annoncent clairement que le gouvernement n'a aucune
« confiance dans sa tentative ; qu'il la représente comme la der-
« nière et qu'il accepte, avec une résignation trop philosophique,
« qu'elle doit clore la longue série de nos efforts, oubliant sans
« doute qu'on n'a jamais fini de faire des efforts pour sauver sa
« patrie et que la résignation en pareille matière a, dans tous les
« temps, reçu un nom plus dégradant.

« J'ai les plus tristes pressentiments, et habitué, comme je le
« suis, à ressentir toujours fidèlement les émotions du peuple
« de Paris, même à distance, j'ai la conviction que ce peuple ne
« supportera pas une telle fin et je redoute pour vous tous une
« issue tragique, pour Paris un déshonneur et pour la Républi-
« que une ineffaçable honte. »

Décembre 1873.

1er CONSEIL DE GUERRE DE LA 1re DIVISION MILITAIRE

VERSAILLES (TRIANON)

AFFAIRE DU MARÉCHAL BAZAINE

CAPITULATION DE METZ

PLAIDOIRIE (RÉPLIQUE) DE Me LACHAUD

Pour le maréchal BAZAINE

AFFAIRE DU MARÉCHAL BAZAINE

Président du conseil de guerre : M. le duc D'AUMALE.

Commissaire du gouvernement : M. le général POURCET.

Substitut du commissaire du gouvernement : M. le général
DE COLOMB.

Me LACHAUD
Me GEORGES LACHAUD fils } défenseurs du maréchal Bazaine.

En 1870, après les premiers revers éprouvés par notre
armée pendant la guerre contre la Prusse, l'opposition
demanda au Gouvernement impérial de confier au maréchal
Bazaine le commandement le plus important, celui de l'armée du Rhin, qui se trouvait aux prises avec l'ennemi.
L'opposition proclamait alors, bien haut, la vaillance du
maréchal et sa valeur militaire. Le Gouvernement impérial
accepta cette désignation, et le 13 août 1870, l'Empereur, re-
nonçant à commander l'armée, nomma le maréchal Bazaine
commandant en chef de l'armée du Rhin et mit sous ses
ordres les maréchaux Canrobert et de Mac-Mahon, qui, lui,
s'était retiré à Châlons pour refaire son corps d'armée.

Le maréchal Bazaine ordonna un mouvement de retraite
sur Verdun où le maréchal de Mac-Mahon, quittant Châlons,
devait le rejoindre. Le 15 août, une rencontre eut lieu entre
la cavalerie française et la cavalerie allemande à Mars-la-
Tour, et le 16, notre armée, surprise dans sa marche par les
Prussiens, engage avec eux un combat sérieux à Gravelotte,

qu'elle défend avec énergie. La nuit venue, elle couche sur le champ de bataille; le lendemain, Bazaine ne pouvant continuer sa retraite sur Verdun par Mars-la-Tour, occupé par l'ennemi qui menace son flanc gauche, et ayant besoin de ravitailler son armée, ordonne la retraite sur Metz.

Le maréchal établit son armée dans un camp retranché sous la ville de Metz; il y est à peine établi qu'il est cerné par le corps d'armée prussien commandé par le prince Frédéric-Charles. Le 31 août au matin, il réunit ses troupes sur la droite de la Moselle; un combat a lieu, le soir, contre les Prussiens à Noisseville, et le 1er septembre la retraite sur le camp est ordonnée. C'est la dernière tentative de sortie faite par le maréchal.

Les officiers consultés, vu l'insuffisance des munitions et l'état précaire des fortifications, expriment l'avis qu'il faut rester sous Metz. Le maréchal y resta espérant que l'armée du maréchal de Mac-Mahon, qui devait marcher vers le nord, viendrait à son secours.

Le 4 septembre, l'armée de Mac-Mahon fut anéantie par le désastre de Sedan, et l'Empire tombé fut remplacé par le Gouvernement de la Défense nationale.

Ce nouveau Gouvernement n'avait d'autres raisons d'être que de vouloir la continuation de la guerre, il la décréta.

Paris fut assiégé et le Gouvernement envoya une délégation à Tours; M. Gambetta en fut le chef et le grand inspirateur.

Le maréchal Bazaine informa ses troupes du changement de Gouvernement que les événements avaient imposé à la France.

De nombreuses dépêches furent échangées entre le maréchal Bazaine, le maréchal de Mac-Mahon, la délégation de Tours et le Gouvernement établi à Paris; quelques-unes seulement arrivèrent à destination; les autres furent perdues. Des émissaires furent envoyés de part et d'autre, chacun s'efforçant de donner et de recevoir des nouvelles; quelques-uns seulement purent franchir les lignes. Le maréchal Bazaine a-t-il reçu la dépêche de Mac-Mahon dans laquelle le maréchal lui disait qu'il marchait vers le nord? Toutefois Bazaine se trouvait isolé; il ne pouvait agir que d'après ses propres inspirations.

Gambetta, le grand outrancier, assurait à l'armée dans ses proclamations qu'il ne fallait pas désespérer du sort de la patrie, que le grand capitaine Bazaine résisterait aux Prussiens et percerait leurs lignes : le pays était ainsi entretenu dans cette illusion, et la déception fut grande quand, le 28 octobre, on apprit la capitulation de Metz. Plus le mérite du maréchal avait été exalté, plus l'indignation contre lui fut grande, et Gambetta lança une proclamation pleine de violence dans laquelle il appelait traîtres le maréchal Bazaine et les autres généraux, qui commandaient sous ses ordres.

Les nations sont comme les enfants et comme les hommes, elles rendent toujours quelqu'un responsable de leurs malheurs. L'opinion publique, surexcitée par la dénonciation de la délégation de Tours et par les suites malheureuses de la capitulation de Metz, vit dans le maréchal Bazaine un traître, auteur responsable de tous nos malheurs. L'armée du prince Frédéric-Charles, retenue jusqu'à ce moment sous les murs de Metz par l'armée de Bazaine, avait pu reprendre sa liberté d'action et venir se joindre aux autres corps d'armée allemands pour écraser plus sûrement nos meilleurs soldats.

On se demandait si le maréchal, après l'affaire de Gravelotte, avait été forcé de faire sa retraite sur Metz, ou bien si, désirant échapper à l'autorité de l'Empereur, il n'avait pas par ce moyen cherché à s'isoler.

On se demandait encore si, escomptant les agitations d'un pays aussi troublé que pouvait l'être notre chère patrie pendant cette formidable invasion, il n'avait pas, grâce au commandement de la seule armée organisée et disciplinée, qui existât dans le pays, pensé à attendre le moment propice pour traiter avec l'ennemi, au nom de la France, et se faire le maître de ses destinées.

Quelques personnes, cependant, croyaient qu'il avait voulu, restant sous Metz, laisser l'ennemi s'engager dans l'intérieur du pays, tomber ensuite à l'improviste sur ses derrières, délivrer les places fortes et reprendre enfin l'offensive.

Cette opinion : que Bazaine avait trahi son pays, s'accrédita plus encore quand on apprit qu'il avait reçu l'émissaire Regnier ; qu'il était entré en pourparlers avec l'ennemi, et que sur la demande de cet émissaire, le général Bourbaki était allé en Angleterre auprès de l'Impératrice.

Le maréchal Bazaine, repoussant avec dignité ces terribles imputations, répondait qu'il avait toujours été un fidèle serviteur de son pays, qu'il n'avait jamais trahi, et que la position de son armée sous Metz était des plus mauvaises. L'ennemi occupait une position avantageuse, avait une armée toujours prête à prendre les armes; la sienne avait subi beaucoup de pertes et avait beaucoup de blessés. Son opinion était qu'après la journée de Sedan il lui avait été impossible de faire aucune sortie; son armée démoralisée et affaiblie n'aurait pas tenu deux jours devant l'ennemi. Il demandait à comparaître devant un conseil de guerre pour se justifier.

Lorsque la paix fut signée entre la France et l'Allemagne, une Assemblée nationale put se réunir à Bordeaux. Le 29 mai 1871, une pétition lui fut adressée pour demander une enquête sur la capitulation de Metz. M. Thiers, alors Chef du pouvoir exécutif, monta à la tribune et réclama cette enquête au nom même du maréchal.

« Je viens, dit-il, remplir un devoir que je me reprocherais de ne pas accomplir, et que vous-mêmes me reprocheriez de négliger ; je viens au nom du maréchal Bazaine vous demander ce que, pour ma part, je considère comme un grand acte de justice. J'ai été heureux d'entendre notre illustre collègue le général Changarnier parler si dignement de nos grands hommes de guerre. Depuis assez longtemps déjà, le maréchal Bazaine m'avait écrit pour réclamer cet acte de justice qu'il voulait devoir à l'Assemblée nationale. J'avais pris avec moi-même l'engagement de m'adresser à l'Assemblée lorsque je croirais le moment venu. L'occasion m'en étant offerte aujourd'hui, je dois la saisir, sous peine de manquer envers un *personnage qui a eu l'honneur de commander, et de commander glorieusement une des plus nobles armées du pays.*

« *Le maréchal Bazaine, j'en suis convaincu, a été cruellement calomnié;* mais un gouvernement ne suffit pas à abattre les calomniés. Le maréchal Bazaine demande formellement qu'une enquête soit ouverte pour juger les événements de Metz.

« En général, je ne suis pas partisan des enquêtes, qui ont pour but de revenir sur le passé et de remuer les passions; mais une enquête, qui a pour but de justifier une noble armée et de poser devant le pays la question de savoir si son chef l'a trahie ou ne l'a pas trahie, une enquête semblable est un acte de justice qu'à mon avis on ne peut refuser à personne. La question est de savoir si cette enquête sera ordonnée par le Gouvernement ou par l'Assemblée. Je crois que c'est un acte de justice qu'on ne peut pas refuser au Maréchal Bazaine. Je vous ai transmis sa demande, je laisse à l'Assemblée le soin d'y répondre. »

L'Assemblée nationale fit droit à cette demande, et le 30 septembre 1871, un conseil d'enquête fut institué par décret du Président, pour examiner toutes les capitulations qui avaient été faites pendant la guerre.

Le Maréchal Bazaine comparut le 12 avril 1872 devant le conseil d'enquête, présidé par le Maréchal Baraguey d'Hilliers.

Un avis motivé de ce conseil reconnut le Maréchal Bazaine responsable en partie des revers de l'armée de Châlons (armée du Maréchal de Mac Mahon) et seul responsable de la capitulation de Metz et de la perte de son armée.

Une information eut lieu contre Bazaine, elle fut dirigée par le général de Rivière, qui conclut à la mise en jugement du Maréchal Bazaine *pour avoir signé une capitulation ayant eu pour résultat de faire poser les armes à son armée et de rendre à l'ennemi la place de Metz sans qu'avant de traiter il eût fait tout ce que lui prescrivaient le devoir et l'honneur : crimes prévus par les art.* 209 *et* 210 *du Code de justice militaire.*

Le 24 juillet 1873, une ordonnance du ministre de la guerre du Barrail, mit Bazaine en jugement et le renvoya devant le Conseil de guerre qui devait se réunir le 6 octobre 1873 à Trianon.

Le Maréchal Bazaine confia sa défense à Mᵉ Lachaud, qui se fit assister par son fils Mᵉ Georges Lachaud (1).

Commencés le 6 octobre 1873, sous la présidence du duc d'Aumale, les débats durèrent jusqu'au 10 décembre. Il y

(1) Mᵉ Georges Lachaud soutient dignement la gloire de son nom. Il occupe une des premières places parmi les jeunes avocats du barreau de Paris et il dépense encore son esprit dans des livres philosophiques auxquels il sait donner une forme des plus aimables et des plus littéraires.

avait à entendre 219 témoins à charge et 48 témoins à décharge. La lecture du rapport du commissaire rapporteur prit six séances; l'interrogatoire du Maréchal en prit également six.

Le général Pourcet remplit les fonctions de commissaire du Gouvernement; il était assisté par le général de Colomb.

Le général Pourcet fit un très long réquisitoire écrit, très détaillé et très énergique; la lecture de ce réquisitoire dura pendant quatre séances. Puis M° Lachaud prit la parole pour défendre le Maréchal et la conserva aussi pendant quatre séances.

Il termina sa plaidoirie dans le milieu de la journée du 10 décembre. A peine eut-il fini de parler que le commissaire du Gouvernement prit de nouveau la parole pour répliquer. Dans sa réplique, écrite et lue tout comme son réquisitoire, le général Pourcet se montra violent et passionné; il prit le défenseur à partie et réclama énergiquement la condamnation de Bazaine.

Malgré sa grande fatigue, causée par une improvisation qui l'avait tenu quatre jours sur la brèche et malgré l'offre que lui fit le Président du Conseil de guerre de renvoyer l'affaire au lendemain, M° Lachaud tint à répliquer immédiatement au général Pourcet et à répondre à ses attaques. Il le fit avec une grande éloquence et une grande supériorité.

Le Conseil de guerre, après une longue délibération, décida de condamner le Maréchal Bazaine à la peine de mort, mais en faisant suivre cette condamnation d'une demande en commutation de peine adressée au Chef du Gouvernement.

En effet le Conseil de guerre, rentré en séance, prononça la peine de mort; le Président, le duc d'Aumale, aussitôt après le prononcé du jugement, fit appeler M° Lachaud dans la chambre du Conseil. Il lui fit prendre connaissance de la demande en commutation de peine faite par le Conseil de guerre et il lui dit, en lui adressant ses félicitations admiratives, que sa réplique avait sauvé la tête du Maréchal.

Nous ne pouvons donner ici la plaidoirie entière de M° Lachaud; il faudrait un volume. Nous donnerons seulement la réplique qu'il a faite au général commissaire du Gouvernement, réplique qui a clos les débats.

RÉPLIQUE DE Mᵉ LACHAUD

J'avais cru, Messieurs, que c'était assez d'une fois pour demander la tête d'un maréchal de France. J'avais cru que la douleur d'un général français devait être bien terrible quand il lui fallait décapiter l'armée.

Je m'étais trompé ! M. le Commissaire spécial du Gouvernement, général Pourcet, je le nomme à mon tour, puisqu'il a prononcé mon nom, vous a prouvé qu'il avait une certaine satisfaction à le faire, et je le constate sans m'en étonner. Si j'avais à répondre à toutes les personnalités qui sont venues m'atteindre, si j'avais à dire tout ce que ces colères et ces railleries ont d'étrange dans un débat de cette importance, je me laisserais égarer, et je ne le veux pas ! Je n'ai pas de ma personnalité l'opinion que le ministère public paraît avoir de la sienne, et quand il attaquera l'avocat, l'avocat se taira ; il n'est rien dans le débat, et quand il a fait son devoir, quand il a le témoignage de sa conscience, il lui est à peu près égal de ne pas l'avoir d'autre part.

Cependant, est-il vrai, Messieurs, que j'ai fait descendre le débat? Est-il vrai que je n'en ai pas compris les grandeurs? Est-il vrai que j'ai défendu le Maréchal comme on défend un accusé vulgaire? Si c'est là un outrage qu'on m'adresse, j'en appelle à vous pour me venger. Ah ! je ne me suis pas perdu dans les immenses hauteurs du réquisitoire; je n'ai pas pu monter à ce degré d'éloquence ; mes termes ont été souvent malheureux, mais je n'ai pas le bonheur de les écrire avant l'audience, et je puis quelquefois mal rencontrer.

Laissons cela, Messieurs ; arrivons à quelque chose

de plus sérieux et de plus grave, suivons ces attaques
nouvelles et tâchons d'en faire justice.

Ah ! je suis venu ici avec des certificats de civisme
délivrés par des généraux allemands ! Et c'est un général français qui trouve que, quand son ennemi est
indignement calomnié, on ne doit pas le défendre ; — et
on apprendra dans le monde entier que si un de nos
ennemis était outragé, que si on avait la preuve de son
innocence, M. le Commissaire spécial du Gouvernement la garderait et n'irait pas venger la calomnie.
Malheur à nous ! car nous allons nous faire juger d'une
étrange manière ! Malheur à mon pays, si, après la
parole autorisée que vous venez d'entendre, on a le
droit de croire que nos haines vont assez loin pour
laisser perdre la vérité et pour laisser triompher le
mensonge et la calomnie !... Quoi ! vous appelez cela des
certificats de civisme !... Quoi ! vous considérez cela
comme des attestations !... Quoi ! général, vous ne voyez
pas que c'est un cœur de soldat qui proteste contre
une infamie ! Ah ! tant pis ! tant pis pour vous !... car
un écho comme celui-là frappe toutes les grandes
âmes... Mais passons, laissons cela. Voyons, Messieurs,
examinons.

Le ministère public se vante de la modération de son
réquisitoire... Qu'eût-il donc été s'il n'avait pas été mo-
déré ?... Je passe... C'est vous qui jugez et c'est à vous
que je m'en rapporte.

Le ministère public — et je le suivrai pas à pas —
veut empêcher cette vérité radieuse d'éclairer le débat
et d'éclairer le monde : il veut que les généraux et les
maréchaux, témoins dans ce grand débat, n'aient pas été
unis à ce malheureux maréchal ; il veut briser ce lien
magnifique qui fait l'honneur de l'armée, comme l'honneur du pays... Il n'y parviendra pas !... Ah ! il restera
ceci : c'est que les généraux français, toujours courageux et loyaux, ont compris qu'il y avait là une soli-
darité nécessaire, et que si le Maréchal était leur chef

devant la loi, ils étaient tous ses égaux devant la conscience, parce que tous ils avaient su, et parce que tous
ils avaient voulu.

Ah! Messieurs, est-ce que je puis accepter un mot
que vous venez d'entendre? Puis-je laisser dire que j'ai
tronqué la lecture du réquisitoire? Ah! puisque le mot
tronquer a été dit, je le retourne, et je répète qu'on a
tronqué mon discours et qu'on n'a pas voulu me comprendre. Qu'ai-je dit? J'ai dit qu'après la proclamation
de M. Gambetta à Tours, — quand le Maréchal Bazaine,
non pas lui tout seul, mais avec lui les autres maréchaux et les autres commandants de corps ont été
abominablement outragés, — j'ai dit que, quand on a
appris à tous qu'ils étaient des *traîtres*, il y avait là une
infamie, et j'ai bien dit; j'ai dit que je ne comprenais
pas, et je le répète encore, qu'on ait appelé cela, au nom
de l'accusation, *un injurieux soupçon*. Ah! je ne tron-
que pas le mot! Quand M. Gambetta parle de trahison, quand M. Gambetta outrage les Canrobert, les Le
Bœuf, les Frossard, les Ladmirault, quand il en fait de
misérables traîtres à la patrie, vous appelez cela des
soupçons, rien que des *soupçons?* Le mot restera, et,
m'emparant de votre phrase, je vous dirai à mon tour
que, si cela suffit à votre conscience, c'est bien; mais
la mienne est plus difficile.

Marchons, Messieurs, — poursuivons; — et certes,
mon animation est un droit; je l'exerce, quelle que soit
la fatigue extrême que j'éprouve, et il me semble que
si ma voix s'arrêtait tout à l'heure, je trouverais encore
dans ma volonté, dans mon indignation, la force d'exprimer ce que je ressens.

J'avais mal compris un mot, je le veux bien : le mot
de *lâcheté;* ce n'était pas M. le Maréchal Bazaine auquel ce mot s'adressait; c'est un vaillant soldat, oui, le
Maréchal... s'il est un vaillant soldat, s'il est toujours
le premier au feu, s'il a la bravoure téméraire d'exposer sa vie à chaque instant, il faudrait au moins, non

par une phrase académique, mais par une bonne raison, m'indiquer comment cet ambitieux, qui va se faire
tuer, a l'espérance, par sa trahison, de satisfaire à ses
désirs... On ne prend pas même la peine de discuter
cela; je le répète, on se dégage de tout... Des mots, rien
que des mots!... Au commencement, de la pompe, —
de la pompe au milieu, de la pompe à la fin!... Et
puis?... Rien! rien!...

Ainsi, quand nous examinons les différentes parties
du réquisitoire; quand je fais les critiques que vous savez ; quand je passe en revue les conséquences à tirer
des témoignages; quand je vous montre que le ministère public évidemment s'est trompé, on prétend que
la réponse n'est pas exacte ; et puis, l'on passe... Quand
je parle de la défaillance des témoins; quand je dis que
cette défaillance est facile à comprendre, on me répond
que c'est vrai, que la défaillance des témoins se comprend... on l'accepte pour les uns, et on ne l'accepte
pas pour les autres.

Et il faut que l'opinion publique sache que le colonel
Stoffel doit avoir une mémoire parfaite, et qu'à côté de
lui, il en est d'autres qui peuvent s'en passer.

Voilà ce que j'ai à dire. J'ai affirmé que je croyais à
la bonne foi de tout le monde ; la loyauté de l'un est
égale à celle des autres, il n'y a pas de distinction à
faire.

Ah! quel reproche! J'en prends à témoin le Conseil,
toute cette salle. Moi! moi! j'ai rabaissé l'honneur de
l'armée! Moi, je n'ai pas eu des paroles enflammées,
puisque c'est votre mot, pour ces grands noms, pour ces
braves soldats! Quoi! je n'ai pas fait sentir à chaque
instant les palpitations ardentes de mon cœur! Quoi!
j'ai été assez malheureux pour ne pas laisser lire tout
ce qu'il y a dans mon âme d'admiration et de pitié pour
tous ceux-là, qui ont tant souffert, et qui le méritaient si
peu! Allons! allons! la vérité, s'il vous plaît! il la faut.
On nous juge, et si nous ne sommes pas accusé, nous

sommes, ici, acteur. Il ne suffira pas de dire : C'est moi,
moi seul qui suis la vérité, — c'est le monde qui nous
jugera, et je ne crains pas son opinion.

Marchons, examinons les quelques points sur lesquels M. le Commissaire du Gouvernement a ramené le
débat. Il a fait un examen très rapide, je ne serai pas
plus long que lui. Je le suivrai pas à pas. J'avais
la plume à la main quand il parlait, j'ai pris des
notes et je serai bien malheureux si, avec des termes
mauvais sans doute, mais avec une raison qui est incontestable, je ne parviens pas à démontrer qu'il n'y a
pas eu plus de force dans la réplique qu'il n'y en avait
eu dans le discours principal.

La prise du commandement, on ne sait pas quel jour
elle a eu lieu. C'est bien le 12, mais enfin on est obligé
de reconnaître que les pouvoirs véritables du commandement n'ont été donnés que le 13. Je fais alors res-
sortir toutes les difficultés, j'indique comment, alors
que M. le Maréchal Bazaine était investi d'un commandement dans la situation que vous savez, situation si
bien définie par les témoins, si bien précisée par M. le
Président — qui a fait de cette partie du débat une photographie que nous avons tous vue, — il ne fallait pas
lui demander l'impossible; comment il ne fallait pas,
à l'heure où il était à courir de corps d'armée en corps
d'armée, lui imposer le devoir d'être dans son cabinet
et de gouverner l'état-major général. Je n'ai pas eu un
mot contre l'officier de l'état-major général, je n'en ai
parlé que pour reconnaître, ce qui est vrai, le dévouement et la bonne volonté qu'il a montrés. Et voilà, cependant, que ce sont des détails auxquels j'aurais dû m'arrêter longtemps.

Les ponts?... Je vous ai dit que les ordres devaient
être donnés avant le 13; je vous ai dit, en ce qui concernait notamment le pont de Novéant, que les dépêches télégraphiques arrivaient à Metz et qu'elles ne
pouvaient pas venir à Borny. Je vous ai dit que des do-

cuments, que M. le Président m'a autorisé à vous lire, indiquaient que le télégraphe militaire était sans cesse coupé ; je vous ai dit qu'on recevait immédiatement les réponses aux demandes qu'on envoyait, et par consé-quent c'est une iniquité que de vouloir rendre M. le Ma-réchal Bazaine responsable des ponts.

Ce qui concerne les routes, non, ce n'est pas un détail, c'est vrai ; c'est une grosse affaire que la marche de l'armée et la direction qu'elle doit suivre ; tout cela a une importance que je ne méconnais pas. Mais que pouvait-il faire de mieux, le Maréchal ? Est-il vrai, — les ordres sont aux pièces, — que le général Manèque, chef d'état major des 2e, 3e et 4e corps, ait reçu des instructions très longues, et qu'à cette heure je ne peux pas vous lire ? Est-il vrai que dans ces ordres se trou-vent la marche, la direction, le point d'arrivée ? Est-il vrai que, pour le 6e corps, pour la garde, pour la ré-serve de cavalerie, c'est le général Jarras qui a dû remplir cette mission ? Est-ce que vous pouvez en de-mander davantage ? Je passe.

Il ne faut pas, avec le règlement, imposer à un homme au delà de ce que les forces humaines peuvent supporter. Il ne faut pas exiger d'un général qu'il soit sur le terrain avec ses soldats et qu'il soit en même temps dans son cabinet. Sans cela, vraiment, Messieurs, les généraux, qui ont du talent et de la valeur, peuvent toujours être accusés ; les autres seuls ne seront pas ex-posés à des poursuites.

Et puis la bataille du 18... — Vous constatez que je suis bien l'ordre du ministère public. — Quoi ! je n'ai rien dit sur la bataille du 18 ! Quoi ! je ne vous ai pas montré que, pendant un certain moment, on avait eu l'espérance du succès ! Quoi ! c'est un mythe ! Quoi ! c'est un général qui n'existe pas ! le capitaine Chalus est un menteur ! Quoi ! c'était une comédie qu'on avait préparée à l'avance ! Dans cet ordre de raisonnements et d'idées, Messieurs, il n'y a plus de discussion possible, et si, chaque fois qu'un témoin vous embarrasse, vous l'écartez en disant que la vérité est autre part, vous arrivez à la fantaisie et vous ne faites plus que de l'imagination.

Qu'a dit le capitaine Chalus ? Il est venu demander du secours ; ce secours, on allait le lui donner, mais une lettre est arrivée, on s'est arrêté devant la lettre. Il a indiqué un nom qu'il croyait être le nom du général. Blâmez ; dites, si vous voulez, qu'il aurait mieux valu envoyer le secours ; attaquez le mouvement, mais n'attaquez pas l'intention. Dites qu'il fallait quand même envoyer le secours, ce sera votre droit, mais là ne sera pas le crime : le crime, c'est la volonté de mal faire, c'est la résolution que vous supposez à M. le Maréchal, résolution qui fait que tous les ordres qu'il va donner n'auront qu'un but, la déroute ; qu'un but, être vaincu. Il suffit de rappeler ce fait pour que vous soyez parfaitement convaincus de son importance. Je n'insiste pas.

Une autre objection qui m'est faite par l'accusation, c'est que je ne suis pas militaire. Vous avez raison de dire, et vous l'avez répété souvent, qu'en ces matières je suis un ignorant. Oui, mais j'ai du bon sens, et cela suffit pour comprendre que l'argument n'est pas sérieux et qu'il ne devait pas se trouver dans le réquisitoire.

Comment ! vous reprochez au Maréchal d'avoir donné des ordres dans la prévision d'une retraite de l'armée ? Certainement, il a donné ces ordres. Quoi ! un général en chef ne verra que la victoire et ne pourra supposer la défaite ! Quoi ! on n'admettra pas, par impossible, que si l'armée ne peut pas passer, il faut qu'elle s'établisse d'une façon solide ! Je ne sais pas, mais des généraux en qui j'ai la confiance la plus entière, et que l'opinion de M. le Commissaire du Gouvernement ne peut certes pas diminuer dans mon estime, m'affirment qu'un général d'armée a deux missions : indiquer, si l'on réussit, ce qu'on doit faire ; et prévoir, si l'on ne réussit pas, où l'on ira.

Voilà ma réponse, elle est suffisante. Au moment du débat, il faut marcher, j'allais presque dire il faut courir. Je n'ajoute pas un mot de plus.

J'arrive à la mission Magnan, qui se confond dans la pensée du ministère public ou au moins dans les dernières observations qu'il vient de présenter, avec la dépêche du 23. Voyons, qu'on se mette d'accord avec le rapport, avec le colonel Lewal. Le ministère public, aujourd'hui, a un système à lui, tout à fait à lui. Il ne se souvient pas des conclusions prises par le général Rivière sur ce point ; il ne se souvient pas des déclarations faites par le colonel Lewal ; tout cela le gêne. Or, quand le ministère public est embarrassé, il crée en dehors des témoignages un système nouveau, et lorsqu'il l'a trouvé, il s'écrie : « C'est évident ! c'est magnifique ! » il croit avoir tout prouvé. Il se trompe, il n'a rien prouvé que son impuissance.

Voyons, c'est une dépêche du 22 et ce n'est qu'une dépêche du 22 ! Ah ! maintenant, comme il n'est pas possible que ce soit la dépêche du Maréchal Mac Mahon, qui était chiffrée, et qui, partie le 22, ne peut arriver avant le 23 ; comme dans tous les cas le Maréchal Bazaine ne pouvait pas la traduire et en donner connaissance immédiatement au colonel Lewal, il faut en faire une autre dépêche. Laquelle ? C'est un officier qui a envoyé des nouvelles ; son nom ? on n'en sait rien. Mais le colonel Lewal vous a dit, non pas à l'audience, mais dans l'instruction, que c'était la dépêche de Mac Mahon. Il l'a si bien dit, que, quand on lui a lu la dépêche du 22, arrivée le 30, il a répondu : « Celle qu'on m'a lue ressemble à celle-là. » Il n'est pas possible de déplacer la question. Le reproche qu'on me fait, je peux à meilleur droit le retourner à mon tour. C'est la dépêche du Maréchal Mac Mahon, il n'y en a pas deux, c'est la dépêche qui annonce le mouvement. La dépêche qui annonce le mouvement est du 22, elle est arrivée le 30. Le colonel Lewal suppose qu'elle est arrivée le 23. Il est de bonne foi, je l'ai toujours dit, mais j'ai expliqué la cause de l'erreur ; j'ai montré comment les opérations faites après le 31 août et le 1ᵉʳ septembre peuvent se confondre dans son esprit avec les opérations du 26.

Le capitaine Magnan l'aurait envoyée, cette dépêche ; mais comment aurai-il su tout cela ? Il a entendu parler d'un mouvement du Maréchal Mac Mahon, il en a parlé à un lieutenant... Oui, je l'accepte, c'est une éventualité. Or, remarquez que dans la pensée du colonel Lewal, ce n'était pas un mouvement à faire, une pensée qui devait se réaliser, un fait à accomplir, c'était un fait accompli. Le Maréchal était parti, il était en route, et quand, pressant la discussion, j'arrive sur ce point à ce qui me semble évident, quand je vous dis : Mais c'est certainement la dépêche Ducrot, la dépêche arrivée le 29, la dépêche partie le 27, la dépêche indiquant que Ducrot vient du côté de Stenay : « Oui, dit-il, c'est vrai, Stenay. » C'est le nom qu'il a retenu, c'était dans la dépêche, c'était écrit. C'est ce nom qui a frappé le colonel Lewal ; il l'a déclaré au conseil d'enquête. Que pouvez-vous me répondre ?

Avez-vous deux dépêches dans lesquelles le nom de Stenay ait été prononcé ? Vous n'en avez qu'une. Or, s'il n'y a qu'une dépêche où il soit parlé de Stenay, c'est évidemment celle du général Ducrot.

Voilà ce que j'ai à dire ; je ne veux pas insister davantage, car je ne vais pas m'amuser à rechercher, après trois ans, si la dépêche est arrivée dans une pilule ou dans un petit paquet. Non, non, même pour la défense des accusés les plus vulgaires, ceux que vous me reprochez de défendre, je n'examinerais pas une misère semblable, et si des arguments comme ceux-là sont bien petits dans la défense, je vous demande la permission de vous dire qu'ils le sont encore davantage dans l'accusation.

Laissons le colonel Lewal, le commandant Magnan, laissons tout cela, marchons, allons vite. Vous êtes épuisés, je lasse votre bienveillance, mais j'accomplis mon devoir.

Nous arrivons à l'opinion des membres du Gouvernement de la Défense nationale. J'ai dit les sentiments de l'honorable général Trochu; j'ai dit que le général Trochu pensait qu'il n'y avait pas d'espérance à conserver. On me répond qu'on ne pensait pas la même chose à Tours, et que ces glorieux capitaines, qui s'appelaient Glais-Bizoin, Crémieux et Gambetta, en avaient jugé différemment. C'est possible, mais laissez-moi vous dire que le général Trochu était encore mieux placé que ces messieurs, et que, quelle que soit leur ambition guerrière, je reste avec ma preuve devant laquelle il faut bien s'incliner. Oui, il est entendu que les généraux considérables comme le général Trochu, supposaient qu'il n'y avait rien à faire, et, là-bas, un homme distingué et honorable, M. l'amiral Fourichon, n'a pas voulu signer la proclamation; il a compris que ce devait être une injustice, et il a été d'avis qu'il fallait attendre avant de se prononcer.

Laissons encore; allons en avant. La trahison? Comment! je ne suis pas en droit de me plaindre de ce qui s'est passé ici? Comment! on fait venir deux témoins qui racontent des ignominies, non seulement des ignominies, mais des stupidités! Ils viennent dire que le commandant d'une grande armée, en plein jour, escorté d'officiers et de soldats, a été commettre une trahison au vu de tous. On supporte ce scandale; ce sont les témoins de l'accusation! Et puis, quand on a senti le ridicule de ces témoignages, quand on aurait bien dû sentir aussi qu'il y avait là des mensonges, qui méritaient certaines poursuites peut-être, on croit s'en tirer en disant : Mais qu'est-ce que vous demandez? Je ne me sers pas de ces témoins et vous ne me remerciez pas! — Ah! non, vous répondez des témoins que vous amenez ici ; vous en répondez absolument, devant la loi, devant le monde ; vous en répondez devant votre conscience. J'entends bien, quand vous ne savez pas ce que peut dire un témoin, quand il y a dans sa déposition des passages vagues ; j'entends bien que, si vous pouvez espérer qu'à l'audience la déclaration prendra un corps, un sens net, précis, vous ameniez ce témoin ; mais quand votre raison vous dit que c'est une turpitude, quand il n'est pas possible d'hésiter, vous n'avez pas le droit de les faire entendre, parce que ce que ces gens-là ont vu et déclaré touche à l'insanité. La défense est dans son droit si elle se plaint et si elle vous reproche ce scandale.

Je suis ici dans la vérité légale, aussi bien devant un Conseil de guerre que devant les tribunaux ordinaires. Je passe.

Les réunions des commandants de corps ! Que voulez-vous que j'en dise ? C'est pour la deuxième fois que je suis appelé à entendre l'opinion du ministère public à ce sujet. Ces messieurs ont donné leur avis, ils l'ont donné en connaissance de cause, ils l'ont donné après examen, et on vient dire qu'ils ont été trompés ! Quel est le fait qu'on leur a caché ? Quelle est l'erreur dans laquelle ils ont été laissés ?

Régnier ? Ils l'ont parfaitement connu. Le reste leur a été également communiqué. Tout cela ne les a pas empêchés, après mûre délibération, dans un débat que les procès-verbaux des conférences nous font connaître, de s'unir de pensées et de paroles sur tous les points importants.

Et vous croyez qu'à cette heure, dans un moment solennel comme celui-ci, quand tout est fini, quand j'ai hâte de votre justice, Messieurs, vous croyez que je m'en vais faire l'injure à ces grands maréchaux et généraux de supposer qu'ils sont des esprits assez simples pour n'avoir pas vu leurs soldats mourant de faim, les chevaux décimés, le désastre inévitable ? Ils ne me pardon-

neraient pas de les défendre ainsi ! J'aime mieux déclarer
ce qui est la vérité, qu'ils ont tout vu, qu'ils ont tout
connu, qu'ils ont tout apprécié... Et cela me suffit.

Régnier? J'ai passé légèrement sur Régnier? Est-ce
que je n'en ai pas dit autant que le ministère public?
Ah! je n'ai pas répondu à certains points délicats, sou-
levés par l'accusation à ce propos. Qu'y avait-il donc de
si délicat? On lui a fait des confidences, quand il n'avait
pas besoin de confidences; on lui a dit qu'il n'y avait
de vivres que jusqu'au 18... Mais tout le monde le
savait.

Je prends, Messieurs, une déposition, celle du témoin
Lamey; voici ce qu'il a déclaré devant M. le général
instructeur, lorsqu'il a été entendu, et ce qu'il a répété
à cette audience. Vous vous souvenez que des conversations ont été engagées entre lui et Régnier à l'occasion du voyage de ce dernier et à l'époque de son retour.

« Suivant lui, a dit ce témoin, on en était au taux déjà
réduit des distributions, jusqu'au 18 octobre, et, à ce
sujet, il se prétendait mieux informé que le Maréchal
Bazaine lui-même. »

Fallait-il s'en étonner? Il est parfaitement évident
que, dans une ville aussi considérable que Metz, avec
les rapports incessants des soldats et des civils, il était
impossible que M. Régnier n'obtînt pas des renseignements que ne possédait peut-être pas le Maréchal. Je
ne veux pas revenir sur l'incident Régnier ! Je m'en
garderai bien . Je vous ai montré comment cet homme
au cerveau malade, obéissant peut-être à une impul-
sion honnête, s'en est allé à Metz, espérant devenir un
de ces importants personnages que la foule acclame
et qui méritent les bénédictions de la patrie; je vous
ai montré comment il s'est trouvé, à un moment donné,
rencontrer une idée que pouvaient utiliser les désirs de
M. de Bismark ; et vous savez comment alors les choses
se sont passées; comment le général Bourbaki, lui-
même, a compris que c'était là une espérance à laquelle

on ne pouvait pas renoncer; comment on s'est emparé de ce petit fil... Tout cela a été expliqué, tout cela a été dit, et ce serait abuser de votre bienveillance de recommencer toute la discussion!

J'avoue que, quant à moi, mes forces n'y suffiraient pas, et je suis bien sûr que l'indulgence du Conseil se fatiguerait à la longue.

Vous savez la vérité; vous la comprenez, vous l'avez étudiée; rien ne vous a échappé dans cet immense débat; je n'ai donc pas à insister davantage, et je passe.

Les Messins?... Comment! je n'ai pas rendu justice à cette population si malheureuse! L'ai-je donc attaquée en quoi que ce soit? J'ai avancé un fait incontestable: j'ai dit que le 22 ou le 24 septembre, elle avait envoyé un remercîment après la proclamation qui venait d'être faite; cette proclamation annonçait le séjour de l'armée autour de la ville. Vous faites venir ici qui vous voulez; tous ceux qui demandent à déposer ici leurs plaintes et leurs réclamations, on les entend; c'est le droit de l'accusation. Je peux m'en étonner, je ne peux pas m'y opposer! Mais enfin, le conseil municipal? C'est bien quelque chose qu'un conseil municipal, et il a son autorité; ces hommes ont évidemment une importance beaucoup plus grande que celle de simples citoyens.

Vous avez la pièce, elle vous a été lue! Le Maréchal est alors : « le vaillant général... » On disait dans cette proclamation que l'armée défendrait la ville de Metz... Lisez donc. Ces accusations sont injustes, et elles viennent se briser contre les faits.

Parlerai-je de la connaissance, que l'on a eue à Metz, du 4 septembre? Faut-il encore que je revienne sur des discussions épuisées? Ai-je besoin de répéter pour la centième fois que la proclamation affirmait que les soldats étaient les soldats de la France. Voyons, voyons! Supposez que, par hasard, à une armée bloquée, pendant la Commune, les misérables de Paris aient fait parvenir l'annonce de leur succès... trouveriez-vous qu'il aurait fallu s'incliner devant ces incendiaires et ces pillards? Diriez-vous qu'il y aurait eu trahison parce qu'on n'aurait pas considéré que ces gens-là étaient la loi? Montrez-moi donc la différence! Je ne fais pas aux hommes de la Défense nationale l'injure de les comparer à des bandits... mais enfin, ils n'excitaient pas, je suppose, des sentiments bien vifs d'admiration de la part des généraux de l'armée française ; et ce n'est pas parce qu'ils avaient fait une opposition continue et passionnée qu'on devait avoir pour eux de la reconnaissance.

Donc le Maréchal a parlé comme il le devait; il a annoncé la vérité; il a dit qu'il fallait veiller, qu'il fallait défendre le pays ; qu'avant tout il fallait repousser l'ennemi, et il a ajouté qu'il fallait empêcher la contagion, la peste des mauvaises doctrines destinées à renverser l'ordre social. Vais-je, par hasard, m'arrêter à une phrase dont s'est emparée l'accusation, qui est toujours si élevée et qui se plaint que je m'abaisse si fort dans ce débat?... C'est un mot, c'est une virgule, c'est un point, c'est une misère! Il s'agit de la lettre du général Coffinières, cette lettre qu'on vous rappelait, et à laquelle, disait-on, je n'ai pas répondu. Je le crois bien, elle est absolument sans importance. On y avait écrit ces mots : « Ceux à qui nous obéissions naguères... » Eh bien! oui; l'Empereur est prisonnier, l'Impératrice est absente, le Gouvernement de l'Empire a été renversé... A qui obéirons-nous? A nos anciens souverains? Ils ne sont plus au pouvoir et ils n'ont pas l'ambition de nous donner des ordres... Et voilà ce qu'on appelle la reconnaissance du Gouvernement de la Défense nationale!

Faut-il aussi que j'arrive à ces infiniment petits? Un témoin que nous avons entendu, un M. Dehau, vient dire que l'on a changé, pendant un jour, certains papiers officiels sur lesquels figuraient les armes de l'Empire... Je crois qu'on ne s'est pas servi de ces brevets, ou, si l'on s'en est servi, cela n'a duré que bien peu de temps. Mais qu'est-ce que tout cela prouve? sinon l'inquiétude, l'hésitation, l'embarras, la douleur où l'on se trouvait, et l'ignorance où l'on était de choses absolument nécessaires à connaître?

Je n'insiste pas davantage, Messieurs, ce serait abuser de vous. Un mot, un signe suffisent pour se débarrasser de ces arguments !

Quoi encore? les émissaires? Cependant, enfin, j'ai fait un travail qui, à moi, me paraît le plus simple du monde. Je vous ai montré le nombre des émissaires que nous avons envoyés...

On me dit : « Qu'est-ce que cela nous fait leur nombre? Ce qui importe, c'est ce qu'ils devaient dire ! »

Comment, ce que cela vous fait, le nombre de nos émissaires? mais toute la question est là... Ils emporteront toujours la même dépêche; il n'y a pas deux nouvelles à leur confier. La teneur des dépêches doit être toujours la même : nous ne savons pas ce qui se passe, et notre situation est intolérable !

Que voulez-vous que l'on dise de plus? Demander des vivres? Comment les fera-t-on arriver? — Demander des secours, une armée? — Où voulez-vous qu'on les prenne?

Messieurs, le bon sens parle quand vous voyez un général sans cesse préoccupé d'une seule pensée, d'un seul désir, n'ayant qu'une seule volonté, celle de faire parvenir des nouvelles; envoyant vingt et un émissaires, en envoyant une quantité plus considérable même que le Gouvernement qui veut correspondre avec lui.

Vous avez à juger des intentions.

Les pigeons? C'est nous-mêmes qui les avons toujours demandés. Le général Coffinières l'a reconnu ici; il est incontestable que c'est sur la proposition du Maréchal que l'on y a songé !... Laissons cela. Ce sont des détails insignifiants, et, en vérité, je rougirais d'y insister davantage.

Quoi! j'ai reproché au ministère public de ne pas avoir apprécié la conduite de l'Impératrice à Londres! Croyez-vous que j'aie réclamé vos compliments pour l'Impératrice? Elle n'en a pas besoin, grâce à Dieu; elle a fait son devoir de Française, elle n'était plus la Souveraine; et dans ses communications, elle n'a eu qu'un seul mobile, l'amour du pays, sans penser à la Couronne. Mais j'ai regretté qu'on ne l'eût pas dit. M. le commissaire du Gouvernement s'étonne de mon regret. Je m'étonne bien plus, moi, de son étonnement...

Nous arrivons, Messieurs, à la conspiration militaire. Est-ce moi, par hasard, qui ai parlé de conspiration militaire? Est-ce moi qui lui ai donné ce nom? Enfin, où en sommes-nous? Ce qui s'est passé à Metz, le Maréchal ne l'a su que plus tard; s'il l'avait su alors, il aurait fait ce que peut-être on aurait dû faire après : il aurait saisi un Conseil de guerre. Il a eu connaissance de quelques rumeurs, il a eu quelques indications, et il a fait arrêter M. de Boyenval; mais, le reste, nous l'avons appris par la lettre de M. d'Andlau, par le rapport de M. de Valcour, par certains documents qui ont amené le Conseil d'enquête à parler sincèrement.

Oui, grâce à Dieu, un petit nombre d'officiers s'est ainsi déshonoré. Mais, s'il fallait croire M. de Valcour, il y aurait eu 20,000 hommes engagés dans cette lutte. Comprenez-vous la situation? Voyez-vous l'autorité du chef compromise, menacée, et demandez-vous, Messieurs, s'il est possible qu'il soit obéi quand, autour de lui, circulent des paroles mauvaises; quand, par tous les moyens, on l'a déconsidéré; quand on a fait entendre aux soldats qu'il est un traître, et qu'on annonce qu'on l'arrêtera, ainsi que d'autres commandants en chef? J'ai voulu vous montrer toutes les difficultés de ce moment, et je crois que j'ai réussi. Voilà pourquoi j'ai parlé de cette conspiration militaire, et voilà pourquoi, ne voulant pas de scandale, n'amenant pas des témoins, quand je puis éviter de les faire entendre, je me suis borné à invoquer les documents du dossier, qui prouvent surabondamment ces douloureux événements.

Enfin, Messieurs, les honneurs militaires... Ah! ici, ce n'est pas moi qui parle. Je suis un ignorant; mais je suppose que M. le duc de Fezensac en savait autant que l'accusation. Eh bien, le défilé, on n'a jamais voulu l'accepter. Lors de la capitulation de Dresde, le 11 novembre 1814, on avait accordé à nos troupes les honneurs militaires... Mais voici ce que M. de Fezensac dit dans son livre : il raconte la tristesse immense qui s'empara de tous les hommes, soldats et officiers, de sorte qu'il n'y eut pas de défilé :

« Les généraux, dit-il, s'étaient donné le mot pour rester enveloppés dans leurs manteaux sans marques distinctives de leurs grades. Un général autrichien vint à notre rencontre avec quelques troupes. Il doit dire que nous fûmes comblés d'égards et qu'on ne négligea rien pour adoucir l'amertume de notre situation. Le général en chef ne parut point. Un général de brigade fut chargé de recevoir les armes et de surveiller le départ. Il n'y eut aucune pompe, point de tambours, point de musique, point de défilé. »

Si donc je n'ai pas été compris, ce me semble, ici, il ne faut pas du moins me prêter une pensée qui n'est pas la mienne, il ne faut pas surtout attribuer au Maréchal une lâcheté, et prétendre que nous avons *refusé* les honneurs militaires. Comment! Ai-je dit qu'ils n'avaient pas été mérités? Non, j'ai affirmé que, dans les honneurs militaires, il y avait une douleur, et que le Maréchal n'avait pas voulu l'accepter... J'ai rapporté cette phrase énergique qu'un des généraux les plus estimés de l'armée, et qui se connaît en honneur, lui aussi, a pu dire : « C'est là une humiliation que je ne voudrais pas subir! »

Le rôle du Maréchal a consisté uniquement à ne pas accepter le défilé. Je vous ai montré, Messieurs, ce qu'est cette armée défilant devant son vainqueur; je vous suppliais de vous imaginer par la pensée ce qui aurait pu advenir. Vous voyez-vous, par impossible, vous, généraux si braves, braves comme ceux de Metz, sortant l'épée à la main, à la tête de vos divisions, passant devant l'ennemi, saluant du sabre le maître et lui donnant ce signe, cette marque de respect qu'on ne doit qu'au Souverain ?...

Ah ! vous dites que je ne sais pas ce qu'est, dans l'armée française, l'honneur militaire... Je vous en demande pardon. Tous ceux qui ont un cœur français en savent autant que vous. Les honneurs militaires sont la reconnaissance par l'ennemi qu'on a été un brave soldat ; mais ces honneurs ne doivent jamais arriver à l'avilissement, à ce salut qu'il faut faire à un vainqueur. Le Maréchal Bazaine n'en a pas voulu ; il a bien fait, et je crois que le Conseil, comme l'histoire, diront qu'il a eu raison.

Viennent les drapeaux, la qualification légale, et puis... la péroraison ! J'examine ces points, et j'aurai fini.

Les drapeaux... qui pourrait avoir encore un doute ? Tout n'est-il pas éclairci ? Comment ! comment !... j'ai entendu dans le discours écrit de M. le Commissaire du Gouvernement, ce mot qui a échappé à sa rédaction : « Le général Soleille a *divagué* »... Divagué... Oh ! en être réduit, pour les besoins d'une accusation, à dire qu'un général a divagué... Mais, divagué, pourquoi ? pour ne pas dire la vérité ?... Mais dites donc que c'est un faux témoin ! Ayez ce courage, et l'armée tout entière vous criera que jamais un général ne doit être ainsi calomnié. En quoi a-t-il divagué ?

Le fait, la note de M. le général de Cissey l'a éclairci. Est-ce encore une parole admissible que celle du ministère public au sujet de cette note, et croyez-vous que le général de Cissey s'en contentera ? Cette note *qui arrive tardivement*, dites-vous, mais *qui vient dans un intérêt que chacun comprend ici*... Ah ! voyez-vous, moi, je pèse les phrases, et j'en veux comprendre le sens...

Cela ne veut pas dire autre chose que ceci : Si le général Soleille a divagué pour mentir, le général de Cissey, sans divagation, a menti, dans l'intérêt du Maréchal !... Voilà la formule...

Le général de Cissey. Ah ! je ne me pardonnerai jamais de l'avoir défendu ; je n'ai pas l'honneur de le connaître ; mais s'il apprenait jamais que sur une parole comme celle de l'accusation, il s'est trouvé un avocat qui a répondu qu'il était un honnête homme, il viendrait me demander raison d'avoir essayé d'éclaircir un doute que personne ne pouvait avoir. Il a écrit tardivement, parce qu'il n'a pas été appelé à écrire plus tôt ; il a dit la vérité, et, à moins de proclamer que tout est duplicité, et de qualifier *la vérité* de certificats de civisme pris chez des généraux allemands ou chez des généraux français ; à moins de descendre dans ce monde nouveau que l'accusation semble créer, et dans lequel il n'y a pas une déclaration honorable, je soutiens que le général de Cissey a dit la vérité, — personne n'en doute, — et, s'il l'a dite, c'est parce qu'en effet, le 26, il avait été décidé qu'on brûlerait les drapeaux. Le général de Cissey était convaincu que l'ordre était donné, et, s'il n'avait pas eu cette conviction, il aurait lui-même brûlé les drapeaux de ses quatre régiments.

Le général Soleille divaguait-il encore, quand il a déclaré que, le matin, au rapport du 26, on lui avait donné l'ordre ; quand il a déclaré qu'au Conseil il avait entendu renouveler l'ordre? Expliquez, si vous le pouvez. Est-ce, encore une fois, de la divagation? C'est le fait lui-même dont il dépose, et qu'il affirme : M. le Maréchal Bazaine lui a ordonné de faire, le 26, réunir tous les drapeaux, afin qu'on les brûlât le 26.

Vous parlez de contre-ordre. Mais lisez donc l'instruction! On a demandé au général Soleille si un contre-ordre avait été donné. Il a répondu : Non! non!

Le Maréchal Bazaine a su que le 27 on n'avait pas exécuté ses ordres ; aussi il en a donné de nouveaux.

Aussi, le 27, il a écrit une première lettre ; aussi le soir,
vers trois ou quatre heures, il en écrit une nouvelle ; et
sur cette nouvelle lettre et sur celle du général Soleille,
l'incinération d'un drapeau a eu lieu le soir. Qu'il soit
de cavalerie ou d'infanterie, qu'est-ce que cela fait ? Ce
sont les couleurs de la France.

Vous dites que celui qui a signé le procès-verbal
n'avait pas qualité. Qu'est-ce que cela me fait ? Le drapeau a été brûlé par ordre du Maréchal, cela me suffit.
Quand je vois que, le 28, les drapeaux de la garde sont
brûlés, parce qu'ils arrivent d'assez bonne heure, plus
tôt que les autres, avant les réclamations prussiennes,
tout est dit ; je n'ai plus à discuter, et, quand on contredit
ces faits, on contredit l'évidence ! Quand on veut produire la lumière, il faut expliquer comment, si la lettre
adressée au colonel de Girels et datée du 27 avait été
écrite d'après les ordres du Maréchal, il se ferait qu'elle
ne fût arrivée que le 28, quand elle était prête depuis le
27 au matin. Il faut expliquer comment le général Soleille, à deux heures, quand la lettre du colonel de Girels
était prête, a encore affirmé aux généraux d'artillerie que
les drapeaux seraient brûlés. Allons, allons, que voulez-
vous, il y a des limites à tout : nous pourrions plaider
ainsi pendant huit jours encore, vous, affirmant que je
n'ai que le mensonge et que vous seul avez la vérité,
moi, affirmant que la vérité s'en va et que les imaginations prennent sa place. Il faut en finir. Le Conseil sait
à quoi s'en tenir, c'est évident, et quand on me demande : — Mais comment, pourquoi, à quelle occasion,
le 28, avez-vous averti le colonel de Girels? Comment
le Maréchal a-t-il envoyé cet ordre? — Je réponds : Par
cette excellente raison que la lettre du général Stiehle
était arrivée au général Jarras, qu'elle déclarait que si
tous les drapeaux qui étaient à l'armée n'étaient pas
immédiatement conservés, la capitulation n'aurait pas
lieu. Il a bien fallu alors, Messieurs, se soumettre de
la façon la plus lamentable, mais la plus nécessaire.

J'en ai fini avec les drapeaux. Un mot sur les qualifications, et je touche au terme. Ce que je fais devant vous, ce n'est pas mon travail, c'est le travail de l'accusation ; je l'ai suivie pas à pas, j'ai noté ses mots, et j'ai oublié bien des vivacités de sa parole : quand elles ne touchent que moi, cela m'est égal, mais je pourrais peut-être les lui reprocher quand elles touchent le malheureux Maréchal, qui est ici.

Le ministre public a-t-il même essayé de me répondre sur la capitulation en rase campagne? Non, il dit que le camp retranché ne peut être confondu avec la forteresse : est-ce que j'ai jamais prétendu cela? Il dit que le camp retranché se construit d'ordinaire pour permettre à des troupes de s'y reposer momentanément : est-ce que j'ai dit le contraire? Il est facile de combattre ainsi ses adversaires ; quand ils vont à gauche, vous allez à droite, et vous ne les rencontrez jamais.

J'ai dit que, dans certaines circonstances, le camp retranché se confond avec la citadelle et la ville fortifiée. J'ai dit que la situation, à Metz, était absolument celle-là. J'ai dit que quand on ne peut pas sortir, que quand on ne peut pas aller se prendre corps à corps avec l'ennemi, on n'est pas en rase campagne? Il ne faut pas être savant, il ne faut pas avoir passé par l'École polytechnique pour comprendre ces choses-là. Assurément, je ne saurais dire comment il faut s'y prendre pour fortifier une position, je me garderais bien de l'essayer ; mais, pour comprendre que le camp retranché, qui aujourd'hui sert de lieu d'asile, peut demain matin servir d'annexe de la forteresse, et que l'armée du camp retranché deviendra garnison de la ville fortifiée, il suffit d'un entendement parfaitement ordinaire, et j'ai l'espérance que Dieu me l'a donné.

Il y avait deux zones, je vous l'ai montré ce matin, et le ministère public n'a pas répondu un mot à ce sujet. Je vous ai dit qu'on était dans un camp retranché, d'abord parce que cette annexe de la ville ne permettait

pas le combat en rase campagne, ne laissait pas aux
deux armées le moyen de se rencontrer; puis, parce
que les Prussiens s'étaient fortifiés. Je vous ai lu ce matin une traduction qui a été faite par ordre du Gouvernement français; je vous ai montré les trois positions,
la première position du combat, puis la position de retraite, et j'en ai conclu que les Prussiens étaient abrités
derrière ces remparts faits par eux, que ces remparts
étaient d'une puissance énorme, qu'ils étaient défendus
par 250,000 hommes, entendez-vous bien, et que, par
conséquent, quoique le périmètre fût immense, il était
facile de le défendre. Je vous ai dit encore que le
camp retranché, qui se trouvait immobilisé, si je puis
ainsi parler, par les travaux des Prussiens, l'était devenu également par les travaux que l'armée du Rhin
avait faits. Je vous ai rappelé qu'à compter du 29 août,
pendant les quinze jours qui, suivant l'accusation,
étaient les seuls dont on avait besoin, on avait fait
tous les travaux nécessaires. Je vous ai montré que,
lorsqu'il a été impossible de sortir, l'armée du Rhin
s'était fortifiée à son tour; qu'elle avait des positions
prises, des canons de position; qu'il y avait trois remparts chez les Prussiens, des remparts de notre côté;
par conséquent, il manquait cette facilité d'approche,
condition essentielle d'un combat en rase campagne.
Voilà à quels arguments il fallait répondre, voilà ce que
le ministère public n'a pas même essayé d'examiner. Et,
comme il s'est arrêté là, je m'y arrête à mon tour, en
terminant comme lui, avec les dernières invocations de
sa péroraison!

Il est temps que ce procès finisse. Ah! vous dites que
l'on pervertit tous les jours l'opinion publique! En vous
adressant à des feuilles qui rendent compte du procès,
vous avez fait entendre des paroles sévères. Au nom de
la justice la plus vulgaire, je vous le demande, quelles
sont donc les feuilles que vous avez lues et qui vous
blessent si fort? Comparez, recherchez les comptes ren-

dus des audiences ; demandez-vous de quel côté est la passion, de quel côté est l'égarement ou l'entraînement. J'aurais pu, c'était mon droit, c'était peut-être mon devoir, solliciter l'intervention du Conseil, et lui dénoncer des comptes rendus qui n'en étaient pas ; je m'en serais bien gardé ; car, ainsi que je le disais hier, je respecte la presse, même alors qu'elle s'est égarée, et je n'aurais pas voulu opposer une digue aux calomnies, aux insultes qui s'adressaient au Maréchal Bazaine. Je voulais qu'après votre verdict, on pût dire qu'on avait tout essayé ; qu'on avait tout tenté pendant trois ans ; que la calomnie n'avait jamais désarmé ; que l'outrage avait été versé à flots, et que cependant la vérité s'était fait jour.

Je me suis tu, et c'est l'accusation qui parle d'ardeurs ! Nous arrivons à un tel oubli des choses, que la victime est réputée le coupable. Passons.

Mon dernier mot sera aussi à l'adresse de ces soldats, de ces 140,000 jeunes gens à qui, pour apprendre la discipline, il faut montrer qu'un Maréchal de France est un traître ! Ah ! vous trouvez que l'exemple sera beau ! C'est ainsi que vous leur enseignerez le respect ; et, quand le plus haut grade de l'armée aura été déshonoré, vous pensez qu'ils obéiront aux généraux et qu'ils ne diront pas de cette armée : Tout le monde était pourri, puisque le premier de ses chefs était gangrené !

Laissez-moi vous dire qu'il y a, ce me semble, mieux à faire pour l'éducation de ces 140,000 jeunes gens, que vous évoquez ici ; ils servent au grand mouvement de votre péroraison. Ce qui serait mieux, à mon sens, ce serait de leur apprendre que la calomnie ne porte pas quand elle touche à des innocents ; que l'armée n'a pas à rougir, qu'elle peut toujours lever la tête ; que si celui-là qui fut l'un de ses chefs a été malheureux, il ne fut pas indigne ; que, si l'on a pu un instant le soupçonner, la lumière s'est faite et l'honneur de l'armée est sorti sauf de cette épreuve.

C'est un exemple moral qui en vaut un autre, et que je cite, pour terminer mon discours comme s'est terminé le réquisitoire de M. le Commissaire du Gouvernement.

Je m'arrête. Hâtez-vous, l'opinion publique vous demande une satisfaction que vous ne pouvez pas lui refuser. Le Maréchal Bazaine est innocent, il faut le proclamer bien vite. Insister davantage, ce serait blesser, Messieurs, j'oserais presque dire votre honneur. Lorsqu'on a suivi ce débat comme vous l'avez fait; quand tout a été vu, quand tout a été compris, quand l'évidence s'est faite, il ne faut plus perdre une minute, il faut que la vérité éclate, il faut que chacun sache que celui qui est devant vous est toujours le grand, le digne Maréchal Bazaine, que sa gloire est intacte. L'homme qui nous a donné vingt et un drapeaux ennemis; qui les a vaillamment conquis sur le champ de bataille; qui, lui, ne les a pas pris à des intendances, ces vingt et un drapeaux portés à l'hôtel des Invalides, il reste le vaillant soldat du pays !

J'ai dit. Je m'arrête; j'ai foi en Dieu, j'ai foi en la justice, j'ai foi en vous, et je ne crains pas une œuvre d'iniquité.

Avril 1880,

COUR D'ASSISES DE LA SEINE

AFFAIRE MARIE BIÈRE

PLAIDOIRIE DE Me LACHAUD

Pour Mlle MARIE BIÈRE

ACCUSÉE DE TENTATIVE D'ASSASSINAT

AFFAIRE MARIE BIÈRE

Président : M. le Conseiller BACHELIER.

Avocat général : M. LEFEBVRE DE VIEFVILLE.

Accusée : Mlle MARIE BIÈRE.

Avocat de Mlle Marie Bière : Me LACHAUD.

Le coup de pistolet tiré, rue Auber, par mademoiselle Marie Bière sur M. Gentien eut un grand retentissement en France et dans les pays étrangers. Mademoiselle Bière, connue sous le nom de Beraldi, était une artiste lyrique d'un grand talent. Elle appartenait à une famille des plus honorables.

Mademoiselle Marie Bière était jeune encore, elle avait à peine trente ans. Elle avait tiré trois coups de revolver sur son amant M. Gentien, jeune homme désœuvré et fort riche, pour le tuer et venger par sa mort l'abandon dans lequel il l'avait laissée après l'avoir rendue mère. M. Gentien fut blessé ; il reçut deux balles, l'une dans le bras, l'autre dans la jambe.

Les succès obtenus au théâtre par mademoiselle Bière, la réputation d'homme élégant que le monde avait fait à M. Gentien, donnèrent encore plus d'éclat à cette grave affaire.

On se demandait si notre Code, qui défend la recherche de la paternité, n'était pas la première cause de cette tentative d'assassinat ; la presse, s'emparant de cette idée, soutint une polémique ardente pour demander la réforme de notre Code.

L'acte d'accusation et la plaidoirie de la défense donnent tous les détails de cette affaire plus intéressante qu'un roman, car les faits dramatiques, qu'ils exposent, ont le grand avantage d'être vrais.

Mademoiselle Bière confia sa défense à Mᵉ Lachaud. Il mit dans sa plaidoirie toute la chaleur de son cœur, toute l'ardeur de son âme généreuse, et cette affaire fut pour lui l'occasion d'un des plus grands succès oratoires qu'il ait jamais obtenus.

Lorsque l'acquittement fut prononcé, de nombreux et bruyants applaudissements se firent entendre et il y eut dans toute l'audience un tumulte indescriptible. Les journaux, qui rendirent compte de cette affaire, disent que Mᵉ Lachaud fut acclamé quand il sortit du palais.

Ce grand succès devait être un de ses derniers ; la mort trop pressée devait l'enlever deux ans plus tard à l'affection et à l'admiration de tous.

Le jour de l'audience, le prétoire fut envahi par cette grande foule qu'attirent toujours les affaires dans lesquelles les choses du cœur ont la première place. On remarquait, assis derrière le Président, tous ceux qui font profession d'analyser le cœur et d'en faire sentir les battements aux lecteurs curieux d'idéal, et parmi eux nos romanciers et nos philosophes les plus célèbres : M. Alexandre Dumas fils, M. Belot, M. Ludovic Halévy.

Après la lecture de l'acte d'accusation, mademoiselle Bière fut interrogée par M. le Président. Sa tenue, pendant le long interrogatoire, fut simple et naturelle quoique énergique ; elle lui concilia tout d'abord la sympathie de tous.

Après l'audition des témoins et le réquisitoire de M. l'Avocat général, la parole fut donnée à Mᵉ Lachaud.

Avant de lire sa plaidoirie il faut prendre connaissance de *l'acte d'accusation, le voici :*

Marie Bière, connue dans le monde artistique sous le nom de Maria Beraldi, est née à Bordeaux en décembre 1848 de parents honorables, mais peu aisés. Ses aptitudes musicales s'étaient révélées de bonne heure et ses études ont été dirigées dès son jeune âge vers la carrière lyrique. Venue à

Paris en 1867, elle est entrée l'année suivante au Conservatoire, qu'elle a quitté à la fin de 1873; puis, à partir de cette époque, elle a chanté dans des concerts en province, au théâtre Lyrique et aux Italiens. Ambitieuse, fière, d'un caractère exalté et romanesque, elle paraît, si l'on en croit les renseignements recueillis par l'information, avoir résisté dans cette période de la vie aux tentations de toute nature auxquelles l'exposait sa situation.

Au mois de septembre 1877, accompagnée de sa mère qui ne la quittait jamais, elle se rendit à Biarritz et y demeura quelque temps. Pendant son séjour dans cette ville elle rencontra M. Robert Gentien, riche propriétaire du Bordelais, habitant ordinairement Paris, où il menait l'existence facile des désœuvrés. Ce jeune homme, alors âgé de trente ans, s'attacha à ses pas et leurs rapports prirent presque tout de suite un caractère d'abandon tel, que la mère de l'accusée crut devoir avertir sa fille des dangers de cette familiarité. Marie Bière n'écouta rien. De retour à Paris, elle alla librement au rendez-vous qu'elle avait accepté longtemps à l'avance et devint la maîtresse de M. Robert Gentien. De l'aveu même de l'accusée, sa chute ne peut être attribuée à des promesses fallacieuses de mariage; elle reconnaît qu'elle a cédé aux entraînements d'une violente passion.

Les relations, commencées au mois d'octobre, demeurèrent d'abord secrètes; la révélation, qui en fut faite peu après aux parents de Marie Bière, obligea l'accusée à se séparer de sa famille. Cet incident mécontenta M. Robert Gentien. Déjà fatigué d'une liaison qu'il croyait devoir être passagère, il chercha sinon à la rompre, au moins à en relâcher les liens. Au mois de janvier 1878 il partit pour un grand voyage et persuada à Marie Bière d'aller à Bruxelles où un engagement lui avait été ménagé par un agent théâtral.

A peine arrivée, l'accusée, qui avait déjà éprouvé des craintes dont elle avait fait part à son amant, acquit la certitude qu'elle était enceinte. Elle perdit sa voix; elle dut renoncer au rôle qu'on lui avait destiné et après avoir habité quelques jours avec une amie, retourna à Paris. M. Robert Gentien revint lui-même au mois de mai. La grossesse de sa maîtresse lui avait causé une profonde irritation; non seulement il refusa de donner son nom à l'enfant, mais encore il manifesta contre lui, par avance, une répulsion que sa naissance n'a pas affaiblie. L'accusée prétend même qu'il lui avait donné le conseil de se faire avorter, et lui aurait indiqué un médecin disposé à l'assister dans sa criminelle entreprise. Quoi qu'il en soit, Marie Bière accoucha, le 4 octobre, d'une fille et la plaça en nourrice à Saint-Denis.

Depuis son retour à Paris, M. Gentien avait renoué ses rapports avec l'accusée, mais ses visites étaient de plus en plus rares ; il s'absentait souvent et sa froideur provoquait des discussions entre eux. Au mois d'avril 1879, l'enfant mourut subitement. Marie Bière avait toujours témoigné pour sa fille un amour presque excessif; la douleur qu'elle ressentit, augmenta son exaltation; s'imaginant qu'elle aurait conservé son enfant si elle ne l'avait pas éloignée, elle adressa les plus sanglants reproches à M. Gentien, qui avait exigé cette séparation. Celui-ci ayant à ce moment réduit de 500 francs à 300 francs la pension mensuelle qu'il servait à l'accusée, Marie Bière, froissée de ce procédé et voyant son amant lui échapper, fit entendre des plaintes amères. Les querelles devinrent plus fréquentes et plus pénibles. A la fin du mois de juin, une dernière scène eut lieu; l'accusée voulut se tuer aux pieds de M. Gentien, et il eut beaucoup de peine à lui enlever et à emporter son revolver. A dater de ce jour la rupture fut complète. Un peu plus tard, Marie Bière apprit qu'elle était remplacée par une autre femme. Irritée de cet abandon, blessée dans son amour maternel et peut-être déçue dans ses projets d'avenir, l'accusée songea à se venger en donnant la mort à son séducteur. On a trouvé à son domicile un carnet sur lequel elle consignait ses impressions. On y voit grandir presque chaque jour la pensée homicide dont elle était obsédée.

Au mois d'octobre, elle écrivit à M. Gentien et lui demanda en sus des 300 francs qu'il continuait à lui envoyer chaque mois, une somme de 3,000 francs pour s'installer, disait-elle, comme maîtresse de musique; elle le menaçait en même temps, en cas de refus, de révéler sa conduite à sa famille. La réponse hautaine et méprisante qu'elle reçut, redoubla sa fureur et rendit sa résolution définitive. Afin de mettre son dessein à exécution, elle acheta au mois de novembre un revolver avec des cartouches, et elle s'exerça chez elle à se servir de son arme.

Ces préparatifs achevés, elle se rend à la fête donnée à

l'occasion des inondations de Murcie. Elle sait devoir y rencontrer son ancien amant; mais la foule l'ayant empêchée de s'approcher de lui, elle doit ajourner ses projets meurtriers. Le 1ᵉʳ janvier 1880, elle trace au dos d'une photographie de M. Gentien, saisie depuis chez elle, ces mots significatifs : « Robert Gentien, condamné à mort par moi, Marie. » Déjà antérieurement, elle avait écrit derrière son propre portrait enfermé dans un coffret, à côté de celui de sa fille : « Je donne ma vie et celle de son père à ma fille morte. — Marie Bière. »

Les 5 et 6 janvier elle va se placer, vers cinq heures du soir, blottie dans une voiture, rue Auber, devant la maison habitée par son amant, et elle le guette pendant plusieurs heures sans pouvoir le rejoindre. Le 7 dans la soirée, elle revient au même endroit. Vers huit heures et demie, elle voit sortir M. Gentien. Il accompagne une femme qu'il quitte bientôt. L'accusée s'élance alors et tire sur lui successivement, presque à bout portant, trois coups de revolver. L'un l'atteint dans le dos, l'autre à la jambe droite et le troisième ne porte pas.

Arrêtée immédiatement et désarmée par des passants, Marie Bière a reconnu son crime sans manifester aucun repentir, regrettant de n'avoir pas réussi, et annonçant le projet de renouveler sa tentative dès qu'elle le pourrait. Depuis elle est revenue à des sentiments plus calmes.

Dans ses interrogatoires, au cours de l'information, elle a déclaré avoir renoncé à ses pensées de vengeance.

Les blessures de M. Gentien ont été graves; sa vie a été en danger. Il paraît aujourd'hui à peu près rétabli; mais sa santé exigera dans l'avenir de grands ménagements.

L'état mental de l'accusée a été l'objet d'un examen médical. Les hommes de l'art ont constaté que l'exaltation de son esprit ne lui avait pas fait perdre la conscience de ses actes et qu'elle devait en être considérée comme responsable.

En conséquence, etc...

PLAIDOIRIE DE Me LACHAUD

Messieurs,

Je n'ai jamais connu de femme plus malheureuse, plus digne de pitié que ma cliente! Elle avait les sentiments les plus droits, les passions les plus généreuses ; elle aimait le bien. Et la voici sur ce banc des accusés, désolée, tombée, n'ayant plus d'espoir en ce monde.

Comment donc une nature bonne, douce, si bien douée, a-t-elle pu changer ainsi ? A-t-elle voulu dans un sentiment mauvais commettre un crime, ou, sous l'accablement du désespoir, de la douleur la plus profonde, a-t-elle cédé à un entraînement terrible? La question est digne de vous, Messieurs les jurés. Je vous montrerai d'où est venu tout ce malheur, qui l'a causé, et j'espère qu'après m'avoir entendu, vous tendrez la main à cette jeune femme pour l'aider à se relever !

Faisons cette étude ; je vous assure qu'elle est intéressante.

Marie Bière est la fille de parents les plus honorables. Son père est depuis vingt-sept ans employé au chemin de fer du Midi. Il y est entouré de la plus grande considération. On vous a dit qu'il n'était rien dans la famille.... Je n'ai pu juger de son intelligence, je l'ai vu dans les larmes, mais je réponds de son cœur.

La mère ! vous avez été dur, M. l'Avocat général, pour cette pauvre femme. N'est-elle pas assez à plaindre, elle, si sévère sur l'honneur ? On dit qu'elle a été folle; c'est vrai. J'en appelle à votre cœur, était-il nécessaire de rappeler la prévention qui un moment a pesé sur elle ? Voici les faits : Un jour, dans un magasin, elle prend une paire de gants, croit l'avoir payée

et s'en va. Elle est examinée par des médecins alié-
nistes ; ils déclarent qu'elle a agi inconsciemment, et
l'affaire n'eut pas de suite.

Marie Bière a été pendant longtemps la jeune fille la
plus honnète. Est-ce que les trente-sept témoignages,
entendus à la requête de M. l'Avocat général, ce dont je
le remercie, n'en donnent pas une preuve suffisante ?
Ils sont tous unanimes à dire le plus grand bien de
l'accusée. Oui, elle a vécu de la vie des artistes ; et l'on
ne pourrait vivre au milieu d'eux et traverser impunément tant de périls ! Eh bien ! raison de plus pour la
féliciter d'avoir passé à côté du vice sans le regarder et
sans courir aucun danger.

On a fait venir de Lyon mademoiselle Bernardi qui,
au point de vue de la morale, n'a pu rien dire, mais qui
a accusé mademoiselle Bière d'orgueil. A l'audience
cette demoiselle a paru étonnée de sa déclaration écrite.
M. Samuel David, le compositeur, a tout expliqué en disant que « les manières de mademoiselle Bernardi ne
« pouvaient convenir à mademoiselle Bière. »

On a interrogé une vieille femme de Bordeaux, madame
Ripalmondi, malade et folle. On a lu sa déposition.
Toutes les choses qu'elle rapporte ne sont que les ra-
contages misérables d'un petit quartier de Bordeaux.
Mais, ajoute madame Ripalmondi, « j'ai toujours consi-
« déré ces propos comme des commérages. » Eh bien !
n'en parlons plus.

Voici le passé de mademoiselle Bière ; je ne crois pas
avoir jamais défendu une accusée qui en eût un semblable.

Elle est venue à Paris et est entrée au Conservatoire.
Elle a du talent ou plutôt, la malheureuse, elle en avait ;
la mère a perdu sa fille, l'artiste a perdu sa voix. Je
n'ai pas à rechercher la mesure de sa valeur artistique,
mais on ne saurait la contester.

Tous sont d'accord sur ce point qu'elle n'était pas
dénuée de l'intelligence de la musique et qu'elle aimait

le travail. Elle espérait un prix ; elle n'eut qu'un accessit et elle offrit sa démission.

Elle donna des concerts en province et eut à Bordeaux un succès énorme. M. Ambroise Thomas l'avait adressée à M. Brochon, maire de Bordeaux et grand amateur de musique. M. Brochon écrit à M. Ambroise Thomas pour le remercier et il il lui dit :

« Bordeaux, 19 janvier 1873.

« Bien cher et illustre ami,

« J'ai hâte de vous dire, — redire plutôt, car vous avez
« dû recevoir ma dépêche — le succès complet de votre
« bien intéressante recommandée.

« Mademoiselle Bière avait à se défier même de son
« titre d'enfant de Bordeaux, même de sa jeunesse et de
« ses qualités physiques, car cet immense auditoire (il
« y avait salle comble : 1,800 personnes sur lesquelles
« au moins 1,200 dames) se défie de tout, est en garde
« contre tout ce qui pourrait l'impressionner, l'entraî-
« ner, en dehors du talent. Mademoiselle Bière a vaincu
« toutes les difficultés, franchi tous les obstacles, fondu
« tous les glaçons. Sa grâce, sa simplicité, son char-
« mant naturel, l'aimable sourire de sa jolie bouche :
« tout cela d'abord et puis, bientôt, l'adorable justesse,
« la légèreté de sa jolie voix, la merveilleuse netteté
« de son articulation, toutes ces heureuses qualités,
« bien dirigées par son intelligence et de parfaites
« leçons, ont pris notre exigeant public par les yeux
« et par les oreilles, et voilà que les rappels, les applau-
« dissements redoublés ont fait à la jeune artiste une
« véritable ovation. »

A M. Ambroise Thomas M. Darney écrivait aussi :
« Mademoiselle Bière a pleinement justifié la recom-
« mandation que vous avez faite. Son double mérite
« d'habile chanteuse et de bonne musicienne la fera bien
« vite parvenir au sommet artistique. »

Ainsi la beauté, le charme, le talent, la vertu, tel était son lot.

Au commencement des faits qui vont se passer, mademoiselle Bière a été engagée par M. Humbert, sur la demande de M. Samuel David, aux appointements de 1,000 fr. par mois. M. l'Avocat général a parlé de chiffres, en voici. Tel était l'avenir de mademoiselle Bière lorsqu'elle partit pour Biarritz. M. Gentien lui reproche d'avoir été coquette ; sur ce point comme sur les autres il se défend mal. En honnête homme, M. Aucoin, avocat du barreau d'Auch, depuis longtemps l'ami le plus correct de mademoiselle Bière, s'est aperçu des désirs de M. Gentien qu'il connaissait aussi et il lui disait alors un mot que je vous prie de ne pas oublier : « Oh ! mon cher, vous en serez pour vos frais, vous ne réussirez pas.... »

Il a cependant réussi, cette sorte de don Juan. Mais par quels moyens ? Monsieur l'Avocat général, vous n'avez pas étudié l'origine de cette liaison ; nous allons en refaire l'histoire.

Si j'accablais cet homme, je ne serais vraiment pas généreux ; mais je dois le dépeindre en quelques traits rapides : léger, égoïste, ne comprenant la vie que pour le plaisir, ayant horreur de ce qui constitue une charge ou un devoir, Robert Gentien appartient à une classe d'hommes qui n'aiment que les liaisons passagères ; l'amour, pour lui et ses pareils, c'est la possession matérielle d'une femme. Voilà la tendresse de ces messieurs, et quand par malheur ils rencontrent, au lieu d'une fille, une femme de cœur, ils en éprouvent de l'ennui ; s'ils ont quelque goût pour elle, ils appellent cela « s'emballer », et c'est ici, dans cette austère enceinte, qu'ils s'expriment ainsi !

M. Gentien s'est emballé sur Marie Bière. Elle était honnête ; elle lui a résisté d'abord, et quand elle s'est enfin donnée à lui, elle l'a fait avec cette conviction que cet amour serait sérieux, sincère et digne d'un galant homme.

28

M. l'Avocat général a parlé de projets ambitieux, et il lui a semblé étrange, inadmissible, que cette jeune fille de bonne famille, artiste de talent et pleine d'avenir, ait pu jamais espérer devenir madame Gentien ; pour lui, les convenances et la différence de fortune devaient mettre un obstacle infranchissable à cette union !

Je plains sincèrement l'accusation de ne pas comprendre qu'un homme jeune, indépendant, maître d'une fortune évaluée à plus de 80,000 francs de rente, a parfaitement le droit de donner son nom à une femme estimable, s'il l'a aimée et s'il l'a rendue mère !

Mais M. Gentien, joli garçon, élégant, emploie ses loisirs à séduire les femmes. Il a trouvé cette malheureuse et il a profité d'une heure de défaillance. Ah ! que les autres accablent mademoiselle Bière, moi je n'ai que de la pitié pour elle.

Elle parlerait mieux que moi sur ce sujet : « Je n'étais « plus jeune, dit-elle, j'étais à Biarritz ; tout le monde « s'aimait autour de moi dans cette splendide na- « ture ;…. j'ai cédé…. et j'ai été une fille déshonorée. »

Elle avait des succès, mais cela ne lui suffisait pas ; elle sentait l'ennui envahir son cœur ; elle rêvait un amour honnête, sincère, sérieux. Son malheur est d'y avoir cru. Mais que voulez-vous ?

Cette liaison n'a pas été une aventure inavouable. Il y a des lettres qu'il faut lire. Pour la première fois de sa vie M. Gentien a fait une cour en règle. Vous comprendrez d'après ces documents ce que mademoiselle Bière a pu espérer. Écoutez la première lettre que M. Gentien lui a écrite.

« Octobre 1877. Château de Tustal.

« Ma chère miss Fauvette,

« Je n'ai voulu vous écrire que rentré dans mon beau « Tustal, car c'est là que dès mon enfance ont com- « mencé toutes mes joies comme aussi toutes mes peines.

« Le pays est splendide et porte à la rêverie ; on y
« respire le grand air à pleine poitrine, et le cœur con-
« tent, on s'y croit le maître des hommes et de leurs
« compagnes.

« Plus je songe aux beaux jours que nous avons pas-
« sés ensemble, et plus, ma chère amie, je sens tout ce
« que je vous dois de reconnaissance pour votre char-
« mant accueil.

« J'étais bien seul quand je vous ai connue, et main-
« tenant que de beaux rêves ! que de belles pro-
« messes !

« Vous êtes, sans flatterie aucune, la femme la plus
« adorable que j'aie jamais rencontrée. Tout en vous
« est *honnête*, sympathique et *généreux*. J'ai connu bien
« des jeunes filles dans le monde : aucune d'elles n'é-
« tait aussi bien douée que vous ; je vous le jure, vous
« êtes un petit phénomène !

« Aussi avec quelle joie je vous retrouverai le 16 !
« Auprès de vous *je me sens meilleur* et me *relève à mes*
« *propres yeux.*

« J'ai gardé de notre dernière journée un souvenir
« délicieux ; j'étais comme imprégné d'un parfum eni-
« vrant qui me donnait, comme aux fumeurs d'opium,
« *les songes les plus exquis !!!.* etc., etc.

« Pensez-vous quelquefois à la soirée de Saint-Sébas-
« tien ?...... à ce premier baiser *si désiré* et *tant de fois*
« *refusé ?*

« Courage, ma chère Fauvette, et croyez en moi et
« l'avenir nous appartient !

« Vous n'aurez pas d'ami plus sérieux, plus recon-
« naissant et, si je puis vous donner un peu de bonheur,
« je le ferai de grand cœur.

« Adieu, ma chère amie. Ne m'oubliez pas auprès de
« votre sœur qui, je l'espère, deviendra bientôt notre
« amie, et recevez mille bons baisers de votre tout dé-
« voué,

« Gentien. »

Est-ce que nous sommes ici dans ce monde galant où
M. Gentien peut être, comme il le dit sans cesse, si « galant
homme » ? Il fait là une déclaration d'amour à une
jeune fille honnête. Il l'aime pour son honnêteté, pour
sa générosité. Il est meilleur depuis qu'il la connaît, il
se relève à ses propres yeux.

Cette lettre n'est pas la seule. Non, mademoiselle
Bière n'a pas cru que dans cette liaison il n'y eût que
du plaisir. Le bonheur ou le poison s'est distillé dans
son âme. Écoutez encore.'

« 7 octobre 1877.

« Ma chère Fauvette,

« Une fois ma lettre partie, je craignais fort que vous
« ne la trouvassiez trop sérieuse, et cependant j'avais
« besoin de vous parler sérieusement.

« J'étais d'autant plus imbu de cette idée que vous
« me connaissez assez pour me donner le droit de
« vous parler sérieusement et que nos situations réci-
« proques m'en faisaient un devoir.

« Je suis trop homme de cœur pour ne pas com-
« prendre combien est gros le sacrifice que vous êtes
« sur le point de me faire, et j'étais désireux, tout en
« en profitant, de vous faire comprendre que vous
« n'avez pas affaire à un ingrat.

« J'avais hâte aussi de recevoir votre réponse, bien
« que j'en pressentisse la pensée.

« A bientôt donc, ma chère mignonne ; que j'ai hâte
« de vous revoir ! Je me fais une fête de ce bon tête-à-tête
« que nous avons bien gagné par la réserve constante
« que nous imposait la présence continuelle de ma-
« dame votre mère.

« J'ai tant de choses à vous dire ! etc., etc.

« Tout à vous de cœur,

« ROBERT. »

C'est bien clair, n'est-il pas vrai?... mais si je me com-
plaisais dans cet ordre d'idées, je pourrais multiplier
les citations.

Donc, on s'aime d'un amour sérieux, honnête. Il n'y a
pas eu promesse de mariage, c'est vrai. Elle l'avoue.
Elle vit donc loin de cet amant chéri qui n'a encore
que son cœur. C'est un roman qui commence. On s'est
donné rendez-vous à Paris pour le 16 octobre. Elle a
confiance. « *Toujours le 16, coûte que coûte, lui écrit*
« *M. Gentien, j'en assume toute la responsabilité, foi de*
« *galant homme !* »

Elle y va, trompant sa mère. M. Gentien la prend, la
conduit dans sa maison; elle est à lui. Il n'y a pas violence; cette femme a été séduite, voilà tout. Elle a
donné tout son cœur, toute sa passion, toute son
ardeur.

Marie Bière pouvait-elle croire, je vous le demande,
que M. Gentien allait la prendre comme une maîtresse
à la nuit? Vous avez dit, Monsieur l'Avocat général, je
le sais bien, « ce n'était plus une ingénue, elle avait
« vécu dix ans dans le monde des théâtres, elle devait
« savoir ce que M. Gentien attendait d'elle. » Messieurs,
en êtes-vous bien sûrs? Vingt-huit ans! C'était son âge
alors. C'est pour la femme, frémissante de passions
contenues, l'âge le plus propice aux amours éternelles !

Marie Bière est une femme éperdument éprise. Cependant elle comprend qu'elle doit travailler, et elle
se prépare à partir pour Bruxelles tandis que son
amant ira en Algérie. Elle est fière de travailler, et
heureuse d'éprouver les joies du cœur. Mais M. Gentien
en avait déjà assez. Le triomphe l'avait complètement
rassasié.

De Florence le 17 janvier 1878, il écrit cette lettre
que l'on croirait adressée à une maîtresse d'un jour.
C'est un premier congé qu'il va donner à cette pauvre
femme.

« Florence, 17 janvier 1878. Dimanche soir.

« Ma chère Mignonne,

« Comment vous trouvez-vous? Êtes-vous satisfaite
« de votre nouvelle existence? et les répétitions?

« J'ai bien regretté de vous voir si désolée de cette
« pénible séparation ; mais par contre, je vous serai
« toujours reconnaissant d'avoir *pu vous inspirer d'un
« si grand sentiment.*

« Vous voilà garçon, libre comme l'air, maîtresse de
« vous-même et bientôt d'un public idolâtre et ravi. Ce
« sont là les beaux côtés de la carrière difficile que
« vous avez embrassée. Vous en avez subi patiemment
« les côtés difficiles. A bientôt les triomphes, que je vous
« souhaite de tout mon cœur.

« Quant à nous, nous faisons un voyage admirable.

« Partis de Paris le 14 au soir en sleeping-car, nous
« avons passablement dormi. Après avoir plantureuse-
« ment déjeuné à Marseille, nous arrivons à six heures
« à Monte-Carlo, notre première étape.

« Après dîner nous avons été dans le salon de jeu,
« et aussitôt j'ai mis un louis sur le numéro 32, chiffre
« de mon âge, qui est sorti à la roulette, à la stupéfac-
« tion de mes collègues. On m'a remis trente-cinq fois
« ma mise. Vous entendez leurs exclamations de :
« Veinard ! etc.

.   .   .   .

« Mille bons baisers.

« ROBERT. »

Cela lui avait suffi à lui; elle, elle n'a rien compris à
ce qui se cachait sous ces phrases. Elle a commencé
ses répétitions, écrivant tous les jours à M. Gentien,
ui n'a gardé que deux ou trois lettres dans lesquelles
il est question d'argent. Les lettres d'amour et celles
où il est question d'avortement, il les a brûlées.

Marie Bière est donc à Bruxelles, et voilà qu'elle s'aperçoit qu'elle est enceinte..... Tout à coup sa voix s'altère. M. Humbert, le directeur, s'effraye; il prévient le compositeur, qui interroge mademoiselle Bière: « Qu'avez-vous ? » Elle ne sait. Elle fait des efforts surhumains. Sa voix baisse de plus en plus. Elle soupçonne l'affreuse vérité. Enfin elle l'exprime : « Ne serais-je pas enceinte ? » Elle perd sa situation. Mais M. Gentien ne voulait pas d'enfant, ce serait vraiment chose ridicule; on rirait à son cercle! il déclare que les amours ne se continueront qu'à une condition : pas d'enfant.

Ah! pourquoi M. Gentien n'a-t-il pas conservé les lettres écrites par mademoiselle Bière à cette époque? Pour lui complaire celle-ci se livra à des manœuvres repréhensibles sans être criminelles. C'est qu'elle est partagée entre deux sentiments : l'amour de Gentien et l'amour maternel.

Elle commence alors cette comédie de lettres dans lesquelles elle parle d'une sage-femme qui aurait essayé de la faire avorter. Il est évident que M. Gentien a encouragé tout ce qu'a fait mademoiselle Bière. Il n'a eu de sévérité contre les avortements que quand il a appris qu'ils n'avaient pas réussi. Il ne s'indigne pas de l'acte de sa maîtresse, il l'en remercie. Il écrit de Naples :

                    « Naples, 30 janvier 1878.

« Votre lettre me parvient ici, ma chère amie; nous
« avons quitté Rome depuis deux jours : c'est ce qui
« vous expliquera le retard de ma réponse.

« Je ne suis pas content de vous : vous n'êtes pas
« assez énergique. Du reste, trêve de sermon. J'espère
« que maintenant *toute inquiétude est dissipée et que le*
« *trouble général n'était dû qu'aux fortes émotions que*
« *vous avez éprouvées ce mois-ci.*

« Si le contraire existait, bon courage, ma pauvre
« amie! De loin ou de près, JE SUIS LA.

« Mais surtout du calme, soyez toute à votre art, et
« ne vous inquiétez de rien.

« Mille baisers.

« ROBERT. »

Voyez cette autre lettre à la date du 20 février. Il
croit que c'est fini. Nous allons arriver à Paris où nous
aurons la démonstration complète; mais, dès cette
époque, la lumière est déjà faite.

« Bône, 20 février 1878.

« Ma chère Mignonne,

« Cette lettre, que j'attendais avec la plus vive impa-
« tience, était heureusement arrivée à Tunis avant
« nous.

« Hélas ! ma chère amie, je suis vraiment navré de
« tous *les ennuis que je vous cause. Combien vous devez*
« *me maudire !* Et pourtant vous savez si j'étais soucieux
« de votre avenir et de ce début dont il dépend.

« Il ne m'appartient pas de vous dire ce que je pense
« de la grosse détermination que vous avez prise. *Votre*
« *âme généreuse* vous a peut-être entraînée un peu loin.
« Mais ma lettre arrivera trop tard pour y *rien chan-*
« *ger;* ce qui est fait est fait. Surtout dans votre inté-
« rêt personnel, n'en laissez rien transpirer. Ce serait
« vous compromettre inutilement.

. . . .

« Adieu, ma chère amie, et mille bons souvenirs ; je
« fais tous les vœux possibles pour que votre prochaine
« lettre vienne m'apprendre toute cessation d'ennuis et
« d'inquiétudes.

« ROBERT. »

C'est clair ; qu'est-ce que je veux prouver ? qu'à
Bruxelles elle s'est martyrisée pour obéir à cet homme.
Écoutez cette autre lettre du 12 mars 1878 :

« Pauvre amie, je ne m'attendais pas à toutes ces
« complications, et combien je compatis à toutes vos
« souffrances !

« Votre lettre me fait faire d'amères réflexions et j'en
« arrive à me trouver bien coupable d'être venu troubler
« votre douce quiétude sans pouvoir, aujourd'hui, vous
« donner toutes les compensations que vous êtes en
« droit d'attendre.

« Décidément votre mère avait peut-être raison : je
« suis votre mauvais génie et, au lieu de faciliter votre
« carrière comme j'aurais tant voulu le faire, c'est moi
« qui vous arrête sur le premier échelon !

« Je ne comprends pas, par exemple, que l'on vous
« ait martyrisée pour n'obtenir aucun résultat. Cette
« industrie-là devrait être sévèrement punie.

« ROBERT. »

« Brûlez avec soin toute cette correspondance ; vous
« ne savez pas tous les ennuis que nous pourrions en
« avoir. »

Ainsi il n'a pas blâmé sa maîtresse d'avoir tenté un
avortement ; il lui parle de sa générosité ; il espère que
tout est fini, et, si la chose n'a pas réussi, c'est bien
mal à la police de tolérer de pareils établissements.

Mais, si l'on n'avait pas obtenu l'avortement à
Bruxelles, c'est qu'on ne l'avait pas voulu. M. Gentien,
arrivé à Paris, envoie mademoiselle Bière chez le médecin ; il exige, il ordonne.

Dans l'instruction mademoiselle Bière a raconté les
faits :

« Elle était enceinte de quatre mois. Il me dit : Vous
« ne pouvez pas rester dans cette situation ; cet enfant
« ne serait jamais rien pour moi. Il faut que vous vous
« en débarrassiez. Vous irez chez tel médecin dont vous
« aurez l'adresse chez tel pharmacien. Vous lui direz
« que vous êtes artiste et que votre carrière serait

« brisée par la naissance d'un enfant. Il vous donnera
« une potion, vous serez délivrée, comme l'a été déjà
« l'une de mes maîtresses ; sans me nommer vous lui
« direz qu'il m'a déjà rendu service. »

« Pendant qu'il me parlait, j'ai senti tressaillir mon
« enfant : « Robert, lui dis-je, c'est un avertissement
« de Dieu, je le sens ; non, je ne le tuerai pas. — Je vous
« abandonnerai..... Si vous m'aimez, prouvez-le-moi. »

Contrainte, la malheureuse femme va chez le médecin non pour se faire avorter, mais pour obéir à celui
qu'elle aime. Telle est son accusation. A l'appui de
son affirmation elle apporte des preuves : la scène
avec le médecin et ses confidences à plusieurs témoins.

Est-il vrai que M. Gentien lui ait indiqué le médecin ?
Lui-même le reconnaît. Pourquoi faire ? Ah ! dit M. Gentien, « je ne pouvais l'envoyer ni à son médecin ni au
« mien. » Mais pourquoi ce médecin d'une spécialité
notoire ? vous avez la main malheureuse, Monsieur
Gentien !

Vous n'avez pu l'envoyer chez un médecin que dans
un mauvait but. Enceinte de quatre mois d'ailleurs, .
non malade, elle n'avait pas besoin de voir un médecin.
Vous ne pouviez l'envoyer auprès d'un médecin que
pour un avortement. Le choix du médecin ne permet
plus d'avoir aucun doute.

La police dit que ce médecin serait originaire de la
Prusse et qu'il aurait acheté un diplôme à l'étranger.
Voilà chez quel homme M. Gentien envoie sa maîtresse.
C'est l'évidence ; et que s'est-il passé chez M. Rouch ?

Il a trouvé la proposition toute simple, toute naturelle. Marie Bière a raconté l'entretien. Il a d'abord
demandé de 1,500 à 2,000 francs ; apprenant ensuite
qu'elle était artiste, il l'a priée de se mettre au piano
pour l'accompagner et il a chanté un morceau de Guil-
laume Tell. Après avoir chanté le médecin a déclaré
qu'il ferait l'opération pour rien.

Le médecin ne nie pas cet entretien ; il allègue seulement qu'il a voulu temporiser et effrayer mademoiselle Bière pour qu'elle n'allât pas ailleurs. Enfin, heureusement, aucun crime n'a été commis ; mais admettez-vous que tout cela se soit passé sans la connivence de M. Gentien ? Pour le faire reculer mademoiselle Bière lui a indiqué la somme de 3,000 francs. L'excuse me paraît excellente. On a pris des renseignements sur M. Gentien. Dans le monde galant il a la réputation d'être très intéressé. Enfin on s'accorde à lui prêter un caractère très personnel.

Sa principale préoccupation était d'éviter tout ce qui pouvait déranger ses habitudes et lui causer une émotion.

Ecce homo !

Qu'importe au reste ce petit subterfuge de 3,000 fr. ? Il s'agit de savoir si M. Gentien a envoyé Marie Bière chez le médecin, si celui-ci ne lui a pas demandé une certaine somme pour l'avortement. Gentien et le médecin le reconnaissent.

Mademoiselle Bière a fait des confidences à des tiers : M. et madame Aubry. Ces concierges lui ont entendu dire : « Il est affreux, il est odieux. »

Cette malheureuse femme se réfugiait dans une loge de concierge. Là seulement elle rencontrait une véritable sympathie : « Il veut me faire avorter, répétait-elle en pleurant à madame Aubry. » Pourquoi a-t-elle tenu ce propos ? elle adorait alors M. Gentien. La concierge effrayée fait part de cette confidence à son mari, qui à son tour questionne Marie Bière : « Oui, « c'est vrai, mais je ne veux pas. »

Et l'amie de mademoiselle Bière, cette honorable mademoiselle Delorme, qui n'a pas voulu entrer dans les amours de M. Gentien et lui servir d'intermédiaire, elle affirme la même chose. Faut-il récuser son témoignage ? Enfin, il y a M. Audinet, ancien tuteur de M. Gentien. Celui-ci est bien à plaindre ; il a joué un triste rôle.

Il s'était fait le confident et le consolateur de cette

malheureuse femme. Elle lui a révélé le projet d'avortement. Vous n'avez pas oublié la lecture de la confrontation faite entre M. Audinet et l'accusée. Ce document prouve que M. Audinet n'a pas dit la vérité. Il a été éperdu, il a compris que, s'il parlait ouvertement, c'était la mort morale de M. Gentien. Mademoiselle Bière le pressait : « Avouez, avouez la vérité. » M. Audinet était affaissé et ne trouvait que cette réponse : « Je ne me souviens pas. » Il ne se souvenait pas de la tentative d'avortement !

Pendant toute cette confrontation, dit le juge, M. Audinet a montré le plus grand trouble ; la voix lui manquait ; il fallut que mademoiselle Bière répétât les questions pour qu'il répondît avec le plus grand embarras. Invité à signer, il refuse. Le lendemain il hésitait encore. Pressé par l'accusée, « Vous avez parlé de « propos légers tenus par M. Gentien ; quels sont ces « propos ? » Il baisse la tête et garde le silence, et enfin il donne une signature qui semble lui être arrachée. Ajoutons que M. Audinet a manqué ensuite à une parole d'honneur : il avait promis de ne pas avertir M. Gentien de l'accusation d'avortement qui était portée contre lui, afin qu'on pût interroger M. Gentien dans des conditions favorables à la manifestation de la vérité. M. Audinet a donné sa parole et il l'a trahie. Le lendemain, M. Gentien, averti, a contesté l'accusation. Il était préparé. Marie Bière était accablée par la maladie et par le désespoir ; la lutte n'était pas égale. Pendant toute cette confrontation, dit le juge, M. Gentien a été d'un calme parfait ; sa voix était assurée.

Eh quoi ! quand cet homme fut, dans le cabinet du juge d'instruction, mis en présence de celle qui l'avait aimé, qui avait eu pour lui des tendresses infinies, il resta froid ; il lui parla comme on parle à une inconnue ! Cependant cette femme était mourante, car si la mère a perdu sa fille, la fille a perdu la mère, et la santé de Marie Bière est compromise pour toujours ! Ah ! le lâche odieux que cet homme ! son cœur n'a pas battu, sa paupière est restée sèche. Qu'il aille donc rire avec ses amis de toute cette aventure ! Je suis bien sûr que tous les honnêtes gens l'ont jugé !

Je ne le connaissais pas. J'avais espéré qu'il avait du tact à défaut de cœur. Je m'attendais à le voir ici ému, repentant en face de cette femme, demandant qu'elle ne soit pas condamnée. Rien ! Ah ! si la jeunesse d'aujourd'hui en est là, c'est un grand malheur ; car dans un État, quand les âmes sont usées, le reste est bien peu de chose ! .

J'en appelle à vous tous ! vous avez vu Marie Bière ; vous avez vu son amant ; ce n'est pas lui, je le proclame, qui a les sympathies !

En ce qui concerne l'avortement, la preuve me semble faite à moi. On a voulu faire avorter cette femme, et c'est M. Gentien qui l'a voulu.

Malgré ses efforts, l'accouchement a eu lieu. Pour bien nous rendre compte de la situation des amants à cette époque, il faut consulter le carnet de Marie Bière. Le cœur de la femme va s'ouvrir devant nous.

Nous y lisons :

« Dimanche 14 juillet 1878.

« Je suis sortie, un quart d'heure après vous, mon
« bien-aimé ; j'avais besoin de vous revoir, je voulais
« enfoncer le poignard plus avant dans le cœur, et j'ai
« été m'asseoir dans le square d'où je pouvais voir chez
« vous.

« Je vous ai vu monter en voiture et vous êtes passé
« devant moi sans vous douter que des regards indis-
« crets vous suivaient et vous envoyaient un dernier
« adieu.

« Après, j'ai marché devant moi loin, bien loin, faisant
« tous mes efforts pour résister au besoin de vous revoir
« encore une fois à la gare ; si j'avais cru pouvoir vous

« contempler sans être vue de vous, rien ne m'eût
« arrêtée.

 « Je rentre chez moi, à neuf heures, exténuée, rompue
« et le cœur brisé ; je considère ma chambre comme un
« tombeau où je vais m'ensevelir vivante.

 « Elle a gardé le parfum de votre présence ; il me
« produit l'effet d'un poison lent, mais sûr.

 « Que ne met-il bien vite un terme à mes maux !

 « Je vais chercher dans le sommeil un repos bien
« nécessaire ; le trouverai-je ?

 « Non, hélas ! je suis trop occupée de toi, mon Robert
« adoré ! je t'aime tant !... et tu me fais tant souffrir !...
« adieu, à demain ; bonsoir, ami !

« MARIE. »

« Lundi 15.

 « Quelle nuit j'ai passée, mon bien-aimé ! les supplices
« de l'enfer ne sont rien comparés à ceux-ci.

 « Aujourd'hui, je suis plus calme ; j'ai tant pleuré,
« tant prié, que Dieu m'a prise en pitié.

 « Il me donnera le courage de vivre, non pas pour
« moi, mais pour lui, pour cet ange adoré qui doit être
« ma consolation, mais aussi ma torture.

 « Donner la vie à un être maudit, rejeté de la société,
« n'est-ce pas monstrueux ! et ne vaut-il pas mieux pour
« lui ne voir jamais la lumière ?

 « Que la volonté de Dieu soit faite ! je m'en remets à
« lui.

 « Adieu, Robert ; je t'aime !

« MARIE. »

Elle fait ainsi les plus grands efforts pour ne pas se
laisser abattre.

« Mardi 16.

 « Je suis triste, mais calme ; je crois en toi, mon bien-
« aimé, et j'attends des jours meilleurs.

« Il me semble que tu aimeras un peu la mère de ton
« enfant, qui doit être si beau s'il te ressemble !

« Tu penses à moi dans ce moment, car il me semble
« que tu dois m'écrire aujourd'hui pour ne pas trop
« me faire attendre tes nouvelles chéries.

« Mon Robert adoré ! je t'aime...

« MARIE. »

Ces espérances durent bien peu. M. Gentien devient
implacable, et les souffrances de Marie Bière devien-
nent horribles. Elle écrit : « Aujourd'hui, huit jours que
« je n'ai rien reçu de vous, Robert. Vous êtes bien cou-
« pable. Que c'est mal de me faire souffrir comme vous
« le faites ! »

Il était à la chasse ! tandis que cette malheureuse était
dévorée par des tortures morales et physiques.

Voici encore une note.

« Dimanche 28.

« Robert, votre conduite vis-à-vis de moi est indigne ;
« vous me *tuerez sûrement ;* c'est probablement votre
« but, car je suis pour vous une *charge*, un *fardeau* et,
« plus encore, un *remords*.

« Mais ne croyez pas être débarrassé lorsque j'aurai
« cessé de vivre ; c'est alors que la vie sera pour vous
« un supplice, car le crime n'est jamais impuni, et si
« les hommes ne vous condamnent pas, Dieu dans sa
« justice saura bien vous atteindre !

« Jouissez donc des plaisirs que vous donne la for-
« tune, et laissez la pauvre fille à qui vous avez pris
« parents, amis, position et honneur, se consumer
« dans la prison où vous l'avez enfouie.

« MARIE. »

Ah ! qu'ils sont coupables les hommes qui ne cherchent que leur plaisir et laissent dans le désespoir les
malheureuses qu'ils ont souillées !

« Aujourd'hui 25 septembre.

« Je crois utile de penser un peu à l'avenir ; car
« enfin je peux mourir, et puisque je ne dois pas le re-
« voir, je dois lui laisser quelques paroles d'adieu et
« lui parler de notre enfant, si Dieu permet que je le
« mette au monde pour l'y abandonner ensuite.

« Si donc, mon Robert adoré, je quitte cette terre de
« douleur sans te revoir, sans pouvoir te répéter que je
« t'aime et t'aimerai tant que mon cœur battra, que ces
« lignes te redisent et qu'elles te donnent aussi l'assu-
« rance que je meurs, ne te maudissant pas.

« Tu m'as donné quelques jours de bonheur, et ce
« n'est pas trop payer de ma vie ce souvenir béni.

« Je n'ai vécu qu'un an ; mais il n'est pas d'émotions
« que mon cœur n'ait connues, et bonnes et mauvaises,
« je les bénis toutes puisqu'elles me venaient de toi.

« Adieu, mon adoré ! *je t'aime trop !*

« Dieu m'en punit puisqu'il va me séparer de toi
« pour toujours ; mais je te laisserai, je l'espère, un
« gage de mon amour.

« Rends-le heureux, *et tu seras quitte envers moi ;*
« je ne te dicte pas ta conduite envers lui ; tu es trop
« honnête homme pour ne pas la connaître et la suivre
« en tous points.

« Adieu ! sois heureux et donne quelquefois un sou-
« venir à ta

« MARIE. »

« *Écoute Robert, je prie Dieu qu'il nous prenne tous*
« *deux, lui et moi : alors tu penseras à moi sans haine.* »

Sans haine ! l'homme qui mérite qu'on lui écrive de
telles choses est jugé !

Elle accouche le 4 octobre 1878. Pendant sa grossesse elle avait été torturée de toutes les manières. Elle

accouche seule; on voulait l'envoyer chez une sage-femme qu'elle ne connaissait pas. Elle a un accouchement très laborieux; pendant trente-cinq jours sa vie a été en danger.

On a dû dire au père que Marie Bière était accouchée chez la sage-femme. L'enfant né, il ne veut pas le voir. On essaye de tous les moyens pour amener cet homme à jeter un regard sur le malheureux enfant. C'est impossible. On fait venir la nourrice, il détourne la tête.

Toujours dans le carnet de Marie Bière, on lit à la date du 9 novembre 1878 :

« Je vis et je suis mère d'une adorable petite fille qui « est tout le portrait de son père.

« Que Dieu veuille *qu'elle ait meilleur cœur que lui,* « *et que par sa tendresse elle me fasse oublier les tour-* « *ments que son existence me cause!*

« Robert *me déteste*, et il ne prend pas la peine de me « le cacher; il ose parler de rupture, et ma main a peine « à tracer ces lignes horribles :

« Il songe à se marier! ! !

« Je suis chrétienne, et *je me dois à mon enfant,* au- « trement je te tuerais : Robert ! »

C'est le commencement du désespoir, de l'égarement, de la folie. Cette femme n'était plus à elle; elle souffrait comme une mère souffre. Messieurs, vous êtes d'excellents juges, mais si des femmes pouvaient me juger! si on leur disait que cet homme n'a pas voulu voir leur enfant, il n'en est pas une qui ne s'écriât que cet homme est odieux, et qu'il est mis hors la loi par son égoïsme et la brutalité de ses sentiments.

5 décembre 1878. L'enfant est née depuis trois mois, le dégoût du père s'est manifesté plusieurs fois, et elle écrit :

« Robert,

« Si vous connaissiez les tortures que vous me faites

29

« subir, lorsque vous êtes deux jours sans venir me
« voir, vous verseriez des larmes de honte et de regret,
« car vous n'êtes pas aussi méchant que vous voulez le
« paraître.

« Les supplices de l'enfer ne sont rien comparés
« à ceux que j'endure, et il faut que je sois vraiment
« forte pour exister encore.

« Il est cinq heures et vous n'êtes pas là ; je ne vous
« verrai donc pas aujourd'hui ? Que pouvez-vous avoir
« tant à faire ?

« Ne comblez pas la mesure, Robert : je suis capable
« de tout, même de me tuer, pour vous donner des re-
« mords et vous troubler dans vos plaisirs.

« Mais de quel *roc est donc sorti votre cœur ?*

« Je rougis d'avoir un enfant de vous ; il n'aura
« aucun bon sentiment et maudira sa mère.

« Écoute ! dis-moi que tu ne changeras jamais : je te
« débarrasse des deux en même temps ; il vaut mieux
« en finir tout de suite, car il y aurait lâcheté à vivre
« *de la vie que vous me faites.*

« Grâce, Robert ! pitié, laissez-moi vivre, car je vous
« jure, je me sens mourir ; je suis à vos genoux, je
« pleure, je t'implore ! reviens, aime-moi !

« Je t'aime à en perdre la raison ou la vie !

« MARIE. »

C'est là que se révèle la femme, dans ces lettres à la
fois inspirées par la colère et par l'amour ; ainsi le cœur
féminin est ballotté entre l'indignation qui le soulève et
l'espérance qui vient le calmer !

Que l'indifférent fasse un pas, que l'infidèle reprenne
le chemin de la maison où on l'aime, où dort son enfant nouveau-né, alors les fureurs s'éteindront et il
redeviendra bien vite, mon Robert adoré !

Mais M. Gentien refuse d'adoucir l'amertume du sort
de Marie Bière. Le juge d'instruction dérouté a dû demander à M. Gentien s'il doutait de sa paternité. Alors

cet homme a eu une attitude équivoque, abominable.·
« Je n'ai jamais rien su », a-t-il répondu. On comprend·
le degré d'indignation, de colère et de folie où devait
s'égarer cette malheureuse femme. Rappelez-vous cette
chose basse et vile proférée par lui à l'audience. « J'ai
« appris des choses épouvantables et l'on m'a rapporté
« un article de journal. » Il sait que cet article a été
contesté et rétracté ; mais il a eu une preuve de la pureté de sa maîtresse le jour où elle s'est donnée à lui.

Nous arrivons au mois de septembre 1880, époque de
la mort de l'enfant. La nourrice déclare que la mère
était folle de désespoir. Marie Bière prévient M. Gentien ; il ne bouge pas. On enterre l'enfant, il n'y est pas.
Cela lui est bien égal. La mère a tout fait ; elle a fait
photographier le petit cadavre. M. Gentien est venu la
voir quelque temps après tous ces tristes événements.
« Il se réjouissait d'être débarrassé de cette petite bête
noire, qui lui faisait horreur. » Marie Bière disait ensuite à la concierge : « C'est horrible, il avait l'air
joyeux. » Tout semblait devoir se terminer, et cependant tout n'était pas fini.

On a reproché à Marie Bière d'avoir cédé de nouveau
aux désirs de M. Gentien. Elle avait déjà été mère ; elle
aimait Gentien. L'amour ne se règle pas ; l'amour est
une folie du cœur. Elle aimait follement avec une ardeur excessive. Mais bientôt il l'a repoussée ; il a été
brutal, cynique.

Écoutez le mot ; elle espérait un autre enfant. Elle a
écrit de sa main sur son carnet : « Mai..., juin... il
« vient... il se sert de moi... il ne m'aime pas, je le
« tuerai. »

Ici, se place la scène du 30 juin. Elle veut se tuer,
elle est à bout de forces ; elle n'a plus le courage de la
bataille. M. Gentien arrive, elle lui demande encore un
peu d'amour ; on doit de la pitié même à la femme que
l'on n'aime pas. Rien ! elle saisit une arme pour se tuer.
Lui, que fait-il ? il la laisse évanouie par terre, et il s'en-

va. Je ne tire pas de conséquences. Je suis épuisé. Qualifiez vous-même cet acte. Le soir, il lui écrit la lettre suivante :

« 30 juin 1879.

« Du courage, ma pauvre amie, et surtout pas de
« coups de tête !

« J'ai été assez heureux pour me trouver là et vous
« empêcher de perdre la raison en *faisant un scandale.*

« Du courage ! je ne saurais assez vous le répéter.
« Songez que votre santé m'est plus précieuse que tout,
« et une rupture, si pénible qu'elle soit sur le moment,
« vous rendra la tranquillité d'esprit dont vous avez tant
« besoin.

« Je suis parti, ne voulant pas vous voir souffrir ;
« mais en l'absence de votre bonne, j'ai fait monter la
« concierge.

« Acceptez donc franchement la nouvelle situation
« qui vous est faite. Qu'étais-je pour vous depuis bien
« longtemps déjà ? un ami bien sûr et bien dévoué. Je
« le resterai, si vous m'aidez à accomplir ma tâche sans
« secousse et si vous me laissez le droit de me conduire
« en galant homme.

« Mille bons souvenirs de tout cœur et à bientôt.

« GENTIEN. »

Une autre lettre du 9 juillet contient un congé en règle :

« Je vous traiterai donc en malade et ne vous rever-
« rai pas avant que, devenue complètement calme, vous
« ne vous soyez bien mise dans l'esprit *que tout est fini
« entre nous* et qu'il vous reste seulement un ami, dé-
« voué il est vrai. »

Marie Bière était arrivée au paroxysme du désespoir lorsqu'elle écrivit cette note sur son carnet, en juillet :

« J'ai pu le tuer et je ne l'ai pas fait, c'est que mal-
« gré moi, j'espère encore. »

Voilà l'état de cette pauvre femme. Elle va faire les
efforts les plus opiniâtres pour se calmer et offrir à
Gentien l'occasion de réparer ses torts. En septembre 1879, elle lui écrit de Royan : « Il est impossible
« que vous me laissiez ainsi sans nouvelles. »

M. Gentien ne répond pas : il faut que cette liaison ne
lui laisse pas un souvenir. Dans sa douleur elle arrive
à penser que si elle n'a plus son enfant c'est que
M. Gentien est la cause de sa mort. Sa fille est morte
parce qu'on l'a éloignée d'elle. La fièvre s'empare de
son esprit et elle écrit derrière la photographie de son
amant : « *Je donne ma vie et celle de son père à ma fille*
« *morte.* »

Déraison, je vous le concède, mais qui s'explique :
cette pauvre femme était seule, abandonnée de tous.

C'est alors qu'elle écrit sur son petit agenda de novembre au 6 janvier :

« 9 novembre, 3 heures.

« Je sens que je deviens folle.
« Mieux vaut cent fois mourir; mais avant, nous
« venger!
« Il a tué sa fille, et voilà deux ans qu'il me mar-
« tyrise!
« Que Dieu soit avec moi! aujourd'hui il mourra. »

« 6 heures.

« Il vit encore! les forces m'ont trahie : deux fois
« j'ai pressé la détente sans résultat.
« Je n'avais plus de sang dans les veines, car mal-
« gré moi, horreur!!
« Je l'aime encore, infamie!! Mais j'ai juré sa perte
« et il mourra, ô ma *fille adorée!* »

« 13 décembre.

« Je lui ai écrit; il n'a pas répondu, l'insolent! Il m'a-
« vait oubliée! et il ose s'en vanter! il m'envoie de quoi
« manger et se croit quitte envers moi!

« Je ne veux pas de ton argent, Robert; mais je
« veux ta vie.

« Je ne veux pas vivre de charité, et je ne veux pas
« vivre de prostitution!

« Je ne puis pas travailler, puisque ma santé est dé-
« truite et que le courage me manque.

« Je souffre trop; je veux mourir, mais je veux qu'il
« meure avant moi!

« *P. S.* J'irai à la fête jeudi. »

———

« Vendredi 19 décembre.

« Je l'ai vu, mais je n'ai pu le rejoindre; la foule lui
« a servi de bouclier, et je suis revenue seule à trois
« heures du matin, mourante de froid et de rage. Mais
« je te retrouverai, Robert, et ta vie sera le prix des
« souffrances que j'endure! »

———

« Noël.

« Mon petit Jésus à moi est dans la terre; il y pour-
« rit, et je vis encore, moi... sa mère!

« Sa mère! quel doux nom! et comme il est triste de
« l'avoir déjà perdu!

« Mais j'irai te rejoindre, enfant chérie et ne te quit-
« terai plus! »

———

« 4 heures.

« Aujourd'hui 3 janvier, je vais tenter la mort. Puis-

« se-t-elle nous prendre tous les deux ; mes vœux se-
« ront remplis !

« Adieu ! ma mère ; pardonne-moi ! mais tu connais
« la force de l'amour maternel, et tu comprendras que
« j'aille retrouver mon enfant !

« MARIE BIÈRE. »

———

« 8 heures.

« Il vit encore ! A demain. »

———

« 4 janvier.

« Impossible de le voir aujourd'hui. »

———

« 5 janvier.

« Toute la journée passée en voiture devant sa porte,
« pour n'arriver à rien, si ce n'est à savoir qu'une
« femme, grande, mince, couverte d'un manteau de
« fourrure, est allée chez lui à cinq heures et demie et
« en est sortie à 9 heures.

« Elle doit habiter le quartier d'Europe, car c'est la
« direction qu'a prise la voiture.

« Encore la femme d'un autre qu'il s'est offerte ; mon
« cœur ne s'est pas ému. Je ne suis pas jalouse (il n'y a
« pas de quoi !) car je ne l'aime plus et, si je veux sa
« vie, c'est pour venger ma fille.

« A demain ! j'espère et je jure, mon ange adoré, que
« je ne tremblerai pas !

« MARIE BIÈRE. »

———

« Je n'ai pas réussi.
« (Sept heures de voiture pas chauffée !)

« Monsieur, que j'avais vu rentrer hier soir, à six
« heures, était reparti aussitôt pour la chasse, laissant
« chez lui mademoiselle C*** (du Palais-Royal).

« Monsieur est rentré aujourd'hui à six heures et
« demie et a dîné en tête-à-tête avec mademoiselle C***.

« Ah! ah! ah!

« Laquelle est partie à huit heures et demie pour son
« théâtre ; elle a été renversée en route par un cocher
« maladroit.

« Robert m'est devenu complètement indifférent, et
« si je n'avais à venger ma chère petite fille, je le lais-
« serais vivre en paix avec toutes ces cabotines pour
« lesquelles il a le plus grand mépris. »

L'état d'esprit de cette malheureuse femme est bien
établi : c'est le délire.

Nous arrivons ainsi au 7 janvier; elle a cette résolution qui n'est pas la liberté, cette résolution que mon-
trent les fous. Elle est à la merci de la passion qui la
domine. Elle a payé tout ce qu'elle doit, elle croit
qu'elle mourra avec Gentien.

Elle voit descendre M. Gentien; elle le suit; elle le
frappe. Elle est calme! elle a le calme du désespoir. On
l'arrête.

Pourquoi avez-vous voulu tuer cet homme?

« C'est un misérable, répondit-elle, il a tué ma fille. »

Cet homme n'a eu ni amour ni humanité, il n'a jamais voulu voir sa fille. Il a été imploré en vain par la
malheureuse que je défends ; par cette malheureuse,
qui a eu, elle, la folie de l'amour maternel !

Dieu a sauvé les jours de M. Gentien, mais il lui a
imposé un châtiment terrible, ces audiences !

Elle vit aussi, elle ; et si l'on en croit le ministère public, elle ne vivrait que pour la vengeance. J'aimerais
mieux la voir morte. Nous ne voulons pas de votre pitié. On veut en faire une galérienne, je préfère pour
elle l'échafaud. Si les craintes de l'accusation sont

fondées, c'est la mort qu'il faut prononcer, car un jour
elle sortirait de prison. Mais je répète, ici, en son nom,
ce qu'elle a déjà dit à l'audience. Elle a compris que sa
colère était mauvaise et elle a donné sa parole qu'elle
ne toucherait plus à celui que maintenant elle méprise.
Croyez-la, car elle n'a jamais menti! L'amour n'est
plus dans son cœur, et M. Gentien n'a plus rien à redouter d'elle.

Messieurs les jurés, posez-vous cette question.

N'y a-t-il pas un terme à toute chose? Pouvons-nous
dominer toutes les tentations? Demandez-vous, si vous-
mêmes serez bien sûrs de résister en toutes circonstances; si, à de certains moments, votre volonté ne vous
abandonnerait pas? Vous direz qu'il y a une limite aux
forces humaines; vous, les hommes de la loi, vous
direz qu'au-dessus de la vie de l'homme, il y a quelque
chose de plus respectable encore, l'honneur !

Quand on trouve des raisons qui expliquent un
acte, le jury se montre clément. Quand un homme est
trahi par la femme et qu'il tue le séducteur, le ministère public requiert une condamnation contre lui. S'est-
il jamais rencontré un jury pour l'accorder?

Je vois dans cette enceinte un philosophe (1) qui,
à propos de la femme adultère, a écrit ce mot : Tue-la.
Selon moi, il a eu raison. Que la vie humaine soit respectée : oui, mais avant tout la dignité humaine.

Que ceux qui veulent vivre à la Gentien sachent que,
lorsqu'ils ont déshonoré et perdu une femme, celle-ci
peut se venger et regarder la loi sans crainte, et ceux
qui l'appliquent avec respect et confiance.

Ah! ce serait un triste spectacle si cette malheureuse
allait au bagne, tandis que M. Gentien reprendrait le
cours de ses exploits de galant homme.

(1) M. Alexandre Dumas fils.
Me Lachaud fait ici allusion au mot de la fin d'une brochure
intitulée *l'homme-femme*. Cette brochure d'Alexandre Dumas fils a
eu un grand retentissement quand elle parut, il y a quelques années.

Courage, mon enfant, la vie est dure, car cet homme vous a tout pris, honneur, avenir, tranquillité d'âme. Vous souffrirez beaucoup; la liberté ne vous rendra pas le bonheur. Que le verdict d'acquittement, qui va être prononcé tout à l'heure, vous soit non une consolation, c'est impossible, mais, du moins, un encouragement.

Peu à peu vous vous relèverez par le travail, par la vie calme et régulière, et vous arriverez à cette réhabilitation complète que vous souhaitez.

Je remets cette infortunée entre vos mains, Messieurs les jurés, et j'attends votre verdict avec confiance.

Après cette éloquente plaidoirie, qui avait vivement ému les jurés et l'auditoire, le Président fit le résumé (1) ordonné par la loi, et renvoya le jury dans la salle de ses délibérations. Le jury en sortit un quart d'heure après avec un verdict *négatif* sur toutes les questions.

Le Président prononça l'*acquittement* de Marie Bière.

(1) En faisant son résumé M. le Président dit aux jurés : « Messieurs, ne vous effrayez pas de la peine, elle sera ce que vous voudrez. » M° Lachaud demanda énergiquement que les débats fussent rouverts, parce que le Président avait parlé de la peine, ce qu'il n'avait pas le droit de faire. Une discussion très vive eut lieu entre le Président et le défenseur de l'accusée.

Le public, qui assistait à l'audience, réclama avec ardeur contre les résumés.

La résistance énergique de M° Lachaud et les articles de la presse, qui s'était emparée de cet incident, amenèrent, peu de temps après cette affaire, la suppression des résumés.

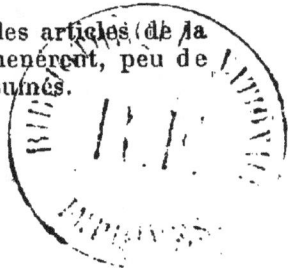

TABLE DES MATIÈRES

CONTENUES DANS LE PREMIER VOLUME

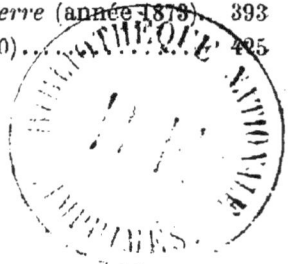

2993-85. — CORBEIL. Typ. et stér. CRÉTÉ.